W0347998

Sichern

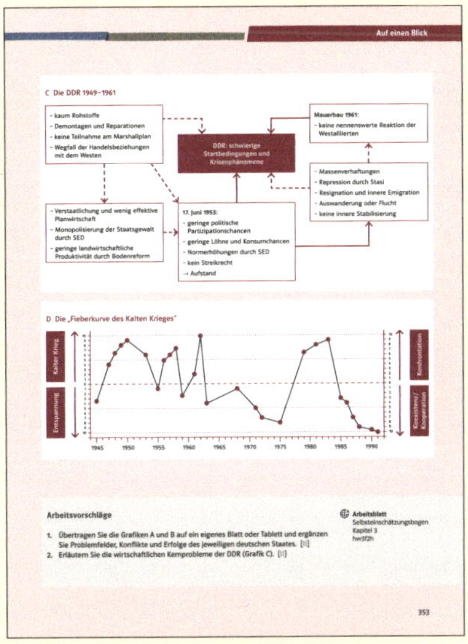

Das wichtigste **Elementarwissen** der Teilkapitel wird am Ende des Halbjahresthemas auf einen Blick dargestellt. **Selbsteinschätzungsbögen** im Onlinebereich laden zur individuellen Überprüfung ein.

Oberstufen-Know-how

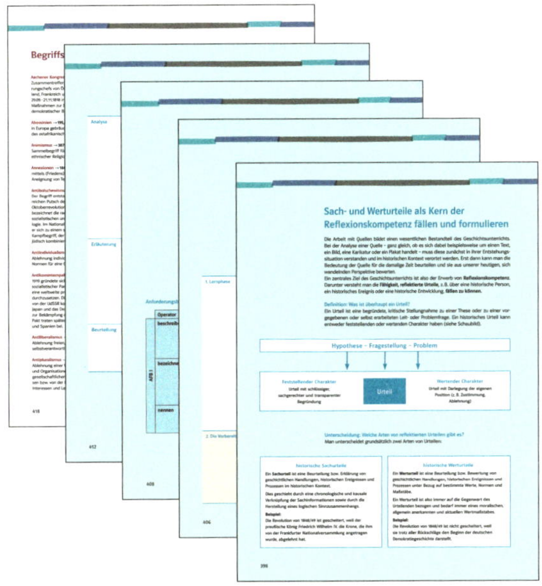

Das Oberstufen-Know-how trainiert anhand praktischer Beispiele die **Reflexionskompetenz**, gibt Tipps zur Vorbereitung auf die **mündliche Abiturprüfung**, erläutert die verbindlichen **Operatoren** und liefert Hilfestellungen zur Entschlüsselung von Karikaturen.

Fenster zur Welt

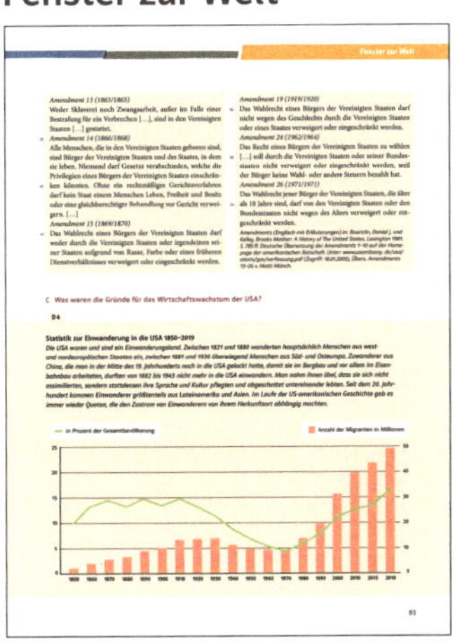

An ausgewählten Beispielen werden geschichtliche Entwicklungen außereuropäischer Weltregionen aufgezeigt und problematisiert.

Erklärung der Symbole

○	Aufgaben mit Arbeitshilfen
●	Aufgaben mit Vertiefungsangebot
MK	Aufgaben oder Seiten zum Thema Medienkompetenz
E	Materialien und Arbeitsvorschläge, die der Erweiterung des Leistungsfachs dienen
Erweiterung	zusätzliche Teilkapitel für das Leistungsfach
D	kennzeichnet Darstellungsmaterialien wie Historikermeinungen, Statistiken oder Karikaturen der Gegenwart, die nicht als Quellen historisch eingeordnet werden
Q	kennzeichnet Quellen, die in ihrem historischen Kontext eingebettet werden

Arbeitsschritte zur Interpretation von Textquellen

Analyse	**Erschließung des Themas sowie der formalen Aspekte** 1. Um welche **Textart** handelt es sich (Rede, Gesetz, Tagebucheintrag, Vertrag, Urkunde, Biografie, Akte, Zeitungsartikel, Inschrift, Brief usw.)? 2. Wer ist der **Verfasser** der Quelle und was ist über diesen bekannt? 3. Was ist das **Thema** der Quelle? 4. In welchen **historischen Kontext** (Epoche, Ereignis, Prozess, Konflikt) lässt sich die Quelle einordnen? 5. Wer ist der **Adressat** bzw. sind die Adressaten (Volk, Privatperson, Gruppe, Öffentlichkeit, Machthaber, Nachwelt, Institution usw.)? **Erschließung des Inhalts und der verwendeten Darstellungsmittel** 1. Benennen Sie interpretations- und wertungsfrei und nach Sinnabschnitten gegliedert die **zentralen inhaltlichen Aspekte** und **Argumente** der Quelle. 2. Benennen Sie (falls vorhanden) die im Text formulierte **Aussageabsicht** des Verfassers/Redners. 3. Benennen und erläutern Sie (falls vorhanden) die **Schlüsselbegriffe** der Quelle. 4. Welcher **Art von Sprache** bedient sich der Verfasser (sachlich, polemisch, appellativ, argumentativ, manipulierend usw.) und **welche rhetorischen Mittel** (Metaphern, Antithesen, Anaphern, Tautologien usw.) setzt er ein?
Erläuterung	**Deutung der Aussage im historischen Kontext** 1. Welche Rolle muss der **Entstehungszeit der Quelle** zugemessen werden? 2. Welche **Bedeutung** haben die Art der Sprache und die rhetorischen Mittel? 3. Welche **Funktion** hatte der Text (didaktisch, religiös, aufklärend, sozial, rechtlich, propagandistisch)? 4. Wie ist die **Intention** des Verfassers im historischen Kontext zu verstehen? 5. Ist ein **Vergleich** mit anderen textlichen oder bildlichen Quellen möglich und wenn ja, mit welchen?
Beurteilung	**Abgabe eines begründeten Urteils** 1. Handelt es sich um eine **historisch authentische Quelle** und anhand welcher Kriterien lässt sich das beurteilen? 2. Wie verhält es sich mit der **Glaubwürdigkeit des Verfassers**? 3. Ist die **Wiedergabe** des historischen Sachverhalts durch den Text aus heutiger Sicht sachlich angemessen und anhand welcher Kriterien lässt sich das beurteilen? (Sachurteil) 4. Verfassen Sie aus heutiger Sicht ein **begründetes Werturteil** zur Darstellung des geschilderten historischen Sachverhalts.

Geschichte und Geschehen

Kursstufe
Erweiterungen für das Leistungsfach

Autorinnen und Autoren:

Dr. Michael Epkenhans
Dr. Wolfgang Geiger
Priscilla Hammann
Dr. Jürgen Huber
Dr. Christian Mehr
Rainer Maria Meinicke
Dr. Markus Oddey
Dr. Joachim Schroth

Ernst Klett Verlag
Stuttgart · Leipzig · Dortmund

Titelbild: Fußgängerweg auf dem ehemaligen Grenzstreifen mit Resten der Berliner Mauer, Foto: 2017.

1. Auflage 1 6 5 4 3 2 | 25 24 23 22 21

Alle Drucke dieser Auflage sind unverändert und können im Unterricht nebeneinander verwendet werden.
Die letzte Zahl bezeichnet das Jahr des Druckes.
Das Werk und seine Teile sind urheberrechtlich geschützt. Jede Nutzung in anderen als den gesetzlich zugelassenen Fällen bedarf der vorherigen schriftlichen Einwilligung des Verlages. Hinweis § 60a UrhG: Weder das Werk noch seine Teile dürfen ohne eine solche Einwilligung eingescannt und in ein Netzwerk eingestellt werden. Dies gilt auch für Intranets von Schulen und sonstigen Bildungseinrichtungen. Fotomechanische oder andere Wiedergabeverfahren nur mit Genehmigung des Verlages.
An verschiedenen Stellen dieses Werkes befinden sich Verweise (Links) auf Internet-Adressen. Haftungshinweis: Trotz sorgfältiger inhaltlicher Kontrolle wird die Haftung für die Inhalte der externen Seiten ausgeschlossen. Für den Inhalt dieser externen Seiten sind ausschließlich die Betreiber verantwortlich. Sollten Sie daher auf kostenpflichtige, illegale oder anstößige Inhalte treffen, so bedauern wir dies ausdrücklich und bitten Sie, uns umgehend per E-Mail davon in Kenntnis zu setzen, damit beim Nachdruck der Verweis gelöscht wird.

© Ernst Klett Verlag GmbH, Stuttgart 2021. Alle Rechte vorbehalten. www.klett.de
Das vorliegende Material dient ausschließlich gemäß § 60b UrhG dem Einsatz im Unterricht an Schulen.

Autorinnen und Autoren: Dr. Michael Epkenhans, Dr. Wolfgang Geiger, Priscilla Hammann, Dr. Jürgen Huber, Dr. Christian Mehr, Rainer Maria Meinicke, Dr. Markus Oddey, Dr. Joachim Schroth

Entstanden in Zusammenarbeit mit dem Projektteam des Verlages.

Gestaltung: Petra Michel, Essen
Titelbild: Alamy stock photo (Valentin Wolf/ImageBroker), Abingdon
Satz: Krause Büro Jens Krause, Leipzig
Reproduktion: Meyle+Müller GmbH+Co. KG, Pforzheim
Druck: PASSAVIA Druckservice GmbH & Co. KG, Passau

Printed in Germany
ISBN 978-3-12-430153-6

9 783124 301536

Zusatzangebote im Internet:
Auf einigen Seiten im Buch finden Sie **Geschichte und Geschehen-Codes.**

Diese führen Sie zu weiteren Materialien im Internet wie zum Beispiel Differenzierungsangebote zu ausgewählten Arbeitsvorschlägen.
Geben Sie den Code einfach in das Suchfeld auf **schueler.klett.de** ein.

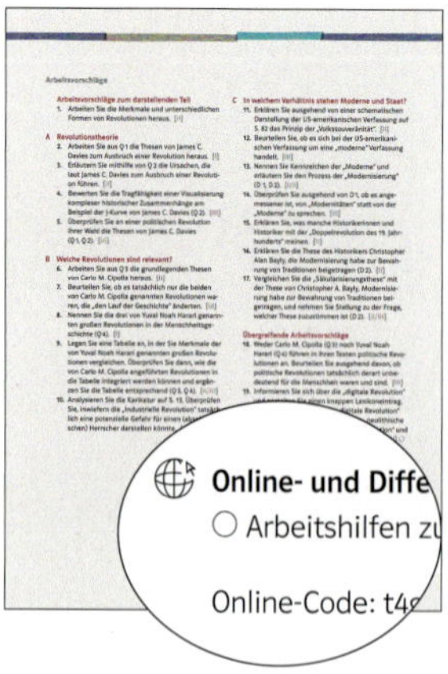

Inhalt des Online-Bereichs

Seite	Code	Inhalt	Beschreibung
11	5pr57v	Arbeitshilfen zu den Aufgaben 8, 11 und 16	Arbeitshilfen
14	qs3x6d	Erklärfilm Industrialisierung	Erklärfilm
23		Arbeitshilfen zu den Aufgaben 4 und 10b	Arbeitshilfen
23		Vertiefungsangbot zur Aufgabe 15	Vertiefungsangbot
35	e5x7v8	Arbeitshilfen zur Aufgabe 12	Arbeitshilfen
41	ej3b3i	Arbeitshilfen zu den Aufgaben 4, 10 und 11	Arbeitshilfen
51	cd9v7x	Arbeitshilfen zu den Aufgaben 2c und 4	Arbeitshilfen
51		Vertiefungsangbote zu den Aufgaben 1a, 1c, 2c, 2d, 3c, 6, 7 und 8	Vertiefungsangbot
59	ms6d3d	Arbeitshilfen zu den Aufgaben 3, 5 und 18	Arbeitshilfen
60	2yk82d	Zusatzinformationen zur US-Verfassung	Material
69		Arbeitshilfen zu den Aufgaben 4 und 12	Arbeitshilfen
69		Vertiefungsangbot zur Aufgabe 6	Vertiefungsangbot
77	q6ec66	Arbeitshilfen zu den Aufgaben 4d und 9	Arbeitshilfen
85	e3vm7e	Arbeitshilfen zu den Aufgaben 8 und 11	Arbeitshilfen
85		Vertiefungsangbot zur Aufgabe 8	Vertiefungsangbot
95	mc39ti	Arbeitshilfen zur Aufgabe 11	Arbeitshilfen
95		Vertiefungsangbot zur Aufgabe 6	Vertiefungsangbot
103	kc8w7c	Arbeitshilfen zu den Aufgaben 2, 3b und 10	Arbeitshilfen
103		Vertiefungsangbot zur Aufgabe 8	Vertiefungsangbot
105, 108	vs38y4	Podcast Weimarer Verfassung	Audio
108		Schema Weimarer Verfassung	Material
111		Arbeitshilfen zu den Aufgaben 4b, 5, 9, 10 und 11	Arbeitshilfen
113	3x45fz	Podcast „Goldene Zwanziger"	Audio
119		Arbeitshilfen zu den Aufgaben Aufgaben 5, 11a und 12a	Arbeitshilfen
127	73kq4m	Arbeitshilfen zu den Aufgaben 3, 11 und 13	Arbeitshilfen
135	t43fe8	Arbeitshilfen zu den Aufgaben 4 und 7d	Arbeitshilfen
139	zt39wc	Arbeitshilfen zur Aufgabe 5	Arbeitshilfen
147	v7n63t	Arbeitshilfen zur Aufgabe 15	Arbeitshilfen
153	un2g88	Arbeitshilfen zu den Aufgaben 6 und 7	Arbeitshilfen
163	2vk7uh	Arbeitshilfen zur Aufgabe 9	Arbeitshilfen
171	t5k59p	Arbeitshilfen zu den Aufgaben 8 und 12	Arbeitshilfen
175	q4j79m	Arbeitshilfen zur Aufgabe 10	Arbeitshilfen
175		Vertiefungsangbot zur Aufgabe 3	Vertiefungsangbot
183	22pg56	Arbeitshilfen zu den Aufgaben 4 und 13	Arbeitshilfen
184	3j3n3r	Erklärfilm dt. Wiedervereinigung	Erklärfilm
191		Arbeitshilfen zur Aufgabe 6	Arbeitshilfen
191		Vertiefungsangbot zur Aufgabe 9c	Vertiefungsangbot
195	2b3un2	Arbeitshilfen zu den Aufgaben 3 und 4	Arbeitshilfen
203	zs8t54	Arbeitshilfen zu den Aufgaben 1 und 12	Arbeitshilfen
203		Vertiefungsangbot zur Aufgabe 4	Vertiefungsangbot

Eine Geschichte – viele Geschichten

Warum überhaupt noch ein Schulbuch, wo doch digitale Medien und „Histotainment" zahllose Informationen und Tipps bieten? Ein Schulbuch hat viele Vorteile, es dient Ihnen und Ihren Lehrkräften als Kompass in einer Flut geschichtlicher Ereignisse. Entscheidend für Ihr historisches Lernen ist dabei der Aufbau eines Geschichtsbewusstseins: Sie sollen lernen, historische Probleme wahrzunehmen, dazu Fragen zu stellen, Sachverhalte zu analysieren, Sachurteile und Werturteile als mögliche Antworten zu formulieren, damit Sie Geschichte eigenständig denken, erzählen und hinterfragen können.
Erst dann werden Sie sich gleichermaßen im Universum der Vergangenheit und im Universum der Geschichtskultur der Gegenwart mit ihrem Wirrwarr an konkurrierenden Deutungsangeboten von Vergangenheit behaupten können. Erst dann werden Sie Deutungen von Geschichte aus Politik und Wirtschaft sowie im Museum, Fernsehen und Internet kritisch auf Gültigkeit und Plausibilität überprüfen können. Und erst dann werden Sie die Selbstbestätigung oder Rechtfertigung von Gruppen und Individuen durchschauen, die die Geschichte als Argument für eigene, gegenwartsbezogene machtpolitische Zwecke und Interessen missbrauchen.

Geschichte existiert nicht einfach, Geschichte wird konstruiert

An den Beispielen von öffentlicher Geschichte ist bereits deutlich geworden: Geschichte ist meist von Fragen und Bedürfnissen der Gegenwart abhängig. Sie ist nicht Abbild von Wirklichkeit, sondern sie wird gemacht (konstruiert), um die Vergangenheit zu erklären und zu bewerten. Dabei helfen unterschiedliche Zeugnisse aus der Vergangenheit, die wir als „Quellen" bezeichnen und deren Aussagen wir miteinander in Beziehung setzen. Jedoch erfolgt die Auswahl und Bewertung dieser Quellen häufig in Abhängigkeit von der jeweiligen Gegenwart. Zwar bemüht sich die Geschichtswissenschaft darum, die historische Vergangenheit möglichst genau zu rekonstruieren, doch bleibt auch sie immer Deutung und ihr Blick auf die Geschichte an die Gegenwart gebunden. Kurzum: Ein Historiker untersucht und deutet historische Ereignisse und Entwicklungen immer als Person aus der Gegenwart.

Geschichtsbewusstsein und Geschichtskultur

Geschichte als in der Gegenwart gemacht zu begreifen, bedeutet aber auch, dass jeder Mensch Erfahrungen und Einsichten aus der Vergangenheit auf die Gegenwart beziehen und mit ihnen Zukunft gestalten kann. Diese menschliche Fähigkeit hat der Historiker Karl-Ernst Jeismann bereits 1977 als „Geschichtsbewusstsein" definiert. Er behauptet, dass jeder Mensch, bewusst oder unbewusst, über ein individuelles Geschichtsbewusstsein verfügt. Dieses Geschichtsbewusstsein macht Jeismann von einer Vielzahl von Einflussfaktoren abhängig (beispielsweise Alter, Familie oder Wohnort, aber auch Schule, Museen oder Medien). Anders ausgedrückt: Geschichtsbewusstsein hat nichts mit Jahreszahlen oder nüchternen Fakten zu tun, sondern dient der Vereinbarung der drei Zeitebenen Vergangenheit, Gegenwart und Zukunft unter dem „Dach" der Geschichte. Überspitzt könnte man sagen: Geschichtsbewusstsein hat, wer Folgendes versteht: Geschichte ist das, was die jeweilige Gegenwart aus der Vergangenheit macht. Auch in unserem Alltag begegnet uns Geschichte in vielfältigen Formen, die wir in ihrer Gesamtheit als Geschichtskultur bezeichnen. Dazu zählt nicht nur ihre Präsentation in Museen, Denkmälern, Gedenkreden und in öffentlichen Debatten, sondern auch in populärwissenschaftlich-publizistischen Darstellungsformen, etwa in Fernsehdokumentationen mit nicht selten fragwürdiger Dramaturgie und Zeitzeugennutzung. Auch in Spielfilmen, Comics, PC-Spielen oder historischen Romanen soll Geschichte unterhalten und erscheint hier daher oft als Abenteuer.

→ D3, S. 8

WIKINGERSTADT SCHLESWIG

Logo der Stadt Schleswig
2015 gab sich die Stadt den Beinamen „Wikingerstadt".

Unterschiedliche historische Zugänge zur Geschichte

Die moderne Geschichtswissenschaft konstruiert verschiedene Zugänge zur Geschichte, indem sie unterschiedliche Gegenstandsbereiche der menschlichen Existenz in den Blick nimmt und deren jeweilige Bedeutung betont. Heute betrachten Historiker die unterschiedlichen Zugänge in der Regel weniger ausschließlich, sondern verfolgen bei der Erforschung eines historischen Themas mehrere Zugänge gleichzeitig.

Unbedachte Kombination aus Straßen- und Verkehrsschild, Fotomontage oder bewusste Inszenierung?

Politikgeschichte: Sie untersucht in der Tradition der Staatsphilosophie Formen, Institutionen und Strukturen politischen Handelns in unterschiedlichen Staaten und Gesellschaften sowie deren Wirkungsmächtigkeit. Traditionen sowie Strategien des Machterwerbs und der Machtbehauptung sind weitere Untersuchungsfelder. Der Soziologe und Historiker Max Weber erweiterte die Perspektive der Politikgeschichte, indem er neue Fragen stellte: Was treibt Menschen an, nach Macht zu streben, welche Mentalitäten, Weltbilder und Deutungsmuster sind in der Politik besonders häufig vertreten? In Reaktion auf die Forderungen der Sozial- und Kulturgeschichte schaut die Politikgeschichte seit dem späten 20. Jahrhundert nicht mehr nur auf nationale Funktionseliten aus Wirtschaft, Kultur, Religion, sondern auf alle sozialen Gruppen und fragt auch nach der Bedeutung von Geschlecht und materiellen sowie geistig-intellektuellen Ressourcen.

Sozialgeschichte: Sie untersucht vor allem wirtschaftliche und soziale Strukturen von Gesellschaften sowie deren Entwicklung, die sie theoretisch zu begründen versucht. Die sozialgeschichtliche Perspektive versteht sich als Überwindung der Politikgeschichte. Diese betrachtete eher, wie „große Männer" in der „großen Geschichte" handelten. Der neue Zugang dagegen war auf sozio-ökonomische Strukturen und Prozesse gerichtet, unter denen Menschen aller sozialen Schichten in der Industriegesellschaft arbeiteten und entweder wirtschaftliche Macht ausübten oder in wirtschaftliche Abhängigkeit gerieten. Um Menschen aber nicht nur als Gefangene anonym wirkender und theoretisch begründeter Strukturgehäuse wahrzunehmen, erweiterte die Sozialgeschichte seit dem späten 20. Jahrhundert ihre Perspektive einer Betrachtung der Gesellschaft „von unten". Sie nimmt seitdem auch den Alltag der Menschen und nicht nur die Strukturen in den Blick und schaut stärker auf kollektive Mentalitäten, subjektive Zugänge und Erfahrungen von Menschen mit der Gesellschaft, und zwar auch in Familie, Haushalt und Freizeit.

Kulturgeschichte: Sie fragt beispielsweise nach individuellen und kollektiven Erfahrungen von Menschen in unterschiedlichen Kulturen und Zivilisationen der Erde. Ihre methodischen Leitfragen lauten: Wie und in welchem Ausmaß ist das Verstehen anderer, bisher unbekannter Vorstellungen, Denkweisen und Lebensformen möglich? Welche Vorstellungen von Kultur gibt es und wie konkurrieren diese miteinander? Damit macht die Kulturgeschichte den interkulturellen Vergleich unterschiedlicher Kultursysteme stark und hinterfragt eine vorgebliche Überlegenheit und Vorbildlichkeit der christlich-abendländischen Zivilisation.

Unser Schulbuch – eine zuverlässige Darstellung?

→ D4, S. 10

Auch Schulbücher sind Bestandteil von Geschichtskultur. Sie müssen sich in Deutschland eng an den Vorgaben der Lehrpläne orientieren. Damit ist ihr Inhalt und Aufbau häufig weitgehend festgelegt. Das Beispiel Schulbuch zeigt aber auch: Selbst seriöse Geschichtsprodukte, die sich um Genauigkeit und Objektivität bemühen, sind neben historisch gesicherten Fakten voller Deutungen. Um komplexe Sachverhalte auf wenigen Zeilen darstellen zu können, muss der Schulbuchautor sich auf das seiner Meinung nach Wesentliche beschränken. Er muss zwangsläufig definieren, was aus seiner eigenen Perspektive für die ausgewählte Fragestellung wichtig und was weniger wichtig ist. Nicht anders verhält es sich bei den Arbeitsmaterialien, muss der Autor doch eine drastisch reduzierte Auswahl treffen.

A Geschichtsverständnis und Geschichtsbewusstsein

D1

Der Historiker Leopold von Ranke (1795–1886) 1824 über die Aufgabe der Geschichtswissenschaft:
Man hat der Historie das Amt, die Vergangenheit zu richten, die Mitwelt zum Nutzen zukünftiger Jahre zu belehren, beigemessen. So hoher Ämter unterwindet sich gegenwärtiger Versuch nicht: Er will bloß zeigen, wie es eigentlich gewesen. [...] Strenge Darstellung der Tatsache, wie bedingt und unschön sie auch sei, ist ohne Zweifel das oberste Gesetz.

Leopold von Ranke: Geschichten der romanischen und germanischen Völker 1494–1514, Vorrede zur ersten Ausgabe von 1824, Leipzig 1824, o. S.

D2

Der Historiker Eberhard Jäckel (geb. 1929) 1988 „Über den Umgang mit Vergangenheit“:
Wir haben also keine Geschichte, wir machen sie uns. Wir haben eine Vergangenheit und wir entwerfen uns ein Bild von ihr. [...] Man kann in die Vergangenheit nicht zurückkehren, man kann sie nicht betreten wie ein fremdes Land, man kann sie nicht sehen. Man kann sie nur erinnern, sich ein Bild von ihr machen, sie vor dem geistigen Auge wieder errichten. Sie ist nicht irgendwo, wo man sie finden könnte. Man muss sie erfinden.

Eberhard Jäckel: Über den Umgang mit der Vergangenheit, in: ders.: Die Grenzen sprengen. Edzard Reuter zum Sechzigsten. Siedler Verlag, Stuttgart 1988, S. 119.

Q1

Der Autor Erich Kästner (1899–1974) gab Schülerinnen und Schülern, auf der Grundlage seiner Erfahrungen im „Dritten Reich“, 1950 folgenden Ratschlag:
Misstraut gelegentlich Euren Schulbüchern!
Sie sind nicht auf dem Berg Sinai entstanden,
meistens nicht einmal auf verständige Art und Weise,
sondern aus alten Schulbüchern,
die aus alten Schulbüchern entstanden sind,
die aus alten Schulbüchern entstanden sind,
die aus alten Schulbüchern entstanden sind.
Man nennt das Tradition.
Aber es ist etwas ganz anderes.

Ansprache zum Schulbeginn von Erich Kästner (1952). Zit. nach: Erich Kästner: Die kleine Freiheit. Dressler, Berlin 1972, S. 14 f.

D3

Der Geschichtsdidaktiker Karl-Ernst Jeismann (1925–2012) begründete in den 1970er-Jahren ein neues Geschichtsverständnis:
Didaktik der Geschichte hat es zu tun mit dem Geschichtsbewusstsein in der Gesellschaft sowohl in seiner Zuständlichkeit, den vorhandenen Inhalten und Denkfiguren, wie in seinem Wandel, dem ständigen Um- und Aufbau historischer Vorstellungen, der stets sich erneuernden und verändernden Rekonstruktion des Wissens von der Vergangenheit. Sie interessiert sich für dieses Geschichtsbewusstsein auf allen Ebenen und in allen Gruppen der Gesellschaft sowohl um seiner selbst willen wie unter der Frage, welche Bedeutung dieses Geschichtsbewusstsein für das Selbstverständnis der Gegenwart gewinnt; sie sucht Wege, dieses Geschichtsbewusstsein auf eine Weise zu bilden oder zu beeinflussen, die zugleich dem Anspruch auf adäquate und der Forderung nach Richtigkeit entsprechende Vergangenheitserkenntnis wie auf Vernunft des Selbstverständnisses der Gegenwart entspringt. [...] Dabei ist der Begriff „Geschichtsbewusstsein“ hier in einem sehr allgemeinen Sinne als das Insgesamt der unterschiedlichen Vorstellungen von und Einstellungen zur Vergangenheit genommen.
Rekonstruktion von Geschichtsverständnis in der Gesellschaft ist ein so umfassender, vielfältiger und komplexer Vorgang in der durch die Generationen laufenden Tradierung und Veränderung der gesellschaftlichen Kultur im weitesten Sinne, dass der Geschichtsunterricht als ein zwar wichtiger, aber eben nur als ein Faktor in diesem Prozess angesehen werden kann.

Karl-Ernst Jeismann: Didaktik der Geschichte. Die Wissenschaft von Zustand, Funktion und Veränderung geschichtlicher Vorstellungen im Selbstverständnis der Gegenwart. In: Kosthorst, Erich (Hrsg.): Geschichtswissenschaft. Didaktik – Forschung – Theorie. Vandenhoeck und Ruprecht, Göttingen 1977, S. 12 f. und 16.

B Konstruktion von Geschichte

Q2

Bildanalyse zur gegenwartsbezogenen Konstruktion und Funktionalisierung von Geschichte

An Bildern und Fotografien lässt sich besonders gut veranschaulichen, dass Geschichte von Fragen und Bedürfnissen der Gegenwart abhängig ist. Bilder sind dabei nicht Abbild von Wirklichkeit, sondern sie sind konstruiert. Das wird häufig beim Auftritt von Regierungschefs in den Medien deutlich, die von Regierungsberatern oft minutiös geplant und bis ins Detail inszeniert sind.

Die beiden nachfolgenden Fotos entstanden am 1. Mai 2003 auf dem Flugzeugträger „Abraham Lincoln", auf dem der damalige konservative US-Präsident George W. Bush (2001–2009) den angeblich erfolgreichen Abschluss des Irakkrieges (2003) verkündete. Entsprechend symbolisch aufgeladen waren auch die anschließend vom Weißen Haus veröffentlichten Fotos.

a) US-Präsident George W. Bush, der im Kampfflugzeug angereist war, wird mit Crew-Mitgliedern des Flugzeugträgers fotografiert.

c) Teil einer Werbebroschüre für die US-Armee während der Regierungszeit von George W. Bush.

b) George W. Bush schreitet über das Deck des Flugzeugträgers zum Rednerpult.

D4

Darstellung von Geschichte in Schulbüchern: die attische Demokratie oder die attische „Demokratie"?

Die Frage nach einer gemeinsamen „europäischen Identität" lässt sich auch am Beispiel der antiken, demokratischen Wurzeln aufzeigen. Eine Ihnen vielleicht noch aus der Sekundarstufe I bekannte Leitfrage lautet dabei häufig, inwiefern die attische Demokratie eine taugliche Vorlage für die moderne Demokratie war. Die unten stehenden Schaubilder aus Schulbüchern der Bundesrepublik Deutschland, der Weimarer Republik und der Deutschen Demokratischen Republik beantworten diese Frage unterschiedlich. Die scheinbar neutralen und objektiven Schaubilder erweisen sich bei näherer Betrachtung als perspektivische Konstruktion.

a) Grafik aus dem Lehrbuch der Geschichte für höhere Schulen (Mittelstufe) 1926.

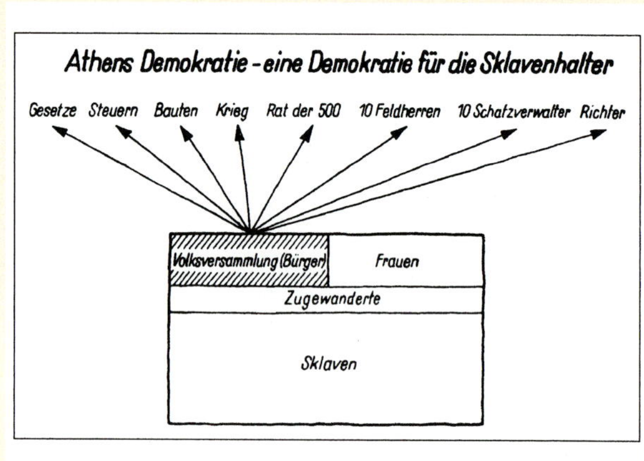

b) Grafik aus der Unterrichtshilfe Geschichte 5. Klasse, DDR-Schulbuch 1963.

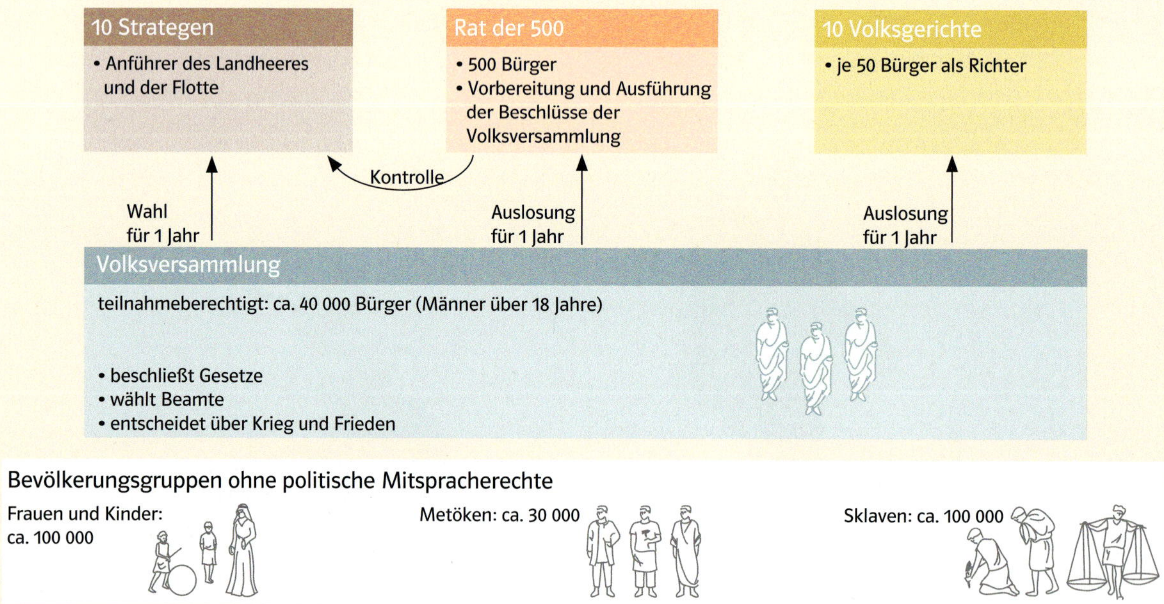

c) Grafik eines deutschen Geschichtsschulbuches 2015.

Arbeitsvorschläge

1. Formulieren Sie Ihre persönlichen Erwartungen und Ansprüche an den Geschichtsunterricht und an die Aufgaben der Geschichtswissenschaft. [I]

A Geschichtsverständnis und Geschichtsbewusstsein

2. Stellen Sie die Aussagen von D 1 und D 2 nebeneinander und beantworten Sie für sich die Fragen: „Ist Geschichte und historische Erkenntnis objektiv, was kann man aus ihr lernen?“.
   Prüfen Sie, inwiefern Sie Ihre in Aufgabe 1 formulierten Erwartungen in den beiden Darstellungen wiederfinden. [I/II]
3. Recherchieren Sie Kindheits- und Jugendgeschichten, die innerhalb Ihrer Familie gerne erzählt werden. Untersuchen Sie diese auf besonders betonte oder weggelassene Bestandteile. [I/II]
4. Erläutern Sie mithilfe des darstellenden Textes und D 3, was der Historiker Karl-Ernst Jeismann unter Geschichtsbewusstsein versteht. Berücksichtigen Sie dabei auch seine Behauptung, dass das Geschichtsbewusstsein die drei Zeitebenen Vergangenheit, Gegenwart und Zukunft unter dem „Dach“ der Geschichte vereine. [I/II]
5. Erläutern und beurteilen Sie die Gründe, die Erich Kästner in Q 1 für sein Misstrauen gegenüber Schulbüchern nennt. [III]
6. Diskutieren Sie im Kurs, wie ein Umgang mit dem Geschichtsschulbuch idealerweise aussieht und was Ihrer Einschätzung nach ein Schulbuch leisten sollte. [III]

B Konstruktion von Geschichte

7. Beschreiben Sie die Fotos Q 2a–Q 2b. [I]
8. Bewerten Sie die Bildquellen Q 2a–Q 2b mithilfe der Ihnen aus der Sekundarstufe I bekannten methodischen Schritte zur quellenkritischen Analyse von Bildern. [III] ○
9. Diskutieren Sie mithilfe des darstellenden Teils die Angemessenheit der Verwendung der Fotografie Q 2c als Titelbild eines Geschichtsschulbuches aus dem Jahr 2010. [II/III]
10. Recherchieren Sie weitere Bilder aus dem Internet, die Ihnen im Sinne politischer Aussagen konstruiert erscheinen. Präsentieren Sie diese Bilder im Unterricht. [II/III]
11. Beschreiben Sie die Schulbuchschaubilder von 1926 und 1963 in D 4 und benennen Sie auffällige Unterschiede in der Darstellung der attischen Demokratie. [I] ○
12. Rekonstruieren Sie die Zeitgebundenheit der Darstellung D 4 und beurteilen Sie die Intention, die mit den jeweiligen Schaubildern verbunden ist. [II/III]
13. Erstellen Sie eine Skizze, in der Sie die im darstellenden Teil genannten Zugänge der Geschichtswissenschaft einschließlich ihrer Methoden voneinander unterscheiden. [I]
14. Erläutern Sie, welches Menschen- und Gesellschaftsbild den einzelnen Zugängen zugrunde liegt und welche Chancen und Grenzen sich Ihrer Meinung nach daraus für die Wirkkraft der unterschiedlichen Zugänge ergeben. [II]

Weiterführende Arbeitsvorschläge

15. Arbeitsvorschlag zur Geschichtskultur:
    Protokollieren Sie Ihre persönlichen Berührungspunkte mit unterschiedlichen Darbietungsformen von Geschichtskultur in der Öffentlichkeit. Fertigen Sie eine Mindmap an. Präsentieren, analysieren und bewerten Sie Ihre Berührungspunkte abschließend im Unterricht. [II/III]
16. Arbeitsvorschlag zu Konstruktionsaspekten des Schulbuches:
    Betrachten Sie Ihr Schulbuch am Ende des Schuljahres nochmals kritisch: Was hat Ihnen gefallen, welche Aufgaben waren nicht lösbar, welche weiterführenden Ideen oder Arbeitsaufträge haben Sie anzumerken?
    Sammeln Sie Ihre Anmerkungen im Plenum und schicken Sie Ihre Ideen an den Verlag oder präsentieren Sie Ihre Ergebnisse dem nachfolgenden Jahrgang für das kommende Schuljahr. [III] ○

Online- und Differenzierungsmaterialien
○ Arbeitshilfen zu den Aufgaben 8, 11 und 16

Online-Code: 5pr57v

1 Wege in die westliche Moderne – ein besseres Leben für alle?

Eine moderne Welt ohne Krankheit – dank Radium
Naturwissenschaftlicher Fortschritt schien eine Welt ohne Krankheiten, Energiemangel und Hunger zu versprechen.
(Werbeanzeige der Kurgemeinde Oberschlema, wo 1908 und 1912 starke Radonquellen entdeckt worden waren, die für Bade-, Trink- und Einatmungskuren genutzt wurden.)

Mit der Industriellen Revolution und dem Liberalismus begannen seit Ende des 18. Jahrhunderts tiefgreifende Wandlungsprozesse. Heute sprechen viele Historiker vom Beginn der westlichen Moderne, die – teilweise unter Zwang – schließlich auch in andere Weltgegenden übertragen wurde. Vorreiter in Amerika und Asien wurden die USA und Japan. Diese Modernisierungsprozesse waren oft verbunden mit der Herausbildung der Idee einer imaginären „Nation" und eines in alle Lebensbereiche hineinwirkenden Nationalstaats. Je nach Perspektive waren „Moderne" und „Fortschritt" aber nicht immer positive Prozesse.

Die Veränderungen dieser Moderne wirken prägend bis in unsere Gegenwart.

Vorwissen

Erinnern Sie sich an:
- die Entstehung liberaler und nationaler Ideen im 19. Jahrhundert
- die Ausgangsbasis und Folgen der Industrialisierung

→

Schritte des Kompetenzaufbaus

- die Merkmale der europäischen Industrialisierung am Beispiel Deutschlands analysieren und deren Folgen u. a. auf das Familienbild herausarbeiten

→ Kapitel 1.1 – 1.3

→

- Versuche politischer Modernisierung am Beispiel der Revolution 1848/49 charakterisieren und deren Folgen bewerten

→ Kapitel 1.2

→

[3] **Für Auswanderer nach Brasilien.**

Provinz **RIO GRANDE DO SUL.**

Von der kaiserl. brasilianischen Regierung der Provinz Rio Grande sind mir, in der 1849 gegründeten, zwischen den Städten Cruz Alta und Rio Pardo belegenen deutschen Kolonie Sta. Cruz Ländereien überwiesen worden, um vorläufig 60 Familien als Kolonisten von hier hinüberzuführen.

Jede Familie erhält von der Regierung 160,000 Bracas Land (gleich 110,000 Quadrat-Ruthen oder $18\frac{1}{3}$ Last Meckl. Maß) als freies Eigenthum **geschenkt,** und habe ich dieses sofort nach Ankunft daselbst anzuweisen. Ich fordere daher Diejenigen, welche diese so sehr günstige Gelegenheit für überseeische Uebersiedelung benutzen wollen, auf, sich baldigst an mich, oder den Königl. Preuß. Consul Herrn **C. Thomsen,** Associé der Herren Lind & Co. in Rio Grande, gegenwärtig in Hamburg, pr. Adr. Herren H. Mutzenbecher & Co. hier, oder aber an den Herrn Verleger dieses Blattes zu wenden.

Ich selbst besitze in der Picada nova Ländereien, und kann nach mehrjähriger Erfahrung die Kolonie Sta. Cruz mit der größten Aufrichtigkeit empfehlen. Dieselbe wird Kolonisten nicht nur ein sicheres Fortkommen, sondern nach einigen Jahren Capital-Erwerb gewähren. — Klima und Boden sind außerordentlich günstig, und sind Landleute, ferner Zimmerleute, Maurer, Stellmacher und Schmiede dort vorzüglich placirt.

Auf portofreie Anfrage an eine der obigen Adressen werden die genauesten Berichte nebst Karte von Sta. Cruz, wie auch die Bedingungen wegen Ueberfahrt unentgeltlich ertheilt. — Ich begleite die Kolonisten über Rio Grande im Auftrag der Regierung bis an Ort und Stelle in Sta. Cruz, so daß Dieselben für Nichts Sorge zu tragen haben.

Ende **Juli** wird das Schiff expedirt, weßhalb baldige Anmeldungen wünschenswerth sind.

Hamburg, 3. Mai 1851. **P. Kleudgen,** Grimm No. 12.

Teil der Modernisierung seit der ersten Hälfte des 19. Jahrhunderts war eine zunehmende Migration von Menschen innerhalb von Staaten, Kontinenten oder über die Weltmeere hinweg.

Arbeitsvorschläge

1. Erläutern Sie Ihre persönlichen Assoziationen zum Begriff „Moderne" und „Fortschritt".
2. Stellen Sie die beiden Zeitungsannoncen in Bezug zur Kapitelüberschrift.

- die Erscheinungsform der Moderne um die Jahrhundertwende erläutern und ambivalente Reaktionen auf diese Prozesse erläutern

→ Kapitel 1.4 – 1.7

→

- Die Modernisierung Japans und der USA beschreiben und deren Folgen charakterisieren

→ Kapitel 1.6 und 1.8

→

Erreichtes Ziel

Befähigung, Modernisierungsprozesse im ausgehenden 19./frühen 20. Jahrhundert analysieren und deren Bedeutung für die Gegenwart beurteilen sowie mit der Gegenwart in Bezug setzen zu können

1.1 Merkmale der europäischen Industrialisierung

Die Ende des 18. Jahrhunderts in England beginnende und sich in Mitteleuropa fortsetzende Industrialisierung prägt bis heute die wirtschaftlichen und gesellschaftlichen Verhältnisse in fast allen Ländern der Erde. Die Grundlagen und somit auch die Intensität dieses wirtschaftlichen Strukturwandels waren allerdings sehr unterschiedlich. Auch ist die Industrialisierung kein abgeschlossener Prozess.

Erklärfilm
Industrialisierung
qs3x6d

1800 – Noch dominiert die Landwirtschaft Europas Wirtschaft

Ende des 18. Jahrhunderts waren in Europa große städtische Zentren mit mehr als einer halben Million Einwohner wie Paris, London oder Istanbul die seltene Ausnahme. Über 90 Prozent der Bevölkerung des Kontinents lebte auf Gutshöfen, in Dörfern oder Kleinstädten. Nur in wenigen Regionen wie Friesland, den Niederlanden oder der Schweiz dominierten selbstständige Klein- und Mittelbauern. Der größte Teil dieser Landbevölkerung war materiell und persönlich abhängig vom jeweiligen Grundherrn. Je nach Region unterschied sich dabei das Ausmaß des Abhängigkeitsverhältnisses und der Unfreiheit der Bauern und Landarbeiter. Sie mussten Arbeitsdienste leisten und hohe Abgaben zahlen. In ihrer Freiheit eingeschränkt durften viele beispielsweise nicht ohne Erlaubnis ihren Wohnort wechseln, ein anderes Gewerbe annehmen oder heiraten. In Großbritannien waren die meisten Bauern zwar „freie" Pächter, befanden sich aber materiell in drückender Abhängigkeit der landbesitzenden „Lords". Besonders im östlichen Teil Europas dominierte der adlige oder kirchliche Großgrundbesitz mit leibeigenen Bauern. Diese Situation behinderte eine Reformierung von landwirtschaftlichen Betrieben. Sie basierten auf einer großen Zahl gebundener, billiger Arbeitskräfte, für die der Gutsherr ein Mindestmaß an Fürsorgepflicht besaß.

Das bisherige verarbeitende Gewerbe

Das Handwerk in den Städten war Anfang des 19. Jahrhunderts noch immer dominiert vom mittelalterlichen Zunftwesen. Dieses verhinderte, dass potenziell neue, innovative Unternehmer in das Handwerk einsteigen oder gar neue Formen des Handwerks schaffen konnten. Das verarbeitende Gewerbe stand besonders in Hinblick auf Luxusartikel wie Teppiche, Porzellan, Uhren oder Waffen im Fokus der Staatsverwaltungen. In der Politik des sogenannten Merkantilismus wurde seitens der Staatsverwaltungen gezielt versucht, die Gründung von Manufakturen zu fördern. Solche spezialisierten Betriebe durften allerdings nur mit Genehmigung des Staates gegründet werden und unterlagen nicht selten hohen Steuern. Gleichzeitig wurden konkurrierende Importluxuswaren mit hohen Schutzzöllen belegt.
Manche Bereiche, wie beispielsweise die Herstellung von einfachen Textilien, wurden vom Verlagswesen und Heimgewerbe dominiert. Das Verlagswesen stellte gewissermaßen eine Übergangsform des Handwerks zur Industrie dar. Die meisten Handwerker auf dem Land produzierten in Heimarbeit. Ein sogenannter Verleger koordinierte diese Produktion, stellte mitunter Rohstoffe zur Verfügung und betrieb auch den Absatz der Erzeugnisse.

Veränderungen in der Landwirtschaft – Grundlage der Frühindustrialisierung

England hatte zu Zeiten der beginnenden Industrialisierung weitaus günstigere Bedingungen für eine wirtschaftliche Entwicklung als beispielsweise die deutschen Staaten. Bereits während der Glorreichen Revolution (1640–1688) vollzog sich dort die Ablösung des Feudaladels durch die sogenannte Gentry, das heißt Grundbesitzer sowohl adeliger als auch bürgerlicher Herkunft. Der König verlor an Einfluss und die Grundherren erlangten das unbegrenzte Verfügungsrecht über ihren Besitz. Die englische Gesellschaft blieb zwar hierarchisch geprägt, wurde aber sozial durchlässiger.

→ D1 , S. 18

Ein weiterer wesentlicher Faktor, der die Industrialisierung in England begünstigte, waren Veränderungen im Agrarwesen. Nachdem immer größere Flächen landwirtschaftlich erschlossen worden waren, wurde seit dem 18. Jahrhundert versucht, durch Aufhebung von kollektivem Gemeindebesitz (Allmende) rentablere Großbetriebe zu schaffen. Einhegungen machten aus ehemaligem Gemeindeland abgerundete Einheiten privaten Landbesitzes. Es entstanden Großbetriebe, die eine gewinnorientierte Landwirtschaft und eine Steigerung der Lebensmittelproduktion erlaubten. Dieses Wirtschaftssystem verdrängte Kleinbauern und benötigte weniger Landarbeiter, sodass immer mehr verarmte Arbeitskräfte für die anwachsende industrielle Entwicklung in den Städten zur Verfügung standen.

Kolonien und Textilien als Basis für den Aufstieg Englands zur Industriemacht

Eine weitere günstige Ausgangsbedingung für die frühe Industrialisierung in England war deren Stellung als See- und Kolonialmacht. Ihre Vielzahl an Kolonien erleichterte den Zugang zu Rohstoffen und zu billigen Produkten. Aus mit Sklavenarbeit betriebenen Plantagen erhielt England wichtige Rohstoffe für die Textilindustrie. Hinzu kam die starke Stellung im lukrativen Überseehandel mit Asien und Amerika. Dadurch konnte viel Kapital für unternehmerische Tätigkeiten erwirtschaftet werden.

Als erster wichtiger Wirtschaftszweig entwickelte sich in England die Herstellung von Textilien zu einer „Schrittmacherindustrie". Die Bevölkerung nahm in ganz Europa seit Ende des 17. Jahrhunderts spürbar zu, was neben der Ernährungsfrage zu einem steigenden Bedarf an billiger Kleidung führte. England besaß bereits seit dem Mittelalter ein großes Know-how in der Herstellung von Leinen und von Stoffen aus Schafswolle. Die Suche nach technischen Neuerungen in der Textilherstellung führte schließlich 1764 zur Erfindung der Spinning Jenny, einer industriellen Spinnmaschine zur Verarbeitung von Wolle zu Garn. 1785 kam der erste mechanische Webstuhl auf den Markt. Fortan wurden immer mehr Textilstoffe von Maschinen und nicht mehr per Hand gefertigt. Die nötige Antriebsenergie lieferte die Dampfmaschine, die in einer Frühform 1712 von Thomas Newcomen konstruiert und von James Watt 1769 weiterentwickelt wurde. Die Dampfmaschine forcierte wiederum die Suche nach neuen Brennstoffen, da Holz bzw. Holzkohle knapp wurde. 1784 entstand das sogenannte Puddelverfahren zur Umwandlung von Roheisen in Stahl mittels Steinkohlenverbrennung. Aus der Verwendung der Dampfmaschine entwickelte sich bald der Maschinenbau. Die Mechanisierung in der Textilindustrie bildete demzufolge die Voraussetzung für eine beschleunigte Entwicklung in anderen Industriezweigen. Daher sprechen wir auch von Kopplungseffekten. Dadurch, dass die Dampfmaschine in immer mehr Wirtschaftszweigen Verwendung fand, stieg die Nachfrage nach Eisen und Kohle an. Bald wurde in England die Textilindustrie als dominierender Leitsektor durch Bergbau, Eisenindustrie und Eisenbahnbau abgelöst.

James Watt (1736–1819)
schottischer Erfinder

Die Industrialisierung breitet sich aus

→ Q1 , Q2 , S. 18 f.

Die Veränderungen in England gaben natürlich Impulse auch über die Landesgrenzen hinweg, sei es nach Nordamerika oder auf das europäische Festland. Dort begannen sich Industrialisierungsprozesse in Regionen mit ähnlich günstigen Bedingungen über Belgien nach Nordfrankreich und von dort ab den 1820er-/1830er-Jahren schließlich nach Mitteleuropa auszubreiten.

Die vorindustriellen Verhältnisse in Deutschland

In den deutschen Staaten setzten diese Prozesse erst langsam in den 1820er-/1830er-Jahren ein. Ein wesentlicher Grund für diese Nachzügler-Rolle lag in den gesellschaftlichen Verhältnissen. Die alte Ständeordnung war unflexibel und undurchlässig. Die adeligen Gutsherren östlich der Elbe in Mecklenburg oder Pommern dachten sehr konservativ-traditionell. Obwohl diese Gruppe oft über das nötige Kapital verfügt hätte, gingen von den adeligen Landbesitzern nur selten unternehmerische Initiativen oder Forderungen nach wirtschaftlichen

Reformen aus. Keine der im 19. Jahrhundert umgesetzten Reformen bedrohte die Stellung der alten Adelsgeschlechter. In manchen Regionen gehören diese bis heute zur wirtschaftlichen und sozialen Elite, sei es in Rheinland-Pfalz mit den Hochadelsgeschlechtern wie der Familie „von der Leyen“ oder in Holstein mit vermögenden Adelsdynastien wie die der „von Rantzow“, „von Kielmannsegg“ oder „von Brockdorff“. Östlich der Elbe wurden solche Kontinuitäten feudaler Eliten, anders als in Westdeutschland, durch die Enteignungen nach 1945 oftmals unterbrochen.
Erst der Reformdruck unter der napoleonischen Herrschaft 1802–1813 sowie die wachsende Konkurrenz der englischen Wirtschaft erzwangen in vielen Ländern ein Umdenken zugunsten einer kapitalistisch-industriellen Wirtschafts- und Produktionsweise.

Friedrich List (1789–1846)
deutscher Wirtschaftstheoretiker und Unternehmer

Auf dem Weg zum deutschen Binnenmarkt

Im Gegensatz zu England, Frankreich oder den USA verfügte Deutschland aufgrund seiner territorialen Zersplitterung nicht über einen einheitlichen Handelsraum. Daran änderte sich auch mit der Gründung des Deutschen Bundes 1815 nichts. Weiterhin behinderten Zollschranken einen schnellen und günstigen Warenverkehr. Wirtschaftstheoretiker und Unternehmer wie Friedrich List (1789–1846) forderten zur Vereinfachung des Handels einen einheitlichen Deutschen Zollverein. Einen ersten Schritt vollzog Preußen, das 1818 sämtliche Binnenzölle abschaffte und dadurch den Binnenhandel förderte. 1828 entstand ein Süddeutscher Zollverein. 1834 folgte schließlich der größere Deutsche Zollverein, dem allerdings Österreich sowie die norddeutschen Staaten fernblieben. Innerhalb der Zollvereine wurden die Zollschranken beseitigt, Münz- und Gewichtssysteme vereinheitlicht. Andererseits wurden jedoch viele Schutzzölle stark erhöht, um die erst im Entstehen begriffene eigene Industrie besonders vor der günstigeren Konkurrenz aus England zu schützen.

David Hansemann (1790–1864)
liberaler preußischer Politiker, Unternehmer und Bankier 1848 preußischer Finanzminister

Leitfaktor Eisenbahnbau und Bankwesen

In den 1830er-Jahren setzte der Eisenbahnbau ein, der eine wichtige Rolle in der Verknüpfung der entstehenden Industriestandorte spielte. Da Preußen auf dem Wiener Kongress 1815 das Ruhr- und das Saargebiet zugesprochen worden war, profitierte es nun besonders von dem steigenden Bedarf an Steinkohle als Brennstoff der Eisenbahnen und Eisenerz zur Stahlherstellung (Eisenbahnschienen, Brücken, Maschinen u.a.).
Allerdings war der Ausbau der Infrastruktur mittels Eisenbahnlinien und neuen Kanälen sowie anderer Großprojekte äußerst kostenintensiv. Solche Investitionen waren nur durch eine parallele Veränderung des Finanzwesens möglich. Anfang des 19. Jahrhunderts gab es entweder nur lokale Geldverleiher oder einige wenige größere Finanzhäuser. Seit den 1840er-Jahren gründeten sich immer mehr Banken, die durch Investmentangebote auch dem einfachen „Normalbürger“ an der Börse die Möglichkeit gaben, sein Erspartes in Wirtschaftsunternehmen zu investieren. Erst dadurch gelang es, den nötigen Finanzbedarf zur Entwicklung neuer Industriezweige aufzubringen. Entscheidend war dabei, dass Anteilseigner nur noch mit ihrer Kapitaleinlage und nicht mehr mit ihrem Privatvermögen hafteten. Daher war es möglich, dass Aktien zu jeder Zeit wieder kapitalisiert werden konnten.
Mit Blick auf die Kapitalbedürfnisse des Handwerks und kleinerer Gewerbe gründeten sich genossenschaftliche Sparkassen. In Preußen wurde die Reformierung des Bankwesens beispielsweise durch den liberalen Politiker, Unternehmer und zeitweiligen Finanzminister David Hansemann vorangetrieben. Infolge des raschen Fortschritts bei Transport- und Kommunikationsmitteln sollte es dann auch nicht lange dauern, bis sich große Kreditinstitute international ausrichteten und globale Bedeutung gewannen.

Strukturwandel und gesellschaftliche Folgen

Begleitet wurde die Entwicklung mit einer Schwerpunktverschiebung der wirtschaftlichen Landschaft in Deutschland. Während in Baden und Württemberg dynamische mittelständische Unternehmen entstanden, entwickelte sich Sachsen dank Erz- und Braunkohlevorkommen zu einem Zentrum für Maschinenbau, was wiederum der bestehenden Textilindustrie starke Impulse gab. Schlesien verlor an Bedeutung. Westfalen und das Rheinland, welche von den Reformen der napoleonischen Besatzung (1802–1813) profitiert hatten, wurden neben Berlin zum neuen Wirtschaftszentrum des Landes. Preußen begann sich dadurch ökonomisch und gesellschaftlich auseinanderzuentwickeln. In Berlin und im industriell geprägten Ruhrgebiet beherrschten immer stärker große, exportorientierte Unternehmen der Schwer-, Elektro- und chemischen Industrie die Wirtschaft. Im Osten blieben die adeligen Großgrundbesitzer dominierend, auch wenn ihre landwirtschaftlichen Betriebe zunehmend durch Schutzzölle vor billigeren Importen geschützt werden mussten.

→ Kapitel 1.7, S. 70 f.

Einher ging diese Entwicklung mit großen Wanderungsbewegungen. Der wirtschaftliche Aufstieg Preußens und anderer Teilstaaten des Deutschen Reiches zog Hunderttausende Arbeitsuchende, besonders aus Österreich-Ungarn, Russland, den Niederlanden und Belgien, an. Manche kamen als Saisonarbeitskräfte in die Landwirtschaft, andere dauerhaft in die Industrie- und Bergbauzentren. Hinzu kam eine große Binnenwanderung. Rund eine halbe Million Menschen aus den preußischen Ostprovinzen siedelten in das Ruhrgebiet um. Viele große Unternehmen, beispielsweise in der Textilindustrie, warben gezielt polnische und ukrainische Arbeitskräfte an. Gleichzeitig kam es zum zweiten Mal im 19. Jahrhundert nach den 1850er-Jahren zu einer großen Auswanderungsbewegung, die deutsche Arbeitsmigranten in den 1880er-Jahren zur größten Einwanderungsgruppe in den USA werden ließ.

Siegeslauf der Industriewaren

Dank rationalisierter Produktionsweisen und staatlicher Förderung der sich herausbildenden Nationalstaaten, war es den entstehenden Industriegesellschaften möglich, ihre Waren zu niedrigeren Kosten in großer Stückzahl und zu billigeren Preisen international anzubieten. Auf kurz oder lang zerstörten sie dadurch ältere, auf Handarbeit basierende Wirtschaftszweige. So hatte die lokale, traditionelle Textilwebkultur Indiens gegen die mechanisierte Textilindustrie Großbritanniens keine Chance. Notfalls setzten die Industriemächte, allen voran die dominierende Seemacht Großbritannien, militärischen Druck zur Beseitigung von Handelshemmnissen beziehungsweise zur Erzwingung bevorzugter Marktzugänge, sogenannte „Ungleiche Verträge", ein. Die USA prägten für ihre aggressive Außenhandelspolitik den Begriff der „Open door"-Politik.

Im Zuge des Imperialismus lebte am Vorabend des Ersten Weltkrieges rund ein Drittel der Weltbevölkerung unter kolonialer Herrschaft. Die Wirtschaftssysteme dieser Gesellschaften wurden von der jeweiligen Kolonialmacht zwecks Gewinnmaximierung zwangsweise auf die Bedürfnisse des Weltmarktes oder der Rohstoffbedürfnisse der eigenen Ökonomie ausgerichtet. Grund dafür war der wachsende Rohstoffhunger der Industriestaaten. Die Erfindung des mechanischen Webstuhls als Grundlage für eine industrialisierte Textilherstellung erforderte die gesicherte Zufuhr immer größerer Mengen an Baumwolle. Profiteure waren dabei v. a. Unternehmen. Für die Kolonialstaaten überstiegen hingegen die Kosten von Kolonialverwaltung und Militäreinsätzen meist den finanziellen Gewinn. Die zunehmend urbanisierten Industriegesellschaften, die über immer weniger fruchtbaren Boden verfügten, benötigten zum Überleben südamerikanisches Guano und Salpeter als Düngemittel, Getreide aus Russland und Kanada, Fleisch aus Australien und Argentinien. Mit der Entwicklung der Elektro- und chemischen Industrie schnellte beispielsweise der Bedarf an Kautschuk zur Gummiherstellung, Kupfer für Stromdrähte sowie Erdöl für Petroleum und Benzin in die Höhe. Der Erfolg der jeweiligen industriellen Entwicklung und damit die Stärkung der staatlichen Machtposition verlangte in immer größerem Maße den gesicherten und billigen Zugriff auf die Rohstoffvorkommen und landwirtschaftlichen Erzeugnisse der Welt.

→ **Q3**, S. 19

A Die Industrialisierungsprozesse in England

D1

Die Allmende in England

Mit dem Ziel der Ertragssteigerung der landwirtschaftlichen Erträge geriet zunächst in England, dann auch in anderen Ländern, der gemeinschaftliche Allmendeboden ins Visier der Agrarreformer. Der US-amerikanische Geologe David Montgomery schildert 2008 in einer Studie über die Zerstörung fruchtbaren Bodens von den frühen Hochkulturen bis zur Gegenwart mit Blick auf die Allmende in England im 18. Jahrhundert:

[Seit dem Mittelalter] verwalteten Bürgerschaften das Land, das sich im Besitz der gesamten Dorfgemeinschaft befand. Jeder Haushalt erhielt in jeder Saison ein Stück Land zur Kultivierung, danach wurden die Felder wieder gemeinschaftlich genutzt. Nach der Ernte weidete Vieh auf den Stoppelfeldern und lieferte Fleisch, Milch und Dung. […]
Zu Beginn des 18. Jahrhunderts glaubte man, es gebe nur eine Möglichkeit, die Qualität von Ackerland zu steigern: Es war dies die Einfriedung ausreichend großer, in Privatbesitz befindlicher Weideflächen. Sie sollten sicherstellen, dass die Ackerflächen weiterhin mit Viehdung versorgt werden konnten. Es war keinesfalls ausreichend, die Kuh, die eine Familie im Durchschnitt besaß, einfach über die Allmende zu treiben, in der Hoffnung, sie würde dort ihre Fladen verteilen. […] War ein Betrieb zu klein, führte kontinuierlich betriebener Anbau unweigerlich zur Minderung der Bodenfruchtbarkeit. Dass große Betriebe ebenfalls zur Auslaugung des Bodens beitragen, war noch nicht sichtbar – und die diesbezüglichen Erfahrungen der Römer waren schon lang dem Vergessen anheim gefallen. […]
Am Ende des 18. Jahrhunderts war gemeinschaftlich genutztes Land fast vollständig aus England verschwunden. Der Verlust der Allmende ging für zahlreiche ländliche Haushalte mit dem Verlust ihrer Unabhängigkeit einher. Des bisher genutzten Landes beraubt, waren die Kleinbauern ohne Arbeit und somit schnell ein Fall für die Armenfürsorge. Da er die wirtschaftlichen Auswirkungen des Wandels in der englischen Landschaft wahrnahm, hielt Arthur Young, Sekretär des Landwirtschaftsrates, Einfriedungen bald für eine gefährliche Entwicklung, da sie der Selbstversorgung auf dem Land ein Ende setzte. Doch die Einfriedung und Privatisierung der letzten Überreste des Gemeinlandes zwangen die neue Schicht der landlosen Kleinbauern genau zu der Zeit zur Arbeitssuche, als in den britischen Zentren der Industrialisierung Arbeitskräfte benötigt wurden.

David R. Montgomery: Dreck. Warum unsere Zivilisation den Boden unter den Füßen verliert. Übersetzt v. Elke Walter. oekom, München 2010, S. 125, 134 und 136.

Q1

Einschätzung zur Industrialisierung in England

Aus einem Reisebericht Christian August Gottlieb Goedes 1806:

Keinem aufmerksamen Beobachter kann es entgehen, dass dieselben Ursachen, welche den Wohlstand der Engländer immer höher emporheben, auch auf der andern Seite Armut und Elend unter ihnen verdoppeln. Je mehr sich Schifffahrt, Handel und Manufakturwesen in England erweitert haben, umso stärker ist die Anzahl der Armen angewachsen. Es ist aber bemerkenswürdig, wie vielfältiges Elend aus jenen großen Hilfsquellen des Nationalreichtums entspringt. Schifffahrt, Fabriken und Manufakturwesen zerstören bei großer Ausdehnung furchtbarer und schneller als manche tödliche Epidemie erstaunlich viele Menschenleben. Es ist fast unglaublich, wie sehr sich mit jedem Jahr in England die Zahl der Witwen und Waisen, armer Seeleute und Fabrikarbeiter vermehrt, die in ihrem Beruf einen frühen Tod gefunden haben. Aus dieser Klasse hilfloser Armen besteht jederzeit die größte Anzahl derer, welche den englischen Kirchspielen zur Last fallen. […] Ebenso wahr, obgleich scheinbar nicht minder paradox ist es, dass die im Lande sich anhäufenden Reichtümer, während sie auf der einen Seite den Schwungrädern der Industrie eine leichtere und schnellere Bewegung geben, auf der andern die Gewerbetätigkeit in ihren ersten Schritten hemmen. Die vermögenden Bürger werden durch die Vergrößerung ihrer Kapitalien in den Stand gesetzt, alle Unternehmungen immer mehr ins Große zu treiben, aber begreiflicherweise wird eben dadurch der ärmere Bürger immer tiefer ins Elend hinabgestoßen, denn wer ein Gewerbe nur im kleinen betreiben kann, muss in demselben umso weiter zurückgesetzt werden, je beträchtlicher und je leichter andere bei demselben Erwerbszweig durch geschickte Anlegung großer Kapitalien die Hervorbringung und den Vertrieb der Waren zu vermehren wissen.

Christian A. G. Goede: England, Wales, Irland und Schottland. Erinnerungen an Natur und Kunst auf einer Reise 1802–1803. Bd. 5. Arnoldi, Dresden 1806, S. 78–80.

B Industrialisierung in Deutschland

Q2

England als Vorbild für preußische Firmen

Über die neue Fabrik von Kamp und Harkort wurde in der Allgemeinen Preußischen Staatszeitung vom 24. Oktober 1822 berichtet:

Lange Zeit glaubte man [die Dampfmaschine] nur aus England in der gehörigen Vollkommenheit beziehen zu können, und lange Zeit war es so; um desto erfreulicher ist es, dass zwei unserer Landsleute *[die Unternehmer Kamp und Harkort]* den Mut gehabt haben, auch diese schwerste Aufgabe zu lösen und die Anfertigung des primum mobile *[des ersten Antriebsmittels]* der Fabrik-Industrie, ohne dessen allgemeinere Einführung und Benutzung an keine siegreiche Konkurrenz mit England zu denken ist, ins Vaterland zu verpflanzen und die Anwendung desselben solchergestalt zu erleichtern. Die Fortschritte, welche England in seiner Fabrikation seit Einführung der Dampfmaschine gemacht hat, sind bewunderungswürdig und ungeheuer, aber begreiflich; denn bekanntlich hindert nichts die Einführung von Fabrikanstalten in den ödesten und mithin gerade dafür passendsten Gegenden so sehr, als der Mangel an einer für die Bewegung nötigen Kraft, die man früher nur in einem hinlänglichen Fall von Wasser zu finden glaubte. Dadurch, dass diese Kraft mittels Dampfmaschinen überallhin verpflanzt werden kann und an kein Lokal gebunden ist, verbreitet sich die Möglichkeit der Fabrikanlagen über das ganze Land [...] Für die Fabrikation selbst ist die Kraft der Dampfmaschine der des Wassers auch noch um deswillen vorzuziehen, weil sie an keine Jahreszeit gebunden ist, weder durch Dürre noch durch Frost unterbrochen wird, und mithin eine weit richtigere, gleichmäßigere Berechnung zulässig macht. Kurz, nur wenn die Dampfmaschine der Hebel der zur Fabrikation nötigen Kraft und Bewegung ist, wird diese auf den Grad der Vollkommenheit Anspruch machen können, der heutzutage nötig ist, um mit den Nachbarstaaten zu konkurrieren. [...]

Allgemeine Preußische Staatszeitung vom 24. Oktober 1822. Zit. nach: Wilhelm Treue, Herbert Pönicke, Karl-Heinz Manegold (Hrsg.): Quellen zur Geschichte der industriellen Revolution. Musterschmidt, Göttingen 1966, S. 182 f.

Q3

Das Ende der traditionellen Landwirtschaft?

In den 1840er-Jahren rückten stickstoffhaltige Nitrate, Phosphate und Kalium als wachstumsfördernde Zusätze ins Blickfeld der jungen Agrarwissenschaft. Zunächst wurde überwiegend auf ***Guano*** *zurückgegriffen. Nach der Jahrhundertwende gelang die Herstellung synthetischen Stickstoff-Düngers auf der Basis von Ammoniak. Lithographie 1913.*

C Neue Wirtschaftssektoren – mithilfe der Börse?

D2

„In Geldsachen hört die Gemütlichkeit auf!"

David Hansemann machte sich 1817 als Wollhändler in Aachen selbstständig. Zu Wohlstand gekommen, engagierte er sich in der Politik und beteiligte sich finanziell an Eisenbahngesellschaften. Nachdem er zeitweise preußischer Finanzminister war (1848) und die Preußische Bank (spätere Reichsbank) geleitet hatte, gründete er mit 61 Jahren 1851 eine eigene Bank, die Disconto-Gesellschaft. Der Kulturhistoriker Ernst Samhaber schrieb 1964 über die Folgen dieser Gründung:

Die Disconto-Gesellschaft sollte nicht nur Geldgeschäfte betreiben, sondern Geld von einem möglichst breiten Publikum an sich ziehen; sie war sowohl Geschäftsbank wie Depositenbank[1]. Das war ein neuer Gedanke. Hansemann verdankt ihn nicht zuletzt seiner Herkunft aus dem industriellen Rheinland und aus dem Handel.

Sein Gedanke gab dem deutschen Bankwesen sein besonderes Gesicht: Alle finanziellen Hilfsmittel der Nation waren nötig, um den wirtschaftlichen Rückstand von Preußen – und erst recht von Süddeutschland – gegenüber Frankreich und England aufzuholen. Kohlenzechen mussten abgeteufelt[2], Stahlwerke errichtet, Elektroindustrien gefördert, chemische Fabriken gebaut werden. Dazu kam der Bau von Eisenbahnen. Nur wenn alles brachliegende Geld mobilisiert wurde, war der Aufbau möglich. Der Sparpfennig des Arbeiters wie des Angestellten, die Rücklagen des fest besoldeten Handwerkers, [...] das Guthaben des Bauern, das von einer Ernte bis zur nächsten vorhalten soll, alles dieses Gold sollte zur Bank gebracht werden.

Die Bank verwandelt dieses „Geld" in Kapital, macht es der wirtschaftlichen Entwicklung dienstbar. Die Depositanten setzen sich aus den verschiedensten Bevölkerungskreisen zusammen; sie bringen größere und kleinere Beträge; sie legen – zögernd – Beträge langfristig, die meisten kurzfristig an. Sie wollen sicher sein, dass sie jederzeit ihr Geld abheben können, ganz besonders, wenn es sich um Gehaltskonten handelt. Die einen brauchen ihr Geld im gleichen Monat, andere innerhalb eines Jahres, die Handwerker im Winter, wenn sich die Aufträge bei ihnen häufen, so dass sie ihr Rohmaterial beschaffen, die Bauern im Frühjahr, wenn es gilt, Saatgut einzukaufen.

Die Bank kann ihre Kunden beraten, Aktien zu kaufen, mündelsichere Papiere[3] zu erwerben, oder Spargelder langfristig anzulegen. Sie muss darüber hinaus ihre eigenen Anlagen richtig bemessen. [...] Der Fabrikant, der seinen Betrieb erweitern möchte, der Erfinder, der Geld sucht, um weiterforschen zu können, der Händler, der einen langfristigen Abnahmevertrag abschließen möchte, jedoch fürchtet, dass seine eigene Finanzkraft nicht ausreicht, wenn der Absatz stockt, alle wenden sich vertrauensvoll an die Bank und bitten um Rückhalt. [...] Der Bankier kann nur helfen, wenn er selber über genügend Depositen verfügt.

Große Anleihen wurden noch lang auf den großen europäischen Börsen gehandelt; aber dazu musste es sich schon um Millionengeschäfte handeln. Die mittlere örtliche Bank oder die großen Depositenbanken mit ihrem weitverzweigten Netz von Niederlassungen und Zweigstellen zogen wie ein Schwamm das Geld der breiten Schichten an sich, sie standen in unmittelbarem Geschäftsverkehr mit den kleinen und mittleren Unternehmen. Das entsprach der breiten Streuung der Industrie in Deutschland.

Ernst Samhaber: Das Geld: eine Kulturgeschichte. Keyersche Verlagsbuchhandlung, München 1964, S. 223–224.

1 Depositenbank = Bank, die kurz- und mittelfristige Einlagen- und Kreditgeschäfte tätigt
2 Abteufeln: Begriff für den Bau tiefer Schächte im Bergbau
3 Mündelsichere Anlage = festverzinste Vermögensanlagen. Eine solche Anlageform war vom Gesetzgeber einem Vormund für die Anlage des zu verwaltenden Vermögens des von ihm betreuten Mündels vorgeschrieben.

D Energiefrage und Kommunikation

Q4

Tantal-Lampe

1903 wurde erstmals das Element Tantal für Glühfäden eingesetzt, was die Effizienz elektrischer Lampen stark erhöhte. Postkarte ca. 1910.

Q5

Ausstellungsplakat zur Internationalen Elektrotechnischen Ausstellung in Frankfurt 1891

Bei der Ausstellung wurde erstmals die Fernübertragung von Strom vorgeführt, der in einem 176 km entfernten Kraftwerk erzeugt wurde. Mittels dieses Stroms wurden rund 1000 Glühlampen und ein künstlicher Wasserfall betrieben. Die Drehstromtechnik für den Aufbau elektrischer Übertragungsnetze setzte sich bald weltweit durch.

Q6

Zeitersparnis durch Elektrizität

Deutsches Werbeplakat um 1935.

Q7

Neue Kraftquellen

Woher die schnell wachsende Nachfrage an elektrischer Energie befriedigen, das beschäftigte bereits früh die Öffentlichkeit. Der US-amerikanische Chemiker Hudson Maxim (1853–1927) schrieb 1910 in einem Aufsatz zur Energiefrage im industriellen Zeitalter:

Es gibt ein Problem, welches der Mensch bald zu lösen genötigt sein wird; denn von dessen Lösung hängt die Möglichkeit eines andauernden menschlichen Fortschrittes und einer fortschreitenden Zivilisation vollständig ab. Wir müssen einen Vorrat an Wärme und Kraft haben, der sowohl unerschöpflich in der Quantität als auch billig in der Gewinnung ist. […]

Hätten wir eine Maschine, mittels welcher wir die in der Kohle schlummernden Kräfte ebenso vollständig ausnützen könnten, wie die Seemöwe den Kohlenstoff ausnutzt, den sie aus ihren Nährstoffen zieht, so würden wir aus unserem Feuerungsmaterial das Zehnfache der Kraft herausholen können, die wir brauchen, um die Räder unserer Maschinen zu drehen. Aber selbst wenn wir imstande wären, eine solche Maschine zu erfinden, so würde uns das doch noch lange nicht genügen, um unseren Bedarf auch für die Zukunft zu decken; denn die großen Kohlenlager der Erde könnten ja doch nur noch ein paar Jahrhunderte vorhalten. […]

Aber nicht die Gefahr des Kohlenmangels allein droht uns, wir werden auch […] unsere Luft dabei völlig verbrannt haben; denn jede Tonne Kohle, die von uns verbraucht wird,

macht 12 Tonnen Luft zum Atmen untauglich, sodass, wenn wir selbst hinreichend Kohle auf ganz unbegrenzte Zeit hätten, wir doch nicht genug Sauerstoff in der Luft vorrätig fänden, um sie zu verbrennen; denn die Luft würde schon bis zum Ersticken mit Kohlensäure ausgefüllt sein.
Möglicherweise erfinden wie eine Art Motor, der die Wärme nutzbar machen kann, die von den Sonnenstrahlen ausgeht. Man schätzt den Totalwert der Energie, welche die Erde von der Sonne empfängt, als gleichwertig mit der, die von einem Wasserfalle entwickelt werden würde, der, wenn er dem Niagarafall[1] an Mächtigkeit glich, 75 000 englische Meilen[2] breit sein müsste, breit genug also, um die Erde dreimal damit zu umspannen. [...] Aber würden wir auch wirklich jeden Strom, jeden Wasserfall und jeden Wasserlauf bis zu seiner höchsten Möglichkeit ausnutzen, so würde die also gewonnene Kraft doch nicht mehr ausreichen, den menschlichen Bedürfnissen zu genügen.
Die Entdeckung der strahlenden Materie hat uns eine ganz neue Perspektive und so wunderbare Möglichkeiten eröffnet, dass wir mit unserem gegenwärtigen Wissen kaum wagen können, an deren doch so zweifellose Verwirklichung auch nur zu glauben. Wir haben gefunden, dass die der Materie innewohnenden Molekularkräfte so über jeden irdischen Begriff hinausgehen, dass, wenn es uns jemals gelingen sollte, sie dem menschlichen Gebrauch dienstbar zu machen, wir bis in alle Ewigkeit hinein die Welt damit erleuchten, erwärmen und befahren könnten.

Hudson Maxim: Das 1000jährige Reich der Maschinen. In: Arthur Brehmer, Die Welt in 100 Jahren. Verlagsanstalt Buntdruck, Berlin 1910, S. 15–18.

1 Wasserfälle an der Grenze zwischen Kanada und den USA, werden seit 1875 zur Stromerzeugung genutzt
2 Englische Meile (Landmeile) = 1609,344 Meter

D3

Das Geschäftsmodell Telefon

Der Publizist und Politologe Frank Patalong skizzierte 2012 das erste Geschäftsmodell des Telefons:

Bereits Philipp Reis[1] hatte bei seinen frühen Telefonexperimenten ab 1858 festgestellt, dass modulierte Töne, am besten bekannte Melodien, viel leichter zu übertragen und zu verstehen waren als Sprache. Jahre bevor er 1863 den historischen, vorbildlich unpathetischen Satz „Das Pferd frisst keinen Gurkensalat" als erste überlieferte Äußerung per Telefon an die nicht nur deshalb staunenden Mitglieder des Frankfurter Physikalischen Vereins übermittelte, pfiff und sang er so erfolgreich in sein Mikro, dass die Melodien am anderen Ende recht zuverlässig erkannt werden konnten. Kurzum: Das Telefon schien besser zur Übertragung von Musik geeignet als von Sprache.
Dazu kam, dass man sich den damit verbundenen Business Case, wie man heute sagen würde, viel leichter vorstellen konnte. Warum sollte man sich für ein Heidengeld ein Telefon installieren lassen, wenn Freunde, Bekannte und Verwandte keines hatten? Wen sollte man anrufen? [...]
Vorstellen konnte man sich dagegen durchaus, dass Kunden Geld bezahlen würden, um per Fernsprechapparat eine Opernaufführung mitzuhören. Und das sowohl in öffentlichen Musikräumen, [...], als auch in Form einer regelmäßigen, zahlungspflichtigen Dienstleistung: Mit das erste Geschäftsmodell, das den Telefon-Entwicklern einfiel, war also das von Napster und iTunes – Online-Musikdienste gegen Zahlung, wenn man so will. Noch bevor die ersten Fernsprechnetze entstanden, begannen Ingenieure bereits daran zu arbeiten, das Telefon zum Musik-Vertriebsmedium der Zukunft zu machen. [...] [In den 1880er-Jahren] wurden Telefon-Musikräume zu den meistbestaunten und meistgenutzten Attraktionen der überall stattfindenden Elektrizitätsausstellungen und -messen. Die nötige Technik, das ausgehende Telefonsignal zu splitten und zeitparallel an mehrere Telefone zu verteilen, stand längst bereit. Spätestens ab 1880 war die telefonische Musikshow fester Bestandteil jeder größeren Elektrizitätsmesse. [...] Die Nachfrage nach solchen Formen des Entertainments war da – und sie befeuerte wiederum die Nachfrage nach dem Telefon. Im September 1884 [...] folgte der letzte Beweis dafür, dass man für den Telefon-Musikdienst keine eigene Infrastruktur würde schaffen müssen. Genau wie für das Telefonieren würde man auch für die Verbreitung von Musik die Telegrafendrähte nutzen – und zwar gleichzeitig mit dem Versenden von Morse-Nachrichten. [...] 1889 gelang in den USA die Übertragung eines Live-Konzerts über eine Ferngesprächs-Leitung. Nicht nur 80 Mikrofone wurden eingesetzt, sondern beim Empfänger erstmals auch Lautsprecher statt Telefonhörer: eine Sensation, die kurz darauf für die Mitglieder eines Kongressausschusses wiederholt werden und der Verbreitung der Telefontechnik weiteren Schub verleihen sollte.
Sieben Jahre nachdem das Polytechnische Journal die Zahl der Privatanschlüsse bei 5000 weltweit ansetzte, zählte man in den USA bereits über 200 000, Tendenz rasant steigend. [...] Im Juni 1897 berichtete die Fachzeitschrift Electrical Review von einer kuriosen Mode in der rund 150 Kilometer westlich von New Orleans gelegenen Stadt Mobile, Alabama, wo man „Telephone Partys" organisierte, bei denen die Teilnehmer miteinander plaudern konnten, „als wären sie in einem Raum". Wieder einmal liegt die Erfindung einer Spaßanwendung (in diesem Fall eine Art Chatroom) vor der Einführung der ernsthaften Variante.

Frank Patalong: Der viktorianische Vibrator. Törichte bis tödliche Erfindung aus dem Zeitalter der Technik. Bastei Lübbe, Köln 2012, S. 87–90.

1 Johann Philipp Reis (1834–1874), dt. Physiker und Erfinder

Arbeitsvorschläge

Arbeitsvorschlag zum darstellenden Text

1. Erläutern Sie auf Basis Ihres Vorwissens und des darstellenden Textes mit einem Zeitstrahl die wichtigsten Wegmarken, die in England zur Industrialisierung geführt haben. [II]

A Die Industrialisierungsprozesse in England

2. Arbeiten Sie heraus, wie Montgomery die Folgen der Aufhebung der Allmende im England des 18. Jahrhunderts beurteilt (D 1). [II]
3. Bewerten Sie anhand der Folgen der Industrialisierung, ob die Kritik von Montgomery berechtigt ist (D 1). [III]
4. Recherchieren Sie den praktischen Hintergrund der Enclosure-Bewegung und vergleichen Sie die Auffassung von Montgomery mit der aktuellen Debatte über ökologischer Nachhaltigkeit (D 1). [II] ○
5. Beurteilen Sie auf Basis des Reiseberichts von Christian Goede die Folgen der Industrialisierung aus der Sicht der unteren Bevölkerungsschichten. [III]

B Industrialisierung in Deutschland

6. Erläutern Sie anhand des Firmenbeispiels Kamp und Harkort (Q 2), inwieweit englische Erfindungen als Vorbild für preußische Firmen dienen konnte. [II]
7. Analysieren Sie die Postkarte zum Thema Stickstoff-Dünger (Q 3). [II]
   a) Arbeiten Sie die Bedeutung von chemischen Düngemitteln für die Landwirtschaft heraus, wie sie auf der Postkarte vermittelt wird. [II]
   b) Erläutern Sie die mutmaßliche Zielgruppe des Artikels. [II]

C Neue Wirtschaftssektoren – mithilfe der Börse?

8. Arbeiten Sie heraus, was das Neue am Geschäftsmodell der Disconto-Gesellschaft war (D 2). [II]
9. Beurteilen Sie, welche Bedeutung die Gründung der Disconto-Gesellschaft und weiterer Finanzgesellschaften für die Wirtschaftsentwicklung in Deutschland besaß. [III]

D Energiefrage und Kommunikation

10. Analysieren Sie die Tantal-Werbekarte (Q 4). [II]
    a) Beschreiben Sie die abgebildeten Elemente. [I]
    b) Charakterisieren Sie die abgebildete Szene. [II] ○
11. Mit dem Einzug elektrischer Energie in Produktionsverfahren sowie im öffentlichen und privaten Leben veränderte sich der Alltag und das Arbeitsleben der Menschen oft grundlegend. Stellen Sie „Licht- und Schattenseiten" für die Menschen tabellarisch gegenüber und begründen Sie jeweils Ihre Einteilung. [III]
12. Beschreiben Sie die im Ausstellungsplakat enthaltenen Bildinhalte (Q 5). [I]
13. Beurteilen Sie die Bedeutung der in Frankfurt 1891 verwendeten Drehstromtechnik (auch Dreiphasenwechselstrom genannt) für die Nutzbarmachung der Elektrizität. Nutzen Sie dazu auch Ihr Vorwissen aus Physik. [III]
14. Beschreiben Sie das Werbeplakat von 1935 (Q 6). [I]
15. Erläutern Sie die Aussage und die vermutliche Zielgruppe des Werbeplakats (Q 6). [II] ●
16. Mit dem Einzug elektrischer Energie in Produktionsverfahren sowie in das öffentliche und private Leben stellte sich bald auch die Frage, wie die Energieversorgung langfristig gelöst werden konnte. Arbeiten Sie die zentralen Visionen des Chemikers Maxim heraus (Q 7). [II]
17. Überprüfen Sie, ob die Visionen von Hudson Maxim eingetreten sind. [III]
18. Geben Sie die Darstellung von Patalong mit eigenen Worten wieder (D 3). [I]
19. Arbeiten Sie aus Patalongs Beschreibung die Triebkräfte für die Durchsetzung des Telefons heraus (D 3). [II]

Online- und Differenzierungsmaterialien zu Kapitel 1.1
○ Arbeitshilfen zu den Aufgaben 4 und 10b
● Vertiefungsangebot zur Aufgabe 15
Erklärfilm Industrialisierung

Online-Code: qs3x6d

1.2 Die europäischen Revolutionen von 1848/49 – Versuche politischer Modernisierung?

Der Historiker Reinhard Koselleck spricht bei den Ereignissen der Jahre 1848/49 von der „großen europäischen Revolution". Das gemeinsame Merkmal aller Revolutionen des 19. Jahrhunderts war das Streben nach einem Rechts- und Verfassungsstaat und je nach lokalen Verhältnissen die Forderung nach der Beseitigung feudaler Rechts- und Eigentumsordnungen und nach sozialer Gerechtigkeit. In Deutschland, Polen, Italien und weiteren Ländern kam das Ziel der nationalstaatlichen Einheit hinzu.

Ursachen und Träger der Revolution in Deutschland

Die Kontroversen zwischen der liberalen und nationalen Bewegung auf der einen und den restaurativen Kräften auf der anderen Seite blieben auch auf dem Gebiet des Deutschen Bundes bis 1848 ungelöst. Als weitere Ursachen für die Revolution können soziale und wirtschaftliche Entwicklungen ausgemacht werden.

Die 1840er-Jahre bezeichnen Historiker als die „hungry fourties" in ganz Europa. Arbeitslosigkeit infolge der Zurückdrängung traditioneller Erwerbszweige, Massenarmut (Pauperismus) und Hunger durch Missernten prägten dieses Jahrzehnt. Revolten gegen die Missstände, wie die von 3000 Webern in Schlesien, ließ die Obrigkeit blutig niederschlagen. Verschärfend wirkte ein rasantes Bevölkerungswachstum. Seit 1815 hatte sich die Bevölkerung auf dem Gebiet des Deutschen Bundes verdoppelt. Die Produktivität der Wirtschaft blieb dahinter zurück.

Friedrich Wilhelm IV. (1795–1861)
Seit 1840 König von Preußen

Angesichts der Armut auf dem Land flüchteten viele Menschen in die Städte. Die beginnende Industrialisierung bot aber nicht ausreichend Arbeitsplätze. In den Städten entwickelte sich somit erstmals ein Proletariat, das aufgrund des Überangebots an Arbeitskräften nur einen Hungerlohn erhielt.

Neben den bürgerlichen, vor allem bildungsbürgerlichen Schichten können zwei weitere Trägergruppen der Revolution ausgemacht werden: Handwerker, Arbeitslose, Kleingewerbetreibende und einige wenige Industriearbeiter bildeten eine sich politisierende städtische Unterschicht. Eine dritte Gruppe bestand aus der Landbevölkerung.

Ein revolutionärer Funke aus Frankreich für Europa

Den Auslöser bildete abermals eine Revolution in Paris. Der „Bürgerkönig" Louis-Philippe musste wegen einer gescheiterten Wahlrechtsreform im Februar 1848 abdanken. Eine Koalition aus liberalem Besitz- und Bildungsbürgertum, Handwerkern und Arbeitern übernahm die Macht, errichtete eine Republik und bildete eine provisorische Regierung. Dieses Bündnis war aber von Anfang an brüchig: Das Bürgertum zielte auf liberale Freiheiten und die Sicherheit des Eigentums. Viele Arbeiter und Handwerker hingegen beabsichtigten staatliche Unterstützung für die wirtschaftlich Schwachen. Nach bürgerkriegsähnlichen Auseinandersetzungen triumphierte das Bürgertum über einen Arbeiteraufstand. Dieser Sieg währte aber nur kurz: Der 1848 zum Präsidenten der Republik gewählte Louis Napoleon, ein Neffe Napoleons I., errichtete bereits zwei Jahre später ein neues Kaiserreich und ließ sich diktatorische Vollmachten übertragen.

Märzforderungen und erste Erfolge

→ Q2, Q3, S. 30

Die Nachrichten aus Paris mobilisierten auch die Opposition in Deutschland. Mit Demonstrationen, Versammlungen und Petitionen unterstrich das liberale Bürgertum im Frühjahr 1848 seine Forderungen: Presse- und Versammlungsfreiheit, Gewissens- und Lehrfreiheit, eine

Bürgerarmee mit gewählten Offizieren, Geschworenengerichte und Verfassungen (wo es sie noch nicht gab). Unabhängig davon kam es zu einer Revolutionierung von Arbeitern, die sozialpolitische Absicherungen gegen die Ausbeutung in den Industriebetrieben forderten. Auf dem Land brach sich der Zorn der Bauern teilweise gewalttätig Bahn. Sie zogen vor die adligen Landsitze und verlangten die Aufhebung grundherrlicher Abgaben und Dienste, die Beseitigung der Patrimonialgerichtsbarkeit und des adligen Jagdrechts und Ähnliches mehr. In einigen Mittel- und Kleinstaaten des Deutschen Bundes vollzog sich Anfang März ein partieller Machtwechsel. Die Herrscher setzten an die Stelle der konservativen nun liberale Minister ein („Märzministerien"). Vor den Thronen machten die Revolutionäre aber halt. Kein Fürst musste abdanken, die staatlichen Machtapparate in Militär, Verwaltung und Justiz blieben erhalten.

Revolution in Österreich im März 1848

Das Kaiserreich Österreich sah sich angesichts der Revolution besonderen Herausforderungen ausgesetzt. Der wachsende tschechische, ungarische und italienische Nationalismus bedrohte das Habsburgerreich in den Grundfesten. Außerdem war das System Metternich in Wien das Haupt der Reaktion in Europa und nirgendwo war die Unterdrückung so massiv angewandt worden. In Wien brachen blutige Straßenkämpfe aus, sodass Kanzler Metternich fliehen und der Kaiser Ferdinand I. Zugeständnisse machen musste, um die Lage zu beruhigen: Er versprach eine Verfassung, garantierte liberale Freiheitsrechte und bildete die Regierung um. Der Kaiser gestand schließlich nach einem weiteren Aufstand ein nach allgemeinem Wahlrecht gewähltes Parlament zu. In ihm waren je drei Abgeordnete für fast alle Kronländer vertreten. Seine zentrale Aufgabe sollte darin bestehen, einen Kompromiss zu finden, der zwischen den Wünschen und Rechten der Nationalitäten und der Einheit bzw. der Funktionsweise des Gesamtstaates vermittelte.

Revolution in Preußen im März 1848

Als auch in Berlin erste Unruhen ausbrachen, war auch König Friedrich Wilhelm IV. zu Zugeständnissen bereit. Er ließ am 18. März die Aufhebung der Zensur und die Einberufung eines Vereinigten Landtages bekannt geben. Aus Freude versammelten sich vor dem Stadtschloss Tausende Berliner. Die Situation eskalierte eher aus Zufall, da vonseiten der anwesenden Truppen Schüsse fielen. Aus spontaner Panik entwickelten sich Straßen- und Barrikadenkämpfe zwischen Arbeitern und Handwerkern, wenigen Bürgern und Studenten auf der einen und den preußischen Truppen auf der anderen Seite. 230 Menschen starben bis zum Morgen, als der König nachgab und die Truppen abzog. Öffentlich erwies er den Opfern die letzte Ehre, indem er sich vor den aufgebahrten Toten verneigte. In den nächsten Tagen berief er eine liberale Regierung, stimmte der Ausarbeitung einer Verfassung für Preußen zu und gewährte die Wahl einer verfassungsgebenden preußischen Nationalversammlung. In seinem Aufruf „An mein Volk" bekannte er sich sogar zur Einheit der deutschen Nation.

→ **Q6** , S. 31

Weichenstellung auf Bundesebene – Nationalversammlung in der Paulskirche

Die Opposition begann sich bereits am 5. März auch national zu organisieren: 51 liberale Politiker trafen sich in Heidelberg und beschlossen, ein Vorparlament einzuberufen. Gegensätze zwischen den Revolutionären wurden rasch deutlich. Liberale, wie etwa Heinrich von Gagern, sprachen sich für eine konstitutionelle Monarchie und die Zusammenarbeit mit den fürstlichen Gewalten aus, andere, wie die Demokraten Friedrich Hecker und Gustav Struve, forderten die Abschaffung der Monarchie und die Gründung einer Republik. Eine Entscheidung darüber wurde vertagt.

→ **Q9** , S. 33

Vertreter aus Volksvertretungen der Einzelstaaten und angesehene Einzelpersonen versammelten sich am 31. März in Frankfurt, bildeten das Vorparlament und fassten zukunftsweisende Beschlüsse: Alle deutschen „selbstständigen" – so die ungenaue Formulierung – Männer sollten nach allgemeinem und gleichem Wahlrecht eine verfassungsgebende Versammlung wählen.

Heinrich von Gagern (1799–1880)
Erster Präsident der Frankfurter Nationalversammlung 1848

Die Wahlen zur Nationalversammlung fanden im Mai statt. Am 18. Mai versammelten sich die gewählten Abgeordneten in der Frankfurter Paulskirche als Nationalversammlung. Sie gehörten fast ausschließlich dem Bürgertum an, da v.a. Männer gewählt wurden, die zumindest lokal einen gewissen Bekanntheitsgrad hatten (Honoratioren). Nur wenige „einfache Leute", dafür aber viele Juristen, Professoren und hohe Beamte saßen im ersten gesamtdeutschen Parlament. Erst im Laufe ihrer Arbeit entstanden Vorformen der heutigen Parteien. Drei politische Lager waren erkennbar: eine konservative, rechte Gruppe, eine zahlenmäßig dominierende liberale Mitte und eine kleine republikanische Linke.
Die Abgeordneten standen vor schwierigen Problemen: die Umwandlung eines Staatenbundes in einen Nationalstaat, die Konzeption und Durchsetzung einer Verfassung. Konkrete Fragen waren: Für welche Staatsform – Monarchie oder Republik – sollte man sich entscheiden? Welche Gebiete umfasste künftig der Nationalstaat? Wer sollte mit welcher Machtbefugnis das Staatsoberhaupt werden? Welche Rolle würden die beiden Großmächte Österreich und Preußen beziehungsweise die vielen Mittelstaaten spielen?

Die Paulskirche, das Staatsgebiet und die nationale Frage

Neben diesen grundsätzlichen Fragen galt es, die täglichen politischen Herausforderungen zu meistern. So kam es z.B. in Schleswig zwischen der deutschen und dänischen Bevölkerung zum Konflikt. Während der deutsche Bevölkerungsanteil eine Aufnahme in den Deutschen Bund verlangte, kündigte der dänische König als Landesherr die Eingliederung Schleswigs in den dänischen Staat an. Preußische Truppen marschierten daraufhin in das Land ein. Auf Druck Großbritanniens und Russlands musste sich Preußen jedoch zurückziehen. Eine Welle der Empörung ergriff die Nationalbewegung. Die Nationalversammlung steckte in einem Dilemma: Akzeptierte sie den Waffenstillstand, galt sie in den Augen der Nationalbewegung als Verräter. Für eine Nichtanerkennung fehlten ihr aber die Machtmittel. Schließlich akzeptierte eine Mehrheit den Waffenstillstand. Die Folge war eine schwere Vertrauenskrise.
Die Sprengkraft der nationalen Frage wurde auch an der Diskussion über die Zukunft Posens deutlich. Im Vormärz bekannten sich die Vertreter der Nationalbewegung zum „Völkerfrühling". Auch andere Völker – vor allem die Polen – sollten das Recht auf Freiheit, Selbstbestimmung und einen Staat erhalten. Das war aber überall dort problematisch, wo verschiedene Nationalitäten innerhalb eines gemeinsamen Territoriums lebten. Die Frage, ob das von Deutschen und Polen besiedelte Herzogtum Posen zum deutschen Staat gehöre, löste heftige Debatten in Frankfurt aus. Während einige Abgeordnete die Polen unterstützten und ihre Rechte anerkannten, betonten andere die Machtinteressen Deutschlands und den nationalen Egoismus, ohne Rücksicht auf andere Völker. Der deutsche Nationalismus siegte, indem 342:31 Stimmen für die Eingliederung des westlichen Teils Posens abgeben wurden – ein Beispiel für das Ende des „Völkerfrühlings" und der Brüderlichkeit der europäischen Nationalbewegungen aufgrund von Widersprüchen der nationalen Visionen.

Kleindeutsche und großdeutsche Lösung

Eng mit der Frage nach dem Territorium war das Problem verbunden, wie der Vielvölkerstaat Österreich in einen Staat aller Deutschen eingebunden werden konnte. Bisher war es unproblematisch gewesen, dass die Grenze des Deutschen Bundes mitten durch die Habsburgermonarchie verlief. Für die Mehrheit der Abgeordneten war aber klar, dass ein Nationalstaat die nicht deutschen Länder Österreichs ausschließen müsste. Sie favorisierten die großdeutsche Lösung: d.h. die Integration der deutschsprachigen Gebiete einschließlich Südtirols, Böhmens und Mährens. Das berührte die nationalen Interessen der innerhalb dieser Grenzen lebenden Italiener, Tschechen und Slowaken.
Tschechen stellten z.B. etwa 60 Prozent der Bevölkerung in Böhmen. Deutsche und Tschechen hatten seit Jahrhunderten recht friedlich miteinander gelebt. 1848 änderte sich das. So lehnten viele tschechische Politiker die Mitarbeit in der Paulskirche ab. Sie verlangten

Q1

„Die universelle soziale und demokratische Republik. Der Bund"
Kolorierte Lithografie (um 1849) des Franzosen Frédéric Sorrieu (1807–1861). Links steht die Allegorie der Freiheit mit der Fackel der Aufklärung.

zwar noch keine staatliche Unabhängigkeit, forderten aber Autonomie innerhalb des habsburgischen Gesamtstaates. Alle Entscheidungen der Nationalversammlung waren jedoch eine Gefahr für die staatliche Existenz des Kaiserreichs und damit auch für die Autonomiehoffnungen. Der österreichische Ministerpräsident Schwarzenberg erteilte schließlich allen Kompromisslösungen Mitte Dezember 1848 eine Abfuhr. Unter keinen Umständen ließe Österreich seine staatliche Einheit einschränken.
Die kleindeutsche Lösung sah einen deutschen Staat ohne Österreich vor, was eine Führungsrolle der Großmacht Preußen zur Folge gehabt hätte.

Verfassung und Grundrechte

Bei der Ausarbeitung der Verfassung waren u. a. zwei Kontroversen wesentlich: Sollte man sich für ein Wahl- oder Erbkaisertum entscheiden? Und wie sollte das Wahlrecht gestaltet werden? Während die Linken das allgemeine Männerwahlrecht forderten, plädierten die Liberalen für ein an Bildung und/oder Einkommen orientiertes Wahlrecht. Im März 1849 erzielte man in der Paulskirche einen Kompromiss. Die Linken akzeptierten das Erbkaisertum, die Liberalen das allgemeine (Männer-)Wahlrecht.
Das Wahlrecht für Frauen war zu dieser Zeit selbst für die meisten Frauen außerhalb der Vorstellungskraft. Gleichwohl entstanden zu diesem Zeitpunkt erste Frauenvereine. Die Journalistin und Liberale Louise Otto nutzte die Revolution dazu, bessere Bildungsmöglichkeiten für Mädchen und Frauen und politische Mitbestimmung zu fordern.

→ **Q8**, **Q9**, S. 32 f.

Am 20. Dezember 1848 verabschiedete man erstmals „Grundrechte des deutschen Volkes". Die liberalen Forderungen nach Schutz vor staatlicher Willkür und rechtlicher Gleichheit wurden Gesetz. Soziale Grundrechte wie Grundsicherung der Armen oder Arbeitszeitbegrenzungen blieben unberücksichtigt. Die formulierten Grundrechte gelten dennoch als ein bleibendes Verdienst der Paulskirche, da man sich daran noch bei der Formulierung des bundesdeutschen Grundgesetzes 1949 orientierte.

D1

Paulskirchenverfassung vom 28. März 1849

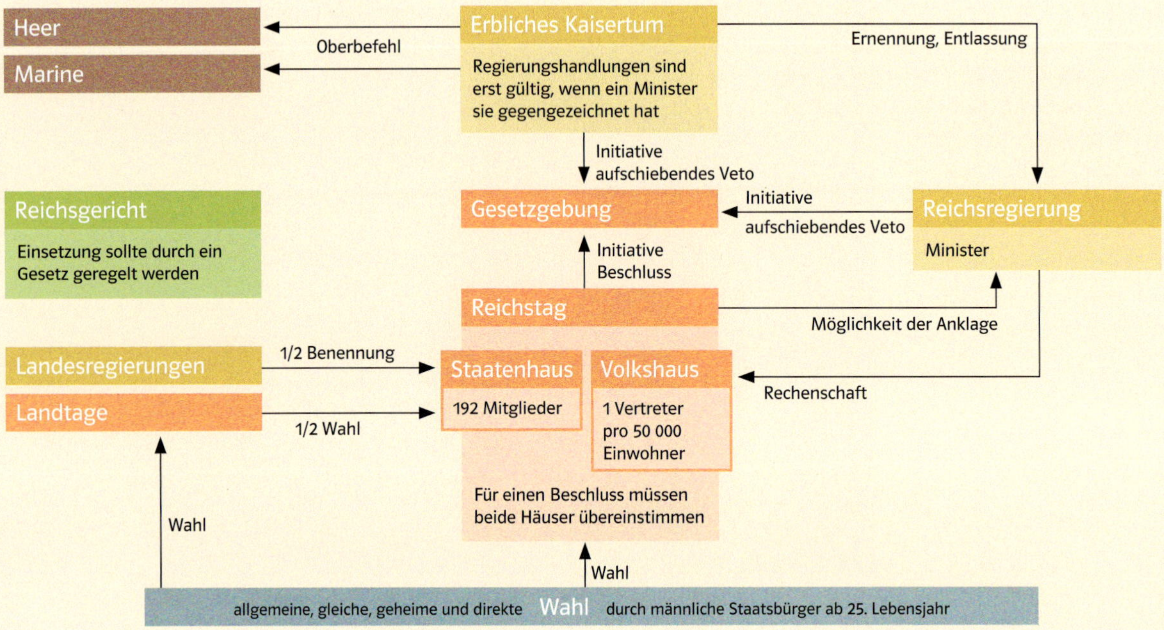

Gegenrevolution

Zeitgenossen und spätere Historiker kritisierten die Abgeordneten für die lang dauernde Erarbeitung der Grundrechte. Der Vorwurf lautet, man habe sich zu spät den Machtfragen zugewandt. Denn zeitgleich erstarkten die fürstlich-monarchischen Kräfte. Im Oktober eroberten kaiserliche Truppen Wien und richteten ein Blutbad mit über 6000 Toten unter den Anhängern der Revolution an. Selbst ein Abgeordneter der Paulskirche – Robert Blum – wurde standrechtlich erschossen.

Auch in Preußen siegte die Reaktion. Die Soldaten Friedrich Wilhelms IV. besetzten Berlin im November 1848 und die Regierung löste die preußische Nationalversammlung auf. Den Abgeordneten der Paulskirche standen ohne die Einzelstaaten weder Militär, Verwaltung noch Finanzmittel zur Verfügung. Man hatte zwar bereits im Juni 1848 eine provisorische Zentralgewalt mit einem „Reichsverweser" installiert, jedoch war diese nicht in der Lage, die Einzelstaaten zum Gehorsam zu zwingen.

Das Ende der Revolution

Angesichts des Siegs der konservativen Mächte sahen die Abgeordneten nun mehrheitlich in der kleindeutschen Lösung eine Möglichkeit, die Ziele der Revolution noch zu verwirklichen. Am 28. März wählten die Abgeordneten den preußischen König zum Kaiser der Deutschen. Doch dieser lehnte das Angebot ab. Seine Motive waren vermutlich vielschichtig: Das Angebot der Kaiserkrone durch ein Parlament entsprach nicht seiner Vorstellung vom Gottesgnadentum. Außerdem gebührte gemäß der Tradition den Wiener Habsburgern die Kaiserkrone. Und drittens fehlte Friedrich Wilhelm IV. die Zustimmung der übrigen Herrscher. Die Ablehnung der Kaiserkrone hatte die unmittelbare Spaltung der Nationalversammlung

Friedrich Wilhelm Loewe (1814–1886)
Präsident des „Rumpfparlaments" 1849

zur Folge. Die meisten Abgeordneten wurden in die Einzelstaaten zurückgerufen. Die in Frankfurt Verbliebenen zählten mehrheitlich zu den Demokraten und Republikanern. Sie bildeten ein Rumpfparlament, das nach Stuttgart verlegt wurde. Im Rahmen einer „Reichsverfassungskampagne" versuchte man die Verfassung doch noch durchzusetzen. Abermals kam es zu revolutionären Kämpfen. Die letzten 6 000 Aufständischen kapitulierten vor den Truppen der Fürsten am 23. Juli 1949 in der Festung Rastatt. Viele wurden anschließend zum Tode oder Gefängnis verurteilt. Viele Revolutionäre flohen ins ausländische Exil.

Die unmittelbaren Folgen

Die Reaktion hatte gesiegt. 1850 wurde der Deutsche Bund wieder hergestellt – der Obrigkeits- und Überwachungsstaat in den Einzelstaaten wieder errichtet – die Errungenschaften der Revolution weitgehend rückgängig gemacht.
Preußen erhielt 1850 eine Verfassung. Allerdings sah sie keine parlamentarische Regierungsweise vor. Dem König wurden bei der Regierungsbildung und durch ein unumschränktes Vetorecht große Machtbefugnisse eingeräumt. Hinter den liberalen Erwartungen blieb das Dreiklassenwahlrecht, welches bis 1918 gelten sollte: Die Abgeordneten wurden von drei nach Steuerleistung aufgeteilten Wählerklassen gewählt. 4,7 Prozent der Wähler der ersten Klasse bestimmten 1850 1/3 der Abgeordneten (die zweite umfasste 12,6 Prozent; die dritte 82,7 Prozent). Die Stimmen der Vermögenden zählten so ein Vielfaches mehr als diejenigen der Masse der Wahlberechtigten. Ein solches Wahlrecht sollte eine konservative Mehrheit im Abgeordnetenhaus garantieren.

Die Gründe der Niederlage

Die Gründe für das Scheitern der Revolutionäre werden in der Geschichtswissenschaft kontrovers diskutiert:
- Die Uneinigkeit der Revolutionäre und ihre Spaltung in einen gemäßigt-liberalen und radikal-demokratischen Flügel;
- die Vielzahl und Komplexität der Aufgaben (Einheit und Freiheit) für die parlamentarisch unerfahrenen Abgeordneten;
- die reale Schwäche der Revolutionäre angesichts der Machtbasis der Fürsten;
- die Sorge des Bürgertums vor einer Radikalisierung der Revolution angesichts der sozialen und ökonomischen Interessen der unteren Schichten, was zur Bereitschaft beitrug, mit den Fürsten einen Ausgleich zu suchen;
- die unterschiedlichen Interessen der Träger der Revolution.

Das Erbe der Revolution und die langfristigen Folgen

Dennoch sind sich Historiker darin einig, dass die Revolution nicht schlechthin ein Misserfolg war. Folgende Fortschritte und Errungenschaften werden u. a. betont:
- Die Regierungen der Einzelstaaten waren an Verfassungen gebunden, sodass die Fürsten (zumindest theoretisch) an Recht und Gesetz gebunden waren;
- die Paulskirchenverfassung machte einen langfristig wirkenden Vorschlag für spätere Konstitutionen. Die Idee eines Bundesstaates wurde später in Deutschland Realität;
- die Feudalordnung auf dem Land löste sich auf (mit Ausnahme u. a. im ostelbischen Preußen): z. B. wurden die Gerichte der adligen Grundherren abgeschafft;
- Gerichtsverfahren wurden öffentlich; Geschworenengerichte eingeführt.

Andere Historiker betonen die Hypotheken für die deutsche Geschichte: Revolutionäre und freiheitliche Aktionen seien künftig vor allem im Bürgertum mit dem Makel des Scheiterns versehen gewesen. Einige Deutsche sollten bald im obrigkeitlich geprägten Preußen ein geeigneteres Mittel sehen, um die Einheit zu realisieren. Der Versuch einer Veränderung des Staatswesens von „unten" war in Deutschland auf Jahrzehnte gescheitert. Und die nationalistischen, fremdenfeindlichen Forderungen in der Paulskirche warfen ein Schlaglicht auf die deutsche Geschichte im späten 19. und 20. Jahrhundert.

A Forderungen am Beginn der Revolution

Q2

Die Forderungen des Volkes in Baden

Am 15. Oktober 1847 trafen sich in Heppenheim gemäßigte liberale Politiker aus Südwestdeutschland und dem preußischen Rheinland. In Abgrenzung zu den radikaleren Liberalen (Offenburger Programm vom 12. September 1847 → Basisband S. 38) formulierten sie eigene demokratische Forderungen:

Das einzige Band gemeinsam deutscher Interessen, der Zollverein, wurde nicht vom [Deutschen] Bunde, sondern außerhalb desselben, durch Verträge zwischen den einzelnen Staaten geschaffen; [...]. An diese und ähnliche Betrachtungen knüpfte sich die Frage: ob eine Vertretung der Nation bei der Bundesversammlung Besserung bewirken und daher als Strebeziel der Vaterlandsfreunde aufzustellen sei? Für die Bejahung sprach die Empfänglichkeit der Gemüter für den erhebenden Gedanken, die Erwägung, dass nur bei dem gegebenen Organ der Bundesregierungen eine Vertretung aller Bundesstaaten zu begründen möglich sei, und die Erwartung, dass die erstarkende öffentliche Meinung auch die Verwirklichung erzielen und damit die Bahn zu einer deutschen Politik und einer kräftigen Entwicklung aller geistigen und materiellen Hilfsquellen der Nation eröffnet werde. Dem entgegen wurde ausgeführt, dass, bei aller Erhabenheit des Gedankens, doch eine Aussicht auf Verwirklichung nicht vorhanden sei.

[...] Das Ziel der Einigung Deutschlands zu einer deutschen Politik und gemeinsamer Leitung und Pflege nationaler Interessen werde wohl eher erreicht, wenn man die öffentliche Meinung für die Ausbildung des Zollvereins zu einem deutschen Verein gewinne. Hier habe man schon eine, wenn auch mangelhafte, Verwaltung, welche die Verbesserungen, deren sie dringend bedarf, und eine Vertretung von Notabeln, die von den Kammern und anderen Körperschaften der Vereinsstaaten zu wählen seien, zur Seite erhalten könnte. Jetzt schon habe der Zollverein die Leitung einer Reihe wichtiger gemeinschaftlicher Interessen in Händen und stehe auch in Vertragsverhältnissen zu auswärtigen Staaten. Hier liege der Keim einer Vereinspolitik, durch keine fremden Glieder gestört, und den Zoll- und Handelsverhältnissen würden sich andere verwandte Interessen anreihen, z. B. das Transportsystem von Land- und Wasserstraßen, gleiche Besteuerung, besonders für Verbrauchssteuern, Gewerbeverfassung, Marine, Konsulate, Handelsgesetz [...]. Durch solche Ausbildung zur Macht geworden, werde der deutsche Verein eine unwiderstehliche Anziehungskraft für den Beitritt der übrigen deutschen Länder üben, endlich auch den Anschluss der österreichischen Bundesländer herbeiführen und somit eine wahre deutsche Macht begründen. [...]

Unbestritten blieb, dass die Mitwirkung des Volkes durch gewählte Vertreter hierbei unerlässlich, und unbezweifelt, dass bei dem Entwicklungsgang des Jahrhunderts und Deutschlands die Einigung durch Gewaltherrschaft unmöglich, nur durch die Freiheit und mit derselben zu erringen sei. So wie nach dieser Verständigung jeder Anwesende in sich die Verpflichtung fühlte, in diesem Sinne sowohl persönlich in seiner öffentlichen Stellung als bei Freunden nach Kräften und bei jedem Anlass zu wirken, ebenso ergab sich eine erfreuliche Übereinstimmung der Gesinnungen bezüglich auf die Anträge, welche in allen deutschen Kammern möglichst gleichlautend, doch mit Rücksicht auf die eigentümlichen Verhältnisse der einzelnen Staaten, zu stellen seien. Die Entfesselung der Presse, damit die Deutschen der ungehemmten Wirksamkeit dieses mächtigsten Bildungsmittels teilhaftig und von der Schmach befreit werden, die ihnen das Ausland so häufig ins Gesicht wirft, weil sie eines der höchsten Güter freier Völker, das ihnen längst verheißen ist, noch nicht errungen haben; öffentliches und mündliches Gerichtsverfahren mit Schwurgerichten, Trennung der Verwaltung von der Rechtspflege, Übertragung aller Zweige der Rechtspflege [...] und der Polizeistrafgewalt an die Gerichte und Abfassung zweckmäßiger Polizeistrafgesetze, Befreiung des Bodens und seiner Bearbeiter von mittelalterlichen Lasten, Selbständigkeit der Gemeinden in der Verwaltung ihrer Angelegenheiten, Minderung des Aufwandes für das stehende Heer und Einführung einer Volkswehr u. a. kamen zu ausführlicher Besprechung; ebenso die verfassungsmäßigen Mittel, welche geeignet sind, den gerechten Ansprüchen des Volkes Nachdruck zu geben. Vorzugsweise aber nahmen auch die Mittel gegen Verarmung und Not, sowie das damit im Zusammenhang stehende Steuerwesen Zeit und Aufmerksamkeit der Versammlung in Anspruch.

Deutsche Zeitung. Heidelberg, 15. Oktober 1847. Abgedruckt in: Felix Salomon: Die deutschen Parteiprogramme, 4. Aufl. 1932, Heft 1, S. 69–71.

Q3

Revolution oder Reform

Anfang März 1848 in Südwestdeutschland verbreitetes anonymes Flugblatt:

Auf dem blutgetränkten Schlachtfelde von Leipzig knieten die Fürsten nach dem durch ihre Völker mutig errungenen Siege und schwuren: Freiheit ihren Völkern. – Sie haben falsch geschworen! Ja falsch geschworen, denn keine von allen Versprechungen wurde gehalten, und statt Freiheit wurde namentlich auf die deutsche Nation Druck, Schmach und Schande gehäuft, und jede deutsche Regierung wurde in ihren schmächlichsten Handlungen unterstützt. – von der Bundesversammlung, die jederzeit der geistigen Entwicklung der deutschen Nation im Wege stand. [...] Das deutsche Volk erkennt daher auch keinen Bundestag und keinen seiner schon gefassten oder noch zu fassenden Beschlüsse mehr an. Das deutsche Volk fürchtet sich nicht vor der französischen Nation, sondern erkennt in derselben eine sicherere Bürgschaft seiner künftigen Versprechungen seiner eigenen Fürsten. Das deutsche Volk will: Pressefreiheit, Glaubensfreiheit, allgemeines Parlament, [...] Aufhebung der stehenden Heere, dieser Zwangsjacke für die Völker und Puppenspiels der Fürsten, und dagegen allgemeine Volksbewaffnung. Werden dem deutschen Volke diese Forderungen nicht im vollsten Umfange und augenblicklich bewilligt, so wird die Zukunft beweisen, dass es auf anderm Wege noch mehr zu bekommen versteht. Das deutsche Volk wird einig sein in sich und ein Ganzes werden mit seinen Söhnen, die jetzt noch als Krieger in die bunten Farben der Fürsten gekleidet, ihm ferne zu stehen scheinen, und dann wird der schöne Tag erscheinen, der uns unter einer, der schwarz-rot goldenen Fahne vereinigt zu einem – großen Deutschlande! Es lebe Frankreich! Es lebe das vereinigte Deutschland!

Gedruckt in Deutschland bei Schlagdrauf und Hilfdirselbst.

Karl Obermann (Hrsg.): Flugblätter der Revolution 1848/49. dtv, München 1972, S. 44–46.

Q4

Königtum und Volksfreiheit

Petition rheinischer Liberaler an den preußischen König vom 11. März 1848:

Ein mächtiges Nachbarvolk hat sich, die bestehende Staatsordnung und einen Königsthron vernichtend, neue Formen des Daseins geschaffen. Deutschland, gegenüber diesen erschütternden Ereignissen von dem Gefühl der Nationalität tief durchdrungen, erkennt klar, dass auch auf dem Boden der Nationalität nur in der Lebensluft der Freiheit die Kraft gedeihen kann, die unter den Stürmen einer solchen Zeit das Vaterland zu retten vermag. Nationale Freiheit und Einheit, fest begründet durch eine das ganze Volk umfassende Vertretung, ist der Ruf, der aus allen deutschen Landen, im Volke wie auf Thronen, ertönt – es ist der Ruf, mit dem wir deutsche Männer unserem deutschen König nahen.

In der innigen Verschmelzung des Königtums mit der Volksfreiheit liegt die einzige Abwehr der wachsenden Gefahren, die einzige Bürgschaft, dass die große Errungenschaft unserer Geschichte nicht in inneren zerrüttenden Kämpfen untergehe; in dieser Verschmelzung endlich, und nicht in fremder Hilfe [...] liegt die Siegesgewissheit gegenüber jedem Angriffe von außen.

Vergebens hat die deutsche Nation drei Jahrzehnte lang nach Freiheit und Einheit gestrebt; die Schwäche der Bundes-Verfassung, die traurigen Wirkungen der Ausnahme-Gesetze, unter welchen unser Vaterland zu leiden hatte, sind in das hellste Licht getreten: möge die unabweisbar gewordene Erkenntnis des Übels mit dem tatkräftigen Entschluss der Heilung zusammenfallen!

Preußen hat einen hohen Beruf [Auftrag] empfangen, die Zeit drängt, ihn zu erfüllen. Was alle deutschen Stämme wie mit einer Stimme fordern, es ist das große Werk, zu welchem die Vorsehung Preußens Herrscher berufen hat, es ist der Gegenstand unserer Bitte: Vertretung des Volkes beim deutschen Bunde! [...] Aber der Einheit würde die Lebensbedingung fehlen, wenn nicht die preußische Verfassung diejenige organische Entwicklung erlangt, welche dieselbe mit den freien Verfassungen anderer Bundesstaaten in größere Übereinstimmung bringt, und welche der machtvolle Drang der Zeit nunmehr zu einem unabweisbaren Bedürfnisse macht.

Karl Obermann (Hrsg.): Flugblätter der Revolution 1848/49. dtv, München 1972, S. 55.

Q5

Forderungen von Arbeitern

Grundsätze des Zentralkomitees der Berliner Arbeitervereine, 18. Juni 1848:

1. Bestimmung des Minimums des Arbeitslohnes und der Arbeitszeit durch Kommissionen von Arbeitern oder Arbeitgebern.
2. Verbindung der Arbeiter zur Aufrechterhaltung des festgesetzten Lohnes.
3. Aufhebung der indirekten Steuern, Einführung progressiver Einkommensteuer mit Steuerfreiheit derjenigen, die nur das Nötigste zum Leben haben.
4. Der Staat übernimmt den unentgeltlichen Unterricht und, wo es nötig ist, die unentgeltliche Erziehung der Jugend mit Berücksichtigung ihrer Fähigkeiten.
5. Unentgeltliche Volksbibliotheken.
6. Regelung der Zahl der Lehrlinge, welche ein Meister halten darf, durch Kommissionen von Meistern und Arbeitern.
7. Aufhebung aller für das Reisen der Arbeiter gegebenen Ausnahmegesetze, namentlich der in den Wanderbüchern ausgesprochenen.
8. Herabsetzung der Wählbarkeit für die preußische Kammer auf das 24. Jahr.
9. Beschäftigung der Arbeitslosen in Staatsanstalten, und zwar sorgt der Staat für eine ihren menschlichen Bedürfnissen angemessene Existenz.
10. Errichtung von Musterwerkstätten durch den Staat und Erweiterung der schon bestehenden öffentlichen Kunstanstalten zur Heranbildung tüchtiger Arbeiter.
11. Der Staat versorgt alle Hilflosen und also auch alle Invaliden der Arbeit.
12. Allgemeine Heimatberechtigung und Freizügigkeit.

13. Schranken gegen Beamtenwillkür in Bezug auf die Arbeitsleute. Dieselben können nur durch das entscheidende Urteil einer Kommission von ihren Stellen entlassen werden.

Walter Grab (Hrsg.): Die Revolution von 1848. Reclam, München 1980, S. 121 f.

B Revolutionärer Elan in Preußen und dem Südwesten

Q6

Preußen geht in Deutschland auf

Am 18. März 1848 kam es in Berlin zu Barrikadenkämpfen mit mehr als 200 Toten. Die preußische Armee zog sich geschlagen zurück. In dieser Situation ließ der Preußische König Friedrich Wilhelm IV. am 21. März 1848 erklären:

An mein Volk und die deutsche Nation! Mit Vertrauen sprach der König vor 35 Jahren in den Tagen hoher Gefahr zu seinem Volke, und sein Vertrauen ward nicht zuschanden; der König, mit seinem Volke vereint, rettete Preußen und Deutschland vor Schmach und Erniedrigung. Mit Vertrauen spreche ich heute, im Augenblicke, wo das Vaterland in höchster Gefahr schwebt, zu der deutschen Nation, unter deren edelste Stämme mein Volk sich mit Stolz rechnen darf.

[…] Deutschland ist von innerer Gährung ergriffen […]. Rettung aus dieser doppelten dringenden Gefahr kann nur aus der innigsten Vereinigung der deutschen Fürsten und Völker unter einer Leitung hervorgehen.

Ich übernehme heute diese Leitung für die Tage der Gefahr. Mein Volk, das die Gefahr nicht scheut, wird Mich nicht verlassen und Deutschland wird sich Mir mit Vertrauen anschließen. Ich habe heute die alten deutschen Farben angenommen und Mich und Mein Volk unter das ehrwürdige Banner des deutschen Reiches gestellt. Preußen geht fortan in Deutschland auf.

[…] Gleichzeitig […] wird die deutsche Stände-Versammlung über die Wiedergeburt und Gründung eines neuen Deutschlands berathen, eines einigen, nicht einförmigen Deutschlands, einer Einheit in der Verschiedenheit, einer Einheit mit Freiheit.

Allgemeine Einführung wahrer constitutioneller Verfassungen, mit Verantwortlichkeit der Minister in allen Einzelstaaten, öffentliche und mündliche Rechtspflege, in Strafsachen auf Geschworenengerichte gestützt, gleiche politische und bürgerliche Rechte für alle religiösen Glaubensbekenntnisse und eine wahrhaft volksthümliche, freisinnige Verwaltung werden allein solche höhere und innere Einheit zu bewirken und zu befestigen im Stande sein.

www.documentarchiv.de/index.html (Zugriff 20.03.2017)

C Die Verfassungsfrage und Grundrechte

Q7

Wahlrechtsdebatte und „politische Unreife"

a) Aus dem Entwurf des Reichswahlgesetzes vom 15.2.1849:

Art. I § 1. Wähler ist jeder selbstständige, unbescholtene Deutsche, welcher das 25. Lebensjahr zurückgelegt hat.

§ 2. Als nicht selbstständig, also von der Berechtigung zum Wählen ausgeschlossen, sollen angesehen werden: 1) Personen, welche unter Vormundschaft oder Kuratel[1] stehen oder über deren Vermögen Konkurs- oder Fallitzustand [Bankrott] gerichtlich eröffnet worden ist […]; 2) Personen, welche eine Armenunterstützung aus öffentlichen Mitteln beziehen oder im letzten der Wahl vorhergegangenen Jahre bezogen haben; 3) Dienstboten; 4) Handwerksgehilfen und Fabrikarbeiter; 5) Tagelöhner.

Franz J. Wigard (Hrsg.): Stenographischer Bericht über die Verhandlungen der deutschen constituirenden Nationalversammlung zu Frankfurt a.M. Band 8. Frankfurt/M. 1848, S. 5218 f.

b) Aus dem Debattenbeitrag des linksliberalen Abgeordneten August Ziegert (Minden):

Aber, wendet man ferner ein, die politische Unreife des Volkes, die Bestechlichkeit! Meine Herren, kommen Sie uns nicht mit der Behauptung der politischen Unreife, welche auf den früheren Satz des alten Polizeistaates vom beschränkten Untertanenverstande hinausläuft. Ich meine, die so genannten unteren Klassen, welche die Bewegung des vorigen Jahres mit durchgemacht haben, die zur Verbesserung der jetzigen Zustände mit Hand angelegt und auch in dieser Zeit ebenso der Demagogen als den Verführungen der Reaktion Widerstand geleistet haben, welche in dem Versammlungsrecht, in der freien Presse, im freien Gemeinwesen und in der Öffentlichkeit des Staatslebens die Mittel zur weiteren Ausbildung besitzen, sind nicht mehr politisch unreif zu nennen. […] Sie können nicht leugnen, dass die Bewegung unserer Zeit nicht bloß eine politische, sondern auch eine soziale ist, und zwar in doppelter Richtung, einmal, indem die Besitzlosen und Minderbegüterten mehr oder weniger gegen die Herrschaft des Besitzes und des Kapitals im Kampfe stehen, und sodann dadurch, dass die arbeitenden Klassen an der Verbesserung ihrer Lage sich organisch beteiligen wollen. Statten Sie jetzt, wo von uns zur Verbesserung der Lage der arbeitenden Klassen noch nichts geschehen ist, den Besitz und das Kapital mit einer bevorzugten politischen Berechtigung aus und schließen Sie auf der anderen Seite die arbeitende Klasse von der Möglichkeit aus, Männer ihres Vertrauens in die Reichsversammlung zu wählen, so wird der ohnehin gestörte Friede in der Gesellschaft dadurch nicht wiederhergestellt, es wird der Kampf dadurch nur noch vermehrt.

Michael Freund (Hrsg.): Der Liberalismus. Koehler, Stuttgart 1965, S. 146 f.

c) Aus dem Debattenbeitrag des liberalen Abgeordneten Philipp Wernher (Nierstein):

Es existiert eine tiefe Begriffsverwirrung über den Begriff von Volk, es gibt ein physisches Volk, unter das gehören alle, Mann und Weib, Säuglinge und Greise, die Menschen im Zuchthaus wie derjenige, der die Zierde seines Volkes ist; aber das politische Volk ist zu allen Zeiten, wird zu allen Zeiten und muss zu allen Zeiten von dem physischen Volke unterschieden werden. [...] Der moderne Staat [bedarf] zu seiner Erhaltung, um die hohen Zwecke der Kultur zu erfüllen, moderner Mittel, Geld, und darum sind im modernen Staate alle diejenigen, die zum Bedürfnis des Staates etwas und ein wesentliches beitragen, das eigentliche, das politische Volk; ich halte es für eine große Verkennung der Dinge, wenn man darin eine Anmaßung der Bezahlenden findet. [...]

Ich behaupte nach meiner getreuen Erfahrung, dass zur Beurteilung der Bedürfnisse eines großen Staates die untersten Klassen nicht geeignet sind. [...] Geben Sie diesen Klassen den innigsten Anteil an den Wahlen zur Besetzung der Gemeindeämter, das können sie erkennen und übersehen, und hier liegt die Basis ihrer unmittelbaren Beteiligung am Staate. Wenn Sie aber diesen unmittelbaren Anteil auf die Wahlen zur Vertretung eines so großen Staates wie Deutschland, welcher vom Belt[2] bis zum Adriatischen Meer[3] sich erstrecken soll, ausdehnen, dann laden sie jenen eine Bürde auf, welche sie nicht zu tragen vermögen.

Michael Freund (Hrsg.): Der Liberalismus. Koehler, Stuttgart 1965, S. 148 f.

1 Kuratel = ein Betreuer/Stellvertreter nimmt die Vertretung der betroffenen Person wahr
2 Belt = Meerenge zwischen Schleswig-Holstein und Dänemark
3 Eine großdeutsche Lösung hätte auch den Adriahafen Triest eingeschlossen.

Q 8

Die Grundrechte des deutschen Volkes

Im Verfassungsentwurf der Paulskirche heißt es:

§ 130 Dem deutschen Volke sollen die nachstehenden Grundrechte gewährleistet sein. Sie sollen den Verfassungen der deutschen Einzelstaaten zur Norm dienen, und keine Verfassung oder Gesetzgebung eines deutschen Einzelstaates soll dieselbe je aufheben oder beschränken können.

Artikel I

§ 131 Das deutsche Volk besteht aus den Angehörigen der Staaten, welche das deutsche Reich bilden.

§ 132 Jeder Deutsche hat das deutsche Reichsbürgerrecht. [...]

§ 133 Jeder Deutsche hat das Recht, an jedem Orte des Reichsgebietes seinen Aufenthalt und Wohnsitz zu nehmen, Liegenschaften jeder Art zu erwerben und darüber zu verfügen, jeden Nahrungszweig zu betreiben, das Gemeindebürgerrecht zu gewinnen. [...]

Artikel II

§ 137 Vor dem Gesetz gilt kein Unterschied der Stände. Der Adel als Stand ist aufgehoben. Alle Standesvorrechte sind abgeschafft. Die Deutschen sind vor dem Gesetze gleich. Alle Titel, insoweit sie nicht mit einem Amte verbunden sind, sind aufgehoben [...] Die öffentlichen Ämter sind für alle Befähigten gleich zugänglich. Die Wehrpflicht ist für alle gleich; [...]

Artikel III

§ 138 Die Freiheit der Person ist unverletzlich. [....]

§ 140 Die Wohnung ist unverletzlich. [...]

§ 142 Das Briefgeheimnis ist gewährleistet. [...]

Artikel IV

§ 143 Jeder Deutsche hat das Recht, durch Wort, Schrift, Druck und bildliche Darstellung seine Meinung frei zu äußern. Die Pressefreiheit darf unter keinen Umständen und in keiner Weise durch vorbeugende Maßregeln [...] beschränkt, suspendiert oder aufgehoben werden. [...]

Artikel V

§ 144 Jeder Deutsche hat volle Glaubens- und Gewissensfreiheit. Niemand ist verpflichtet, seine religiöse Überzeugung zu offenbaren. [...]

§ 150 Die bürgerliche Gültigkeit der Ehe ist nur von der Vollziehung des Civilactes abhängig; die kirchliche Trauung kann nur nach der Vollziehung des Civilactes stattfinden. Die Religionsverschiedenheit ist kein bürgerliches Ehehindernis. [...]

Artikel VI

§ 153 Die Wissenschaft und Lehre ist frei.

Das Unterrichts- und Erziehungswesen steht unter Oberaufsicht des Staates, und ist, abgesehen vom Religionsunterricht, der Beaufsichtigung der Geistlichkeit als solcher enthoben.

§ 154 Unterrichts- und Erziehungsanstalten zu gründen, zu leiten und an solchen Unterricht zu erteilen, steht jedem Deutschen frei, wenn er seine Befähigung der betreffenden Staatsbehörde nachgewiesen hat. Der häusliche Unterricht unterliegt keiner Beschränkung.

§ 155 Für die Bildung der deutschen Jugend soll durch öffentliche Schulen überall genügend gesorgt werden. Eltern dürfen ihre Kinder nicht ohne den Unterricht lassen, welcher für die unteren Volksschulen vorgeschrieben ist. [...]

§ 158 Es steht einem Jeden frei, seinen Beruf zu wählen und sich für denselben auszubilden, wie und wo er will.

Artikel VIII

§ 161 Die Deutschen haben das Recht, sich friedlich und ohne Waffen zu versammeln; einer besonderen Erlaubnis dazu bedarf es nicht. [...]

§ 162 Die Deutschen haben das Recht, Vereine zu bilden. Dieses Recht soll durch keine vorbeugenden Maßregeln beschränkt werden. [...]

Ernst R. Huber: Deutsche Verfassungsdokumente. Bd. 1. Kohlhammer, Berlin 1973, S. 375 – 377.

Q9

Deutschland vor und nach der Revolution

a) „Deutschland im Jahr 1847" Lithografie des Malers Henry Ritter. Beide Abbildungen erschienen unter dem Titel „Zwei Blätter aus der deutschen Geschichte", vermutlich zweite Jahreshälfte 1848, Düsseldorfer Monatshefte 1849.

b) „Deutschland im Jahr 1848" Kreide-Lithografie, 22 × 29,5 cm, vermutlich zweite Jahreshälfte 1848, Düsseldorfer Monatshefte 1849.

Arbeitsvorschläge

Arbeitsvorschläge zum darstellenden Teil

1. Beschreiben Sie mit eigenen Worten die Unterschiede zwischen allgemeinem Wahlrecht und Zensuswahlrecht. [I]
2. Bewerten Sie das Verfassungsschema D1 hinsichtlich der politischen Mitbestimmungsrechte der Bevölkerung. [II]
3. Beschreiben Sie das Gemälde Q1 und analysieren Sie seine Symbolik. [I/II]

A Forderungen am Beginn der Revolution

4. Arbeiten Sie aus Q2–Q5 die Unterschiede und Gemeinsamkeiten in Bezug auf die Ziele am Beginn der Revolution heraus. Berücksichtigen Sie dabei die genannten politischen, gesellschaftlichen und sozialen Missstände. [II]

B Revolutionärer Elan in Preußen und dem Südwesten

5. Charakterisieren Sie die Einstellung des preußischen Königs gegenüber wesentlichen Zielen der Revolution (Q6). [II]

C Die Verfassungsfrage und Grundrechte

6. Stellen Sie die Argumente zusammen, mit denen sich August Ziegert gegen den Vorwurf der „politischen Unreife“ des Volkes wendet (Q7a, Q7b). [II]
7. Erläutern Sie, was Philipp Wernher unter dem Begriff des „physischen Volkes“ im Gegensatz zum „politischen Volk“ versteht (Q7c). [II]
8. Stellen Sie die Aussagen Ziegerts und Wernhers gegenüber und diskutieren Sie, welche Konsequenzen sich aus den verschiedenen Konzepten für den Verlauf der Revolution ergaben. [II/III]
9. Beurteilen Sie den revolutionären Charakter der „Grundrechte des deutschen Volkes“. [III]
10. Diskutieren Sie auf der Basis Ihres Vorwissens die Schwierigkeiten bei der Durchsetzung der Grundrechte in Deutschland 1849. [III]
11. Vergleichen Sie die Grundrechte von 1849 mit den Grundrechten des bundesdeutschen Grundgesetzes. [II]
12. Analysieren Sie die beiden Karikaturen aus den Jahren 1847/48 (Q9) und formulieren Sie den vom Zeichner betonten Wandel der Verhältnisse. Beurteilen Sie seinen politischen Standort vor dem Hintergrund der politischen Ideologien im Vormärz. [II/III] ○
13. Analysieren Sie, ob der Zeichner der Karikaturen Q9 mit den in den Textquellen Q2–Q4 vertretenen Positionen übereinstimmt. [II]

Online- und Differenzierungsmaterialien zu Kapitel 1.2
○ Arbeitshilfen zur Aufgabe 12

Online-Code: e5x7v8

1.3 Veränderung der Gesellschaft durch die Industrialisierung am Beispiel Familie

Der deutsche Kulturhistoriker Günter Burkart sprach 1995 mit Blick auf die Gegenwart von einer „nachfamilialen Epoche". Damit meinte er die wachsende Zahl kinderloser Frauen bzw. „Zwei-Karriere-Paare". Zur selben Zeit entstand der Begriff der Patchwork-Familien, also ein sich verbreitender Familientyp, in dem Eltern mit Kindern aus jeweils früheren Familienbeziehungen leben. Als Erklärungsmuster diente oft der gesellschaftliche Trend zur Individualisierung, aber auch die große Mobilität im Berufsleben ohne längerfristigen Lebensmittelpunkt an einem Ort. Teilweise war und ist dies die Folge der gerade stattfindenden dritten Industriellen Revolution bzw. der begonnenen digitalen vierten Industriellen Revolution („Industrie 4.0"). In vielen Großstädten liegt der Anteil der Singlehaushalte bei 50 Prozent und mehr. Kann aber wirklich von einem neuen sozialen Phänomen gesprochen werden?

Der Haushalt als Familienbegriff

→ Q1, S. 38

Starke Veränderungen im sozialen Zusammenleben und bei der Definition von Familie gab es bereits während der Anfänge von Industrialisierung. In den Jahrhunderten zuvor gehörte der Begriff Familie nicht zum alltäglichen Sprachgebrauch der meisten Menschen. In Deutschland hielt der Begriff aus dem Französischen kommend erst im Laufe des 18. Jahrhunderts Einzug. Kern der sozialen Ordnung, sei es auf der Ebene adeliger Herrscher, bei bürgerlichen Kaufleuten in den Städten oder Bauern auf dem Land, war bis dahin das Haus bzw. der Haushalt. Gemeint war damit die Hausgemeinschaft mit dem Hausvater als Oberhaupt mit seiner Frau, seinen Kindern und seinem **Gesinde**. Das Familienoberhaupt teilte die Arbeit unter allen auf. Kranke und alte Angehörige des Haushaltes wurden gemeinsam mitversorgt. Diese Gemeinschaft blieb so lange zusammen, bis die Kinder das Haus verließen. Dies bedeutete in der Regel, wenn die Töchter heirateten oder Söhne eigene Betriebe oder Höfe gründeten. Gab es keine Söhne, stieg besonders in Handwerksbetrieben oft der älteste Geselle durch Heirat mit der Witwe zum neuen Hausherrn auf. Die Haushaltsfamilie ähnelte einem kleinen Unternehmen, in dem jeder seine Aufgabe und seine Versorgung hatte. Alle Mitglieder des Haushalts aßen gemeinsam an einem Tisch. Kindheit nach den heutigen Vorstellungen gab es nicht. Kinder mussten, sobald es ging, mitarbeiten oder wurden in Handwerksbetrieben, früh in die Lehre zu anderen Handwerkern geschickt.

Gesinde
Sammelbegriff für alle Menschen, die auf dem Bauernhof, einem Handwerksbetrieb oder in einem bürgerlichen Haushalt gegen „Lohn und Brot" arbeiteten (Knechte, Mägde, Lehrlinge, Gehilfen, etc.)

Die bürgerliche Kernfamilie und die Folgen der Aufklärung

Ausgehend von den Kaufleuten und der kleinen Schicht der Bildungsbürger entwickelte sich seit dem 18. Jahrhundert die Vorstellung einer biologischen Kernfamilie heraus. Das Familienoberhaupt und seine unmittelbaren, im Haus lebenden Angehörigen wie Ehefrau und Kinder, grenzten sich von den Angestellten ab. **Dienstboten** aßen zusammen in der Küche und waren oft auch räumlich von der Kernfamilie getrennt untergebracht, in der Regel unter dem Dach. Waren sie zu alt oder zu krank für ihre Arbeit, wurden sie meist entlassen. In den bürgerlichen Haushalten wurde darüber hinaus seit dem Zeitalter der Aufklärung, während der Französischen Revolution und der Bewegung der Romantik die bisherige Ordnung des familiären Zusammenlebens in Frage gestellt. Es entstand die Vorstellung von Eheschließungen nicht allein aus wirtschaftlichen Beweggründe sondern auch aus gegenseitiger Zuneigung. Viele Staaten begannen das Eherecht zu reformieren. Die Zivilehe wurde eingeführt, die Ehe nun als freiwilliger Vertrag zwischen beiden Ehepartnern angesehen. Mann und Frau willigten – zumindest theoretisch – freiwillig in den Ehevertrag ein. Die Zivilehe sah dabei auch, im Gegenteil zur kirchlichen Ehe, die Aufhebung der Ehe durch eine Scheidung vor, auch wenn dabei materiell die Frau erheblich benachteiligt wurde.

Dienstboten
Personen, die als Hilfskraft im Haushalt angestellt sind (Butler, Dienstmädchen, Köchin, Kutscher etc.)

Veränderungen infolge der Industrialisierung

Einen tiefen Einschnitt im Familienverständnis brachten für einen Großteil der Bevölkerung die Reformen des 19. Jahrhunderts und die gravierenden wirtschaftlichen Veränderungen mit sich. Viele rechtliche Ehebeschränkungen wurden aufgehoben, wodurch mehr Menschen heiraten konnten.

Die Agrar- und Gewerbereformen sowie die Aufhebung der Leibeigenschaft bedeuteten für manche Menschen neue wirtschaftliche Freiräume, für viele aber auch Verarmung. Besonders Kleinbauern konnten oft mit der Modernisierung nicht Schritt halten und gerieten in wirtschaftliche Not. Viele mussten ihre Ehefrauen und Kinder zu Lohnarbeiten außer Haus schicken, um zu überleben. Zahlreiche Gesellen verließen nach Ende des Zunftzwangs ihren Meisterbetrieb und machten sich selbstständig und gründeten eigene Familien. Das Haus als Rechts-, Arbeits-, Konsum- und Wirtschaftseinheit verlor dadurch zunehmend an Bedeutung. Da in der Landwirtschaft immer weniger Arbeitskräfte benötigt wurden, zogen immer mehr Menschen auf der Suche nach Arbeit in die Städte. Dadurch entstanden Haushalte, in denen meist nur noch die Kernfamilie aus Ehepaar und Kindern lebte. Ein gemeinsames Arbeiten wurde immer seltener. Männer, Frauen und Kinder arbeiteten nun in der gleichen oder in verschiedenen Fabriken oder übten Hilfsarbeiten bei Gewerbetreibenden aus. Das Leben spielte sich in kleinen, engen Mietswohnungen von eiligst gebauten Arbeitersiedlungen ab. Angesichts des Wohnungsmangels, niedriger Löhne und fehlender sozialer Absicherung teilten viele Arbeiter ihre Wohnung oder das Zimmer mit Untermietern. Die soziale Gemeinschaft aus Haus- oder gar Dorfgemeinschaften war in den industriellen Arbeiterstädten nicht mehr möglich.

Bürgerliches Gesetzbuch (1896)
Im Deutschen Reich gab es bis zur Herausgabe des Bürgerlichen Gesetzbuches (BGB) kein einheitliches Familienrecht. Jeder Mitgliedsstaat (Württemberg, Baden, Preußen, etc.) besaßen ein eigenes Familienrecht.

→ **Q2** - **Q4**, S. 36-38

Die bürgerliche Familie als das gesellschaftliche Vorbild im 19. Jahrhundert?

Auch im Familienleben entwickelte sich die bürgerliche Welt und die Welt der Arbeiter, Bauern und Tagelöhner in der Zeit der Industrialisierung immer weiter auseinander. In bürgerlichen Familien war es oft finanziell nicht nötig, dass die Ehefrau und die Kinder arbeiten gingen. Familien- und Erwerbsleben trennten sich auch räumlich voneinander. Der Hausherr ging zur Arbeit, die Ehefrau führte den Haushalt. Sagen zu können, „meine Frau muss nicht arbeiten", entwickelte für bürgerliche Männer eine große soziale Bedeutung, um sich von Arbeitern und Bauern abzugrenzen. Die verheiratete Frau wurde entsprechend eherechtlich bis weit ins 20. Jahrhundert stark benachteiligt. Ohne Erlaubnis des Ehemannes durfte sie keinen Beruf ergreifen. Eine höhere Bildung durch weiterführende Schulen oder gar Universitäten war gar nicht vorgesehen. Die bürgerliche Gesellschaft hatte für alleinstehende, verwitwete oder geschiedene Frauen keinen Platz. Wenn sie kein ererbtes Vermögen besaßen, drohte ihnen oft Verarmung. Erst Anfang des 20. Jahrhunderts begannen sich höhere Lehranstalten auch für Frauen zu öffnen. Politische Mitbestimmung wurde Frauen in Deutschland erst 1919 mit Einführung des Frauenwahlrechts ermöglicht. Auch Schutz der Kinder gegen häusliche Gewalt und ausbeuterische Kinderarbeit war im 19. Jahrhundert und in großen Teilen des 20. Jahrhunderts kein Thema. Erst 1904 wurde im deutschen Nationalstaat ein erstes gewerbeübergreifendes Gesetz zu Regelung der Kinderarbeit verabschiedet.

Erste Gegenbewegungen zum bürgerlichen Familienbild

In Abgrenzung zu konservativen und moralischen Familienvorstellungen entstand allerdings im kleinen Kreis von Anthroposophen, Anarchisten und Lebensreformern die Idee der Kommune. Neben Gemeinschaften zur Selbstversorgung und mit Gemeinschaftseigentum bildeten sich Lebensgemeinschaften, in denen keine verbindlichen Paarbeziehungen existierten und Kinder gemeinschaftlich betreut wurden. Verbreitet waren zunächst Künstlerkommunen, nach dem Ersten Weltkrieg entstanden auch mehrere anarchistische Lebensgemeinschaften. Insgesamt blieb die Kommune als Gegenmodell zur bürgerlichen Familie jedoch ein Randphänomen.

A Familie Mitte des 19. Jahrhunderts – Untergang der „guten alten Zeit"?

Q1

Hausgemeinschaft und Familie

1855 schrieb der Journalist und Kulturhistoriker Wilhelm Heinrich Riehl (1823–1897) vor dem Hintergrund der Industrialisierung und zunehmenden Urbanisierung der Bevölkerung:

Die Familie ist der erste und engste Kreis, in welchem wir unser ganzes menschliches Wesen wiederfinden, uns in uns befriedigt und bei uns selbst daheim fühlen. Sie ist die ursprünglichste, urälteste menschlich-sittliche Genossenschaft, zugleich eine allgemein menschliche; denn mit der Sprache und dem religiösen Glauben finden wir die Familie bei allen Völkern der Erde wieder. [...]

Die Familie ist überhaupt die notwendige Voraussetzung aller öffentlichen Entwicklungen der Völker. Die Familie antasten, heißt aller menschlichen Gesittung den Boden wegziehen. Der Staat setzt die Familie voraus [...]. Wie der Staat auf den Schwerpunkt des Rechtes gestellt ist, so ist die Familie auf den Schwerpunkt der sich ergänzenden Liebe und der auf diese gegründeten bewegenden Mächte der Autorität und Pietät, der liebe- und ehrfurchtsvollen Hingebung. Sie steht unter der natürlichen Obervormundschaft der Eltern und speziell des Familienvaters. Diese Obervormundschaft ist ein Urrecht, in der Natur der Sache gegeben. Weil Vater und Mutter die Auctores [Autorität], die Urheber der Familie sind, darum besitzen sie von selber auch die Auctoritas, die Macht der Autorität. [...]

Mit der „ganzen Familie" hängt nun das „ganze Haus" zusammen. Die moderne Zeit kennt leider nur noch die Familie, nicht mehr das Haus, den freundlichen gemütlichen Begriff des ganzen Hauses, welches nicht bloß die natürlichen Familienmitglieder, sondern auch alle jene freiwilligen Genossen und Mitarbeiter der Familie in sich schließt, die man von altersher mit dem Worte „Ingesinde" [Gesinde] umfasste. In dem „ganzen Hause" wird der Segen der Familie auch auf ganze Gruppen sonst familienloser Leute erstreckt, sie werden hineingezogen, wie durch Adoption, in das sittliche Verhältnis der Autorität und Pietät. [...] Früher hielt das Band, welches den Lehrling an den Meister fesselte, oft für das ganze Leben fest. [...] Zu der Idee des ganzen Hauses gehört es auch, dass Eltern und Großeltern, wenn sie sich in ihren alten Tagen zur Ruhe setzen, im Hause der Kinder wohnen.

Will ein Volk sich jung bewahren, dann muss es seine überlieferten Sitten pflegen und weiterbilden. [...] In der Erhaltung der altüberlieferten Sitten des deutschen Hauses kann man darum nicht zäh und eigensinnig genug sein.

Wilhelm Heinrich Riehl: Die Naturgeschichte des Volkes als Grundlage einer deutschen Social-Politik. Band 3: Die Familie. Cotta, Stuttgart 1855 (hier Ausgabe 1862), S. 115 f., 150, 153, 159 und 266.

B Die bürgerliche Kernfamilie – Ausdruck der modernen Zeit?

Q2

„Der Vater hat es gesagt"

Die Schriftstellerin Fanny Lewald (1811–1889) schrieb in ihren Erinnerungen über ihre Kindheit und Jugend als Tochter eines wohlhabenden Kaufmanns:

Fünf Stunden an jedem Tag saß ich in der Wohnstube, an einem bestimmten Platz am Fenster und erlernte Strümpfe zu stopfen, Wäsche auszubessern und beim Schneidern und anderen Arbeiten Hand anzulegen. Zwei Stunden brachte ich am Klavier zu, eine Stunde langweilte ich mich mit dem Inhalt meiner alten Schulbücher. [...] Dazwischen ging ich Gänge aus der Küche in die Speisekammer und aus der Wohnstube in die Kinderstube, beaufsichtigte ab und zu die drei jüngsten Geschwister und hatte am Abend das niederschmetternde Gefühl, den Tag über nichts Rechtes getan zu haben, und einen brennenden Neid auf meine Brüder, welche ruhig auf ihr Gymnasium gingen, ruhig ihre Lektionen machten und an denen also lange nicht so viel herumerzogen werden konnte als an mir. Ihr ganzes Dasein erschien mir vornehmer als das meine und mit der Sehnsucht nach der Schule regte sich in mir das Verlangen, womöglich Lehrerin zu werden und so zu einem Lebensberuf zu kommen, bei dem mich nicht immer der Gedanke plagte, dass ich meine Zeit unnütz hinbringen müsse. [...]

Wir wussten, wie gern die Eltern uns Freude machten, wir wussten es aber auch, dass gegen meines Vaters Befehl kein Widerspruch gestattet war, ja ich möchte sagen, wir hatten die Vorstellung nicht, dass wir nicht unbedingt und ohne alle Frage gehorchen müssten. Gehorchte doch Alles im Hause dem Vater auf das Wort: unsere Mutter, seine Mitarbeiter im Geschäft, seine Untergebenen und die Dienstboten. Die Mutter nannte den Vater, wenn sie von ihm zu der Dienerschaft sprach, immer nur „der Herr" – und „der Herr will es!", „der Vater hat es gesagt!" das waren Aussprüche, welche für das ganze Haus die Unumstößlichkeit eines Gottesurteils hatten. [...]

Unser Hausstand umschloss in jenem Augenblicke siebzehn Menschen: die Eltern, acht Kinder, von denen die jüngsten einander fast Jahr auf Jahr gefolgt und also noch völlig hilfsbedürftig waren, drei Commis[1], einen Lehrling, eine Köchin, die alte Kinderfrau, welche zur Wartung der kleinen Schwester wieder zu uns zurückgekehrt war, und endlich eine Amme. [...]

[Nachdem ihr der Vater eröffnet hat, dass er sie mit einem Landrat zu verheiraten beabsichtige:] Ich musste solchen Heiratsvorschlägen ein für alle Mal ein Ende machen, das fühlte ich. Ich erklärte meinem Vater also, dass er nicht über mich bestimmen könne, eine Heirat ohne Neigung einzugehen, und sagte, wenn er mich zu einer solchen überreden gewünscht, wenn er die Absicht gehabt hätte, aus mir nichts zu machen als eine der Frauen, die sich für ein gutes Auskommen einem Manne verkaufen, so hätte er mich nicht selbstständig werden lassen müssen. [...]

Fanny Lewald: Meine Lebensgeschichte. Band 1. Janke, Berlin 1871, S. 33–40, 121 f., 126 und 235–238.

1 Commis (Kommis): Kontoristen, Handlungsgehilfen oder kaufmännische Angestellte

Q3

Bürgerliche Familie
Foto Berlin um 1890

Q4

Ehe- und Familienverständnis aus der Perspektive bürgerlicher Lexika

a) Grosses vollständiges Universal-Lexikon aller Wissenschaften und Künste (1739)

So lieget auch dem Manne die Sorge vor dem Erwerb am meisten ob. Denn obwohl beyde Eheleute so viel erwerben sollen, als sie nach ihren Umständen vermögend sind; so finden sich doch bey den Weibern viele Umstände, die sie an dem Gewerb hindern, als da ist z. E. [zum Einen] dass die Weiber theils bey Erzeugung der Kinder, indem sie schwanger gehen, theils bey ihrer Erziehung mehr zu thun haben als die Männer, wodurch sie allerdings von anderer Arbeit abgehalten werden. Zudem sind auch nach unseren Sitten die Männer mehr als die Weiber im Stande etwas zu verdienen.

Johann Heinrich Zedler: Grosses vollständiges Universal-Lexikon aller Wissenschaften und Künste, Band 19. Halle 1739. S. 982.

b) Allgemeine deutsche Real-Encyclopädie für die gebildeten Stände (1824)

Der Geist des Mannes ist mehr schaffend, aus sich heraus in das Weite hinwirkend, zu Anstrengungen, zur Verarbeitung abstracter Gegenstände, zu weitaussehenden Planen geneigter. Unter den Leidenschaften gehören die raschen, ausbrechenden dem Manne, die langsamen, heimlich in sich selbst gekehrten dem Weibe an. Aus dem Manne stürmt die laute Begierde; in dem Weibe siedelt sich die stille Sehnsucht an. Das Weib ist auf einen kleinen Kreis beschränkt; den es aber klarer überschaut; es hat mehr Geduld und Ausdauer in kleinen Arbeiten. Der Mann muss erwerben, das Weib sucht zu erhalten; der Mann mit Gewalt, das Weib mit Güte – oder List. Jener gehört dem geräuschvollen, öffentlichen Leben, dieses dem stillen, häuslichen Kreise.

Allgemeine deutsche Real-Encyclopädie für die gebildeten Stände. Band 4. 6. Auflage, Brockhaus, Leipzig 1824, S. 180 f.

c) Rheinisches Conversations-Lexikon oder Encyclopädisches Handwörterbuch für gebildete Stände (1839)

[...] neben dem [den Frauen] angeborenen Sinne für Zurückgezogenheit und stille Häuslichkeit [kommt] noch die Einrichtung ihrer körperlichen Beschaffenheit. Der weibliche Körper ist im Verhältnis zum männlichen kleiner, schwächer und zarter, die Knochen sind dünner und weicher, das Blut heller und milder, die Muskeln lockerer und feiner, das Fleisch weicher und schwammiger, die Nerven zarter und empfindlicher und der ganze Körper überhaupt fleischiger und fettiger. Daher kommt es denn auch, dass sie Anstrengungen weniger ertragen können und von Natur weichlich und schüchtern sind, zartere Gefühle in sich tragen und deshalb leicht zur innigen Wehmut angeregt werden.

Rheinisches Conversations-Lexikon oder Encyclopädisches Handwörterbuch für gebildete Stände, Cöln am Rhein 1839, S. 117.

d) Brockhaus Konversations-Lexikon (1898)

Die Rolle, welche der Frau im Unterschiede vom Manne im Geschlechterleben von der Natur angewiesen ist, macht eine völlige Gleichstellung der Geschlechter für alle Zeiten unmöglich. Sie weist ihr als erste und vornehmste Aufgabe die Ernährung, Pflege und Erziehung der Kinder zu. In diesem natürlichen weiblichen Pflichtenkreise wurzelt das Familienleben, dessen Hauptträger das weibliche Geschlecht ist und bleiben wird. Hiermit verbindet sich die Verwaltung des Hauswesens, die ökonomische Verwendung des vom Manne Erworbenen. Es entsteht eine auf natürlicher Grundlage ruhende Arbeitsteilung zwischen Mann und Frau, die erste und ursprünglichste. Hinzu kommt, dass die besonderen Geschlechterfunktionen, die den Frauen zufallen, ihre Stellung von vornherein zu einer mehr gebundenen machen, ihnen das unbegrenzte Maß freier Beweglichkeit, dessen der Mann sich erfreut, für immer im wirtschaftlichen und gesellschaftlichen Leben versagen. Der natürliche Geschlechtsunterschied prägt sich überdies nicht nur in einer durchschnittlich geringeren Körperkraft bei den Frauen aus, sondern auch in einer andern Richtung der geistigen und moralischen Fähigkeiten und Kräfte. Diese Verschiedenheiten der Geschlechtsqualitäten werden zweifellos durch die Kultur schärfer herausgebildet, sind aber nicht lediglich ein Kulturprodukt, sondern ursprünglich vorhanden.

Brockhaus Konversations-Lexikon. Band 6. 5. Auflage, Brockhaus, Leipzig 1989 (5. Auflage), S. 822.

C Die proletarische Familie – Ausdruck der Sozialen Frage?

Q5

Proletarische Familie – arm, reich, bedürftig

Der Wirtschaftshistoriker und zeitweilige Professor für Nationalökonomie Alphons Thun (1853–1885) schrieb in einer Studie über die linksrheinische Textilindustrie 1879:

Das proletarische Ehepaar versteht in der Regel von der Haushaltung nichts und führt die liederlichste Wirtschaft. Hat doch die Frau ihre Kinder- und Mädchenjahre an der Spule und Spinnmaschine zugebracht, so dass die Künste des Nähens und Waschens ihr völlig fremd geblieben sind. Selbst wenn größere Geldmittel zur Verfügung stehen, ist sie außerstande, dem Manne mehr zu bieten als Kaffeewasser, Brot und gekochte Kartoffeln, und stellt sie sich einmal an den Kessel, so wird sie zur Hexe, die Unheilvolles zusammenbraut. […]

Bei schlechten Konjunkturen genügt selbst die längste Arbeitszeit nicht; die Weber mit 2 bis 4 unerwachsenen Kindern geraten in Schulden und müssen regelmäßig die Armenpflege in Anspruch nehmen. Erst wenn 2 bis 3 Kinder am Webstuhl sitzen, können die Schulden getilgt und Ersparnisse gemacht werden; wenn dann die Familie oder die Geschwister zusammenbleiben und eine ordentliche Wirtschaft führen, so ist das die Periode, wo ein Eigentum gespart werden kann. Es springt in die Augen, wie wichtig es für die Eltern ist, ihre Kinder so früh als möglich zum Verdienst zu bringen; denn lange bleiben sie doch nicht bei ihnen; die Söhne heiraten oft mit 22 bis 23 Jahren, Mädchen von 18 bis 19 Jahren; beide verlassen ihre Eltern und überliefern sie samt ihren jüngeren Geschwistern wiederum der Not. Mit der Geburt der Kinder werden die Eltern arm, mit ihrem Heranwachsen reich, mit ihrer Verheiratung verfallen sie wieder der Dürftigkeit.

Alphons Thun: Die Industrie am Niederrhein und ihre Arbeiter. Band 1. Die linksrheinische Textilindustrie. Duncker & Humblot, Leipzig 1879, S. 111 und 150.

Q6

Wohnküche einer Arbeiterfamilie

Berlin, Foto 1907

Arbeitsvorschläge

Arbeitsvorschlag zum darstellenden Teil

1. Erstellen Sie ein Fließschema zur Entwicklung des Familienbildes. [II]

A Familie Mitte des 19. Jahrhunderts – Untergang der „guten alten Zeit"?

2. Informieren Sie sich über das Leben von Wilhelm Riehl und charakterisieren Sie seine Aussagen zur Familie (Q 1). [I]
3. Verfassen Sie einen Kurzkommentar für eine damalige Zeitung, in dem Sie die Aussagen von Wilhelm Heinrich Riehl bewerten. [III]

B Die bürgerliche Kernfamilie – Ausdruck der modernen Zeit?

4. Informieren Sie sich über das Leben und Wirken der Schriftstellerin Fanny Lewald und stellen Sie Ihre Ergebnisse als Kurzporträt vor. [II] ○
5. Beschreiben Sie mit eigenen Worten das Leben von Fanny Lewald, wie sich dieses in ihren Erinnerungen darstellt. [I]
6. Arbeiten Sie aus der Darstellung der Familie Lewald klassische Merkmale des bürgerlichen Familienbildes heraus. [II]
7. Untersuchen Sie die Lexikonauszüge zum Begriff Familie (Q 4) [II]

a) Arbeiten Sie aus den vier Lexikaauszügen das jeweilige Frauenbild heraus und analysieren Sie zeitliche Veränderungen. [II]

b) Entwickeln Sie eine These, welche Geschlechterbilder bei den (mit größter Wahrscheinlichkeit männlichen) Autoren der Lexikonartikel bestanden haben könnten. [III]

c) Vergleichen Sie die Auszüge Q 4a–d mit einem Artikel in einem aktuellen Lexikon. [III]

C Die proletarische Familie – Ausdruck der Sozialen Frage?

8. Arbeiten Sie die wichtigsten Aussagen des Textauszuges der Studie von Alphons Thun (Q 5) heraus. [II]
9. Beurteilen Sie die Darstellung von Alphons Thun (Q 5) unter dem Aspekt der Sozialen Frage. [III]

Übergreifende Arbeitsvorschläge

10. Erstellen Sie eine Präsentation zum Familienbild und Ehekonzept zur Zeit der Industriellen Revolution (bürgerliche oder proletarische Familie). Greifen Sie dazu auf Literaturbeispiele aus dem Deutschunterricht zurück. [II] ○
11. Informieren Sie sich über die bürgerliche und proletarische Frauenbewegung in Bezug auf deren Forderungen zur Ehe und Familie und stellen Sie Ihre Ergebnisse in einer Präsentation vor. [II] ○

Online- und Differenzierungsmaterialien zu Kapitel 1.3

○ Arbeitshilfen zu den Aufgaben 4, 10 und 11

Online-Code: ej3b3i

1.4 Ein moderner Nationalstaat? Das Deutsche Kaiserreich zwischen Fortschrittshoffnung und Zukunftsangst

Was zwischen 1890 und 1914 im Kaiserreich gedacht wurde, prägte das 20. Jahrhundert. In diesem Laboratorium der Moderne arbeiteten deutsche Naturwissenschaftler und Ingenieure an der Welt von heute. Zugleich entwickelten andere in dieser Hexenküche die Zutaten künftiger Diktaturen. Dabei war das Deutsche Reich ja erst spät vereint worden und blieb, anders als in Frankreich, bis zum Ende ein Bundesstaat ohne starke Zentralkräfte. Zudem blieb es in mancher Hinsicht hinter den Hoffnungen vieler Bürger zurück.

Deutschland 1899: ein stolzer Blick zurück nach vorn

Der Beginn des neuen Jahrhunderts wurde auch in Deutschland am 31.12.1899 festlich begangen. Viele waren in Feierlaune, und sie schauten so begeistert zurück wie nach vorn. Der Leitartikel der liberalen „Frankfurter Zeitung" an diesem Tag geriet zu einem Loblied der Erfindungen, die in ihrem Tempo und ihrer Durchschlagskraft das Leben so grundsätzlich verändert hätten wie nie zuvor. Der Kommentar war aber auch erfüllt von einem Nationalismus, der ebenfalls erst im letzten Jahrhundert geboren worden war. Zwar solle Deutschland, so hieß es in der Zeitung, „seine Macht stets nur im Geiste der Gerechtigkeit zum Segen der ganzen Menschheit [gebrauchen]". Es habe aber damit das „Wort des mittelalterlichen Dichters zu erfüllen: Am deutschen Wesen werde einmal noch die Welt genesen."

Deutschland 1871: eine verspätete Nation mit neuer politischer Struktur

→ Q1, S. 46

Als moderner Nationalstaat gilt ein Land mit der Fähigkeit, alle seine Einwohner im Staatsgebiet zu erfassen und mobilisieren zu können. Erreicht wird dies vor allem durch ein herausgebildetes „Nationalbewusstsein" und eine möglichst engmaschige Präsenz staatlicher Institutionen vom Dorfpolizisten bis zum Steuerbeamten.

In mancher Hinsicht wurde dieses Ziel im Kaiserreich erreicht. Die Sehnsucht nach einem deutschen Staat war groß gewesen im 19. Jahrhundert, spätestens seit dem „Befreiungskampf" gegen das napoleonische Frankreich. Eine **bürgerliche Revolution** scheiterte allerdings. Jene Kräfte, die diesen Versuch 1848/49 zerschlugen, sorgten 1867/71 für eine Vereinigung nach ihren nationalen und konservativen Vorstellungen. Und so wurde das geeinte „Deutsche Kaiserreich" verspätet, nicht freiheitlich „von unten", von den eigenen Untertanen gegründet, sondern „von oben" durchgesetzt: von ihren Fürsten, Beamten und Soldaten.

Bürgerliche Revolution
Der Begriff bezeichnet einen grundlegenden Wechsel des politischen Systems durch bürgerliche (nicht-adelige) Kräfte. Zu den Hauptzielen gehörte oft die Durchsetzung persönlicher Freiheitsrechte und eines einheitlichen Nationalstaates.

Der neue große Staat in der Mitte Europas war dann auch in mancher Hinsicht alt: Der deutsche Kaiser konnte allein über Krieg und Frieden entscheiden und seinen Reichskanzler wechseln. Und er konnte den Reichstag auflösen – und so die politische Kultur bestimmen. Zudem war gesichert, dass Preußen als mächtigster Bundesstaat im Bundesrat seinen Einfluss gegen die anderen deutschen Länder durchsetzen konnte. Andererseits erhielt dieses neue Deutschland ein modernes demokratisches Wahlrecht. Das war ein Zugeständnis Bismarcks, des führenden Politikers der Einigung, an die Liberalen. Alle männlichen Bürger über 25 Jahre bestimmten so die Geschicke ihrer Nation mit.

1871 entstand nur eingeschränkt ein geeinter deutscher Nationalstaat. Wilhelm I. sah sich in erster Linie als Preuße und die anderen Fürsten sperrten sich gegen ihn als „Kaiser von Deutschland", denn dies hätte sie ihm unmittelbar untergeordnet. Als Kompromissformel von Bismarck wurde letztlich „Deutscher Kaiser" verwendet. Das Deutsche Reich behielt in vielem den Charakter eines Staatenbundes. Ein allgemeingültiges, übergreifendes „deutsches" Staatsbürgerschaftsrecht für einen deutschen Nationalstaat entstand erst 1913.

Wilhelm II. (1859–1941)
deutscher Kaiser 1888–1918

Von Wilhelm I. zu Wilhelm II. – ein „neuer Kurs"?

Als Wilhelm I. 1888 hochbetagt starb, ging mit ihm die Symbolfigur der deutschen Einigung. Im selben Jahr bestieg sein Enkel Wilhelm II. den Thron. Der 29-Jährige forderte ein „persönliches Regiment" und einen „neuen Kurs".

Wilhelm II. war, wie viele seiner Generation, ein Produkt dieser widersprüchlichen Zeit. Viele junge Männer waren wie er im Schatten eines erfolgreichen autoritären und sparsamen Vaters aufgewachsen. Zwischen Unsicherheit und Großmachtsehnsucht schwankend verkörperte er die Ansprüche einer verspäteten Nation auf Weltgeltung. Dies verband Wilhelm auch in der Innenpolitik mit der Förderung dessen, was er als „deutsch" empfand: Der bisherige altsprachlich-humanistische Unterricht sollte stärker die modernen Naturwissenschaften berücksichtigen, der „deutsche Aufsatz" im Vordergrund stehen. In der Außenpolitik wurde das durch einen scharfen imperialistischen Kursschwenk bemerkbar. Oft ließ er sich in Fantasieuniformen fotografieren (die Behinderung seines linken Arms wurde dabei retuschiert) oder er forderte eine neue militärische Aufrüstung. Wilhelms größter Ehrgeiz konzentrierte sich auf die Flotte, u. a. weil er dort, anders als beim Heer, ohne Absprache mit den Bundesstaaten handeln konnte. Mit großspurigen Ankündigungen wie in der berüchtigten **„Hunnenrede"** (1900) verschreckte er jedoch andere Nationen.

Hunnenrede
Die Rede hielt Kaiser Wilhelm II. 1900 in Bremerhaven anlässlich der Entsendung deutscher Soldaten nach China zur Niederschlagung eines Aufstandes. Die Rede blieb in Erinnerung wegen der oft überheblichen und menschenverachtenden Wortwahl des Kaisers.

Deutschland gebrauchte seine Macht also nicht „nur im Geiste der Gerechtigkeit", wie es die freisinnige Frankfurter Zeitung 1899 beschworen hatte. Das blieb in der hyper-militarisierten Kultur des Reiches ein frommer Wunsch. Er wurde spätestens mit dem Beginn des Ersten Weltkriegs 1914 beerdigt. Dass die Welt „am deutschen Wesen genesen" sollte, klang für die Nachbarstaaten weniger selbstbewusst-aufklärerisch als vielmehr bedrohlich. Was „deutsch" überhaupt sein sollte, darüber wurde in der Folge in Deutschland intensiv gestritten.

Neue Ideen und ihre Sprengkraft: Deutschland zuerst – der Radikalnationalismus

Auch wenn viele Deutsche am Silvesterabend des Jahres 1899 nach vorne schauten: Die Zeit um 1900 war in Deutschland eine Periode allgemeiner Verunsicherung. Insbesondere die vielen sozialen Verlierer der wirtschaftlichen Veränderungen und der Urbanisierung vertrauten dem jungen Nationalstaat bei all seinen Erfolgen nicht. Über 600 000 Menschen lebten 1904 in Berlin zu fünft oder mehr in einem einzigen Raum.

Familienstrukturen und religiöse Normen verloren in den wachsenden Großstädten an Kraft. Die alte Welt des 19. Jahrhunderts, die gerade abgelöst wurde, war anders gewesen. Es war noch eine Welt, in der mit Abstand die meisten Menschen in der Landwirtschaft arbeiteten, in der wiederum viele noch in Naturalien bezahlt wurden. Eine Welt, in der das Dienstmädchen nach anderen Gesetzen bestraft wurde als ihre Herrschaften – worüber sich niemand wunderte. Schließlich zählte die Stimme des Knechts – wenn sie überhaupt zählte – ja auch weniger als die seines Bauern. Jeder Arme, von denen es sehr viele gab, musste selbst für Alter und Krankheit vorsorgen. Bismarcks Sozialgesetzgebung, die ab 1883 schrittweise eingeführt wurde, galt zu diesem Zeitpunkt nur für Arbeitnehmer und deckte auch nur einen Bruchteil der Kosten ab. Ein gemeinsames, alle Schichten umfassende Identitätsgefühl, Teil einer „deutschen Nation" zu sein, entwickelte sich im 19. Jahrhundert erst langsam. Soziale oder religiöse Zugehörigkeit war noch wesentlich prägender.

Dies begann sich zu ändern. Viele Menschen wandten sich anderen, neu entwickelten Ideen zu. Ein ins Religiöse verzerrter Glaube an das eigene neue Reich, ein „Radikalnationalismus" wurde Mode. Er war obsessiv und instabil: Ein Nationalist will stolz sein auf sein Land und sucht deshalb meist nach Gründen, sich über andere zu erheben. Im deutschen Sprachgebrauch der Zeit waren das „Reichsfeinde". Dazu wurden die Anhänger universaler Bewegungen wie die des politischen Katholizismus oder des marxistischen Sozialismus der Arbeiterbewegung gezählt. Völkische Nationalisten bewerteten zudem andere „Rassen" oft als minderwertiger und als Gefahr. Das galt für benachbarte slawische oder romanische Nationen ebenso wie für ethnische Minderheiten im Deutschen Reich. Der moderne Nationalismus zielte dabei weniger auf eine gemeinsame Sprache oder Kultur, sondern (schein) wissenschaftlich immer stärker auf „rassische" Merkmale, die von den Radikalnationalisten durch den sogenannten „**Sozialdarwinismus**" legitimiert wurden.

Sozialdarwinismus
Abgeleitet von der Evolutionstheorie von Charles Darwin, vertraten Sozialdarwinisten die Ansicht, die Entwicklung der Menschheit sei eine Folge natürlicher Selektionsprozesse, in denen sich überlegene, genetisch „reine" Rassen durchsetzen. Durch eine soziale „Auslese" könne dabei gutes von schlechtem Erbmaterial getrennt werden.

Entwicklung „neuer" Ideologien und Lebensentwürfe

Die jüdischen Deutschen hatten mit der Reichsverfassung von 1871 die lang erkämpfte rechtliche Gleichstellung erreicht. Hatten sich Menschen jüdischen Glaubens vorher nur in einzelnen Staaten wie Baden oder Preußen schrittweise emanzipieren können, wurden sie 1871 im gesamten Deutschen Reich offiziell als Staatsbürger anerkannt. Dies ermöglichte ihnen, sich ohne die bisherige rechtliche Diskriminierung, noch spürbarer die Wissenschaft, die Gesellschaft, die Politik und das Wirtschaftslebens mitzugestalten.

Dieser Entwicklung stellten sich in der politischen und medialen Debatte einige Stimmen vehement entgegen. Fundamentalistische Gegner der Judenemanzipation, wie Wilhelm Marrs Antisemitenliga und Adolf Stöckers Christlich-Soziale Partei, formierten sich zu einer bei Wahlen wenig erfolgreichen, aber dennoch gesellschaftlich einflussreichen Lobby. Hinter dem 1879 von Marr geprägten politischen Kampfbegriff „Antisemitismus" stand ein zutiefst rassistischer Verschwörungsmythos, der auf dem Irrglauben einer zerstörerischen jüdischen Weltverschwörung basierte. Im letzten Drittel des 19. Jahrhunderts verfestigte sich diese rassistische Ideologie durch populäre, pseudowissenschaftliche „Rassentheorien", die Antisemiten auf die jüdische Bevölkerungsgruppe übertrugen.

Charles Darwin hatte in seiner Evolutionstheorie der „natürlichen Selektion" 1859 das Überleben der anpassungsfähigsten Spezies postuliert. In einer Fehlinterpretation seiner wissenschaftlichen Erkenntnisse übertrugen Vertreter der Theorie des Sozialdarwinismus diese Aussagen auf die menschliche Gesellschaft. Die Vertreter dieser international populären Ideologie pervertierten die anpassungsfähigste Spezies zur angeblich „stärksten Rasse", aus der Evolution wurde der angeblich notwendige „Kampf ums Dasein". Dieser könne nur durch Expansion und Unterdrückung angeblich schwächerer oder minderwertiger „Rassen" gewonnen werden. Dies sei notwendig, um das Überleben der eigenen Nation zu sichern. Die sehr realen Konsequenzen dieser rassistischen Ideologie sind letztlich in den Gräueln der europäischen Kolonialmächte, der Entmenschlichung der Gegner während der Weltkriege, der Euthanasie-Programme der Nationalsozialisten und natürlich der Shoa ersichtlich. Die Fehlannahme, Menschen ließen sich anhand ihrer Herkunft oder Religion in verschiedene „Rassen" unterscheiden, ist wissenschaftlich inzwischen lange widerlegt.

Weltpolitische Konflikte wurden zunehmend als Verteilungs- und Überlebenskämpfe der eigenen „weißen" bzw. aus deutscher Perspektive, der „germanischen Rassen" gesehen. Gesellschaftlich hatten sie die Funktion, durch die Konstruktion eines klar definierten Feindbildes die eigene Identität aufzuwerten und ein nationales Gemeinschaftsgefühl zu erzeugen. Das spielte einem Prediger des Nationalismus wie Wilhelm II. in die Hände, der diese Ideologien nach Kräften für seine Zwecke einsetzte. Für die Regierung waren sie ein nützliches Ventil, um von tatsächlichen gesellschaftlichen und politischen Konflikten abzulenken. Ideen wie der Radikalnationalismus, der Antisemitismus oder Sozialdarwinismus traten oft gemeinsam auf.

→ **Q2**, S. 46

Auch am entgegengesetzten Rand der politischen Landschaft entstanden neue, wirkmächtige Ideen: der Anarchismus, Formen radikaler Demokratie wie der Sozialismus oder der Pazifismus wurden von deutschsprachigen Intellektuellen in tausenden Zeitungen und Zeitschriften oft zuerst diskutiert. Solche Anschauungen gab es zwar auch in Frankreich, Österreich-Ungarn oder Russland. Doch die Heftigkeit und das Tempo, in dem sie weiterentwickelt und ausdifferenziert wurden, kennzeichnete vor allem das Deutsche Kaiserreich. Dazu gesellten sich ganz andere Konzepte, die ähnlich extrem waren. So setzte sich die sogenannte Lebensreformbewegung für eine Rückkehr zum natürlichen Leben ein: kein Tabak oder Alkohol, sondern streng vegetarische Ernährung. Naturheilkunde und Freikörperkultur gewannen nun Anhänger.

→ **Q3**, S. 47

→ Q4, Q5, S. 48 f.

Deutschland zwischen verschiedenen „Modernen"

Im Jahr 1907 lebte nur noch die Hälfte der Deutschen in dem Ort, in dem sie einmal geboren worden waren. Vielleicht zum ersten Mal in der Geschichte konnten die Menschen die Zukunft also nicht mehr vor dem Horizont ihrer Vergangenheit beurteilen. Auf dem Land war das Misstrauen gegenüber den modernen Neuerungen besonders groß. Der Stadt wurde als „Sündenpfuhl" oft alles Schlechte unterstellt. Tatsächlich sind die Belastungen für die damaligen Städter heute kaum vorstellbar: Vier Mal pro Jahr zog ein Deutscher, der in der Nähe einer Stadt wohnte, im Durchschnitt um. Wie in allen rasant gewachsenen Großstädten herrschten auch in deutschen urbanen Zentren schwierige hygienische Zustände. Kanalisation oder Kläranlagen waren meist noch ein Fremdwort, sodass Seuchen wie die Cholera gefürchtet waren. Unter dem Schlagwort „Moderne" wird aber bis heute mehr verstanden als nur eine Revolution der Lebensbedingungen. „Modern" zu leben meint eine Lebensführung, die rational agiert – und nicht mehr bei der nächsten Seuche nur auf Gott hofft. Die Menschen hatten immer mehr zu sagen und zumindest die Männer wurden rechtlich gleichgestellt. Nach jahrzehntelanger Vorarbeit trat am 1. Januar 1900 das Bürgerliche Gesetzbuch (BGB) in Kraft. In der Grundstruktur hat dieses Gesetzeswerk heute noch Geltung. Die deutsche Rechtswissenschaft genoss im 19. Jahrhundert einen hervorragenden Ruf und fand so mit seinem hohen Abstraktionsgrad und seiner Präzision der Begriffe schnell Nachahmer auf der ganzen Welt. In dieser Hinsicht war Deutschland ein sehr moderner Nationalstaat.
Besonders augenfällig wurde die neue Zeit aber in der Kunst. Anstelle einer Abbildung des Gesehenen trat nun die Zersplitterung, Vereinzelung oder Auflösung des Bildgegenstands, etwa im Expressionismus oder Kubismus. In die vertraute Tonwelt von Dur und Moll platzte nun die regelhafte, aber höchst gewöhnungsbedürftige „Zwölftonmusik" von Komponisten wie Arnold Schönberg. An die Stelle von Backstein trat in der Architektur nun Beton und die typischen Eisenstahlkonstruktionen, die heute noch jeden zweiten großen Bahnhof prägen (oft sind es sogar Bauten aus der Zeit). Der bloßen Abbildung des Wahrgenommenen standen stolze, individuelle Begegnungen der Künstler mit ihrer Umgebung entgegen. Und auch unter Künstlern gab es sämtliche Überzeugungen: Gruppen, die zu rauschhaftem Optimismus neigten oder zu apokalyptischer Weltverneinung.

Arnold Schönberg (1874–1951)
österreichischer Komponist, Musiktheoretiker, Maler und Dichter
1933 Emigration in die USA

Zur unterschiedlichen Bewertung des Deutschen Kaiserreichs bis heute

Das Deutsche Kaiserreich ist aber nicht nur in sich widersprüchlich. Es wurde seit seinem Untergang auch unterschiedlich bewertet. Positiv, wie im Kommentator der Frankfurter Zeitung 1899, blieb es vielen Bürgern während der krisenhaften Weimarer Republik als Muster von Fortschritt und Erfolg eines deutschen Gemeinwesens in Erinnerung. Dazu passte, dass es, wenn auch verspätet, erfolgreich die nationale Einigung Deutschlands durchgesetzt hatte. Rechtssicherheit und politische Partizipation sprachen für sich. Viele Historiker der Bundesrepublik Deutschland waren lange Zeit in ihrer Beurteilung des Deutschen Kaiserreiches von ihren persönlichen Erfahrungen aus der Zeit des Nationalsozialismus geprägt. Entsprechend stand die Suche nach Erklärungen für die Entstehung der totalitären und menschenverachtenden NS-Diktatur im Vordergrund. Mit Blick auf die deutschen Verbrechen während der NS-Herrschaft erschien so das Kaiserreich vielen Historikern lange Zeit als missglückter „Sonderweg" einer verspäteten Nation mit ihren sozialen Schieflagen, Radikalisierungen und Ausgrenzungsbewegungen dieser Epoche. Heute dagegen betonen Historiker die Modernität dieses Staates – und schildern die Zeit vor dem Ersten Weltkrieg als hoffnungsvolle Ära eigenen Rechts: eine Zeit, der die Nachgeborenen, im Guten wie im Schlechten, mehr verhaftet sind, als sie denken.

A Was macht einen modernen Staat aus?

Q1

Eine kleine Geschichte der „Nation" in zwei einflussreichen Lexika

a) Das „Grosse vollständige Universal-Lexicon Aller Wissenschafften und Künste" erschien in den Jahren 1731 bis 1754 in Halle und Leipzig und umfasst rund 63 000 Seiten. Er war damit das umfangreichste enzyklopädische Projekt im Europa des 18. Jahrhunderts.

Nation, lat. Natio, Französisch Nation, heisset seiner eigentlichen Bedeutung nach, so viel, als eine vereinigte Anzahl Bürger, die einerley Gewohnheiten, Sitten und Gesetze haben. Aus dieser Beschreibung folgt von selbst, daß ein gewisser, grosser oder kleiner Bezirck des bewohnten Erd-Kreises, eigentlich nicht den Unterschied der Nationen ausmache, sondern daß dieser Unterschied eintzig und allein auf die Verschiedenheit der Lebens-Art und Gebräuche beruhe, folglich in einer oftmahls kleinen Provintz, Leute von unterschiedenen Nationen bey einander wohnen können. [...]

Johann Heinrich Zedler: Grosses vollständiges Universallexikon aller Wissenschaften und Künste. Bd. 23. Zedler, Leipzig u. Halle 1740, S. 902.

b) „Meyers Konversations-Lexikon" dürfte nach dem „Brockhaus" das einflussreichste deutsche Nachschlagewerk gewesen sein. Die sechste Auflage erschien in 26 Bänden zwischen 1902 und 1920 und gilt als Höhepunkt deutscher Lexikongeschichte. Wer etwas auf sich hielt, schlug zuhause „im Meyer" nach.

Nation (lat., Völkerschaft), ein nach Abstammung, Sitte und Sprache zusammengehöriger Teil der Menschheit; [...] Kann zudem eine N. auf eine große Vergangenheit zurückblicken oder nimmt sie unter den verschiedenen Nationen eine besonders hervorragende Stellung ein, so steigert sich das Nationalgefühl zum Nationalstolz, während sich jener Gegensatz zwischen verschiedenen Nationalitäten zuweilen bis zum Nationalhaß verschärft. Mit dem Nationalgefühl steht der nationale Selbsterhaltungstrieb im Zusammenhange; darum gilt jeder N. die Nationalfreiheit als höchstes Gut, und die Nationalehre verbietet ihr die freiwillige Unterwerfung unter eine andre N. Aus demselben Grund ist auch jede N. auf die Erhaltung ihrer nationalen Eigentümlichkeiten bedacht, vor allem auf die der Nationalsprache, denn auf dieser beruht zumeist das Wesen der N., und sie ist es, welche die Stammesgenossen am engsten verbindet. Dazu kommt bei den Kulturvölkerschaften eine gemeinsame Nationalliteratur, in der die Nationalsitte ihren besten Ausdruck findet. Denn wie die Ausdrucksweise jeder N., d. h. ihre Sprache, eine besondere ist, so pflegt es auch ihre Anschauungs- und Auffassungsweise auf dem sittlichen Gebiet, der Nationalcharakter, zu sein.

Begriff: Nation, in: Meyers Großes Konversations-Lexikon. Ein Nachschlagewerk des allgemeinen Wissens. Bd. 14. 6. Auflage, Leipzig 1906.

Q2

Zur Erfindung von Traditionen im Kaiserreich

Eine programmatische Anbindung des Deutschen Kaiserreichs an den deutschen Mythos liefert die folgende Titel-Illustration aus einem Buch des deutschen Schriftstellers und Kulturpolitikers Adolf Bartels (1862–1945) mit dem Titel „Rasse. Sechzehn Aufsätze zur nationalen Weltanschauung aus dem Jahr 1909".

B Kann die Moderne tödlich sein?
Eine Quelle aus dem Umfeld der Lebensreformbewegung im Kaiserreich

Q3

Impfgegner in der Zeit der Moderne

Als Beispiel dafür, wie lebendig die Medienszene des Kaiserreichs war, dient der Blick in deutsche Zeitschriften um 1900. Zeitschriften für eine „neue harmonische Lebensweise", die auf die „Entfremdung" des Lebens der Hochindustrialisierung reagierte, gab es hunderte. Manche von ihnen beschäftigten sich mit damals erstmals populären Themen wie dem vegetarischen Lebenswandel. In solchen Zeitschriften blieb auch Raum für Themen, die auf den ersten Blick mit pflanzlicher Ernährung nichts zu tun hatten. Der englische Arzt Edward Jenner entwickelte 1796 ein Impf-Verfahren gegen die damals grassierenden Pocken. Trotz starker Anfeindungen setzte sich seine Methode in den Industriestaaten schnell durch und zeigte im Kampf gegen Volkskrankheiten große Wirkung. Im Deutschen Reich wurden Pockenschutzimpfungen schnell staatlich organisiert. Eine reichsweite Impfpflicht wurde, wiederum gegen große Widerstände in der Bevölkerung, 1874 eingeführt.
Aufruf aus einer Anzeige von 1889 aus der deutschen Zeitschrift „Vegetarischer Vorwärts" (Mai 1896).

— 113 —

Aufruf!

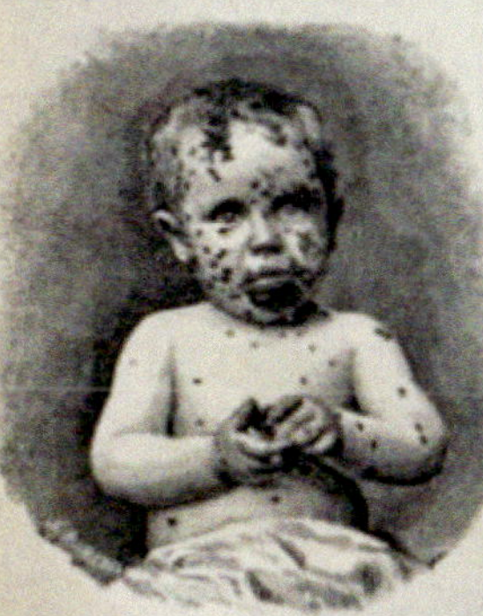

Hundert Jahre sind seit Einführung der Schutzpockenimpfung vergangen. Seit hundert Jahren vergiftet man nun das Blut des Volkes mit der von dem englischen Barbier **Jenner** erfundenen Lymph-Jauche: Mit welchem verderbenbringenden Erfolge, das zeigt nebenstehendes Bild.

Die Leute, die an der Impfung ein Interesse haben, veranstalten am **15. Mai** eine **Jubelfeier** zum Andenken an die Erfindung des englischen Barbiers. Der Berliner Magistrat hat ihnen **natürlich** zu diesem Zweck den Rathaussaal kostenlos überlassen.

Ist das nicht **geradezu ein Hohn** für die **Hunderttausende**, welche die letzten an den Reichstag gerichteten Petitionen unterschrieben haben? Ist's nicht ein Hohn für die Eltern derjenigen Kinder, welche zugerichtet wurden, wie nebenstehendes Bild zeigt? —

Du, Volk, willst Du länger zuschauen?
Ein Feuerbrand in Deine Seele und **thue Deine Pflicht.**

Als **berechtigte Demonstration** gegen die schmachvolle Jubelfeier veranstaltet die unterzeichnete Centrale am **Freitag**, den **15. Mai** abends ½ 9 Uhr im grossen 2000 Personen fassenden Festsaale von Joel, Andreasstr. 21 eine

Trauerfeier.

Dieselbe soll **kurz** und **erbaulich** sein und **niederschmetternd** für die Anhänger des englischen Barbiers.

Aus dem interessanten Programm heben wir hervor: Trauerrede; Gesangsvorträge eines hiesigen Gesangvereins; Mitwirkung einer Kapelle; lebendes Bild.

Alle wahren Volksfreunde müssen sich an dieser Demonstration beteiligen. Lasst uns endlich mit Ernst und Energie einen unglaublich thörichten und Menschenleben zerstörenden Wahnglauben beseitigen.

Deutsche Impfgegner-Centrale.

C Wo und wie leben? Zwischen Großstadtkritik und Großstadthuldigung

Q4

Leben in der Stadt – von der Natur abgeschnitten

Curt Grottewitz, Autor von Büchern wie „Der Mensch als Beherrscher der Natur" ist der Begründer der Arbeiter-Wanderbewegung und verunglückte 1905 tödlich beim Baden.

Große Städte hat es schon vor Jahrtausenden gegeben, Babylon, Theben, Rom. Sie alle waren wohl immer Stätten der Uebercultur, der Naturwidrigkeit. Nie aber hat es bis jetzt Großstädte in solcher Unzahl gegeben, wie gerade jetzt. Und nie vorher waren, wie jetzt, Millionen von Menschen von der Natur abgeschnitten. [...] Es ist, wie es scheint, nicht die geringste Aussicht vorhanden, daß der Mensch je ein Großstadtwesen werden könnte. Die Nachkommen sterben sehr bald aus. So durchaus der menschlichen Natur zuwider ist dieses Leben, dass es Anpassung hier gar nicht gibt. [...] Der moderne Verkehr, diese [..] Todeshetze mit ihren röchelnden und stöhnenden Geräuschen ruiniert die Nerven in wenigen Jahren. [...] Die Nervosität führt allmählich zu vollständiger körperlicher und geistiger Erschlaffung, zur Zuckerkrankheit, zu Geisteskrankheiten. Es wäre vielleicht noch denkbar, daß der Mensch sich einmal an eine sitzende Lebensweise gewöhnen könnte. [...] Aber der Verzicht auf Körperlichkeit zugunsten des Gehirns würde wohl nur einige Gelehrten und alte Jungfern befriedigen. [...] Was aber die sitzende Lebensweise in der Großstadt heutzutage vollends zum fahrlässigen Selbstmord macht, das ist die ungenügende Atmung, Beleuchtung, Ernährung und Erholung. [...] Ist die Arbeit in der Großstadt ungesund, so sind es leider meistens auch die Vergnügungen, die Erholung. Das Sitzen in überfüllten Localen ist eine chronische Vergiftung. [...] Die große Stadt bietet eine Menge von Kurzweil. Welch lebendiges, immer wechselndes, immer Neues bringendes Straßenbild! [...] Welcher Glanz in der Stadt, welche Lust darin zu leben, anstatt in dem kleinen, armseligen Dorfe! [...] Aber dieses Gedränge in der Stadt ist doch auch nicht das Wünschenswerte. Es muß jeden Menschen verflachen, ihn dazu verführen, den Schein für das Sein zu nehmen, und ihm das tiefere Nachdenken über das Geschehene unmöglich machen. Das wirre Vorbeijagen immer neuer Bilder ist eine der schlimmsten Ursachen zur Geistes und Gemütsverarmung. [...] Der Warenluxus in den Straßen verführt zu einem ganz verkehrten Ideal. Es ist der stille Wunsch fast eines jeden, der ein Schaufenster betrachtet: ach, hätte ich doch alle diese schönen Dinge! Aber gesetzt, jeder könnte sie haben, was für ein vom nichtsnutzigsten, widerwärtigsten Luxus zerfressenes Volk wären wir dann! [...] Zu diesem gänzlich unmännlichen, ungesunden Luxus, zu dieser Narretei, die den Menschen zum Parasiten und zum Sclaven seiner Kostbarkeiten macht, verlockt, nötigt, erzieht dieses Schaugepräge der Großstadt.

Curt Grottewitz, Freundschaft mit der Natur. In: Socialistische Monatshefte 7 (1903), S. 519–527.

Q5

Malerei im Aufbruch?

a) Abendstimmung am Schlachtensee [bei Berlin] (1895), Gemälde von Walter Leistikow (1865–1908)

b) Nollendorfplatz in Berlin (1912)
Gemälde von Ernst Ludwig Kirchner (1880–1938)

D Brüche im Schulwesen der Kaiserzeit

Q 6

Schule der Nation

a) Ein Schulbuchbeispiel aus dem Unterricht der Kaiserzeit in der Volkschule aus dem Jahr 1887:

„Unser allergnädigster König und Kaiser Wilhelm I. wurde am 22. März 1797 geboren. Wie alt war derselbe a.) beim Antritt der Regierung am 7. Jan. 1861? b.) am Tage des Sieges bei Königgrätz, den 3. Juli 1866? c.) am Tage des Sieges bei Sedan, den 2. Sept. 1870? d.) bei der Annahme der Kaiserkrone am 18. Jan. 1871?“

Anton Genau, Rechenbuch von Genau und Pieper. Ausgabe für einklassige Schulen und Halbtagsschulen, 1. Teil. 2. Auflage. Werl 1887, S. 44.

b) Aus der Abhandlung „Die Praxis der Volksschule“ von 1880, einer einflussreichen Schrift der Zeit:

„Damit jede Störung des Unterrichts unmöglich gemacht werde, hat der Lehrer […] darauf zu halten:

a) dass alle Schüler anständig, gerade, mit dem Rücken angelehnt und in Reihen hinter einander sitzen, damit der Lehrer alle übersehen kann;

b) dass jedes Kind seine Hände geschlossen auf die Schultafel legt, damit alle Neckereien und Spielereien auf der Tafel, alle ungehörigen und unsittlichen Beschäftigungen unter derselben unmöglich gemacht werden;

c) dass die Füße parallel neben einander auf den Boden gestellt werden […]

d) dass sämtliche Schüler dem Lehrer fest ins Augen schauen […].

Alle breiten Auseinandersetzungen und langen Reden müssen wegfallen; hier muss ein Wink des Auges […] oder der einzige (ruhig gesprochene) Ausruf: ‚Achtung!' oder ‚Sitzen!' genügen, um die gesamte Schulordnung sofort herzustellen. […] Wenn gelesen oder geschrieben werden soll, […] haben die Kinder die betreffenden Lehrmittel in drei Zeiten herauf- und hinwegzutun. Zeigt der Lehrer z. B. zum Heraufnehmen des Lesebuches durch nicht zu starkes Kippen seiner Hände das Zeichen ‚Eins', dann erfassen die Kinder das unter der Schultafel liegende Buch; beim Zeichen ‚Zwei' erheben sie das Buch über die Schultafel; beim Zeichen ‚Drei' legen sie es geräuschlos auf die Schultafel nieder, den Blick wieder, wie früher, unverwandt und fest auf den Lehrer gerichtet."

Carl Kehr: Die Praxis der Volksschule. 9. Auflage. Thienemann, Gotha 1880, S. 45 f.

Q7

Schule und Reform

1910 gründete Paul Geheeb in Ober-Hambach im Odenwald eine Schule, die im Sinne der Jugendbewegung das Lernen der damaligen Zeit umgestalten wollte. Als Jugendbewegung wird eine einflussreiche Gruppierung zwischen 1890 und 1930 bezeichnet, die sich von dem städtischen Leben der Industrialisierung absetzen wollte. Die Natur wurde die neue Sehnsucht von jungen bürgerlichen Leuten, die sich an der deutschen Romantik orientierten.

Worauf es ankommt, das ist: Die Unterrichtsanstalten, in denen passiv zuhörende Kinder dozierenden Lehrern gegenübersitzen, und dann noch während der schulfreien Hälfte des Tages sich mit dem Versuch quälen, das zu lernen, wovon sie im Unterricht gelernt haben; es kommt darauf an, diese Unterrichtsanstalten in Arbeitsgemeinschaften zu verwandeln, in denen ihr mit euren Lehrern zusammenarbeitet, wie etwa die Arbeiter mit ihrem Vorarbeiter auf dem Bau. […] Absichtlich und in vollem Bewusstsein der Konsequenzen habe ich in unserem hiesigen Leben den Zwang auf ein äußerst geringes Maß beschränkt, die zweite und größere Hälfte des Tages steht zu eurer freien Verfügung. Ich tat dies, weil ihr auf das wirkliche Leben vorbereitet werden sollt, ihr aber nur dann euren Mann zu stellen vermögt, wenn ihr geübt seid, voller Initiative selbstständig und frei zu denken und zu handeln. Das aber lässt sich nur in der Freiheit üben – wie man schwimmen nur im Wasser lernen kann. […] Ich vertraue darauf, dass ihr den Unterricht ernst nehmt und von der Wichtigkeit der geistigen Arbeit erfüllt seid: dass ihr während der knappen ersten Hälfte des Tages nicht eine Minute der Unterrichtszeit ungenutzt lasst. Die Jugend ist eine heilige Zeit und von grundlegender Bedeutung für das ganze Leben. Aber was nützt es, dass eure Zeit uns heilig ist, wenn sie nicht euch selber heilig ist? Ich vertraue aber auch darauf, dass ihr unsere Schule liebt, die Gemeinschaft eurer Kameraden und eure älteren Freunde liebt, die um euretwillen hier leben und arbeiten. Es kann euch nicht gleichgültig sein, ob unsere Schule gedeiht, ob der Zweck der Lebens- und Arbeitsgemeinschaft, der wir hier dienen, erreicht wird oder nicht. Wir bilden hier eine Gemeinde, in der Rechte und Pflichten auf die einzelnen Mitglieder – einerlei, ob alt oder jung – gleichmäßig verteilt sind. Jeden von euch geht es ebenso viel an wie mich, in welchem Zustand sich unser Haus und unsere Wege und unser Garten befinden; jeder von uns ist mitverantwortlich. Wir wollen, so oft das Bedürfnis vorliegt, uns alle in diesem Raum als ‚Schulgemeinde' versammeln und unsere Meinungen über die Einrichtungen unseres hiesigen Lebens austauschen, und in gemeinsamer und in gleicher Weise dem Wohle des Einzelnen und unserer Gemeinschaft dienen.

Eva Cassirer u. a. (Hrsg.): Die Idee einer Schule im Spiegel der Zeit. Schneider Verlag, Heidelberg 1950, S. 7–10.

Arbeitsvorschläge

A Was macht einen modernen Staat aus?

1. Setzen Sie sich mit den beiden Lexikondefinitionen zum Eintrag „Nation" (Q1) auseinander.

a) Arbeiten Sie die wichtigsten Schlüsselbegriffe der beiden Definitionen heraus. [I] ●

b) Vergleichen Sie die Definitionen der Begriffe in beiden Lexikoneinträgen auf Gemeinsamkeiten und Unterschiede [III]

c) Eine zeitgenössische Definition von „Nation" in der Geschichtstheorie ist die folgende des Historikers Otto Dann:
„Der moderne Nationalstaat ist ein Staat, in dem die Nation als die Gesamtheit der Staatsbürger der Souverän ist, die politische Teilhabe aller Bürger an den Institutionen, Leistungen und Projekten des Staates ist sein leitendes Prinzip."
Setzen Sie sich davon ausgehend kritisch mit dem Verständnis von „Nation" in Meyers Großem Konversationslexikon auseinander. [III] ●

2.

a) Beschreiben Sie die Buchillustration Q 2 und benennen Sie dabei Irritationsmomente. [I]

b) Analysieren Sie den Aufbau, den Rahmen und die Charakterisierung der Figuren des Bildes. [II]

c) Recherchieren Sie im Internet über den Urheber von Q 2, Adolf Bartels. Erläutern Sie mithilfe biographischer Hintergründe, welche Funktion der Hermannmythos in dieser Abbildung hat. [II] ○ ●

d) Erklären Sie vor diesem Hintergrund den Titel der Illustration („Rassenzucht"). [II] ●

B Kann die Moderne tödlich sein? Eine Quelle aus dem Umfeld der Lebensreformbewegung im Kaiserreich

3. Analysieren Sie die Quelle Q 3.

a) Recherchieren Sie die Folgen einer Pockenerkrankung und die Hintergründe der Einführung einer Impfpflicht.

b) Fassen Sie die Anzeige in Q 3 in eigenen Worten zusammen. [I]

c) Arbeiten Sie die Argumente der Impfgegner in Q 3 heraus. Bewerten sie diese mit Blick auf ihre Intention und wissenschaftliche Haltbarkeit. [II] ●

d) Arbeiten Sie die Einstellung der Verfasser der Anzeige zum Staat heraus. [II]

4. Vergleichen und beurteilen Sie die Parallelen der damaligen und heutigen Impfdebatte. [III] ○

C Wo und wie leben? Zwischen Großstadtkritik und Großstadthuldigung

5. Erläutern Sie den Grundgedanken von Grottewitz' Artikel (Q 4). [I]

6. Analysieren Sie, mit welchen sprachlichen Mitteln der Autor dabei seine Leser zu überzeugen versucht (Q 4). [II] ●

7. Vergleichen Sie, auf welch unterschiedliche Weise die beide Quellen Q 4 und Q 5b Kritik an der Großstadt üben. [III] ●

8. Beide Gemälde (Q 5a, Q 5b) beziehen sich auf Orte in Berlin, die nur wenige Kilometer voneinander entfernt liegen. Beide Bilder sind in der Kaiserzeit entstanden. Vergleichen Sie die beiden Darstellungen hinsichtlich der Malweise und der Stimmung, die von ihnen ausgeht. [III] ●

D Brüche im Schulwesen der Kaiserzeit

9. Nennen Sie Elemente der in der Q 7 entworfenen neuen Schulform. [I]

10. Analysieren Sie, mit welchen sprachlichen und damals geradezu revolutionären Mitteln Geheeb die Idee seiner neuen Schule formuliert (Q 7) und vergleichen Sie sie mit der Sprache in Q 6b. [III]

11. Überprüfen Sie, welche Gründe es gibt, an der Zuverlässigkeit der Quelle Q 6b zu zweifeln. Recherchieren Sie bei Bedarf dazu im Internet. [II]

12. In sogenannten „Rahmenrichtlinien" oder Lehrplänen wird heute noch ausgeführt, wozu Schülerinnen und Schüler gebildet und erzogen werden sollen in der Schule – und mit welchen Inhalten dies geschehen soll. Notieren Sie als Skizze für einen solchen Lehrplan für Baden-Württemberg die wichtigsten Inhalte dieses Kapitels (Begriffe, aber auch Jahreszahlen oder Sachverhalte) – und erläutern Sie, warum diese Inhalte von Schülerinnen und Schülern gelernt werden sollten. [III]

Online- und Differenzierungsmaterialien zu Kapitel 1.4
○ Arbeitshilfen zu den Aufgaben 2c und 4
● Vertiefungsangbote zu den Aufgaben 1a, 1c, 2c, 2d, 3c, 6, 7 und 8

Online-Code: cd9v7x

1.5 Die Moderne in Europa um 1900 – Fortschrittsoptimismus und Verunsicherung

Zur Jahrhundertwende schienen dem Fortschritt keine Grenzen gesetzt. Räumliche Distanz über Länder und Kontinente hinweg war durch neue Kommunikations- und Verkehrsmittel in immer kürzerer Zeit zu überbrücken. Migranten-, Waren- und Ideenströme umspannten den Globus. Die Welt wurde gleichzeitig vertrauter und fremder. Während die einen euphorisch in die Zukunft blickten, waren andere zutiefst verunsichert.

Der „Westen"
Der Begriff entstand in der Frühen Neuzeit in Verbindung mit der Bezeichnung „Abendland" als Abgrenzung zum „Morgenland". Mit dem „Westen" war zunächst Europa gemeint, später auch die europäisierten Teile der Welt wie Nordamerika.

Die Dominanz des fortschrittlichen **Westens** in der globalisierten Welt äußerte sich in einer Vielzahl von bestehenden, interaktiven Netzwerken, die er in seinen Dienst stellte. Dabei drückte der Westen dem Rest der Welt nicht einfach einen gleichmachenden Stempel auf: Transkultureller, wirtschaftlicher und sozialer Austausch eliminierten nicht die Unterschiede mit Blick auf ethnische Zugehörigkeit, Nationalität, Religion, Klasse oder Umwelt. So konnten Universalismus und Partikularismus gleichzeitig wahrgenommen werden. Im Folgenden sollen drei Bereiche beispielhaft das scheinbar widersprüchliche Nebeneinander von Homogenität und Differenzierung, globaler Uniformität und lokaler Diversität samt den damit verbundenen Reaktionen, Hoffnungen und Ängsten veranschaulichen.

Weltausstellungen – Projektionsfläche der europäischen Moderne?

Die 1851 in London gezeigte Weltausstellung, von einer eigens eingerichteten Kommission mit Beteiligung des Königs geplant und durchgeführt, war eine Demonstration der Moderne und ihrer Errungenschaften. Auf der fortan in unregelmäßigen Abständen stattfindenden Leistungsschau konnten die Besucher die ganze Welt an einem Ort kennenlernen. Verschiedene Staaten zeigten auf einem neu bebauten Areal in sogenannten Pavillons oder Palästen ihren industriellen und gesellschaftlichen Fortschritt. Dazu gehörten landestypische Folklore, Kunst, Maschinen und Erfindungen wie das Telefon, die Schreibmaschine oder ein erstes Gerät zur akustisch-mechanischen Aufnahme und Wiedergabe von Schall (Phonograph). Regelrecht vorgeführt wurden auch Menschen aus den Kolonien der Imperialmächte, die als „Eingeborene" Tänze in ihrer Landestracht aufführten. So konnte ein überwiegend großstädtisches Publikum auch eine Hierarchie in der Völkerschau ausmachen, in der die industrialisierten, westlichen Nationen an der Spitze des Fortschritts standen. Die Verantwortlichen der Weltausstellungen in Istanbul (1863) oder Kairo (1869) wollten der Weltöffentlichkeit dagegen vor Augen führen, dass sie Anschluss an die Modernisierung im Sinn einer „Selbstverwestlichung" fanden.

→ Q1, Q2, S. 54 f.

Eigens für die Ausstellung entworfene Architektur brach fortlaufend Rekorde wie der Eiffelturm (1889) von Paris als zu dieser Zeit höchstes Gebäude der Welt. So war die Ausrichtung einer Weltausstellung in Chicago (1893) oder St. Louis (1904) auch eine prestigevolle Unternehmung, auf der die USA ihren Aufstieg zur imperialen Weltmacht dokumentierten. Nationaler Stolz paarte sich mit der Hoffnung auf einen Weltfrieden; im Umfeld der Weltausstellungen tagten internationale Kongresse, auf denen auch die „Rassenlehre" diskutiert wurde. Zeitgenössische Kritik richtete sich gegen den Massenandrang bei solchen Veranstaltungen, die Gefahr der Ansteckung mit Krankheiten, als unzüchtig und dekadent erscheinende Attraktionen wie die Auftritte von Bauchtänzerinnen oder den Konsumfetischismus.

Urbanisierung versus ländlicher Raum – Sehnsucht nach Natur und Reinheit?

So wie die Weltausstellungen Bewunderung, aber auch Empörung erregten, so war auch das urbane Leben als solches Verheißung wie abschreckendes Beispiel gleichzeitig. Großstädte waren Vorreiter der Elektrifizierung, Verkehrsknotenpunkte und boten Massenkultur. Hinsichtlich Stil, Geschmack und Waren glichen sich die urbanen Zentren immer weiter ein-

Ebenezer Howard (1850–1928)
britischer Stadtplaner und Erfinder der „Gartenstadt"

→ **Q3**, S. 55f

→ **D1**, **D2**, S. 56

ander an. Paris war für Künstler und Geschäftsleute gewissermaßen die Welthauptstadt, die in solchen Fragen den Takt vorgab. Zeit und Maße wurden international standardisiert. Damit verband sich die Hoffnung, auch Gesetze und Werte könnten global einheitlich werden. Der Publizist Theodor Fritsch schrieb 1896 dagegen von den Metropolen als „wüstem Häuserhaufen". Die Industrialisierung habe das Proletariat in „Mietskasernen" gepfercht und das Leben in der Stadt von der Natur entfremdet. Statt Monotonie, Lebensfeindlicheit und ästhetischem Mangel, beschworen Sozialreformer neue Siedlungsformen wie die sogenannte Gartenstadt. Ursprünglich eine Vision des englischen Stadtplaners Ebenezer Howard, sollte die Gartenstadt die Entfremdung von der Natur heilen. Grünflächen waren Teil des Bebauungsplans und holten das „Land in die Stadt, die Stadt auf das Land", so eine Forderung der Gartenstadt-Gesellschaft. Die ab 1911 nach diesen Ideen gebildete Gartenstadt Karlsruhe-Rüppurr sollte besseres, gesünderes Wohnen in Einzelhäusern ermöglichen.
Einen Schritt weiter gingen die Gründer von Landkommunen, die um die Jahrhundertwende aus dem Boden sprossen. Sie verzichteten bewusst auf jede urbane Nähe und errichteten Siedlungen auf dem Land, die einem eigenen Gesellschaftsentwurf entsprachen. Insbesondere junge Erwachsene versuchten ein alternatives Leben in einer Parallelwelt zu verwirklichen und sich der staatlichen und ökonomischen Kontrolle zu entziehen. Der Verzicht auf Eigentum, genossenschaftliches Wirtschaften, Selbstversorgung mit selbst angebauten Produkten waren die Leitideen dieser Bewegung, die sich mit anderen lebensreformerischen Weltanschauungen mischten.
Auch die Gründung des Bund Heimatschutz 1904 in Dresden ist als Reaktion auf die empfundenen Zumutungen der sich rasch wandelnden Welt zu verstehen. Angesichts der Verstädterung, Internationalisierung der Lebensgewohnheiten und des einsetzenden Massentourismus hatte sich der Bund den „Schutz der deutschen Heimat in ihrer natürlichen und geschichtlich gewordenen Eigenart" zum Ziel gesetzt. Dazu gehörten die Pflege der überlieferten ländlichen und bürgerlichen Bauweise, die Rettung der einheimischen Tier- und Pflanzenwelt sowie die Pflege von Sitten, Gebräuchen und Trachten. Bemühungen um den Erhalt des Bestehenden konnten dabei auch in aggressiven Nationalismus umschlagen.

Eine Vision für die Zukunft oder Kritik der Gegenwart?

Intellektuelle, Künstler und Literaten warfen einen Blick in die Zukunft: In der Science-Fiction-Literatur träumte Jules Verne (1828–1905) von der Reise zum Mittelpunkt der Erde, von Unterseebooten und Flügen zum Mond. Expressionismus und Jugendstil etablierten neue Formen der Kunst, die mit der historischen Tradition bewusst brechen wollten und neue Materialien verwandten. Für manche zeichnete sich eine Welt ab, in der bei andauerndem wirtschaftlichen Aufschwung der Frieden aller Völker gesichert sei. Kriege, so dachte 1910 der spätere englische Friedensnobelpreisträger Norman Angell, seien überholt. Die Hoffnung auf eine enger zusammenrückende Welt ließ internationale Netzwerke tätig werden. Dies kam auch dem Umstand entgegen, dass durch freiwillige wie erzwungene Immigrationsbewegungen Menschen gleicher Herkunft über den ganzen Globus verteilt waren. Im besonderen Maße galt dies auch für die Juden, die in der Bewegung des **Zionismus** versuchten, die nationale Identität ihrer versprengten Gemeinschaft zu fördern. Die Notwendigkeit und der Zusammenhalt dieses Netzwerks wurde durch organisierte Pogrome in Russland (1881–1914) und öffentlich geschürten Antisemitismus in anderen Ländern noch dringlicher und die Sehnsucht nach einem eigenen Heimatland größer.
Die Gegenwart verleitete jedoch nicht nur zu visionären Träumen einer friedlich geteilten Zivilisation, sondern ließ auch Alpträume aufziehen: In der 1899 veröffentlichten Erzählung „Herz der Finsternis" erscheint dem britisch-polnischen Autor Joseph Conrad die moderne Zivilisation als brüchig und das im Unterbewussten verstörte Subjekt von Abgründen bedroht. Als Folge der europäischen Kolonialisierung Afrikas und großer Teile Asiens setzen seine literarischen Figuren moralische Normen durch „Rassismus" außer Kraft. Die Moderne, so Conrad, entlarve den „Menschen als bösartiges Tier".

→ **Q5**, **Q6**, S. 58

Zionismus
nationalistische Ideologie, die auf einen jüdischen Nationalstaat in Palästina zielte

A Weltausstellungen – Leistungsschau der Nationen?

Q1

Das Monument des Christoph Kolumbus

Holzstich zur Weltausstellung in Chicago (USA) 1893

Ursprünglich in der Zeitschrift Scientific American vom Oktober 1890 gezeigt, stellt der Stich ein für die Weltausstellung 1893 in Chicago geplantes, aber nicht verwirklichtes Bauwerk dar. Der Entwurf des spanischen Architekten Alberto Palacio (1856–1939) zu Ehren von Christoph Kolumbus sollte an den 400. Jahrestag der Ankunft von Kolumbus in der Neuen Welt im Jahr 1492 erinnern. Der Globus hätte einen Durchmesser von fast 300 Metern gehabt und sollte mit einer Wendeltreppe begehbar sein. Auf dem „Nordpol" war der riesige Nachbau eines der Schiffe von Kolumbus geplant, in dessen Rumpf wiederum ein meteorologisches Observatorium hätte untergebracht werden sollen. Nachts wären die Kontinente von einer großen Anzahl von Lichtern beleuchtet worden. In der Basis waren Promenaden, Cafés und Restaurants für die Öffentlichkeit vorgesehen. Wenn der Bau verwirklicht worden wäre, hätte er schätzungsweise mehr als sechs Millionen Dollar gekostet, was nach heutiger Umrechnung ungefähr 6 Milliarden Euro beträgt.

Q2

„Krupp'sche Riesenkanone" zur Weltausstellung in Paris 1867
Holzstich

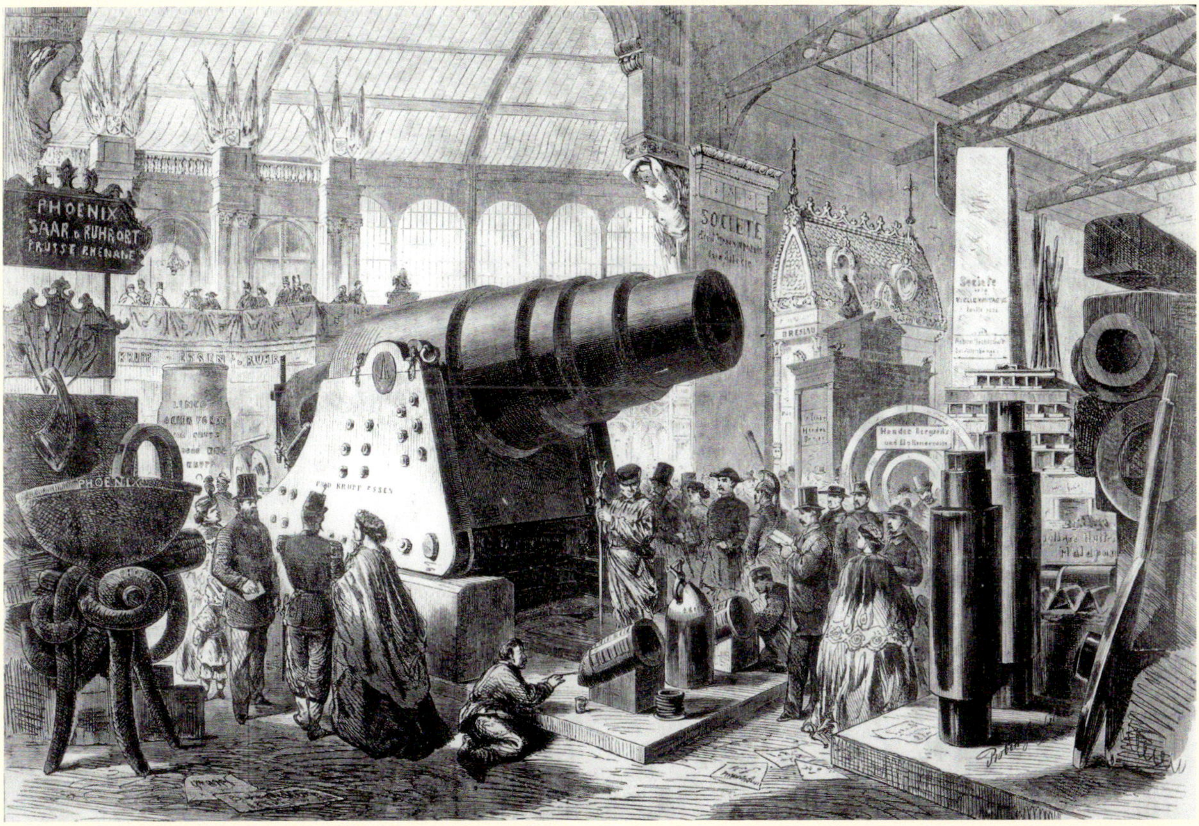

B Moderne = Neue Perspektiven auf Stadt, Land und Natur?

Q3

Gartenstadt Manifest

Der Sozialreformer Hans Kampffmeyer (1876–1932) wollte unbebautes Land von Grund auf neu gestalten. Seine städteplanerischen Unternehmungen haben mit den Ideen des britischen Erfinders der „Gartenstadt", Ebenezer Howard, gemeinsam, dass sie die Landschaft in einem schöpferischen Akt des Neuanfangs mit eigenem Ordnungssinn formen:

Die gewaltige Entwicklung der Technik im letzten Jahrhundert hatte eine völlige Umgestaltung des wirtschaftlichen Lebens und eine neue Verteilung der Bevölkerung über das Land zur Folge. Die industrielle Entwicklung Deutschlands kam in erster Linie den Städten zugute. Unbedeutende Orte wurden zu industriellen Zentren. Die Zahl der großen Städte von mehr als 100 000 Einwohnern wuchs von 5 im Jahre 1851 auf 48 im Jahre 1910.

Diese oft überhastete Entwicklung der Städte fiel in eine Zeit, in der man glaubte, alles dem freien Spiel der Kräfte überlassen zu können. So kam es, dass nicht die planvolle Fürsorge der zur Wahrung der öffentlichen Interessen berufenen städtischen und staatlichen Behörden den neu entstandenen Städten und Stadtteilen das Gepräge gab, sondern das kurzsichtige Erwerbsinteresse der Bauunternehmer und Spekulanten. Der Bodenpreis wurde zu einer Höhe hinaufgetrieben, die das Wohnen ungebührlich verteuert und die von den Vertretern der Hygiene geforderte weiträumige Bauweise in den meisten Städten erschwert oder ganz ausschließt. Immer weitere Bevölkerungsschichten werden

in Mietskasernen zusammengepfercht. Die in den Städten vorhandenen Gärten werden verdrängt und die Bewohner immer mehr von der Natur losgelöst. [...]
Man versteht also unter einer Gartenstadt oder einer Gartenvorstadt nicht eine beliebige Stadt oder Vorstadt mit ein paar Gärten in ihren Mauern. Sie hat auch nichts zu tun mit den Villenkolonien, [...]. Eine Gartenstadt ist eine planmäßig gestaltete Siedlung auf wohlfeilem Gelände, das dauernd im Obereigentum der Gemeinschaft (Staat, Gemeinde, Genossenschaft und dergleichen) erhalten wird, derart, daß jede Spekulation mit dem Grund und Boden für immer ausgeschlossen und der Wertzuwachs der Gemeinschaft gesichert bleibt. Diese soziale und wirtschaftliche Grundlage bringt und erhält der neu entstehenden Stadt auch den Garten – selbst für den Minderbemittelten –, macht sie zur „Gartenstadt".
In solchen Gartenstädten führt die gemeinsame Arbeit an großen wirtschaftlichen und kulturellen Zielen die Menschen zu besserem gegenseitigen Kennen und Verstehen. Sie weckt das uns verloren gegangene Gefühl dafür, daß nicht der gegenseitige Kampf, sondern die gegenseitige Hilfe für die Höherentwickelung der Menschheit ausschlaggebend ist. Erst wenn dieses Gefühl in weiten Bevölkerungsschichten lebendig geworden ist, werden die zahllosen Kräfte, die sich heute noch im gegenseitigen Kampfe aufreiben müssen, für aufbauende Arbeit frei werden.

Hans Kampffmeyer: Die Gartenstadtbewegung. 2. Auflage. Teubner, Leipzig 1913, S. 1–3.

D1

Lebensformen werden vielfältiger?

Die Historiker Siegfried und Templin fassen vergleichend Merkmale von Lebensreform und Alternativmilieu um 1900 sowie um 1980 zusammen:

[...] eine Kombination aus neuen Subjektivierungsweisen, die das Individuum zu reformieren suchten, bei gleichzeitiger Aufwertung von Gemeinschaft und Kollektivität; der Fokus auf Authentizität, Natur bzw. Natürlichkeit; ganzheitliche Ansätze und die Aufhebung von Entfremdung; Kritik an der Moderne, kapitalistischer Industrie und Rationalität; das Siedeln auf dem Lande usw. [...] Mit Blick auf die Lebensreform und das Alternativmilieu wird deutlich, dass die Entwicklung der kapitalistischen Moderne in westlichen Gesellschaften – sei es im Zuge von Urbanisierung und Industrialisierung, sei es im Gefolge von Wirtschaftswachstum und Konsumgesellschaft – kulturelle Reaktionen in spezifischen gesellschaftlichen Milieus (vor allem des Bürgertums und der Mittelschichten) provozierten, die auf einer Ablehnung dieser Entwicklungen basierten, dabei „alternative Pfade" [...] entwarfen und zu realisieren suchten, faktisch aber aufs Engste mit der kapitalistischen Moderne verwoben waren.

Detlef Siegfried, David Templin (Hrsg.): Einleitung. In: Lebensreform um 1900 und Alternativmilieu um 1980. Kontinuität und Brüche in Milieus der gesellschaftlichen Selbstreflexion im frühen und späten 20. Jahrhundert. Vandenhoeck & Ruprecht, Göttingen 2019, S. 21 f.

D2

„Social engineering in der Nussschale": Landkommunen als „Kompensationsräume" der Moderne.

Die Konstanzer Wissenschaftshistorikerin Anne Kwaschik hat ermittelt, dass zwischen den 1820er und 1860er Jahren mehr als 60 Produktivgenossenschaften vornehmlich auf außereuropäischen Gebieten gegründet wurden. Neben dem Vereinigten Königreich waren es die USA und Kanada, wo 20 Siedlungen entstanden, die von Robert Owen[1] selbst gegründet wurden oder von ihm inspiriert waren. Im nordamerikanischen Laboratorium entdeckten die Europäer mehr Gestaltungsmöglichkeiten als in ihren Heimatländern. Allein die Fourieristen[2] gründeten seit den 1840er Jahren mehr als 40 Siedlungen auf der ganzen Welt, 30 davon in den USA. Zahlreiche religiöse Separatisten aus Deutschland hatten in den USA Kommunen ohne Privatbesitz, Löhne und Geldverkehr gegründet, in denen gemeinschaftlich gearbeitet und gelebt wurde. Diese Gründungswelle genossenschaftlicher Produktivassoziationen war gedacht als ein Experiment für das Zusammenleben von Menschen, in der insbesondere die Architektur der Häuser und der Siedlungen die Art und Weise ihrer zwischenmenschlichen Begegnungen durchregulieren sollte. Neben der ökonomischen Gütergemeinschaft sollten z. T. auch die Kinder in getrennten Häusern aufgezogen werden, Gemeinschaftsräume die Kontaktpflege steuern, selbst das Liebesleben wurde geplant: social engineering in einer Nussschale, das auf Entfremdungserfahrungen sowie Gesundheitsprobleme im Großstadtleben reagierte. Das Verhältnis von Gemeinschaft und Individuum sollte in den neu geschaffenen Siedlungen, gewissermaßen unter Laborbedingungen, neu ausbalanciert werden. Kwaschlik hat diese Siedlungen als „Kompensationsräume der Moderne" bezeichnet, in denen die Rationalisierungsbewegung der Moderne umgeformt und für mehr Muße und Kreativität und zugleich für weniger Arbeit und Herrschaft ihrer Bewohner genutzt werden sollte.

Sven Reichhardt: Alternative Pfade. Politiken und Wissensformen der Subjektivierung, Erfahrung und Kreativität im 19. und 20. Jahrhundert. In: Detlef Siegfried, David Templin (Hrsg.): Lebensreform um 1900 und Alternativmilieu um 1980. Kontinuität und Brüche in Milieus der gesellschaftlichen Selbstreflexion im frühen und späten 20. Jahrhundert. Vandenhoeck & Ruprecht, Göttingen 2019, S. 43 f.

1 Robert Owen (1771–1858), britischer Unternehmer und Frühsozialist
2 Charles Fourier (1772–1837) war ein französischer Gesellschaftstheoretiker, ein Vertreter des Frühsozialismus und ein scharfer Kritiker des frühen Kapitalismus.

C Vision für die Zukunft – Kritik an der Gegenwart

Q 4

Herz der Finsternis

Der ehemalige Seemann Marlow vergleicht in Joseph Conrads Novelle „Herz der Finsternis" (1899) die Kolonialisierung des Britischen Empires mit dem Imperialismus der antiken Römer. Später erzählt er von seiner Reise als Flusskapitän auf dem Kongo, als er einen mysteriösen Elfenbeinhändler namens Kurtz sucht. Er entfernt sich immer weiter von der Zivilisation und treibt auf dem Fluss in den Dschungel, ins „Herz der Finsternis", wo er Kurtz findet, der diktatorisch und mit kultischen Praktiken eine apokalyptische Welt aus Einheimischen und Kolonisten beherrscht.

„Er (ein römischer Soldat) landet in einem Sumpf, marschiert durch die Wälder und hat in irgendeiner Niederlassung im Innern das Gefühl, er sei von der Barbarei, der reinsten Barbarei umgeben – dem ganzen geheimnisvollen Leben der Wildnis, das sich da regt im Wald, im Dickicht, im Herzen der Wilden. Auch gibt es ja in solche Geheimnisse keine Einweihung. Er muss inmitten des Unverständlichen leben, das obendrein widerwärtig ist. Das hat zwar auch sein Faszinierendes, dessen Wirkung auf ihn nicht ausbleibt. Das Faszinierende des Greulichen, wisst ihr, – denkt nur an die wachsende Reue, an die Sehnsucht, von hier fortzukommen, den ohnmächtigen Abscheu, das Ausgeliefertsein, den Hass". Er (Marlow) hielt inne. „Wohlgemerkt", begann er abermals und hob, die Handfläche nach außen gekehrt, den einen Unterarm, so dass er, mit seinen gekreuzten Beinen, nun die Haltung eines Buddhas hatte, der in europäischem Gewand und ohne Lotosblume predigt – „wohlgemerkt, keiner von uns hätte genau dieses Gefühl gehabt. Was uns rettet, ist der Nutzeffekt – die Vergötterung des Nutzeffekts. […]
Sie (die Römer) waren keine Kolonisten; ihr Verwalten war lediglich ein Aussaugen und sonst nichts, fürchte ich. Sie waren Eroberer, und dazu bedarf es nichts als roher Gewalt – nichts, dessen man sich rühmen dürfte, da die eigene Stärke bloß ein Akzidens[1] ist, das aus der Schwäche der anderen resultiert. Sie rissen an sich, was sie konnten, nur darauf bedacht, sich nichts entgehen zu lassen. Es war schlicht Raub unter Gewaltanwendung, Mord unter erschwerenden Umständen in großem Stil; blind machten sie sich ans Werk – wie es sich für jene ziemt, die sich mit einer Finsternis einlassen. Die Eroberung der Welt, die im Wesentlichen darauf hinausläuft, dass man sie denen fortnimmt, die eine andere Hautfarbe oder etwas plattere Nasen als wir haben, ist, genau besehen, nichts Erfreuliches. Was mit ihr versöhnt, ist die Idee allein. […]"
Den Fluss hinaufzufahren war wie eine Reise zurück zu den frühesten Anfängen der Welt, als noch die Pflanzen zügellos die Erde überwucherten und die großen Bäume Könige waren. Ein leerer Strom, ein großes Schweigen, ein undurchdringlicher Wald. Die Luft war warm, schwer, drückend, träge. Im Glanz des Sonnenscheins war keine Freude. Die langen Abschnitte des öden Flusslaufs führten tiefer und tiefer in die Düsternis der beschatteten Ferne hinein. Auf den silbrigen Sandbänken sonnten sich Seite an Seite Flusspferde und Alligatoren. An den breiteren Stellen strömte das Wasser zwischen einer Unzahl bewaldeter Inselchen hin; auf jenem Fluss konnte man in die Irre gehen wie in einer Wüste und stieß beim Versuch, das Fahrwasser zu finden, fortgesetzt auf Sandbänke, bis man endlich glaubte, man sei verhext und für immer von allem abgeschnitten, was einem einst vertraut war – irgendwo – weit fort – in einer anderen Existenz gar. Es gab Augenblicke, da die eigene Vergangenheit vor einem aufstieg, wie das zuweilen geschieht, wenn kein bißchen Zeit für einen selbst übrigbleibt; doch sie stieg vor einem auf in Gestalt eines ruhelosen und schreienden Traums, an den man sich verwundert erinnerte – hier unter der überwältigenden Wirklichkeit dieser seltsamen Welt der Pflanzen, des Wassers und des Schweigens. Und diese Stille des Lebens ähnelte in nichts dem Frieden. Es war die Stille einer unversöhnlichen Macht, die über einer unerforschlichen Absicht brütete.

Joseph Conrad: Herz der Finsternis. Übersetzt v. Fritz Lorch. S. Fischer Verlag, Frankfurt am Main 1985, 87.

1 Akzidens: etwas Zufälliges, nicht zum Wesen der Sache gehörendes

Q5

Globalisierte Wirtschaft und Pazifismus

Der britische Schriftsteller und Publizist Norman Angell (1874–1967) schrieb 1914:

In meinem Buche, das erstmals gegen Ende des Jahres 1909 als bescheidene Broschüre von etwa 100 Seiten unter dem Titel „Europes Optical Illusion“ erschienen ist, habe ich zu zeigen versucht, dass durch die immer mehr über die geographischen Grenzen hinwegschreitende Arbeitsteilung in allen Produktionszweigen, noch mehr aber durch die Fundamente des modernen Kreditsystems, die völlig international verankert sind, eine gegenseitige Abhängigkeit, eine weltwirtschaftlich bedingte Gleichmäßigkeit der Auf- und Abbewegungen des Geldmarktes und der Börsen herbeigeführt worden ist (großenteils als Folgeerscheinung des hochentwickelten Weltverkehrs und intensivierten Nachrichtenaustauschs) und dass dadurch, in den allerjüngsten Jahrzehnten erst, eine netzartige Verflechtung des Reichtums und des Kapitalbesitzes auf der ganzen Welt entstanden ist, derzufolge es unmöglich geworden ist, dass eine Nation durch die Eroberung einer anderen für sich einen Vorteil erreichen könnte. Der moderne Reichtum ist unantastbar geworden, denn jeder Versuch einer Konfiszierung muss notwendigerweise schädigend auf den Eroberer zurückwirken; sogar die Erhebung einer Kriegsentschädigung wäre gegenwärtig von sehr zweifelhaftem Vorteil für die siegreiche Nation. Infolgedessen ist aber die Militärmacht in der Gegenwart sowohl in wirtschaftlicher wie in sozialer Beziehung bedeutungslos und ohnmächtig geworden.

Norman Angell: Weltwirtschaft und territoriale Machtpolitik. Eine Erwiderung. In: Weltwirtschaftliches Archiv 2 (1914), S. 367.

Q6

Der Zukunftsstaat

Illustration zu dem Buch von Friedrich Eduard Bilz: Der Zukunftsstaat. Staatseinrichtung im Jahre 2000, erschienen Leipzig 1904.

Arbeitsvorschläge

A Weltausstellungen – Leistungsschau der Nationen?

1. Erstellen Sie anhand des Verfassertextes eine Tabelle, in der Sie Hoffnungen und Ängste der Menschen um 1900 gegenüberstellen. [II]
2. Arbeiten Sie heraus, welche Absichten der Architekt des Kolumbus-Monuments (Q1) mit seinem Entwurf für die Chicagoer Weltausstellung 1893 verfolgte. [II]
3. Bewerten Sie die Symbolik der Bilder (Q1, Q2). [III] ○
4. Gestalten Sie als Modell, Zeichnung, Skizze oder in einer schriftlichen Beschreibung ein Gebäude für eine der Weltausstellungen der Gegenwart. Berücksichtigen Sie, was Ihr Entwurf über unsere Zeit aussagen soll, welche Hoffnungen oder auch Probleme Sie damit dokumentieren wollen. [III]

B Moderne = Neue Perspektiven auf Stadt, Land und Natur?

5. Nennen Sie Merkmale einer Gartenstadt (Q3). [I] ○
6. Erklären Sie, warum die Gartenstadt laut Kampffmeyer „eine Höherentwicklung der Menschheit" ermöglicht (Q3). [II]
7. Charakterisieren Sie die „alternativen Pfade" (D1) und berücksichtigen Sie dabei auch den Abschnitt des darstellenden Textes „Urbanisierung versus ländlicher Raum". [I]
8. Erläutern Sie, warum die „alternativen Pfade" mit der „kapitalistischen Moderne verwoben" (D1) und inwiefern die Landkommunen ein „Kompensationsraum" (D2) waren. [II]
9. Analysieren Sie die Reaktionen auf die Beschleunigungserfahrungen der Zeit um 1900. (Q3, D2). [II]
10. Vergleichen Sie die Reaktionen miteinander. Welche Forderungen mussten den Zeitgenossen am radikalsten erscheinen, welche Positionen konnten auf breitere Zustimmung hoffen? [II]

C Vision für die Zukunft – Kritik an der Gegenwart

11. Beschreiben Sie die Buchillustration (Q6). [I]
12. Erläutern Sie die Entwicklung, die der Autor für den Zukunftsstaat im Jahr 2000 annimmt (Q6). [II]
13. Beurteilen Sie, inwiefern diese Zukunftsvision für das Jahr 2000 eingetroffen ist (Q6). [III]
14. Nennen Sie widersprüchliche, uneindeutige und ambivalente Aussagen des Erzählers (Q4). [I]
15. Die Fahrt auf einem Fluss kann auch als Metapher für das Leben bzw. das Lebensgefühl insgesamt gedeutet werden. Stellen Sie dar, inwiefern die Fahrt auf dem Fluss Kongo in der Novelle (Q4, Z. 35 ff.) dem Leser die Welt von damals widerspiegelt. Erklären Sie dabei auch, was mit der „unversöhnlichen Macht, die über einer unerforschlichen Absicht brütet" (Z. 58 f.), gemeint sein könnte. [II]
16. Erläutern Sie, auf welche Weise die kapitalistische Wirtschaftsweise laut Norman Angell den Frieden fördert (Q5). [II]
17. Diskutieren Sie die These Angells und schreiben Sie eine Erwiderung für eine Zeitung. [III]

Übergreifende Arbeitsvorschläge

18. Analysieren Sie, inwiefern in der heutigen Gesellschaft ähnliche Reaktionen angesichts der aktuellen Herausforderungen mit Blick auf Natur, Wohnen, Arbeitsleben, Urbane Metropolen, Beschleunigung und Entfremdung zu beobachten sind. Welche Kontinuität und Brüche nehmen Sie in der Wahrnehmung der Zeitgenossen von 1900 und heute wahr? [II] ○
19. Bewerten Sie die Beschleunigungserfahrungen um 1900. Nehmen Sie sie als gerechtfertigt wahr und halten Sie die Reaktionen für nachvollziehbar? Welchen Umgang mit dem heutigen Fortschritt halten Sie für angebracht? [III]

Online- und Differenzierungsmaterialien zu Kapitel 1.5
○ Arbeitshilfen zu den Aufgaben 3, 5 und 18

Online-Code: ms6d3d

1.6 Modernisierungsprozesse in den USA

Im 19. Jahrhundert erlebten die USA eine große territoriale Expansion und eine gewaltige Modernisierung. Grundlage dafür waren politische Freiheiten, Einwanderung und große Spielräume für junge Unternehmer. Zu den Schattenseiten gehörten aber viele soziale Probleme.

Material
Zusatzinformationen zur US-Verfassung
2yk82d

Die Verfassung als Kompromiss unter weißen, vermögenden Männern

Nach der Durchsetzung der staatlichen Selbstständigkeit im amerikanischen Bürgerkrieg mussten die Revolutionäre eine Verfassung erarbeiten. Dabei mussten gleich mehrere Kräfte miteinander in Einklang gebracht werden. So bemühten sich die Gründungsväter der Verfassung, Mechanismen einzubauen, um die Möglichkeit eines Machtmissbrauchs seitens der Regierung möglichst auszuschließen. Gleichzeitig musste eine Balance in der Machtverteilung zwischen den kleinen und den großen Mitgliedsstaaten gefunden werden. Der letztendliche Kompromiss war bemüht, einen Zwang zur Zusammenarbeit zwischen Unionsmitgliedsstaaten und Zentralregierung festzuschreiben („checks and balances" als Grundprinzip). Eine Wiederwahl für die zentralen öffentlichen Ämter wurde begrenzt. Einerseits wurde auf Elemente einer direkten Demokratie auf Bundesebene verzichtet. Eine direkte Kontrolle des gewählten Staatsoberhauptes oder der gewählten politischen Repräsentanten durch das Wahlvolk war bzw. ist in der US-Verfassung nicht vorgesehen. Andererseits wurden mit den sogenannten Amendments Abwehrrechte des Einzelnen gegenüber dem Staat festgeschrieben, die vor Gerichten einklagbar waren.

Elizabeth Cady Stanton (1815–1902)
US-amerikanische Suffragistin, Sklavereigegnerin, Gesellschaftsreformerin und eine führende Aktivistin der Frauenrechtsbewegung in den USA

Mit dieser zwischen Föderalisten und Zentralisten ausgehandelten Staatsverfassung entstand eine Mischform, die sehr stark vom Charisma des gewählten Staatsoberhauptes und dessen Rückhalt in den beiden eingerichteten Kammern abhing. Wie gering die eigenen Mittel des Präsidenten waren, zeigen die Staatseinnahmen. Bis ins 20. Jahrhundert hinein gab es keine staatliche Einkommenssteuer. Seine Einnahmen bestanden in erster Linie aus Zöllen und Steuern auf bestimmte Handelswaren, beispielsweise auf Alkohol.

Ein grundsätzliches Problem stellte die starke Einschränkung des Wahlrechts dar. In den ersten Jahrzehnten durften allein erwachsene Männer mit Haus- oder Landbesitz wählen, was auf kaum mehr als 10 % der Bevölkerung zutraf. Erst 1830 wurde das Wahlrecht für Männer ausgeweitet, doch erst 1868 wurde das Wahlrecht für alle männlichen Bürger über 21 Jahren festgeschrieben. Allerdings gab es auch weiterhin erhebliche Beschränkungen für ehemalige afroamerikanische Sklaven und für Männer der indigenen Bevölkerung. Frauen blieben gänzlich von der politischen Mitbestimmung ausgeschlossen. Eine Ausnahme blieb der Bundesstaat New Yersey, der aber das Frauenwahlrecht bereits 1807 wieder abschaffte. Erst nach langem Widerstand von Frauenrechtlerinnen, den sogenannten Suffragetten, gelang es nach dem Bürgerkrieg in einigen der neu gegründeten Bundesstaaten, wie zum Beispiel Utah, auf Bundesstaatsebene das Frauenwahlrecht erstmals zu verankern. Auf Bundesebene aber wurde erst während des Ersten Weltkrieges der öffentliche Druck so groß, dass Frauen über den 19. Zusatzartikel der Verfassung letztlich 1919 das allgemeine Wahlrecht erhielten.

→ Q1, Q2, S. 60

Soziale Frage und Sozialsystem

Nachdem die Frage der Rechte der Bundesstaaten gewaltsam im blutigen Bürgerkrieg 1861–1865 zugunsten der Unionsbefürworter geklärt wurde, blieben der Streit über eine Ausweitung des Wahlrechts und Konflikte infolge des wirtschaftlichen Strukturwandels. Lange Zeit waren die USA ein überwiegend ländlich geprägtes Agrarland. Bis weit in die zweite Hälfte des 19. Jahrhunderts lebten die meisten Amerikaner fern der wenigen größeren Städte. Dies änderte sich mit der zunehmenden Industrialisierung und der großen Zuwanderung aus Europa und Asien. Bis zum Zweiten Weltkrieg sank der Anteil der ländlichen Bevölkerung auf nur noch knapp über 50 % der Gesamtbevölkerung.

Wie auch auf anderen Kontinenten brachte die Urbanisierung in Nordamerika zahlreiche neue drängende Probleme auf. Der Bedarf an bezahlbaren Wohnungen schnellte nach oben. Um 1890 lebten in New York bereits eine Million Menschen unter teils katastrophalen hygienischen Bedingungen in 32 000 Mietskasernen. Die dichte Bebauung der Städte erhöhte die Gefahr von Feuersbrünsten, wie sie etwa Chicago 1871 und Boston 1872 erlebt hatten. Diese vielfältigen neuen Aufgaben überforderten jedoch die bisherigen Stadt- und Bundesstaatsverwaltungen auf das Äußerste. Es wurde deutlich, dass die städtische Verwaltung auf eine neue Basis gestellt werden musste: Bislang wurden alle Städte von ihrer jeweiligen Landeshauptstadt regiert bzw. verwaltet. Nach Vorbild europäischer Staaten wurde schließlich in den einzelnen Bundesstaaten eine städtische Selbstverwaltung eingeführt. Dies löste das Wohnungsproblem nicht völlig, gab den Städten aber die Möglichkeit, leichter lokale Lösungen zu finden.

Andere Probleme waren das Arbeitsrecht und die soziale Absicherung. Der Staat griff in nur geringem Maße in wirtschaftliche Strukturen ein. Dies erleichterte es ehrgeizigen Unternehmern, Firmen zu gründen oder gar ganze Wirtschaftsimperien zu schaffen, ohne in unternehmerischen Entscheidungen und in der Gewinnmaximierung durch strenge Arbeitnehmerrechte eingeschränkt zu werden. Die Bekämpfung der Probleme basierte letztlich auf privaten sozialen Organisationsformen, wie der Nachbarschaftshilfe und Wohltätigkeitsvereinen. Insgesamt blieb aber das Sozialsystem der USA aus Sicht des deutschen Wirtschaftshistorikers Carl-Ludwig Holtfrerich „gekennzeichnet von einem geringen Grad nationaler Vereinheitlichung, weniger generösen Leistungen und einer stärker organisatorisch und finanziell zersplitterten Zuständigkeitsverteilung". Das lag nicht zuletzt am Misstrauen gegenüber politischen Institutionen und einer stark ausgeprägten föderalen Komponente der amerikanischen Politik.

Upton Sinclair (1878–1968)
US-amerikanischer Schriftsteller der in vielerlei Formen harte Sozialkritik an den wirtschaftlichen und politischen Verhältnissen in den USA übte („The Jungle" 1906, „King Coal" 1917, „Oil" 1927, etc.).

In Bezug auf die Arbeitssicherheit wurden arbeitnehmerfreundliche Gesetze häufig durch die unternehmerfreundliche US-amerikanische Justiz und die in vielen Fällen ausufernde Korruption verhindert. Es bedurfte erst eines großen Unglücks, um auf die Verantwortungslosigkeit vieler Firmenbetreiber hinzuweisen: Am 25. März 1911 brach in einer New Yorker Textilfabrik ein Feuer aus, dem 146 Arbeiterinnen und Arbeiter wegen abgeschlossener Türen und mangelnder Sicherheitseinrichtungen nicht entfliehen konnten. Der Großteil der Toten waren osteuropäische Migranten, einige von ihnen waren gerade 14 Jahre alt. Die bislang zögerlichen Maßnahmen zur Einführung von Unfallversicherungen wurden nach dem Brand spürbar intensiviert.

Ansätze einer staatlichen Altersversicherung für Angestellte im öffentlichen Dienst entstanden erst Ende des 19. Jahrhunderts. Eine staatliche Rentenkasse und eine staatliche Arbeitslosenversicherung wurden erst in den 1930er-Jahren eingeführt. Ein Dauerstreitthema blieb die Frage einer staatlichen Krankenversicherung, die erst 2010 unter der Präsidentschaft von Barack Obama eingeführt wurde. Zuvor waren Unfall- und Krankenversicherungen stets arbeitsplatzgebunden, d. h. bei einem Wechsel des Arbeitsplatzes konnte es zu einem Verlust des Versicherungsschutzes kommen.

Woher kam der rasante Aufstieg der USA zur Wirtschaftsmacht?

Mit dem Sieg der Nordstaaten im Bürgerkrieg blieb die Einheit der USA gewahrt, was die Grundlage für einen starken wirtschaftlichen Aufschwung bildete. Die Rohstoffvorkommen des Landes begünstigten die wirtschaftliche Entwicklung. So gab es am Oberen See und in den Südappalachen Eisenerze mit hohem Eisenanteil (50–60 %), in Ohio, den Appalachen und im Ozarkbergland Steinkohle, die im Tagebau gefördert werden konnte. Daher entstand in Pennsylvania und im Bereich der Oberen Seen eine Schwerindustrie. Daneben verfügten die USA in den Rocky Mountains über umfangreiche Metallerze sowie über Erdöl- und Erdgaslagerstätten. Die Einheit der USA bedeutete auch die Bewahrung eines riesigen Binnenmarktes, in dem alle benötigten Agrar-, Industrie- und Energierohstoffe vorhanden waren und der nach und nach verkehrstechnisch erschlossen wurde. Von besonderer Bedeutung war der durch Aktiengesellschaften finanzierte Eisenbahnbau; 1869 wurde mit der Union Pacific die erste transkontinentale Bahnlinie in Betrieb genommen, wodurch die Integration des Wirtschaftsraums begann.

Ein wichtiger Einflussfaktor der wirtschaftlichen Entwicklung war die Einwanderung chinesischer Arbeitskräfte. Bis 1882 wanderten etwa 300 000 Chinesen in die USA ein, die wesentlich zum wirtschaftlichen Aufschwung beitrugen. Sie arbeiteten – zu geringen Löhnung und unter schlechten Arbeitsbedingungen – im Eisenbahnbau, wurden für die kalifornische Landwirtschaft gezielt angeworben und bauten in den 1850er-Jahren Fischereibetriebe entlang der Westküste auf. Nach der Einwanderung europäischer Fischer wurden die chinesischen Fischer allerdings durch rassistische Steuerforderungen und Gesetze verdrängt, die gezielt darauf ausgerichtet waren, ihre Arbeit unmöglich zu machen. Der institutionelle „Rassismus" gegen chinesische Einwanderer durchzog alle Lebensbereiche: Sie erhielten, wie auch andere außereuropäische Einwanderer, keine volle Staatsangehörigkeit der USA, weil sich angeblich nur Europäer assimilieren ließen. Eine Heirat mit aus Europa stammenden Partnerinnen und Partnern war ebenfalls verboten. In den Städten entlud sich die Xenophobie in den 1870er-Jahren in Massakern an der chinesischen Minderheit und sie wurden in vielen Städten gezwungen, sich ausschließlich in als „Chinatown" bezeichneten Stadtgebieten anzusiedeln. 1882 schränkte der „Chinese Exclusion Act", der erst 1943 wieder aufgehoben wurde, weitere Einwanderung aus China und auch Familiennachzug fast völlig ein. Der Scott Act von 1888 machte es in den USA lebenden chinesischen Einwanderern dann sogar unmöglich, ihre Familien in China zu besuchen, weil er die Wiedereinreise in die USA verbot, wenn Einwanderer das Land verließen.

→ Kapitel 1.7, S. 70 f.

Taylor und Ford – Galionsfiguren der Zweiten Industriellen Revolution?

Im ausgehenden 19. Jahrhundert hatte sich die Fabrik als leistungsfähige Betriebsform und Produktionsstätte längst etabliert. Sie verlangte aber, etwa im Gegensatz zur Manufaktur, gänzlich neue Arbeitsgewohnheiten und Arbeitsrhythmen und war durchgehend arbeitsteilig organisiert. Schon von Beginn an gab es Experimente, die Fabrikarbeit effektiver zu gestalten. Im Jahre 1911 veröffentlichte der US-amerikanische Ingenieur Frederick Winslow Taylor seine Lehre zur „wissenschaftlichen Betriebsführung". Sie verfolgte das Ziel, die Arbeitsprozesse in der industriellen Fertigung, die häufig allein auf Erfahrungen und Faustregeln basierten, zu beschleunigen und sie einer stärkeren Kontrolle durch das wissenschaftlich planende Management zu unterwerfen. Seit 1882 begann Taylor, Arbeitsabläufe mithilfe einer Stoppuhr zu analysieren und Bewegungsstudien von Fabrikarbeitern anzulegen, um Rationalisierungspotenziale auszuloten und exakte und effiziente Arbeitspläne zu erstellen. Ein weiterer Bestandteil des sogenannten **Taylorismus**, der bald auch in deutschen Unternehmen Anwendung finden sollte, bestand aber auch darin, Anreize zur Optimierung der individuellen Arbeitsleistung zu schaffen. Die Fabrikarbeiter sollten von den Produktivitätssteigerungen durch Lohnerhöhungen oder neue, leistungsorientierte Lohnformen, wie beispielsweise dem Akkordlohn, profitieren. Vor allem aber war es die Einführung der automatisierten Fließbandfertigung, die in den Fabriken zur Beschleunigung der Arbeitsprozesse und zur signifikanten Steigerung der Produktion beitrug. Erst sie schuf die Möglichkeit zur Serien-, beziehungsweise Massenproduktion. Kurz vor dem Ersten Weltkrieg wendeten amerikanische Unternehmer wie Ransom Eli Olds oder später Henry Ford das Fließbandprinzip auch erfolgreich im Fahrzeugbau an. Manche sprachen sogar von einem **Fordismus**. Damit revolutionierten sie die Automobilindustrie, wobei ein bedeutender Teil der noch jungen Fahrzeugunternehmen in den USA und Europa diesem Konkurrenzdruck nicht standhielt und vom Markt verschwand. Andererseits wurde das standardisierte Automobil vom Fließband erstmals in Gestalt durch Fords „Modell T" zu einem so preisgünstigen Produkt, dass es sich bald auch Konsumenten der Mittelschicht leisten konnten. Dies betraf immer mehr Produkte. Dieser dadurch ermöglichte unmittelbare Massenkonsum und die Massenmotorisierung waren allerdings rein amerikanische Phänomene; der deutsche

→ Q3 – Q5, S. 64 f.

Taylorismus
Prinzip einer Prozesssteuerung von Arbeitsabläufen, gestützt auf Arbeitsstudien

Fordismus
Ausdruck für eine standardisierte Massenproduktion von industriellen Waren auf der Basis von spezialisierten Maschinen, Fließbandfertigung, dem Taylorismus und teilweise einer Sozialpartnerschaft zwischen Arbeitnehmern und Arbeitgebern

Henry Ford (1863–1947)
Gründer der Ford Motor Company
Pionier im Automobilbau

Markt war für Massenproduktion in amerikanischen Dimensionen schlicht noch zu klein. Dennoch stieg auch in den europäischen Industrienationen die Produktivität durch die Einführung modernerer Produktionsweisen spürbar an.

Die Zweite Industrielle Revolution in den USA – Big Business?

Auf diese Weise bildeten sich moderne Konzerne als dominierende Unternehmensform heraus und lösten immer mehr den bisherigen Unternehmer ab. Statt des individuellen Eigentümers an der Spitze einer Firma führten fortan immer öfter angestellte Manager die Unternehmen. Damit eng verbunden war auch der Aufstieg von Kapitalgesellschaften, die sich über die Börse finanzierten. Diese neuen Veränderungsschübe waren dabei von unmittelbarer globaler Wirkung. Spätestens während der Zweiten Industriellen Revolution agierten große Konzerne nun häufig multinational und vertrieben ihre Produkte weltweit. Viele Großkonzerne beherrschten bald nicht nur den nationalen Markt, sondern besaßen in vielen Teilen der Welt ihre eigenen Rohstoffquellen und kontrollierten vor Ort die Weiterverarbeitung sowie den Absatz und Vertrieb ihrer Produkte. Diese Entwicklung stellte einen bemerkenswerten Wandel in der geschäftlichen Steuerung von Unternehmen dar – aus reiner Industrie wurde auf diese Weise Business. Ein Erkennungsmerkmal dieser neuen Wirtschaftsform war beispielsweise die wesentlich engere Kooperation und Verflechtung von Konzernen mit Banken, die durch Aktienbesitz zunehmend Einfluss auf die Industrie nahmen. Aus diesem traditionellen Business wurde in den Vereinigten Staaten nun das **Big Business**. Durch die Konzentration von Einzelunternehmen und Kapital entstanden zusammenhängende große Gesellschaften. Teilweise schlossen sich Unternehmen des gleichen Produktionszweigs zu Kartellen zusammen, ohne dabei ihre juristische und wirtschaftliche Selbstständigkeit aufzugeben („Trusts"). Sie versuchten, durch Preisabsprachen konkurrierende Betriebe zu ruinieren, und hebelten durch ihre unangefochtene Monopolstellung den freien Wettbewerb aus. So gelang es beispielsweise dem Unternehmer John D. Rockefeller mit seiner Standard Oil Company den wachsenden Weltölmarkt unter monopolistische Kontrolle zu bringen.

Big Business
Bezeichnung für eine angebliche oder real existierende große Macht von großen Wirtschaftsunternehmern in Politik, Medien und Gesellschaft

Ein weiteres anschauliches Beispiel für erfolgreiches Big Business in den USA ist der aus Schottland eingewanderte Stahlmagnat Andrew Carnegie, der 1873 das bis dahin größte Stahlwerk der Welt gründete. Durch geschickte Unternehmensführung brachte er es zu einem beträchtlichen Vermögen von über einer halben Milliarde Dollar und wurde einer der reichsten US-Bürger seiner Zeit. Carnegies Stahlimperium umfasste schließlich sämtliche Produktionsstufen und organisierte alle Arbeitsprozesse in eigener Regie – vom Bergbau über die Fertigung, den Transport bis hin zur Vermarktung der Produkte. Im Jahre 1901 verkaufte Carnegie schließlich seine Konzernanteile an den New Yorker Bankier John Pierpont Morgan, was als repräsentatives Beispiel für die enge Verflechtung von Industrie- und Bankkapital gelten kann. J. P. Morgan verband die Firma noch im selben Jahr mit etlichen anderen Stahlgesellschaften zur United States Steel Corporation. Bald darauf verkaufte Carnegie das Großunternehmen letztendlich zum Preis von 1,4 Milliarden US-Dollar an der Börse. Anschließend engagierte er sich in zahlreichen Stiftungen und trat als Kulturförderer in Erscheinung.

Der große Einfluss dieser Großkonzerne und Trusts übte erheblichen Einfluss auf die Politik aus. Erst unter der Präsidentschaft von Benjamin Harrison wurde 1890 auf Initiative des Senators John Sherman ein Antitrust Act verabschiedet, womit die monopolartige Marktstellung großer Trusts eingeschränkt werden sollte. Als Motivation galt die Angst, die wirtschaftlichen Zustände würden einen Zulauf für den Sozialismus begünstigen. Angewendet wurde das Gesetz allerdings erst unter der Präsidentschaft von Theodore Roosevelt (1901–1909), der dadurch einige Monopole auflösen ließ.

A Kampf um das Frauenwahlrecht

Q1

Elizabeth Stanton auf der Gründungsversammlung der „National American Woman Suffrage Association" 1890:
Seit fünfzig Jahren sind wir als Klägerinnen vor Gericht aufgetreten und drei Generationen von Politikern, Richtern und Reformern haben ihre schlagenden Argumente und eloquenten Anträge in den Gerichten und vor dem Volk erschöpfend dargelegt. Aber da die Richter, Anwälte und Geschworenen allesamt Männer sind, verlieren wir jedes Mal – und trotzdem erzählen uns einige Männer, dass wir geduldig und überzeugend, dass wir weiblich sein sollen. Meine Freundinnen, was ist die männliche Vorstellung von „weiblich"? Sie besteht darin, eine Art zu haben, die [dem Mann] gefällt, still, ehrerbietig, unterwürfig, eine Frau, die sich ihm nähert, wie ein Untergebener sich seinem Herrn nähert. Er wünscht keine Selbstbehauptung von unserer Seite, keinen Widerspruch, keine nachdrückliche Anklage seiner Person als Räuber oder Krimineller. Während der großartige Wahlspruch „Widerstand gegen Tyrannen ist Gehorsam gegenüber Gott" wieder und wieder um den Erdball geschallt ist, die Freiheitsliebenden in jedem Breitengrad begeistert hat und die gekrönten Häupter hat erzittern lassen, während jedes Recht, das von den Unterdrückten errungen wurde, den Tyrannen mit Gewalt entrissen wurde, während die dunkelste Seite der menschlichen Geschichte die Gräueltaten gegen Frauen sind, sollen Männer uns heute sagen, dass wir geduldig, überzeugend und weiblich sein müssen? Was wissen wir denn bislang darüber, was „weiblich" ist? […] Geduld und Überzeugungskraft sind schöne Tugenden im Umgang mit Kindern und mit schwachsinnigen Erwachsenen, aber es ist unsere Pflicht, jene, die über das Geschenk der Vernunft verfügen und die Prinzipien der Gerechtigkeit verstehen, dazu zu bringen, sich gemäß dem höchsten Licht, das in ihnen ist, zu verhalten, und dies so schnell wie möglich. […]
Das Wahlrecht für Frauen ist keine Frage, die durch politisches Geschwätz, durch List oder einen Kunstgriff entschieden werden kann, sondern nur durch den langsamen Prozess der Bildung, durch stetige Agitation in alle Richtungen, bei der abwechselnd alle Festungen des Feindes angegriffen werden. […] Lasst uns regelmäßig […] eine ganze Gruppe von neuen Opfern aufstacheln, indem wir unsere Geschütze auf neue Festungen richten. Agitation ist der Vorkämpfer von Bildung. Wenn irgendein Grundsatz oder eine Frage zur Diskussion stehen, lasst uns daran anknüpfen und die Verbindung dieser Sache, ob eng oder entfernt, zur Entrechtung der Frau aufzeigen. […]

Ellen Carol DuBois (Hrsg.): Elizabeth Cady Stanton, Susan B. Anthony. Correspondence, Writings, Speeches. Schocken, New York 1981, S. 223–226. Übersetzt v. Redaktion.

Q2

Kampf für Frauenwahlrecht
Protestplakat von Suffragetten gegen US-Präsident Wilson 1918, nachdem es 1917–1919 zu mehreren Verhaftungen und fragwürdigen Haftbedingungen für Frauenrechtlerinnen gekommen war.
1920 wurde mit der Verabschiedung des 19. Zusatzartikels der Verfassung das Frauenwahlrecht eingeführt (für Frauen ab 30 Jahr mit nachgewiesener Lesefähigkeit, Nachweis eines genügend langen Wohnsitzes und von geleisteten Steuerzahlungen).

B Arbeiten im Taylorismus

Q3

Neue Arbeitsmethoden
Frederick Taylor über die systematische Analyse und Standardisierung des Arbeitsprozesses (1911):
Anstatt eine Art, einen Arbeitsschritt zu tun, als Standard zu haben, wird jeder Arbeitsschritt täglich auf, sagen wir, fünfzig oder hundert verschiedene Arten erledigt. Schon ein wenig mehr Nachdenken macht klar, dass dies unver-

meidlich der Fall sein muss, wenn unsere Arbeitsmethoden von Arbeiter zu Arbeiter mündlich weitergegeben werden oder, wie in den meisten Fällen, unbewusst durch Abgucken gelernt werden. In praktisch keinem Fall sind sie niedergeschrieben, systematisch analysiert oder beschrieben worden. […]
Nur durch eine strikt durchgesetzte Standardisierung der Arbeitsmethoden, strikt durchgesetzte Einführung der besten Arbeitsgeräte und Arbeitsbedingungen und verstärkte Zusammenarbeit kann schnellere Arbeit gewährleistet werden. Und die Pflicht, diese Standards und die Kooperation durchzusetzen, liegt allein bei der Unternehmensleitung.
Sie muss kontinuierlich einen oder mehrere Arbeiter zur Verfügung stellen, um jedem neuen Arbeiter die neuen und einfacheren Methoden zu zeigen; und die langsameren Arbeiter müssen konstant beobachtet und angeleitet werden, bis sie sich zu einer angemessenen Geschwindigkeit gesteigert haben. All jene, die trotz sorgfältiger Anleitung nicht nach den neuen Methoden und in höherer Geschwindigkeit arbeiten können oder wollen, müssen von der Unternehmensleitung entlassen werden.

John Dos Passos: The Big Money. New American Libr. New York 1969, S. 75. Übersetzt v. Redaktion.

Q4

Taylors Methoden aus Gewerkschaftssicht

Samuel Gompers (1850–1924), Gründer einer der ersten Facharbeitergewerkschaften in den USA (American Federation of Labor), schrieb um 1900:

So seid ihr also als Lohnarbeiter im Allgemeinen bloße Maschinen – allerdings nur, wenn man es industriell betrachtet. Weshalb solltet ihr daher nicht standardisiert werden, und weshalb sollten eure Bewegungskräfte nicht in jeder Beziehung im höchsten Maße perfektioniert werden, auch was die Geschwindigkeit betrifft? Nicht nur eure Länge, Breite und Stärke als Maschine, sondern auch euer Härtegrad, eure Verformbarkeit, Lenkbarkeit und allgemeine Brauchbarkeit können festgestellt, registriert und dann je nach Wunsch eingesetzt werden. Auf diese Weise würde die Wissenschaft am meisten aus euch herausholen können, bevor ihr auf den Abfallhaufen geworfen werdet.

Thomas Parke Hughes: Die Erfindung Amerikas. Der technologische Aufstieg der USA seit 1870. Übersetzt v. Hans Jürgen Baron von Koskull. C. H. Beck, München 1991, S. 202.

Q5

Werbeplakat für den amerikanischen Taylorismus als Optimierungsmittel zur Überwindung der wirtschaftlichen Schwierigkeiten

Plakat 1920er-Jahre

C Fordismus: Optimierung und Standardisierung

Q6

Henry Ford beschreibt in seinen Erinnerungen die wichtigen Eckpunkte seiner Unternehmerpolitik:

a) Die Einrichtung des Fließbandes

Ungefähr am 1. April 1913 machten wir unsern ersten Versuch mit einer Montagebahn. […] Ich glaube, es war die erste bewegliche Montagebahn, die je eingerichtet wurde. Im Prinzip ähnelte sie den Schiebebahnen, deren sich die Chicagoer Fleischpacker bei der Zerlegung der Rinder bedienen. Früher, als der ganze Herstellungsprozess bei uns noch in den Händen eines einzigen Arbeiters ruhte, war der Betreffende imstande, fünfunddreißig bis vierzig Magnete in einem neunstündigen Arbeitstag fertigzustellen, d. h. er brauchte ungefähr zwanzig Minuten pro Stück. Später wurde seine Arbeit in neunundzwanzig verschiedene Ein-

zelleistungen zerlegt und die Zeit für die Zusammenstellung dadurch auf 13 Minuten [...] herabgedrückt.
Im Jahre 1914 brachten wir die Bahn acht Zoll höher an, dadurch wurde die Zeit auf sieben Minuten vermindert. Weitere Versuche über das Tempo der zu leistenden Arbeit setzte die Verrichtungszeit auf fünf Minuten herab. Kurz ausgedrückt ist das Ergebnis folgendes: Mit Hilfe wissenschaftlicher Experimente ist ein Arbeiter heute imstande, das Vierfache von dem zu leisten, was er vor noch verhältnismäßig sehr wenigen Jahren zu leisten vermochte. Die früher gleichfalls von nur einem Arbeiter verrichtete Zusammensetzung des Motors zerfällt heute in achtundvierzig Einzelverrichtungen – und die betreffenden Arbeiter leisten das Dreifache von dem, was früher geleistet wurde. Bald versuchten wir dasselbe auch bei dem Chassis.

Henry Ford: Mein Leben und Werk. Übersetzt von Curt und Marguerite Thesing. List Verlag, Leipzig 1923, S. 146.

b) Die Lohnermittlung

So fingen wir denn 1913 an, über die vielen Tausende von Verrichtungen in unseren Betrieben Zeitmessungen anzustellen. Durch Zeitmessungen dürfte es theoretisch möglich sein, zu bestimmen, wie groß die Produktionsmenge des Einzelnen sein muss. Bei weitherziger Abschätzung lässt sich auch eine bestimmte Produktionsmenge für den Tag festsetzen und bei genügender Berücksichtigung der Geschicklichkeitsanforderungen ein Wertmesser bestimmen, der mit einiger Genauigkeit den Aufwand an Geschicklichkeit und Kraft anzeigt, den die einzelnen Verrichtungen beanspruchen, um danach die Leistung zu errechnen, die als Entgelt für die Löhnung billigerweise von dem Arbeiter verlangt werden darf. Ohne sachgemäßes Studium weiß weder der Arbeitgeber, weshalb er die Löhnung bezahlt, noch der Arbeitnehmer, weshalb er sie erhält. Auf Grund dieser Zeittabellen wurden sämtliche Verrichtungen unseres Betriebes normalisiert und die Löhne bestimmt.
Stückarbeit gibt es bei uns nicht. Zum Teil werden die Leute stunden-, zum Teil tageweise bezahlt, in fast allen Fällen wird aber eine bestimmte Produktionsnorm verlangt, von der man erwartet, dass der Arbeiter sie einhalten wird.

Henry Ford: Mein Leben und Werk. Übersetzt von Curt und Marguerite Thesing. List Verlag, Leipzig 1923, S. 146.

Q7

Leben im Takt der Produktion

John Dos Passos in seinem Roman „The Big Money" über die Arbeit bei Ford, 1936:

Bei Ford wurde die Produktion ständig verbessert: Weniger Ausschuss, mehr Aufseher, mehr kontrollierende Vorarbeiter, mehr Überwacher (15 Minuten Frühstückspause, drei Minuten für den Gang zur Toilette, überall die tayloristische Antreiberei, greife darunter, setze die Unterlagsscheibe auf, ziehe die Schraube fest, schlage den Bolzen fest, greifedarunter, setzedieunterlegscheibeauf, ziehedieschraubefest, greifedaruntersetzedieunterleg-scheibeaufziehedieschraubefest, bis jeder Funken Leben für die Produktion aufgesaugt wurde und die Arbeiter in der Nacht nach Hause gehen wie graue, zitternde, leere Hülsen.

John Dos Passos: The Big Money. New American Libr. New York 1969, S. 75. Übersetzt v. Redaktion.

D1

Die zweischneidigen Produktionsbedingungen in den Ford-Werken

Der deutsche Literaturwissenschaftler und Amerikanist Gert Raeithel (geb. 1940) schrieb über den Fordismus:

Durch zum Teil drastische Preissenkungen erweiterte die Firma ihren Kundenstamm. Der Preis sank von 1500 Dollar (1913) auf 600 Dollar (1929) und tiefer. *Fordism* und das Verbum *to fordize* standen für die Praxis, Gewinne an Käufer und Arbeiter weiterzugeben und durch ausgeklügelte Herstellungsverfahren trotzdem die Rentabilität zu erhöhen. Ford verdoppelte 1914 den branchenüblichen Lohn für den Achtstundentag auf fünf Dollar. Er schuf Einkaufsmöglichkeiten für Betriebsangehörige zu reduzierten Preisen, experimentierte mit Sojabohnen als Hauptnahrungsmittel und mit Holz zur Treibstoffgewinnung, errichtete ein Krankenhaus, eine Englischschule für Einwanderer und eine Berufsschule für Jungen aus armen Familien. Er drang darauf, dass Tausende von Behinderten eingestellt wurden und gab entlassenen Strafgefangenen eine Chance. Eine eigene Abteilung, das „Sociological Department", sorgte für das soziale Wohl der Belegschaft. Viele Amerikaner sprachen von Ford in biblischen Begriffen, Dichter rückten ihn in die Nähe Jesu, und eine Bürgerinitiative „Ford-for-President" erwählte sich den Slogan „Komm und führe uns hinaus."
In den Genuss des Fünfdollarlohns kam ein Arbeiter nur bei Wohlverhalten; er musste sich der hohen Entlohnung würdig erweisen. Mitte der zwanziger Jahre waren die Löhne bei Ford bereits unter das mittlere Industrielohnniveau gesunken. Ehemalige Beschäftigte klagten, in den Fordfabriken würden Arbeiter unnachsichtiger ausgebeutet und manipuliert als anderswo. Das Betriebsklima war in der Tat eigenartig. Sprechen war an den Fließbändern verboten, Lächeln unerwünscht. Die Arbeiter verständigten sich heimlich im „Ford whisper" miteinander und trugen starre Mienen zur Schau. Kritiker erkannten auf [sic] eine „Fordisierung des Gesichts". Louis-Ferdinand Céline hörte bei der Einstellung

einen Betriebsarzt sagen: „Wir brauchen keine Fantasten in den Werken. Wir brauchen Menschenaffen." Ford selbst kommentierte das Arbeitsklima in seinen Betrieben mit den Worten: „Es gibt nicht viel persönlichen Kontakt. Die Männer tun ihre Arbeit und gehen heim – eine Fabrik ist kein Gesellschaftszimmer." Das Fordsche Regime war autokratisch. Seine besten Leute feuerte der Chef manchmal nur, weil sie zu sehr Experte geworden waren. Experten misstraute er, weil sie Dinge für unmöglich erklären, die ein Amateur gleichsam aus Unwissenheit für möglich hält und deshalb bewältigt. Einen beliebigen Arbeiter hat Henry Ford als Metallurgen aufgebaut. Von seiner eigenen Unfehlbarkeit mehr oder weniger überzeugt, lehnte er hierarchische Staffelungen ab und behielt sich Entscheidungen auch in kleinen Dingen vor.

[...] Fords ursprünglich fortschrittliche Lohn- und Sozialpolitik nahm dubiose Züge an. Bei der Einführung der Fünftagewoche (1926) wurden prompt die Bänder beschleunigt, um die Produktionsquote zu halten. Nervlich erschöpfte Arbeiter befielen Gliederzittern und Angstträume. Das Sprechverbot am Arbeitsplatz sollte unter anderem Gespräche über gewerkschaftliche Organisierung verhindern. Mindestens 800 interne Detektive überwachten Disziplinverstöße und gewerkschaftliche Infiltrierungsversuche. Ford verwahrte sich gegen staatliche Aufsichtsfunktionen wie gegen Forderungen der Automobilarbeitergewerkschaft (*United Automobile Workers*, UAW). Gegen Teilnehmer an einem Sitzstreik innerhalb der Fabrik – eine aus Europa importierte Taktik – ordnete er Gewaltmaßnahmen an. [...] Als letzter der drei großen Automobilhersteller war Ford bereit, mit Gewerkschaften überhaupt nur zu reden.

Gert Raeithel: Geschichte der nordamerikanischen Kultur. Band 2: Vom Bürgerkrieg bis zum New Deal (1860–1930), Zweitausendeins, Frankfurt am Main 1997, S. 363 f.

D Die Schwäche der organisierten Arbeiterschaft

D2

Die Entwicklung der organisierten US-amerikanischen Arbeiterschaft

Das Erbe der *Knights of Labor* trat die American Federation of Labor (AFL) an, die allerdings einen ganz anderen Charakter trug und unterschiedliche Ziele verfolgte. Sie entstand 1881 in Pittsburgh auf Initiative von Samuel Gompers, dem Führer der *Cigar Makers' Union*, als Zusammenschluss von Facharbeiterverbänden. Gompers' Vorbild war der englische *New Unionism*, dem es darauf ankam, die Interessen der Arbeiter in den einzelnen Branchen durch finanzstarke und schlagkräftige Organisationen zu vertreten. Die AFL entschied sich von vornherein für einen pragmatischen Kurs, mit dem die Arbeitsbedingungen und die materielle Lage der Arbeiter innerhalb des bestehenden Systems schrittweise verbessert werden sollten. Wichtigste Waffe war der Streik, der aber ebenfalls nur in diesem begrenzten, „unpolitischen" Rahmen eingesetzt wurde. Im Unterschied zu den Knights legten die AFL-Verbände wenig Wert auf die Mitgliedschaft von ungelernten Arbeitern sowie von Frauen und Afro-Amerikanern. Die Arbeiterinnen, die mit am schwersten unter den ausbeuterischen Bedingungen in den *sweatshops* der Textilindustrie zu leiden hatten, griffen daraufhin zur Selbsthilfe. Die verschiedenen Frauengewerkschaften vereinigten sich 1903 – ebenfalls nach englischem Vorbild – zur *Women's Trade Union League*. Als Teil der reformerischen Frauenbewegung trat sie für den Schutz der Frauen am Arbeitsplatz ein, förderte die Frauenbildung und kämpfte mit für das Frauenwahlrecht.

Durch den Übertritt vieler ehemaliger *Knights of Labor* wuchs die AFL bis zur Jahrhundertwende auf über 40 Einzelgewerkschaften mit Tausenden von *local unions* und ca. 1 Million Mitglieder an. Einer Reihe von Erfolgen standen einige schwere Niederlagen gegenüber, wie 1892 beim Streik der Stahlarbeiter gegen den Carnegie-Konzern in Homestead, Pennsylvania, oder 1894, als der Lohnkampf gegen George Pullman, den Besitzer der größten Eisenbahnwagenfabrik, in Chicago scheiterte. Beide Auseinandersetzungen wurden von Arbeiter- wie Unternehmerseite mit kaum geringerer Härte als der Streik von 1877[1] geführt. Sie zeigten die Grenzen der AFL auf, die nicht nur mit der wachsenden Macht der Konzerne rechnen musste, sondern im Ernstfall auch die Bundesregierung und die öffentliche Meinung der USA gegen sich hatte. Auf dem Tiefpunkt der Depression im Jahr 1894 waren 2,5 Millionen Menschen arbeitslos, und es wurden im ganzen Land 1300 Streiks registriert. [...]

Selbst unter den extremen Bedingungen des *Gilded Age*[2] entwickelte sich in den USA keine starke sozialistische Bewegung. Die amerikanische Arbeiterschaft war ethnisch und interessenmäßig zu differenziert und geografisch zu mobil, um einen einheitlichen Willen entwickeln und kraftvoll durchsetzen zu können. Immigration, Westwanderung und individuelles Erfolgsstreben hielten die Gesellschaft in ständigem Fluss und ließen ein Bewusstsein fester und permanenter Klassengegensätze, wie es um diese Zeit in vielen europäischen Staaten herrschte, nicht aufkommen.

Jürgen Heideking, Christof Mauch: Geschichte der USA. 6. Auflage. UTB, Tübingen 2008, S. 185 f.

1 Gemeint ist der „Große Eisenbahnstreik" von 1877, bei dem mehr als 100 Menschen ihr Leben verloren.
2 Das *Gilded Age* ist ein vom Schriftsteller Mark Twain geprägter Begriff, der die Zeit des wirtschaftlichen Aufschwungs in den USA nach 1865 meint, die gleichzeitig durch große Armut in den Städten geprägt war (deshalb nur „vergoldet").

Q 8

„The Condition of laboring man at Pullman"
US-amerikanische Karikatur 1894

Q 9

„The Bosses of the Senate"
Karikatur von Joseph Keppler, erschienen in der Zeitschrift Puck 1889

Arbeitsvorschläge

1. Skizzieren Sie Ihr bereits erarbeitetes Vorwissen der Sekundarstufe I beziehungsweise des derzeitigen Kurses zur Geschichte der USA. [I]
2. Erläutern Sie mittels des Darstellungstextes die wesentlichen Faktoren, die zur rasanten wirtschaftlichen Entwicklung der USA im 19. Jahrhundert führten. [II]

A Kampf um das Frauenwahlrecht

3. Arbeiten Sie aus der Rede von Elizabeth Stanton die von ihr aufgezeigten Frauenbilder heraus (Q 1). [II]
4. Ordnen Sie die Bildquelle Q 2 in den historischen Kontext des Ersten Weltkrieges ein und analysieren Sie die Aussage des Transparents. [II] ○
5. Erörtern Sie die Gründe für die Verfassungsänderung hinsichtlich des Frauenwahlrechts. [III]
6. MK Erstellen Sie auf Basis des Kapitels und eigener Recherchen ein Fließdiagramm zur Entwicklung des Frauenwahlrechts in den USA. [III] ●
7. MK Erstellen Sie ein Podcast zum Thema Frauenwahlrecht als Ausdruck der Moderne in den USA. [III]

B Arbeiten im Taylorismus

8. Erläutern Sie arbeitsteilig anhand der Aussagen von Frederick Taylor und Samuel Gompers die Vor- und Nachteile des Taylorismus (Q 3, Q 4). [II]
9. Benennen Sie die Aussage der Bildquelle Q 5 und überprüfen Sie sie. [I/III]
10. Beurteilen Sie, inwieweit der Taylorismus ein Symbol der Moderne darstellte. [III]

C Fordismus: Optimierung und Standardisierung

11. Erläutern Sie arbeitsteilig anhand der Auszüge der Ford-Erinnerungen (Q 6) und aus dem Roman von John Dos Passos (Q 7) die Vor- und Nachteile des Fordismus. [II]
12. Recherchieren Sie zur Person des amerikanischen Schriftstellers John Dos Passos und stellen Sie dem Kurs Ihre Ergebnisse in Form eines Kurzreferates vor. [II] ○
13. Entwickeln Sie aus den Auszügen von Ford's Erinnerungen und den Aussagen von Gert Raeithel die Gründe für Fords Erfolg und beurteilen Sie seine Methoden (Q 6, D 1). [II/III]

D Die Schwäche der organisierten Arbeiterschaft

14. Bezeichnen Sie mittels D2 die wichtigsten Eckpunkte in der Entwicklung der organisierten Arbeiterschaft in den USA. [I]
15. Vergleichen Sie die Entwicklung in den USA mit der Herausbildung der Gewerkschaften in Europa am Beispiel Deutschlands. [II]
16. Setzen Sie sich mit der Karikatur „The Condition of laboring man at Pullman" (Q 8) auseinander.
    a) Beschreiben Sie die Karikatur. [I]
    b) Arbeiten Sie ihre zentralen Aussagen heraus. [II]
    c) Beurteilen Sie die Aussage der Karikatur in ihrem historischen Kontext. [III]
17. Interpretieren Sie die Aussage der Karikatur „The Bosses of the Senate" (Q 9).
    a) Beschreiben Sie die Darstellung und nennen Sie deren wichtigste Kernelemente. [I]
    b) Charakterisieren Sie die Aussage der Karikatur. [II]
    c) Beurteilen Sie die Botschaft der Karikatur auf Basis Ihres erarbeiteten Wissens. [III]
    d) Erörtern Sie die These, dass sich an der Richtigkeit der Aussage bis heute nichts geändert hat. [III]

Übergreifender Arbeitsvorschlag

18. MK Erstellen Sie ein Fließdiagramm zum Thema Aufstieg der USA zur Wirtschaftsmacht während der Zweiten Industriellen Revolution. [II]

Online- und Differenzierungsmaterialien zu Kapitel 1.6
○ Arbeitshilfen zu den Aufgaben 4 und 12
● Vertiefungsangbot zur Aufgabe 6
Zusatzinformationen zur US-Verfassung

Online-Code: 2yk82d

1.7 Migration – Folge der Industrialisierung?

Kaum ein gesellschaftspolitisches Thema wird so heiß diskutiert wie das der Zuwanderung. Dabei gab und gibt es Migrationsbewegungen in der Menschheitsgeschichte auf allen Kontinenten und zu allen Zeiten. Die Gründe für Zu- und Abwanderung sind vielfältig: Teilweise werden Menschen in ihrer Heimat aufgrund ihrer Ethnie, Religion oder politischen Ansichten verfolgt. Andere fliehen aufgrund von Klimaschäden, Umweltkatastrophen und Armut. Obwohl die Entwicklung multikultureller Gesellschaften häufig von Ängsten und Ressentiments begleitet wird, schafft Einwanderung oft Impulse für positive gesellschaftliche und wirtschaftliche Veränderungen.

Zuwanderung
Menschen, die ihren Herkunftsort verlassen, um an einem anderen Ort zu leben, werden als Migranten, Zuwanderer, Einwanderer oder Immigranten bezeichnet. Davon ausgenommen sind Pendler, Touristen oder andere Menschen, die sich nur kurzzeitig an einem anderen Ort aufhalten. Ein Sonderfall stellt die saisonale Arbeitsmigration dar, welche teils in die Definition der Zuwanderung einbezogen wird.

Abwanderungsbewegungen am Beispiel Baden-Württembergs

Das Baden-Württemberg, wie wir es heute kennen, gibt es erst seit dem Jahr 1952. Zu Zeiten der Industrialisierung war das zusammengefügte Bundesland noch in die beiden aneinandergrenzenden Machtbereiche des Großherzogtums Baden und des Königreichs Württemberg unterteilt. Bis Mitte des 19. Jahrhunderts wanderten viele Menschen aus dem deutschen Südwesten nach Ost- und Südosteuropa aus. Zudem versuchten die gerade unabhängig gewordenen Staaten Südamerikas versuchten, deutsche Auswanderer anzuwerben. Die scheinbar „unbegrenzten Möglichkeiten" lockten außerdem etliche Migranten in die USA.

Ein Grund für die großen Auswanderungsbewegungen, die 1816 begannen, waren die negativen Klimafolgen, die hauptsächlich durch den Ausbruch des indonesischen Vulkans Tambora im April des vorangegangenen Jahres ausgelöst worden waren. Aufgrund von Missernten und Überschwemmungen litten viele Menschen an Hunger. Nachdem die Revolution 1848/49 gescheitert war, flohen viele Menschen auch aus politischen und religiösen Motiven aus Deutschland. Ein anderer Beweggrund entstand aus dem Wandel von einer landwirtschaftlich geprägten Gesellschaft hin zur Industriegesellschaft und dem einhergehenden starken Bevölkerungsanstieg. Immer öfter drohte ein Leben in überfüllten Arbeitervierteln der rasant wachsenden Städte.

Viele Menschen erhofften sich durch Auswanderung einen höheren Lebensstandard und politische Freiheit. Allein zwischen 1871 bis 1890 verließen mehr als 104 000 Personen das Königreich Württemberg, auf badischer Seite waren es im Zeitraum zwischen 1880 und 1890 über 94 000 Personen. Somit verließen jeweils über 5 Prozent der Gesamtbevölkerung innerhalb weniger Jahre ihre süddeutsche Heimat. Insgesamt gelangten zwischen 1816 und 1914 ca. 5,5 Millionen Menschen aus Deutschland in die USA, nur wenige kamen wieder zurück. Die verbesserte Verkehrssituation im Zeitalter der Industrialisierung – in Deutschland vor allem durch den Ausbau des Schienenverkehrs sowie die steigende Zahl an Dampfschiffen bedingt – beschleunigte die Auswanderungswelle.

Deutschland auf dem Weg zu einem Einwanderungsland

Dominierte im Deutschland des 19. Jahrhunderts die Auswanderung, schlug dies zu Beginn des folgenden Jahrhunderts ins Gegenteil um, da nun die Hochphase der Industrialisierung im 1871 gegründeten Deutschen Kaiserreich anbrach. Deutschland entwickelte sich innerhalb kurzer Zeit zum zweitgrößten Einwanderungsland nach den USA.

Die wachsende Zahl an Arbeitsplätzen im industriellen Sektor konnte bald nicht mehr nur von den Arbeitskräften vor Ort besetzt werden. In industriellen Zentren wie im Ruhrgebiet oder in der Montanindustrieregion Sachsens siedelten sich Hunderttausende Arbeitsmigranten sowie deren Familienangehörige an. Die wohl bekannteste Migrantengruppe stellten die „Ruhrpolen" dar. Hierbei handelte es sich oft um polnischsprachige preußische Staatsbürger, die aus den damals preußischen Provinzen Posen, Pommern, West- und Ostpreußen ins westfälische Ruhrgebiet einwanderten, um dort zu arbeiten. Da diese Form von

Binnenmigration
Der Begriff umfasst die Form von Migration innerhalb einer festgelegten Region, in der Regel innerhalb eines Staates.

Integration
Die Integration von Zugewanderten soll Chancengleichheit und die tatsächliche Teilhabe in allen Bereichen ermöglichen, insbesondere am gesellschaftlichen, wirtschaftlichen und kulturellen Leben. Um dies zu gewährleisten, bietet der Staat ein möglichst umfassendes Integrationsangebot an. Es herrschen aber sehr unterschiedliche Meinungen darüber, was unter einer gelungenen Integration zu verstehen ist. Häufig wird darüber gestritten, inwieweit ein Zugewanderter seine kulturelle Identität aufgeben bzw. sich an die neue Umgebung anpassen soll.

Migration innerhalb des Deutschen Reiches stattfand, spricht man heute von **Binnenmigration**. Hinzu kamen Migranten anderer Nationalitäten, beispielsweise aus dem russischen Teil Polens, Italien, den Niederlanden und Österreich-Ungarn. Doch nicht nur in der Industrie, auch in der Landwirtschaft wurden zunehmend saisonale Wanderarbeiter eingestellt, insbesondere auf den großen Gütern östlich der Elbe.
Die Folgen der Industrialisierung und die damit verbundene Anwerbung von Arbeitskräften lesen sich spektakulär. So wuchs die Bevölkerungszahl der preußischen Metropole Berlin im 19. Jahrhundert um fast 900 Prozent von 172 000 auf 2,3 Millionen an. Laut Hochrechnungen beschäftigte das Deutsche Reich im Jahr 1913 1,2 Millionen Arbeiter ohne deutsche Staatsangehörigkeit. Somit trugen die Arbeitsmigranten maßgeblich dazu bei, dass sich Deutschland zu einer modernen Industrienation wandelte.

Zwischen Integration und Ausgrenzung

Obwohl die industriellen Zentren auf Arbeitsmigranten angewiesen waren, betrachtete die Mehrheitsgesellschaft des Deutschen Reichs die Zuwanderer oft mit Argwohn. Migranten sprachen kein Deutsch und pflegten einen anderen Lebensstil bzw. andere Bräuche und Traditionen. Zudem entstand ein vielfältiges Vereinsleben, das von religiös motivierten Vereinigungen geprägt war. Der Glaube war einerseits ein verbindendes Element, wenn die einheimische Bevölkerung der gleichen Konfession angehörte. Andererseits konnten unterschiedliche Glaubensvorstellungen das Verhältnis zwischen den „Alteingesessenen" und Migranten spalten. Die „Neuankömmlinge" engagierten sich daneben auch politisch und gewerkschaftlich und viele bauten sich in Deutschland einen neue Existenz auf.
Dennoch sahen sich viele Menschen, die als Arbeitsmigranten ins Deutsche Reich gekommen waren, mit Ressentiments der Mehrheitsgesellschaft und rechtlichen Einschränkungen konfrontiert. Aus einer – auf einem übersteigerten Nationalismus fußenden – Angst vor dem zunehmenden Verlust der deutschen Sprache und Kultur implementierten deutsche Behörden immer stärkere Kontrollmechanismen, indem sie polnische Vereine überwachten, Saisonarbeiter streng kontrollierten und letztendlich die polnische Arbeitsmigration aus Russland sowie Österreich-Ungarn verboten.

D1

Typen von Migrationsgesellschaften

Assimilation	Migranten passen sich kulturell an die heimische Gesellschaft an; diese verändert sich nicht. Die ursprüngliche Identität (z. B. Sprache, Bräuche und Gewohnheiten) der Zuwanderer geht dabei (in Teilen) verloren.
Multikulturalismus („Multi-Kulti-Gesellschaft")	Verschiedene Kulturen und Sprachen in einer Gesellschaft sind gewollt, der Erhalt verschiedener Identitäten wird gefördert, ebenso das Zusammenleben dieser verschiedenen Kulturen, die voneinander profitieren sollen.
Parallelgesellschaft	Die verschiedenen Kulturen vermischen sich nicht; sie existieren bloß nebeneinander. Der Begriff wird oft einseitig als Vorwurf der Mehrheitsgesellschaft an eine Migrationsgruppe verwendet, die sich (angeblich) räumlich und kulturell abschottet und die Grundwerte der Mehrheitsgesellschaft nicht akzeptiert.
Schmelztiegel („Melting Pot")	Die Gesellschaft definiert sich selbst als Einwanderergesellschaft. Verschiedenste kulturelle Einflüsse erzeugen eine Identität als Zuwandererland, die sich jedoch mit neuen Zuwanderern immer wieder verändern kann. Beispiel: USA.
Segregation (Ausgrenzung)	Soziale und räumliche („Gettos"), Ausgrenzung der Zuwanderer, die von der Mehrheitsgesellschaft als Fremde definiert und diskriminiert werden. Oft werden die Fremden von der heimischen Gesellschaft als Bedrohung ihrer eigenen Identität verstanden.

A Deutsche Emigration in die USA im 19. Jahrhundert

Q1

Industriearbeiter im frühen 19. Jahrhundert

Der Tübinger Professor Robert von Mohl (1799–1875), der 1848 auch Abgeordneter der Frankfurter Nationalversammlung und später des badischen Parlaments war, schrieb 1835:

Bekannt ist, dass die Arbeiter in allen Fabriken täglich eine lange Anzahl von Stunden, bis zu 14, 16 und mehr, zu arbeiten haben; bekannt ist, dass die nie rastende Tätigkeit der Maschinen, welcher der Arbeiter ebenso ununterbrochen zu folgen hat und welche ihn außer zu bestimmten, weit voneinander entfernten Abschnitten nicht einen Augenblick Unterbrechung seiner Aufmerksamkeit und Tätigkeit erlaubt, selbst bei unmittelbar nicht sehr harter Arbeit bis in den Tod ermüdet; bekannt ist ferner, dass in manchen Fällen die Hitze, die Ausdünstung des Materials und der vielen Menschen für die Gesundheit nicht anders als höchst nachteilig sein kann. Dazu nehme man dann noch, dass allzu häufig die Arbeiter schon als Kinder dieser Anstrengung ausgesetzt sind, so dass sie aus Ermüdung zusammensinken und oft nur mit harten Schlägen wieder aufgeweckt und zur Arbeit getrieben werden können und dass jedenfalls ihr Körper in seiner Entwicklung gehemmt, ihm die zu seiner Ausübung notwendige Erholung und Spielzeit ganz entzogen wird. Man übergehe nicht mit Stillschweigen die zahlreichen Verwundungen und Verstümmelungen, welche den Müden oder Unerfahrenen von den Maschinen zugefügt werden. Wie kann man diesen Tatsachen gegenüber in Zweifel ziehen wollen, dass gar manche Fabrikarbeiten die Gesundheit der bei ihnen Beschäftigten schnell und tief verletzen? […] Von selber klar sind die Einwirkungen der bisher geschilderten Verhältnisse auf die politische Stimmung der Fabrikarbeiter. Arme und oft mit Verzweiflung ringende, körperlich und sittlich heruntergekommene Menschen, welchen das eigene Leben nur eine endlose Reihe Mühseligkeiten darbietet, der Zustand der höheren Klassen aber, namentlich derjenigen, mit welcher sie in Berührung kommen, nämlich der Fabrikherrn, als das Ergebnis des an ihnen begangenen Raubes oder wenigstens als der Gegenstand bitteren Neides entscheiden muss, können nicht anders als höchst missvergnügt und zu jeder Änderung bereit sein. […] Selbst in den freiesten und bestregierten Staaten kann und muss dies der Fall sein, denn die bürgerliche Gesellschaft als solche ist ihnen verhasst.

Günter Schönbrunn (Hrsg.): Geschichte in Quellen. Band 4. Bürgerliches Zeitalter. Oldenbourg Schulbuchverlag, München 1980, S. 754.

Q2

Federlithografie zu den „Forty-Eighters" (Achtundvierziger), 1849

Rundgemälde von Europa im August 1849, politische Karikatur von Ferdinand Schröder in den Düsseldorfer Monatheften. Die Person in der oberen Mitte stellt den preußischen König Friedrich Wilhelm IV dar.

Q3

Werbeplakat für Auswanderer (1873)

Der Begriff „Acre" bezeichnet ein englisches und nordamerikanisches Flächenmaß. 1 Acre entspricht etwa 4047 m².
Annonce zur Anwerbung von Siedlern in Iowa und Nebraska aus dem Jahr 1872.

Q4

Brief eines deutschen Auswanderers

Johann Carl Wilhelm Pritzlaff schrieb am 23. April 1842 von Milwaukee, Wisconsin einen Brief an seine in Deutschland lebende Familie:

Herzlich vielgeliebte Mutter, Bruder und Schwester!

Gnade von Gott, dem Vater, und von Jesu Christo, dem treuen und wahrhaftigen Zeugen, der da ist und der da war und der da kommen wird zu geben einem jeglichen, wie seine Werke sein werden […]

Da ich nun schon beinahe drei Jahre aus Eurer Mitte bin und seit der Zeit nichts von Euch erfahren habe und Ihr auch wohl nicht viel von mir, so kann ich es jetzt nicht länger unterlassen, Euch zu benachrichtigen, wie es mir seit der Zeit ergangen ist und noch geht […] Ihr wißt, daß ich den 16. Mai 1839 mit vielen Tränen und unter schmerzlichem Gefühl der Wehmut aus Eurer Mitte Abschied nahm und die Auswanderung nach Amerika antrat. Nun, nachdem wir, von zu Hause aus, binnen 14 Tagen Hamburg glücklich erreicht hatten, warteten wir daselbst einen vollen Monat auf unsere zurückgebliebenen Landsleute und Glaubensgenossen […] Am 31sten Juni zogen wir, nämlich […] auf einem Dampfschiff von Hamburg aus nach England, und landeten nach 3½ Tagen in New Castle. Am dritten Tag nach unserer Ankunft daselbst fuhren wir von dort auf einer Eisenbahn nach Carlisle, und von dort wieder auf einem Dampfschiff nach Liverpool. Am 11ten Juli schritten wir von hier aus auf einem dreimastigen großen Segelschiff in See und erreichten nach vielen ausgestandenen Beschwerlichkeiten unter Gottes […] Beistand den 6. September New York in Amerika.

Die letzten 14 Tage auf unserer Seereise und die ersten zwei Wochen nach unserer Ankunft in New York war ich sehr krank, doch hat mir der gnädige Gott […] väterlich durch- und aufgeholfen. Nachdem wir von New York aus auf einem Dampfschiffe bis Albany und von dort aus, teils auf Eisenbahn, teils auf Kanal-Böten, welche von Pferden gezogen wurden, endlich in Buffalo angelangten, so war die Kasse ziemlich erschöpft, und für so viele Menschen als unser hier mit einem Male angekommen waren, nicht Arbeit genug vorhanden. Wir mußten uns daher trennen. Die Wohlhabenden unter uns zogen auf einem Dampfschiffe noch 1100 engl. Meilen weiter nach Milwaukee und Umgegend, im Territory Wisconsin, und die Armen waren genötigt in und um Buffalo herum Arbeit zu suchen; viele von uns gingen […] von Buffalo ab auf Kanal-Arbeit. Hier ging es uns, wie es vielen Einwanderern, die der englischen Sprache nicht mächtig sind, anfänglich zu gehen pflegt, nicht vom Besten. Am Kanal verdienten wir uns in kurzer Zeit bald soviel, daß wir von einem Platz zum andern reisen konnten, wovon ich auch ein großer Liebhaber war und jetzt noch bin. […]

Auch will ich hier kurz bemerken, daß man sich keineswegs von einer hiesigen guten Bauern-Familie solche Begriffe zu machen habe wie etwa bei Euch in Preußen, sondern sie führen hier eine weit anständigere und freiere Lebensart. […] Amerika ist ein gutes Land, es blüht unter dem Segen Gottes, aber doch trägt es auch Dornen und Disteln. Für einen Mann, der da arbeitet, ist es hier viel besser wie dort; man kann das leibliche Stückchen Brot besser erwerben wie in Deutschland, lebt auch nicht so eingeschränkt und unter solcher Unterthanschaft wie bei Euch unter den Gutsbesitzern [...] Es herrschet eine ziemlich‘ Gleichheit unter den Menschen hier in Amerika. Die Hohen und Reichen schämen sich nicht umzugehen mit den Armen und Niedrigen. [...]

Von den kirchlichen Sachen kann ich nicht viel Gutes schreiben, denn der Antichrist[1] hat seinen Stuhl auch über Amerika gesetzt. Das aber ist das beste, daß hier ein jeder Freiheit hat, nach seinem Glauben zu handeln. Wer hier falsche Lehre annimmt, der tut es nach seinem freien Willen. Wir können Gott nicht genug danken, daß er uns in ein solch Land gebracht hat in dieser Versuchungs-Stunde, die über den ganzen Erdkreis gekommen ist. [...]

Wolfgang Helbich, u.a. (Hrsg.): Briefe aus Amerika. Deutsche Auswanderer schreiben aus der Neuen Welt 1830–1930. C. H. Beck, München 1988, S. 290–293.

1 Mit Antichrist meint der Altlutheraner vermutlich, stellvertretend für die katholische Kirche, den Papst.

B Migration nach Deutschland und Umgang mit Minderheiten

Q5

Karikatur aus der Satire-Zeitschrift Kladderadatsch (27. Juli 1919)

Die politisch-satirische Wochenzeitschrift Kladderadatsch erschien von 1848–1944. Der Berliner Ausdruck Kladderadatsch bedeutet etwa „etwas fällt herunter und zerbricht mit Krach in Scherben“.

Q6

„Aus uns hätte auch mehr werden können …"

Eine polnische Hausfrau, 1903 geboren, berichtet rückblickend von ihrer Kindheit im Ruhrgebiet:

Aus uns hätte auch mehr werden können, aber als wir aus der Schule kamen, konnten wir keine Lehrstelle bekommen. Ich war bestimmt nicht die Dümmste in der Schule, ich hatte ein gutes Zeugnis, aber ich konnte einfach keine Lehrstelle bekommen – schon wegen meines polnischen Namens. Zur höheren Schule konnte unsereins schon gar nicht – wie hätten die Eltern das Schulgeld[1] aufbringen sollen?

In der Volksschule waren wir mit deutschen Kindern zusammen. Morgens um acht gab's Biblische Geschichte. Und wer kam zuerst dran? Immer die Kinder aus polnischen Familien. Und für die war's fast ein Ding der Unmöglichkeit, die Bibelsprüche fließend auswendig zu können. Denn zu Hause wurde ja polnisch gesprochen! Dann nahm die Lehrerin einen langen Stock und hat damit uns Mädchen auf die Finger gehauen, bis die dick und geschwollen waren. Wir Kinder haben bitterste Tränen geweint.[2]

Ich hab die Prügel am eigenen Körper erlebt. Als Kind von zwölf Jahren hab ich schon geholfen, Geld zu verdienen, und es hat mir Spaß gemacht. Ich war in einer Bäckerei untergekommen, hab da sonntags geholfen. Na ja, die Messe versäumte ich schon mal. Am Montag kam die Lehrerin und fragte: „Warum warst du nicht in der Kirche?" – „Ja, nun, weil ich krank und müde war." Da sagt sie: „Wie? Sonntags müde?" – „Ja, Sie wissen doch, dass ich arbeite." – „Das darf nicht sein, das ist keine Ordnung. Hast du deine Schularbeiten gemacht?" Die Schularbeiten hatte ich. Aber dann hat sie mir Fragen gestellt, die konnte ich nicht beantworten. Also hat sie mich verhauen. In der Pause um zehn Uhr bin ich zur Mutter gegangen und hab gesagt: „Sieh dir mal meinen Ellenbogen an!" Die Mutter ist zur Schule gekommen, hat mit der Lehrerin gesprochen. Das zog seine Kreise, allmählich sind mehr Beschwerden eingelaufen, und allmählich ging das Prügeln zurück. Die Mütter haben ihre Kinder in Schutz genommen. Und was sollten sie auch sonst tun? Wir bekamen ja nirgendwo Recht als Polen, wir haben uns selbst verteidigt.

Stadt Recklinghausen (Hrsg.): Hochlamarker Lesebuch. Kohle war nicht alles. 100 Jahre Ruhrgebietsgeschichte. assoverlag, Oberhausen 1981, S. 25–26.

1 Zur Finanzierung von Schulen und Lehrern wurde im Kaiserreich und der Weimarer Republik eine Gebühr (Schulgeld) erhoben. Die Gebühr stieg bei einem Wechsel zu einer höheren Schule (von der Volksschule zur Mittelschule oder Gymnasium). Das Schulgeld für Volksschulen wurde 1933 abgeschafft.

2 Körperliche Züchtigung war lange Zeit ein verbreitetes Bestrafungs- und Disziplinierungsmittel in den Schulen.

Q7

Ein deutscher Traum

Der deutsche Journalist und Verleger Jakob Augstein schrieb 2018:

Warum nicht mal zur Abwechslung positiv denken? Durch Einwanderung könnte Deutschland zum neuen, besseren Amerika werden. Wir müssten uns nur von lieben Gewohnheiten verabschieden – zum Beispiel vom Sozialstaat, wie wir ihn kennen. […]

„Gebt mir Eure Müden, Eure Armen, Eure geknechteten Massen, die sich danach sehnen, frei zu atmen." Das steht im Sockel der Freiheitsstatue. Heute klingt das wie ein Hohn: […] Das Trennende, der Rassismus […] überwiegt das Gemeinsame. Der amerikanische Traum ist ausgeträumt. Deutschland könnte sich diesen Traum aneignen und daraus eine bessere Wirklichkeit machen. Die Arme öffnen für Menschen, die ein besseres Leben suchen. Ein Leuchtturm der Freiheit sein. Ein helles Licht in der Dunkelheit. Und darauf einen neuen Stolz gründen. […]

Wenn es ums Geld geht, lässt sich sagen: Einwanderung ist ein gutes Geschäft. Einwanderer liegen dem Staat nicht auf der Tasche. Im Gegenteil: Auf lange Sicht füllen sie diese Tasche. […] Kurzfristig sieht das anders aus. Da kosten Einwanderer erst mal Geld. Der Sozialstaat kümmert sich. Aber je mehr Einwanderer kommen, desto stärker gerät der Sozialstaat unter Druck. Was geschieht, wenn so viele vor der Tür stehen, dass sie zu den jetzigen Standards nicht mehr versorgt werden könnten? Schließt man die Grenzen? Oder ändert man die Standards?

Für das Einwanderungsland Deutschland ist das eine Schicksalsfrage. Auf der politischen Rechten ist sie schnell beantwortet. Weil man dort keine Einwanderung will, finden sich plötzlich ungeahnte Verteidiger des Sozialstaats. […] Aber man kann das Argument auch umdrehen und den Rechten recht geben: Weil sich die Einwanderung nicht mit dem bisherigen Sozialstaat verträgt, entscheiden wir uns für die Einwanderung und für einen anderen Sozialstaat. Das lässt sich moralisch begründen: wenn der Preis für unseren Sozialstaat die Toten im Mittelmeer sind, ist er es nicht wert. […] Aber moralisch Begründetes hält in der Politik bekanntlich nicht viel aus. Die Moral allein trägt nicht. Der bessere Grund ist eine andere Idee von Deutschland: Ein neuer „Schmelztiegel", in dem Menschen aus Europa, dem Nahen Osten und Afrika gemeinsam eine neue Nation erschaffen. Deutschland ist für diese Rolle prädestiniert. Ein dezentrales Land mit starken regionalen Eigenarten aber einer schwachen nationalen Kultur. […]

Den Nachkommen der ersten Siedler waren die Iren zu katholisch, die Deutschen zu deutsch und die Italiener zu minderwertig – und heute sind den Nachkommen all dieser

Einwanderer die Mexikaner zu lateinamerikanisch. Es ist ein Gesetz der Einwanderung, dass die, die schon da sind, die, die noch kommen, für schwerer integrierbar halten, als sie selber es waren. Heute meinen in Deutschland viele Menschen, dass unsere Immigranten nicht zu integrieren seien. Das ist falsch. Es fehlt nur die Idee, um die Temperatur zu erzeugen, die nötig ist, das Fremde zum Eigenen zu machen: die Idee vom deutschen Traum.

Quelle: SPIEGEL ONLINE, 09.07.2018.
Auf: https://www.spiegel.de/politik/deutschland/einwanderung-ein-deutscher-traum-kolumne-a-1217379.html# (Zugriff: 28.02.2020).

D 2

Migration von und nach Deutschland

Nicht enthalten sind Migrationsbewegungen infolge des Zerfalls Jugoslawiens 1991–1999, infolge der EU-Ost-/-Südosterweiterung ab 2004 und der Migration aus Afrika und Asien seit den 1990er-Jahren.

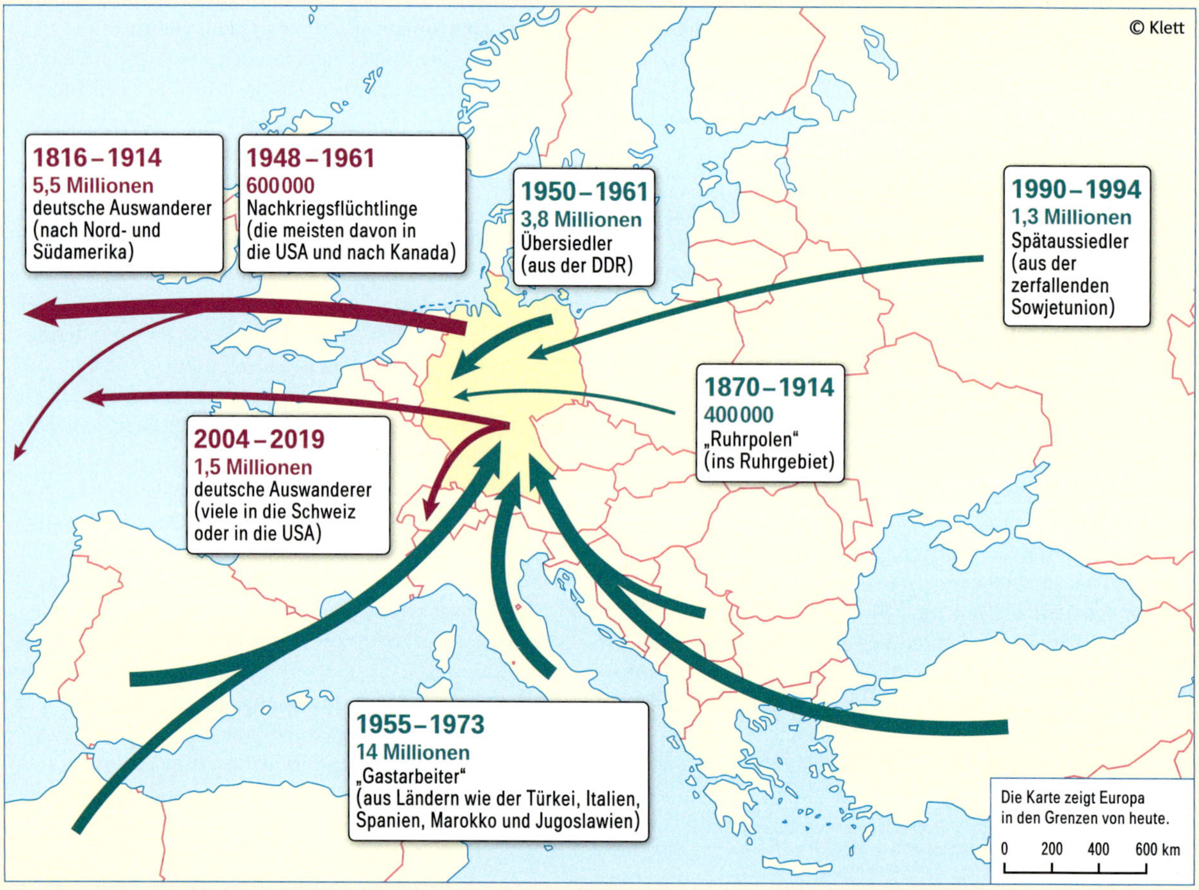

Arbeitsvorschläge

A Deutsche Emigration in die USA im 19. Jahrhundert

1. Beschreiben Sie die Erschwernisse des urbanen Arbeiterlebens (VT, Q 1). Welches Bild ergibt sich aus den Schilderungen des damaligen Professors von Mohl? Begründen Sie Ihre Ansicht. [I/III]
2. Beschreiben und interpretieren Sie die Karikatur unter dem Aspekt der Migration. (VT, Q 2). [I/III]
3. Vergleichen Sie die Schilderungen von Mohl (Q 1) mit dem Werbeplakat von 1873 (Q 3). Erläutern Sie, mit welchen Hoffnungen deutsche Auswanderer in den Westen der USA zogen. Begründen Sie Ihre Annahmen. [II/III]
4. Lesen Sie den Brief des Auswanderers Pritzlaff (Q 4) aufmerksam.

a) Suchen Sie mithilfe des Internets nach einer Karte, die Europa und Nordamerika abbildet. Zeichnen Sie die einzelnen Stationen des deutschen Auswanderers nach. [I]

b) Stellen Sie sich vor, Sie wären ein in Deutschland lebender Zeitungsredakteur, der im Jahre 1842 eine Kopie des Briefes bekommen hat. Verfassen Sie einen Zeitungskommentar über die Hoffnungen und vorgefundene Realität deutscher Auswanderer. Verwenden Sie dabei auch Zitate aus dem Brieftext. [II]

c) Erläutern Sie mithilfe des Briefes von Pritzlaff die dargestellten Mentalitätsunterschiede zwischen der deutschen und der US-amerikanischen Gesellschaft. Gehen Sie dabei auch darauf ein, inwieweit Ihre heutigen Vorstellungen mit den damaligen übereinstimmen oder sich unterscheiden. [II]

d) Nehmen Sie kritisch zum heute noch polarisierenden Begriff „American Dream" Stellung.
Sie können hierzu auch das Internet nutzen, um sich in das Thema einzulesen bzw. Ihre Meinung zu stützen. [III] ○

B Migration nach Deutschland und Umgang mit Minderheiten

5. Erläutern Sie, warum und inwieweit sich Deutschland um 1900 von einem Auswanderungsland zu einem Einwanderungsland entwickelt hat und welche Bevölkerungsgruppen nach Deutschland eingewandert sind (D 2, Darstellungstext S. 70 f.). [II]
6. Beschreiben und interpretieren Sie die Kladderadatsch-Karikatur aus dem Jahr 1919 (Q 5) und analysieren Sie dabei die dargestellten Stereotype. Vergegenwärtigen Sie sich dabei, dass Deutschland durch die Unterzeichnung des Versailler Friedensvertrages im Jahr der Entstehung der Karikatur große Gebietsabtretungen hinnehmen musste, nachdem ein Jahr zuvor der Erste Weltkrieg mit einer Niederlage Deutschlands geendet war. Der neu gegründete polnische Staat war hierbei ein Profiteur der deutschen Gebietsabtretungen. [I/II]
7. Beschreiben Sie die Probleme polnischer Einwanderer. Erläutern Sie dabei auch, inwieweit die damalige deutsche Politik eine Integration derer erschwerte (Q 6). [I/II]
8. Diskutieren und beurteilen Sie die einzelnen Typen von Migrationsgesellschaften (D 1). [III]
9. Recherchieren Sie mithilfe des Internets, welche Integrationsmöglichkeiten das Bundesland Baden-Württemberg anbietet, und bewerten Sie diese. [I] ○
10. Lesen Sie Q 7 aufmerksam.

a) Fassen Sie die Kernforderungen von Jakob Augstein zusammen und erläutern Sie in eigenen Worten, was er unter dem „deutschen Traum" versteht. [II]

b) Halten Sie einen „deutschen Traum", wie ihn sich Augstein vorstellt, für realisierbar und anstrebenswert? Nehmen Sie Stellung. [II]

Online- und Differenzierungsmaterialien zu Kapitel 1.7
○ Arbeitshilfen zu den Aufgaben 4d und 9

Online-Code: q6ec66

1.8 Die Modernisierung Japans um 1900 und deren Folgen

Unter dem Druck der imperialistischen Mächte öffnete sich Japan und vollzog eine politische Wende, die das Land nach europäischem Vorbild modernisieren und eigene Traditionen überwinden sollte. Zugleich erneuerte sich jedoch ein religiöser Kaiserkult, der eine politische Dimension bekam. In wenigen Jahrzehnten wurde Japan zu einer modernen Industrie- und schlagkräftigen Militärmacht, die eigene nationalistische und imperialistische Ziele verfolgte.

Mutsuhito (1852–1912)
1867–1912 Kaiser (Tenno) von Japan
Aufnahme 1872

Tennô, Shôgun, Samurai – das „alte Japan"

Die Herausbildung Japans als einheitliche Zivilisation und Gesellschaft unter einer zentralistischen Monarchie seit dem 4. Jahrhundert ist nicht ohne die Einflüsse von außen, vor allem aus China, zu verstehen. Von dort kam die Schriftkultur sowie ein politischer Einfluss, der sich lange Zeit auch durch die Unterwerfung Japans unter die Tributpflicht an China äußerte. Engere Bindungen gab es auch an Korea durch eine ethnisch-sprachliche Verwandtschaft sowie politische Beziehungen.

Anders als in China wurde in Japan der Kaiser nicht durch sein göttliches Amt verehrt – das „Mandat des Himmels" in China erlaubte auch den Sturz von schlechten Kaisern und die Übernahme des Mandats durch andere. In Japan dagegen war der Tennô in seiner Person und durch seine Abstammung heilig, die der Legende nach in ununterbrochener Linie auf die Sonnengöttin zurückging und auch seither nie unterbrochen wurde. Im Gegensatz zu China übte der japanische Kaiser lange Zeit jedoch gar nicht selbst die politische Macht aus. Auch blieb die japanische Ständegesellschaft viel stärker feudalistisch geprägt als in China, mit starken Territorialherren und der ihnen dienenden Ritterkaste der Samurai. Diese Feudalherren schwächten nicht nur die Macht des Tennô, sie rivalisierten auch untereinander und überzogen das Land immer wieder mit Kriegen.

In der Konkurrenz um den Einfluss am Hofe gelang es der Adelsfamilie Fujiwara, schon im 11. und 12. Jahrhundert faktisch die Regierungsgewalt auszuüben. Der später für dieses Amt geschaffene Titel Shôgun leitet sich aus seiner ursprünglich militärischen Aufgabe her, ebenso wie seine Bakufu (Kriegsrat) genannte Regierung. Im Jahre 1600 konnte Tokugawa Ieyasu einen mehr als hundertjährigen Bürgerkrieg beenden und das Shôgunat der Familie Tokugawa begründen, die bis zu ihrem Sturz 1867/68 dieses Amt innehatte, von Edo (Tokyo) aus mit fast absolutistischer Macht regierte, während die Kaiser in Kyoto residierten. Am Ende dieser Ära war der Staat durch anhaltende Korruption innerlich geschwächt und stand vor der Herausforderung durch die imperialistischen Mächte, die 1853 die Öffnung japanischer Handelshäfen erzwangen. Es bildeten sich zwei Parteien in der japanischen Führungsschicht: Die einen wollten dem Ausland nachgeben, die Isolation Japans überwinden und das Land modernisieren; sie setzten auf den Tennô gegen den Shôgun. Die anderen hielten an den Traditionen fest und verteidigten ihre alte standesgemäße Stellung mit der Waffe noch bis in die 1870er-Jahre.

Mutsuhito (1852–1912)
Darstellung 1890er-Jahre

Beginnende Modernisierung in der Miji-Ära – Bruch mit den Traditionen?

Mit der Machtübernahme durch den Tennô, Beginn der Meiji genannten Ära, wurde nicht nur das Shôgunat gestürzt, sondern eine Reihe von grundlegenden politischen Umwälzungen durchgesetzt: Die Fürsten verloren ihre politischen Territorialrechte und die Kaste der Samurai wurde durch die Einführung der allgemeinen Wehrpflicht ihrer Grundlage beraubt. Mit der allgemeinen Schulpflicht wurde ein Bildungsprogramm begonnen, das eine staatsbürgerliche Erziehung zur Verehrung des Kaisers und zum Dienst am Staat mit der Vermittlung „modernen" Wissens kombinierte. Restauration und Reform, Tradition und Moderne mischten sich in dem Programm der Meiji-Ära auf einzigartige Weise.

1871–1873 wurde die nach ihrem Leiter benannte Iwakura-Mission nach Europa und Nordamerika geschickt, um von den dortigen Industrienationen zu lernen. Von dort wurden Militärberater, Wissenschaftler und Techniker angeworben, Industrien aufgebaut und eine politische Verfassung ausgearbeitet (Meiji-Verfassung 1889). Die dem Parlament zugedachte politische Mitsprache schuf dabei erstmalig eine Öffentlichkeit der Politik, die die Bildung von politischen Parteien und damit auch eine unabhängige politische Debatte im Lande ermöglichte.

Expansion als zwangsläufige Folge der Modernisierung?

Die sowohl durch den erzwungenen Freihandel als auch durch das eigene Industrialisierungsprogramm herbeigeführte ökonomische Umwälzung in Japan hatte gravierende soziale Folgen. Ähnlich wie in Europa gerieten Kleinbauern unter immer größeren Druck und verarmten, da sie bei der einsetzenden raschen Modernisierungsdynamik nicht mithalten konnten. Steigende Steuern, eine staatliche Deflationspolitik mit Währungsreform (Einführung des Silberstandards) und sinkende Preise des wichtigsten Anbauprodukts (Reis) verstärkte ihre Abhängigkeit von Großgrundbesitzern, die auch als Zwischenhändler und Geldverleiher agierten. Gewaltsame Auseinandersetzungen und größere Aufstände begleiteten so den Modernisierungsprozess.

Eine andere Konsequenz der Einbeziehung in den internationalen Handel und des Aufbaus einer eigenen Industrie war die Notwendigkeit des Exports japanischer Güter und des Imports von Rohstoffen. Die japanische Politik richtete sich entsprechend auf einen expansiven Kurs aus und gab dem Aufbau eines modernen Militärs Priorität. 1876 zwang Japan Korea einseitige Handelsverträge auf. 1879 wurden die Ryu-Kyu-Inseln annektiert. Die Konfrontation mit China durch die zunehmende japanische Präsenz in Korea führte schließlich 1894/95 zum ersten japanisch-chinesischen Krieg, in dem sich Japan überraschend schnell durchsetzte. China musste daraufhin die Insel Taiwan an Japan abtreten. Korea blieb bis 1910 formell unabhängig und wurde dann japanische Kolonie. Jenseits der koreanischen Grenze entstand jedoch ein weiterer Gegner der japanischen Expansion: Russland hatte 1895 die von Japan geforderte Halbinsel Liaodong (mit dem wichtigen im Westen Port Arthur genannten Hafen) an sich gerissen. Aus dem Konflikt um den Einfluss in der südlichen Mandschurei entstand der russisch-japanische Krieg. Als dann auch noch Japan auf der Seite der Sieger am Ersten Weltkrieg teilnahm, hatte es sich endgültig als imperialistische Macht in der Weltpolitik etablierte.

Verstärkt durch die Auswirkungen der Weltwirtschaftskrise kam es allerdings in den 1930er-Jahren zu einer politischen Radikalisierung. Rechtsextreme Bewegungen nahmen ebenso zu wie der Einfluss des Militärs. 1938 wurde das Parlament entmachtet und 1940 eine autoritäre Staatspartei, allerdings ohne Massenbasis, geschaffen, die „Vereinigung zur Unterstützung des Kaiserlichen Systems".

A Von der Modernisierung Japans bis zur imperialistischen Macht

Q1

Die Aufgabe alter Gebräuche sind unumgänglich geworden

In den Auseinandersetzungen über die Haltung gegenüber den USA und den europäischen Mächten, die seit 1853 die Öffnung Japans für den Handel erzwangen, war die traditionelle Regierung des Shôgun[1] (entspricht einem Kanzler) in die Krise geraten. Am 26. November 1867 erklärte der Tennô („Himmlischer Herrscher"):

Tôshôgû, der Ahnherr unseres Großfürsten [= Shôgun], war im Besitze großer, überragender Tugend; er wirkte selbst mit der Kraft eines schweißbedeckten Pferdes, befriedete den großen Aufruhr und gab dem Lande erstmals einen großen Frieden. Den Mikado [= Tennô, Kaiser] beruhigte er, erbaute den kaiserlichen Palast und vermehrte die Kornration [für den Mikado]. Dass bis heute die Herren des Hofes friedlich und ruhig leben konnten, gründete auf diesen verdienstvollen Bemühungen. Der Mikado zollte der Bedeutung dieser verdienstvollen Taten Bewunderung und Beifall und übertrug dem Tôshôgû alle Regierungsgewalt und stellte für die aufeinander folgenden Generationen das Beispiel auf, sich nicht an den Regierungsangelegenheiten des Staates zu beteiligen. Daher wurden Würde und Macht des Tôshôgû in einem bei früheren Shôgunen nicht gesehenen Ausmaße von Tag zu Tag strahlender. [...] So war in Japan seit dem Altertum nicht jemand hervorgetreten, der wie der Tôshôgû einen mehrere Jahrhunderte währenden großen Aufruhr unter seine Kontrolle gebracht, die Grundlage für einen über zweihundertfünfzig Jahre anhaltenden großen Frieden und Glück gelegt und dabei innere Aufstände in solcher Weise zur Ruhe gebracht hätte, dass nicht ein einziger unter den großen und kleinen Fürsten mehr ehrgeizige Pläne hegte. Daher war es auch nicht im geringsten zweifelhaft, dass die Regierungsmacht sich auf die aufeinander folgenden Generationen seiner Nachkommen erstreckte. Im Folgenden aber veränderte sich die Lage unseres Landes sehr. Amerikanische Schiffe stürmten in die Bucht von Edo. Nun ist die Aufgabe der alten Gebräuche und des Gebots des Landesabschlusses unumgänglich geworden.

Gegenwärtig ist uns der Westen in Bezug auf Waffen und Kriegskunst überlegen. Wir haben nicht nur erkannt, dass es taktisch falsch wäre, mit unserem an einen über zweihundertjährigen Frieden gewöhnten Volk plötzlich einen sinnlosen Krieg zu führen, sondern auch schnell verstanden, dass es unvernünftig wäre, wenn wir in einer veränderten Welt, in einer Zeit, da ferne Länder wie Nachbarn miteinander verkehren und ein einzelnes östliches Inselland nicht über die Kraft verfügt, neben den anderen Ländern als seinen Feinden zu bestehen, die uns unter dem einen Himmel umgebenden Völker von uns abzuschneiden und nicht mit ihnen zu verkehren; und so entschlossen wir uns, Verträge mit jedem Lande abzuschließen.

Der vormalige Kaiser hat sich viele Jahre hindurch wegen des Auslandes gesorgt. Indessen hat sich gerade heute, da das Bakufu[2] durch seine bisherigen Fehler unentschieden ist, der Zustand der Welt sehr verändert. Die Lage ist in der Tat unabänderlich. Nun haben S. Majestät nach [Anhörung] des Hofrates entschlossen, [mit dem Ausland] Verträge über Frieden und Freundschaft abzuschließen. Da es deshalb der Wille Sr. M.[3] ist, durch die einmütige und von Zweifeln freie Zusammenarbeit der Oberen und Unteren die militärische Rüstung zu vervollkommnen, die Würde unseres Landes in den Ländern jenseits der Meere erstrahlen zu lassen und den göttlichen Seelen der Vorfahren Sr. Majestät und des vormaligen Kaisers zu antworten, müssen alle im Reiche bis zu den Kriegern und dem Volk in den Lehensgebieten dieser Weisung folgen und mit Herz und Hand ihr Bestes geben. Die nachteiligen Passagen in den bis jetzt vom Bakufu abgeschlossenen Verträgen werden, nachdem ihre Vor- und Nachteile, positiven und negativen Seiten öffentlich beraten worden sind, von Sr. Majestät revidiert werden. Dabei ist zu wissen, dass in den Beziehungen zum Ausland nach den in der Welt geltenden allgemeinen Gesetze verfahren werden muss.

Am selben Tag empfing der kaiserliche Gesandte Higashikuze Michitomo in Hyogo die Vertreter der Vertragsmächte, um mit ihnen über den Gang der Ereignisse zu sprechen und ihnen folgende Erklärung auszuhändigen:

Der Tennô des Landes Japan teilt den Kaisern und Königen der einzelnen Staaten sowie deren Untertanen Folgendes mit: Vor kurzem hat Shôgun Tokugawa Yoshinobu darum ersucht, die Regierungsmacht zurückgeben zu dürfen. Wir haben dem entsprochen und die inneren und äußeren Regierungsgeschäfte in Unser persönliches Ermessen gestellt. Dies bedeutet, dass die bisherigen mit dem Namen des Großfürsten gezeichneten Vertrage von nun an den Namen des Tennô tragen sollen, ferner, dass Wir allein die Amtsträger für die den Verkehr mit den einzelnen Staaten betreffenden Ämter ernennen. Dies sei den Staatsgesandten zur Kenntnis gebracht.

Horst Hammitzsch (Hrsg.): Von der Landesöffnung bis zur Meiji-Restauration. Übersetzt v. Klaus Kracht. Steiner, Wiesbaden 1976, S. 172 f.

1 Regierungsrat des Shôgun
2 Bakufu: indirekte Mitregierung der Samurai-Kriegerkaste
3 Sr. M. = Seiner Majestät

Q2

Übernahme der Regierungsgewalt durch den Kaiser 1868

Kaiserliche Kundgebung bei der Eröffnung des internationalen Verkehrs, 1. Januar 1868:

Der letzte Kaiser war lange Zeit sehr unentschieden betreffs der für das Land sehr wichtigen Beziehungen zu auswärtigen Mächten. Die verfehlte Politik, die von der Schogunats-Regierung verfolgt wurde, hatte die öffentliche Meinung in dieser Frage irregeleitet und zu der gegenwärtigen Verwirrung geführt. Die neue Staatsverwaltung veranlasst Uns, diese Politik der Abgeschlossenheit zu verlassen, und Wir geben hiermit kund, dass von jetzt an der internationale Verkehr auf der Grundlage internationaler Gebräuche eröffnet wird, und dass sowohl die Regierung wie die Untertanen sich verbinden sollen, um Unsere Absicht zu unterstützen.

Unser Vaterland Japan. Ein Quellenbuch, geschrieben von Japanern. Seemann, Leipzig 1904, S. 658.

Q3

Aus dem Eid des Kaisers bei der Inthronisierung (1868)

1. Öffentliche Versammlungen sollen organisiert und administrative Angelegenheiten durch allgemeine Beratungen entschieden werden.
2. Die Regierung sowohl wie die Untertanen sollen sich in gleicher Weise dem Besten der Nation widmen.
3. Alle bürgerlichen und militärischen Beamten sollen bemüht sein, die Betriebsamkeit aller Klassen zu heben und ihre besonderen Eigentümlichkeiten zu fördern.
4. Die fehlerhaften Gebräuche, die bisher geherrscht haben, sollen verbessert werden.
5. Nützliche Kenntnisse der Außenwelt sollen eingeführt und auf diese Weise die Grundlage des Reiches erweitert werden.

Unser Vaterland Japan. Ein Quellenbuch, geschrieben von Japanern. Seemann, Leipzig 1904, S. 658 f.

Q4

Unsichtbare Gottheit

Sir Francis Ottiwell Adams (1825–1889) arbeitete in den späten 1860er-/frühen 1870er-Jahren als Sekretär in der britischen Legation in Japan. Später verfasste er eine mehrbändige Geschichte Japans. Darin schreibt er über die Motive zur Beseitigung des Shogunats und der Wiederherstellung der kaiserlichen Gewalt 1868:

Die Position der neuen Regierung war unsicher, und bald zeigten sich große Schwierigkeiten. Es waren nur einige wenige Männer, die jetzt die Macht hatten. Sie hatten sich von den Fremden abhängig gemacht und erklärten, es sei ihr größter Wunsch, freundschaftlich mit den Vertragsmächten zu verkehren. Sie hatten freilich keinerlei Erfahrung im Umgang mit Ausländern; von den Forderungen, die die Fremden an sie stellen würden, von den Maßnahmen, die sie hätten ergreifen müssen, wussten sie nichts. All dies erbitterte die konservative Partei in Kyoto und die große Mehrzahl der Kriegerkaste.

Wir müssen die furchtlose Art dieser Männer bewundern, die die radikalsten Reformen durchführten. Ohne die Autorität des göttlichen Kaisers und ohne die Macht, die in den Verordnungen lag, die sie im Namen seiner Majestät erließen, hätten sie niemals Erfolg haben können. […] Man muss sich klarmachen, dass die Fürsprecher freundschaftlicher Beziehungen erheblich in der Minderzahl waren, wenn sie auch hohe Ämter in der Regierung innehatten und im Namen des Gott-Kaisers handelten. Auf dieser letzten Tradition gründete in der Tat ihre ganze Macht, und es ist nicht übertrieben, wenn man sagt, dass ihre Regierung für eine kurze Zeit in Wirklichkeit nur durch den Heiligenschein existent war, der den geweihten Namen umgab. Ihre Erlasse wurden respektiert […] nur darum, weil sie im Namen dessen dekretiert waren, der für fast alle Japaner unsichtbar blieb. […] Zweifellos glaubte man an seine göttliche Abkunft; er war der Gegenstand blinder Anbetung in ganz Japan. Man hatte niemals ähnliche Gefühle für die Shogune gehegt, auch als sie auf der Höhe ihrer Macht standen, und die Shogune hatten niemals beansprucht, dass ihnen göttliche Verehrung zukäme.

Francis Ottiwell Adams: The History of Japan. MacMillan, London 1875, Band 2, S. 132–134, Übersetzt v. Redaktion.

D1

Meiji-Verfassung des Jahres 1889

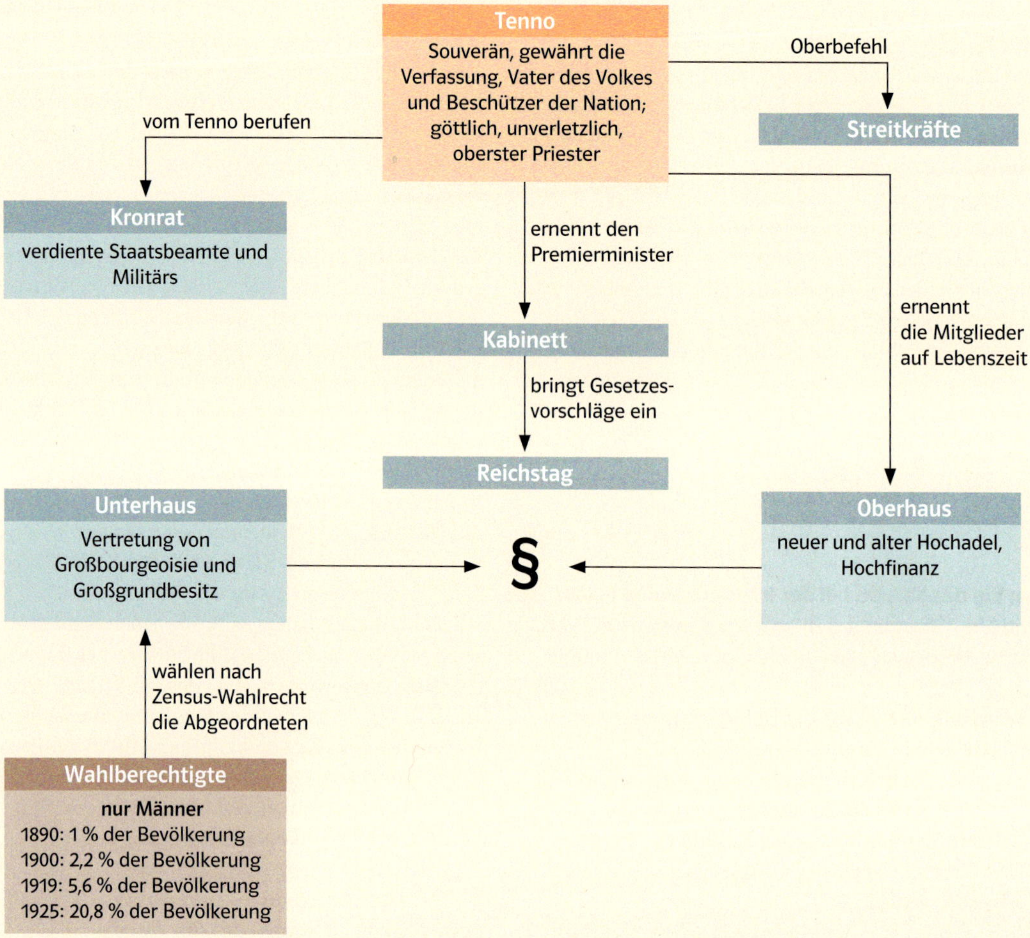

Q5

Moderne Staaten studieren

1871–1873 entsandte die japanische Regierung eine nach ihrem Leiter Iwakura Tomomi benannte Iwakura-Mission nach Europa und Nordamerika. Diese aus wichtigen Mitgliedern der Regierung zusammengesetzte Mission sollte (letztlich ergebnislos) über die ungleichen Verträge verhandeln und gleichzeitig die amerikanische und europäische Industrie studieren.
Im Anschluss an die Mission wurden etwa 5000 ausländische Berater nach Japan geholt. Tausende japanische Studenten wurden an amerikanische und europäische Universitäten entsandt.
Zu dem Besuch in den Krupp-Werken in Essen erschien u. a. in der deutschen Presse die Karikatur „Auf der Kulturreise".

Auf der Culturreise.

Die Japanesen, getreu ihrer Mission, die europäische Civilisation kennen zu lernen, gewinnen in Essen einen Einblick in dieselbe.

B Japan wird zur imperialistischen Macht

Q6

Die Weiße Gefahr und die Wiedergeburt Asiens

Aus dem Vorwort zu dem Buch „Überblick über Asien" (1918). Der Autor, Uchida Ryohei (1873–1937), war Gründer des ultranationalistischen Amur-Bundes (oder Gesellschaft des Schwarzen Drachens).

Asia is the world's oldest civilization. [...] After the sixteenth century, the West[ern Powers] began to advance eastward and [...] most of Asia lost its political destiny [i. e., independence]. [...] It was only the Yamato race, representing all the Asian nations, which resisted the advance of the Western Powers into the East and, fighting furiously, stood solid as a rock. [...]
The Great European War was their suicide as a civilization. [...] The Great European War is the great opportunity for an Asian revival, and whether this opportunity is going to be seized or not depends only on how the Asian nations decide [their own fate].
Our Kokuryukai[1] has been a leading advocate of Pan-Asianism for many years. Looking back over the Great European War and the present changes in the world, we have compiled the "Overview of Asia" [...] and we hope that it will contribute a little to the realization of Greater Asianism. [...].

Sven Saaler, Christopher Szpilman (Hrsg.): Pan-Asianism. A Documentary History, Vol. 1. Lanham, Plymouth 2011, S. 122, 130.

1 Kokuryukai = jap. Wort für Gesellschaft des Schwarzen Drachens, Amur-Bund

Q7

Grundlagen des japanischen Wesens

In einer umfangreichen Schrift „Grundlagen unseres nationalen Wesens" (Kokutai no hongi) veröffentlichte die japanische Regierung 1937 eine Orientierung zur Erziehung des Volkes und vor allem der Jugend. Auszug aus dem einleitenden Teil:

The various ideological and social evils of present-day Japan are the result of ignoring the fundamental and running after the trivial, of the lack of judgment and the failure to digest things thoroughly. This is because since the days of Meiji, so many aspects of European and American culture, systems, and learning have been imported and too rapidly. As a matter of fact, the foreign ideologies imported into our country are mainly ideologies of the Enlightenment [...], rationalism and positivism, lacking in historical views, which, on the one hand, place the highest value on, and assert the liberty and equality of individuals and, on the other hand, place value on a world by nature abstract, transcend-

ing nations and races. Consequently, importance is given to human beings and their groupings, who have become isolated from historical entireties, abstract and independent of one another. […]
Yet even in the Occident, […] they have found it unacceptable; so that now they are about to do away with their traditional individualism, and this has led to the rise of totalitarianism and nationalism and to the appearance of Fascism and Nazism. […] This means that the present conflict in our people's ideas, the unrest of their modes of life, the confused state of their civilization, can be put right only by a thorough investigation by us of the intrinsic nature of Occidental ideologies and by an understanding of the true meaning of our national polity. Then, too, this should be done for the sake not only of our nation but also of the entire human race, which is struggling to find a way out of the deadlock with which individualism is faced. […]
Our present mission as a people is to construct a new Japanese culture by adopting and sublimating Western cultures with our national polity as the basis and to contribute spontaneously to the advancement of world culture. Our nation early saw the introduction of Chinese and Indian cultures and even succeeded in evolving original creations and developments. This was made possible, indeed, by the profound and boundless nature of our national polity, so that the mission of the people to whom it is bequeathed is truly great in its historical significance.

Theodore de Bary, Carol Gluck, Arthur L. Tiedemann (eds.): Sources of Japanese Tradition, Vol. 2. 2nd ed. Columbia University Press, New York 2005, S. 968 f., 975. Zit. nach: Asia for Educators Columbia University http://afe.easia.columbia.edu/ps/japan/kokutai.pdf (Zugriff: 20.03.2017)

D2

Expansion Japans ab den 1890er-Jahren

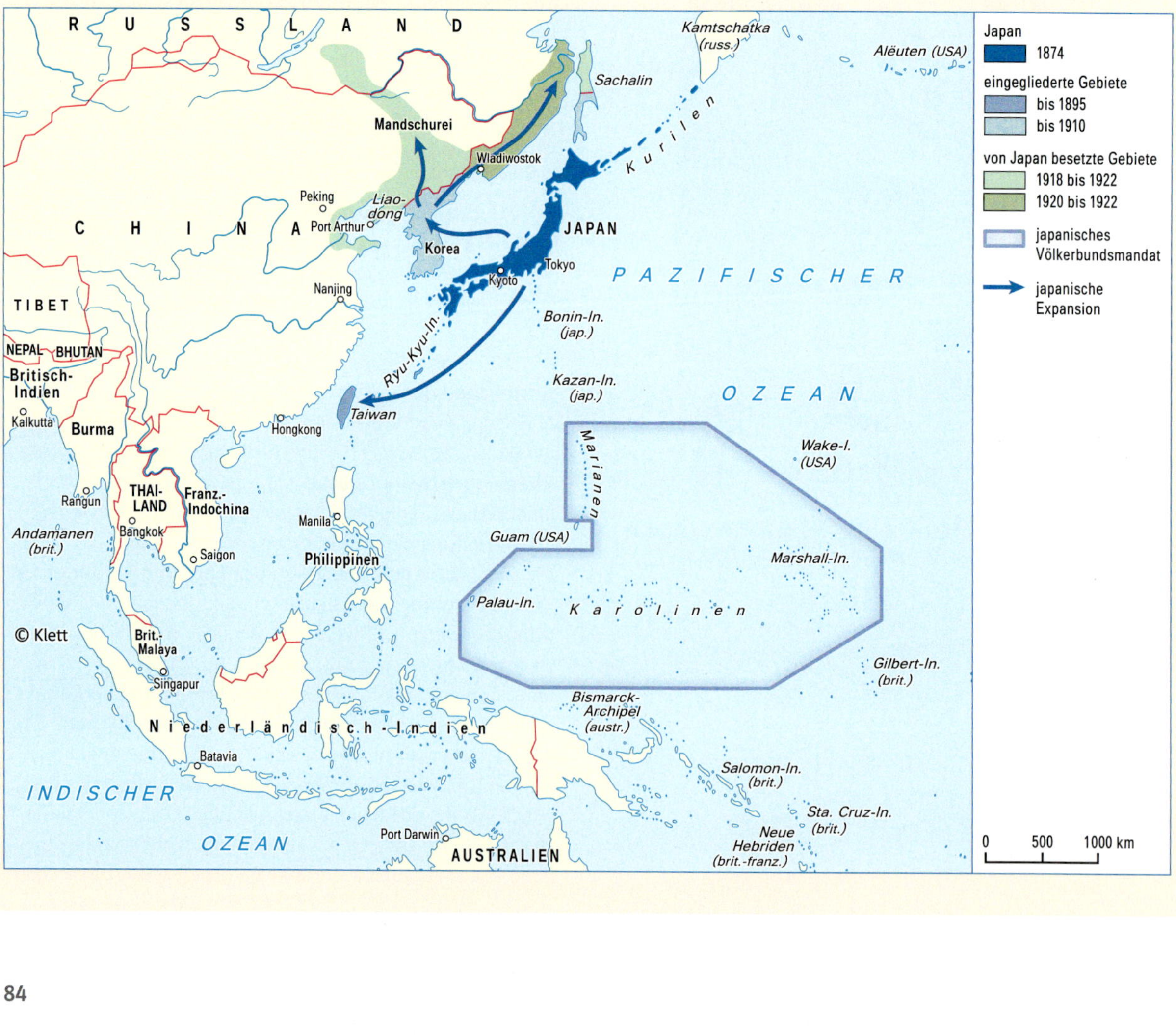

Arbeitsvorschläge

Arbeitsvorschlag zum darstellenden Teil

1. Skizzieren Sie Ihr eventuell bereits vorhandenes Vorwissen zur Geschichte Japans und nennen Sie die wichtigsten Eckpunkte für die Entwicklung Japans zu einem Staat nach Vorbild der sogenannten Moderne. [I]

A Von der Modernisierung Japans bis zur imperialistischen Macht

2. Nennen Sie die Kernaussagen der Tenno-Erklärung von 1867 (Q 1). [I]
3. Beurteilen Sie unter Zuhilfenahme des Darstellungstextes die Bedeutung der Tenno-Erklärung für Japan. [III]
4. Arbeiten Sie aus Q 2 und Q 3 unter Zuhilfenahme der beiden Porträtbilder von Mutsuhito heraus, welche Ziele die politische Wende der Meiji-Ära verfolgte und wie sie diese erreichen wollte. [II]
5. Stellen Sie die Kernbotschaften des Inthronisierungseides heraus (Q 3). [II]
6. Charakterisieren Sie die Stellung des Kaisers aus der britischen Perspektive von Francis Adams (Q 4). [II]
7. Arbeiten Sie das deutsche Japanbild aus der Karikatur Q 5 heraus und nennen Sie mögliche Wirkungen auf die deutschen Zeitungsleser. [I/II]
8. Arbeiten Sie anhand des Schaubildes D 1 heraus, welche Elemente der Verfassung aus zeitgenössischer Sicht einen demokratischen Charakter hatten. Beurteilen Sie, inwiefern wir diese heute noch als „demokratisch" einordnen würden. [II/III] ○ ●

B Japan wird zur imperialistischen Macht

9. Analysieren Sie eingehender im Anschluss an Arbeitsvorschlag 3 das japanische Selbstverständnis gegenüber dem Westen sowie in Bezug auf Asien, wie es in Q 6 und Q 7 zum Ausdruck kommt. [II]

Übergreifende Arbeitsvorschläge

10. Charakterisieren Sie unter Einbezug der Karte D 2 die Entwicklung Japans. [II]
11. Überprüfen Sie die These, Japans Entwicklung war eine Folge der Moderne nach europäischem Vorbild. [III] ○

Online- und Differenzierungsmaterialien zu Kapitel 1.8
○ Arbeitshilfen zu den Aufgaben 8 und 11
● Vertiefungsangbot zur Aufgabe 8

Online-Code: e3vm7e

2 Antiliberale Diktaturen als Gegenentwürfe zur parlamentarischen Demokratie

Viele europäische Staaten waren in den Jahren nach dem Ersten Weltkrieg mit gewalttätigen innenpolitischen Konflikten konfrontiert.

Mit dem Sieg der demokratisch-parlamentarischen Großmächte USA, Großbritannien und Frankreich im Ersten Weltkrieg schien sich die Ideologie des Liberalismus weltweit durchzusetzen. Schon bald entstanden aber u.a. mit dem italienischen Faschismus, dem deutschen Nationalsozialismus und dem sowjetischen Stalinismus radikale Gegenbewegungen. Manche Historiker sehen darin auch einen Kampf zwischen Modernisierungs- und Antimodernisierungsideologien, andere bezweifeln die Sinnhaftigkeit dieser Kategorisierung. Sicher ist, der Konflikt mündete in den verheerenden und „totalen" Zweiten Weltkrieg.

Vorwissen

Erinnern Sie sich an:
- die Entstehung modernisierender und antimodernisierender Ideologien im 19. Jahrhundert
- die politischen Zäsuren des Ersten Weltkrieges und der russischen Oktoberrevolution

→

Schritte des Kompetenzaufbaus

- den stalinistischen Sowjetkommunismus und italienischen Faschismus charakterisieren und bewerten

→ Kapitel 2.1–2.2

→

- Erfolg und Scheitern der liberalen parlamentarischen Demokratie am Beispiel der Weimarer Republik, Frankreichs und der USA erörtern

→ Kapitel 2.3–2.6

→

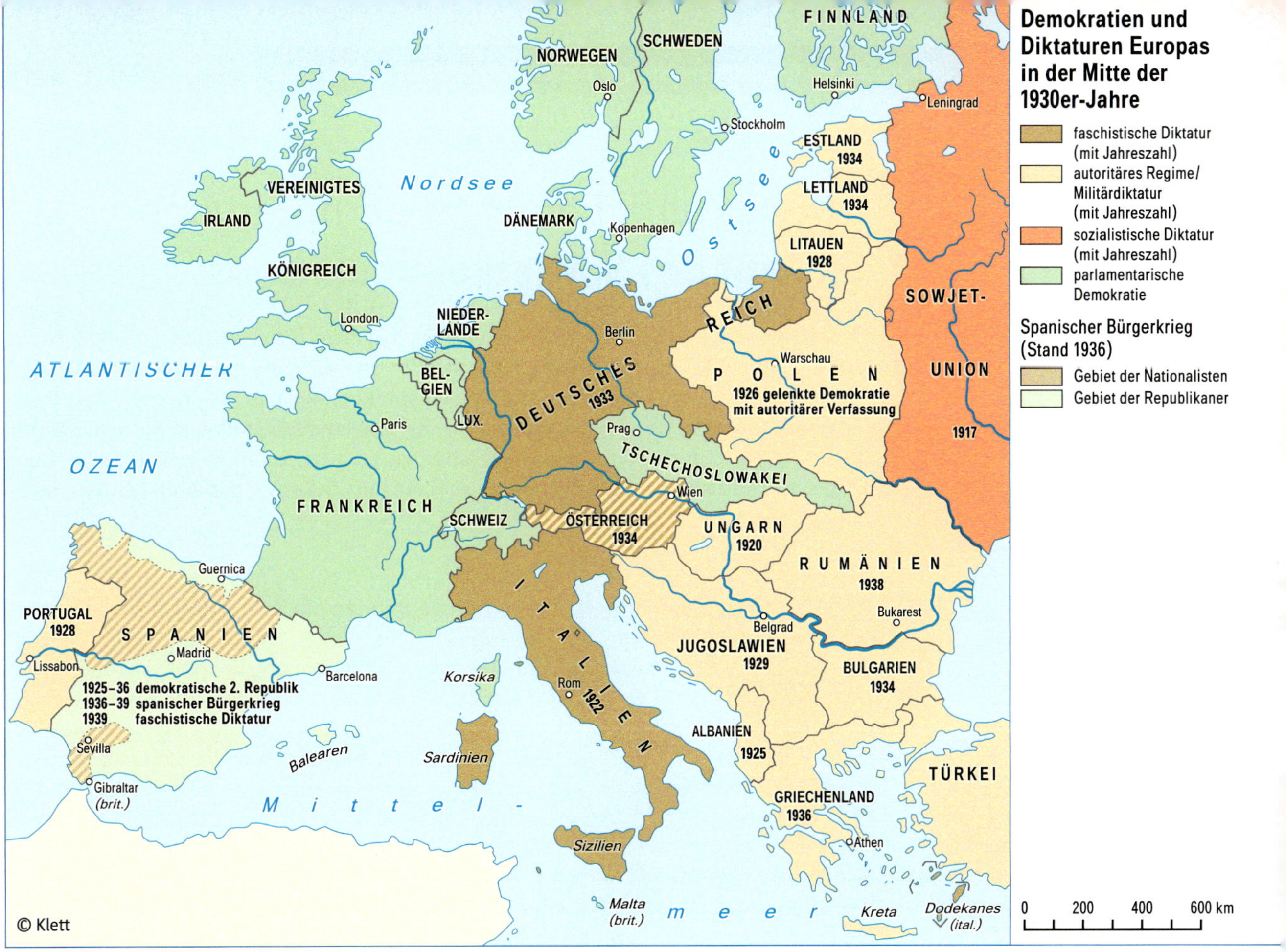

Aufstieg autoritärer Regime im Europa der 1920er- und 1930er-Jahre

Arbeitsvorschlag

1. Erläutern Sie die Bedeutung der Kategorien Moderne und Antimoderne an einem politischen Beispiel. [II]

- Die NS-Ideologie und die nationalsozialistische Herrschaftspraxis analysieren und bewerten

  → Kapitel 2.7–2.8

→

- den Zweiten Weltkrieg in seiner Totalität und globalen Dimension charakterisieren und bewerten

  → Kapitel 2.9

→

Erreichtes Ziel

Die Konflikte der Moderne der 1920er- und 1930er Jahre an verschiedenen Beispielen analysieren, erklären und bewerten können.

2.1 Das antiliberale Modernisierungskonzept des Sowjetkommunismus

Bis heute ist die Fragehoch umstritten, wie der Stalinismus charakterisiert werden kann: Während er im heutigen Russland wieder verklärt und verharmlost wird, steht bei westlichen, aber auch ukrainischen oder baltischen Historikerinnen und Historikern oft der Terror der 1930er-Jahre im Mittelpunkt. Ziel war es, die Sowjetunion innerhalb kürzester Zeit in einen modernen, fortschrittlichen, sozialistischen Staat zu entwickeln. Dies sollte wenn nötig auch mit Terror und der Zwangsumsiedlung und Zwangsdeportierung großer Bevölkerungsteile erreicht werden.

Antiindividualismus
Ideologie, in der die Bedürfnisse des Staates und des „Volkes" immer über den Wünschen des Einzelnen, des Individuums stehen

Entkulakisierung
Repressionskampagne in der stalinistischen Zeit der UdSSR gegen als wohlhabend geltende Bauern („Kulaken") mittels Enteignungen, Massendeportationen oder Exekutionen

→ **D2**, S. 92 f.

→ **Q5**, S. 93

Die Vision einer klassenlosen Gesellschaft verbunden mit Terror zum Aufbau eines modernen Sowjetstaates

Die sozialistische Weltanschauung strebte stets nach Aufhebung der Klassenunterschiede. Als utopisches Fernziel wurde eine Gesellschaft allein aus gleichberechtigten Proletariern angestrebt, die im Dienst der Gemeinschaft arbeiten würden. Damit ging ein aggressiver **Antiindividualismus** einher. Was zählte war allein das Kollektiv aller Werktätigen. Darunter wurden auch Wissenschaftler oder Künstler verstanden. In Russland lebten in den 1920er-Jahren mit über 80 % zum überwiegenden Teil Bauern und Viehwirtschaft betreibende Nomaden. Die bäuerlichen Dorfgesellschaften verfügten dabei über ein spürbares Maß an Selbstverwaltung und damit Autonomie. Mit dem Anspruch, die Ausbeutung der armen Kleinbauern durch angeblich ausbeuterische wohlhabende Großbauern, die als Kulaken bezeichnet wurden, zu bekämpfen, setzte die sowjetische Regierung Terror als Mittel ein. Zu dieser **Entkulakisierung** zählten Enteignungen, Verhaftungen, Hinrichtungen und Massendeportationen. Kombiniert wurden diese Maßnahmen mit einem wachsenden Druck auf die Bauern, sich in Kollektiven zusammenzuschließen. Parallel dazu begann eine großangelegte Industrialisierungskampagne. Vorzeigeprojekt war die Gründung des weltweit größten Stahlkombinats der Welt Magnitogorsk, aber auch der Bau großer Staudämme und Kanäle. Für dieses Ziel wurde die Parole verwendet „Amerika einholen und überholen", um so die UdSSR zum besseren Land der unbegrenzten Möglichkeiten zu machen. Für den Kauf der dafür nötigen Maschinen und Rohstoffe benötigte der Sowjetstaat Kapital aus dem Ausland und hohe Exporterlöse. Die Bauern mussten daher große Mengen ihrer Ernte für den Verkauf auf dem Weltmarkt abgeben. Zum Aufbau wurden auch Tausende deportierte Bauern eingesetzt. All diese Maßnahmen riefen letztlich Ende der 1920er-Jahre eine schwere Versorgungskrise hervor. Diese wiederum forcierte die Entkulakisierungspolitik, da versucht wurde, den, als Kulaken stigmatisierte Bauern, die Schuld an der Misere zuzuschreiben. Der Terror wurde ausgeweitet. Hunderttausende wurden in Zwangsarbeiterkolonien bzw. Straf- und Arbeitslager in Russland, Sibirien und Zentralasien gebracht.

Ab 1930 rief der angewandte Terror, die Zwangskollektivierung und die sich ausbreitende Versorgungskatastrophe in immer größeren Gebieten bewaffneten Widerstand hervor. Dieser nahm teilweise das Ausmaß eines Bürgerkrieges an. Die Dimension der Katastrophe ist bis heute umstritten. Fest steht, dass allein 1932/33 zwischen fünf und zehn Millionen Menschen dem Hunger und den Kämpfen zum Opfer fielen. Besonders betroffen waren die Ukraine und Teile Zentralasiens.

Die Zwangskollektivierung, die Deportationen vieler Millionen Menschen und der Aufbau großer urbaner Industriezentren veränderte das Land innerhalb weniger Jahre tiefgreifend. Ende der 1930er-Jahre konnte sich die Sowjetunion in der Tat eine moderne Industrienation nennen, wenn auch zu einem sehr hohen gezahlten Preis.

→ D3 , D4 , S. 93 f.

Verordnete Moderne auch in der Kunst – Der sozialistische Realismus

Auch in der Kultur strebte die stalinistische Sowjetunion nach einer einheitlichen, aber modernen Kunst. Bereits in den 1920er-Jahren war die Öffnung zu anderen Strömungen moderner internationaler Kunst oder aber die Besinnung auf das eigene Kulturerbe als Basis umstritten gewesen. Unter Stalin setzte sich schließlich der sozialistische Realismus durch, der sich thematisch ganz auf das Arbeitsleben und die moderne Technik der sozialistischen Wirtschaft fokussierte. Die Künstler sollten, sei es in der Malerei, der Musik, der Architektur, dem Theater, im Film oder der Bildhauerei, den Optimismus und die Begeisterung der im Kollektiv lebenden und wirkenden Menschen darstellen. Nach stalinistischer Vorstellung war dies mit freien Künstlern nicht umsetzbar, so dass auch im Kulturbereich Vereinheitlichung, Zentralisierung und wenn nötig repressiver Druck ausgeübt wurde. Wer sich aber in den Dienst dieses kollektiven Zieles eines darstellenden realen Sozialismus stellte, hatte als Künstler oder Wissenschaftler nicht selten die Chance, nennenswerte Privilegien zu erhalten. International begann sich die sowjetische Kultur allerdings immer stärker von der als Moderne verstandenen Kunst zu entfernen und abzukoppeln.

Q1

„Ehre für den großen Stalin, den Architekten des Kommunismus"
Sowjetisches Plakat von Konstantin Ivanov (1921–2003). Im Hintergrund ist eine der „sieben Schwestern" zu sehen, eines der sieben Stalin-Hochhäuser, die zwischen 1947 und 1957 in Moskau im Stil des Sozialistischen Klassizismus (stalinistischer Zuckerbäckerstil) gebaut worden waren. Ein achtes Hochhaus entstand als „Geschenk" in Warschau als Kulturpalast.

A Durchsetzung einer klassenlosen, antiindividuellen Gesellschaft

Q2

Eine Gesellschaft basierend auf mathematischer Logik

Der russische Schriftsteller Jevgenij Samjatin (1884–1937) schloss sich Anfang des 20. Jahrhunderts den Bolschewiki an und nahm an der Oktoberrevolution 1917 teil. 1920 schrieb er den utopischen Gesellschaftsroman „Wir". Er geriet jedoch mit der Zensurbehörde in Konflikt, weshalb der Roman in Sowjetrussland verboten wurde, jedoch ab 1924 in mehreren Sprachen im Ausland erschien. Darin entwarf er eine rationale Gesellschaft der Zukunft. Samjatin emigrierte 1931 nach Frankreich.

Frühling. […] Bei solchem Wetter nutzen wir unsere „Persönliche Stunde" nach dem Mittagessen gewöhnlich für einen zusätzlichen Spaziergang. Wie immer erklang der Unions-Marsch aus sämtlichen Lautsprechern der Musikfabrik. In mustergültig ausgerichteten Viererreihen marschierten die Nummern im Takt zu den feierlichen Klängen – Hunderte, Tausende, alle in hellblauen Uniformen, mit goldenen Abzeichen an der Brust – den uns vom Staat verliehenen Nummern. Und ich – wir vier –, wir sind nur eine der unzähligen Wellen des gewaltigen Stromes. […]
Auch ich kann mir keine Stadt ohne die „Grüne Mauer"[1] denken, kein Leben, das nicht in das Zahlengewand der „Gesetzestafel" gekleidet ist. […] Jeden Morgen stehen wir alle, Millionen, mit sechsstelliger Genauigkeit auf, zu ein und derselben Stunde, zu ein und derselben Minute. Zu ein und derselben Stunde beginnen wir, ein Millionenheer, unsere Arbeit, zur gleichen Stunde beenden wir sie. Und zu einem einzigen, millionenhändigen Körper verschmolzen, führen wir in der gleichen, durch die „Gesetzestafel" bestimmten Sekunde die Löffel zum Mund, zur gleichen Sekunde gehen wir spazieren […], legen wir uns schlafen.
Ich will ganz offen sein: Die absolute, endgültige Lösung für das Problem Glück haben selbst wir noch nicht gefunden: Zweimal am Tag, von 16 bis 17 und von 21 bis 22 Uhr, zerfällt der gewaltige Organismus in seine einzelnen Zellen – das sind die von der „Gesetzestafel" festgesetzten „Persönlichen Stunden". Zu dieser Zeit sehen Sie Folgendes: Bei den einen prüde geschlossene Vorhänge; die anderen gehen im Takt zu den ehernen Klängen des Marsches auf der Straße spazieren; die dritten sitzen am Schreibtisch, wie ich in diesem Augenblick. Aber ich glaube fest – man mag mich einen Idealisten oder Phantasten nennen –, ich glaube daran, dass wir irgendwann, früher oder später, auch für diese Stunden einen Platz in der allgemeinen Formel finden werden, und dass dann die „Gesetzestafel" sämtliche 86 400 Sekunden des Tages umfassen wird. […]
Wo hätte damals die Staatslogik herkommen sollen, als die Menschen noch in Freiheit lebten, nämlich wie Tiere, wie Affen in Herden?

Jevgenij Samjatin: Wir. Übersetzt v. Elena Boulé. Ganymed Edition, Hemmingen 2015, S. 13–15, 20–23.

1 Die „Grüne Mauer" aus Glas trennte den Staat von der Außenwelt, wo jene Menschen lebten, die mit dem Staat und dessen gesellschaftlicher Doktrin in Konflikt geraten waren und das scheinbare „Chaos" symbolisierten.

D1

Der „Neue Mensch" – der „Homo Sovieticus"

Der deutsche Osteuropahistoriker Karl Schlögel (geb. 1948) schrieb über den „Neuen Menschen" im Zusammenhang mit dem Bau der großen Industriestadt Magnitogorsk 1929:

Der neue Mensch wird nicht aus dem einen Glauben an die Utopie geboren, sondern aus dem Tumult, in dem Lebenswelten zugrunde gehen und neue entstehen. Er ist keine Fiktion, die man leichtfertig verspotten darf – „Homo Sovieticus" -, sondern eine Realität […]. Was in Magnitogorsk[1] in jener Dekade geschah, vollzog sich in der ganzen Union. Zwischen 1936 und 1939 wuchs die städtische Bevölkerung der UdSSR von 26,3 auf 55,9 Millionen Menschen. Nie zuvor hatte es in der modernen Geschichte einen sozialen Vorgang dieser Dimension gegeben. […]
Das bäuerliche Russland fand zu einem Zeitpunkt sein Ende, als ein urbanes noch nicht geboren war. Wir haben es zu tun mit Städten, die in Wahrheit Fabriksiedlungen sind, und mit Stadtbewohnern, die gestern noch Dorfbewohner waren. Die neue Stadt wird aus der Fabrik geboren, deren Anhängsel sie ist. […] Der Grundtyp ihrer Behausung ist die Baracke, die Form des auf Dauer geteilten Provisoriums. In ihr vermischen sich die Züge der aufgelösten mit der noch nicht voll ausgebildeten neuen Lebenswelt, sie ist weder bäuerlich noch proletarisch, und zu einem eigenen „Stil" bringt es nur die stalinistische High Society im Vorhof der Mächtigen.
Der Bauer, der sich aus dem Arbeitsrhythmus der Jahreszeiten löst und an die Gleichmäßigkeit der Megamaschine gewöhnt wird, hört auf, der Landmann zu sein, der er war. Die Zeit löst sich auf: Sie wird eine der Arbeits- und Freizeit, der Kalenderzeit. Man beginnt, sich der Disziplin der Uhr zu beugen. Die junge Frau, die als Stoßarbeiterin Karriere macht, ist nicht mehr die Braut, die meistbietend verheiratet werden kann. Galiullin Chabibulla, der tartarische Analphabet, der gelernt hat, einen Hochofen zu bauen, ist so sehr ein „Homo novus" wie der Bauernsohn Viktor Kalmykow, der als Dreißigjähriger zum „roten Direktor" aufsteigt. Magnitogorsk ist eine Menschenwerkstatt aus vierzig Nationalitäten, und was dort zusammenwächst, ist in der Tat ein Sowjetmensch, dem das Zurechtkommen in der neuen social fabric wichtiger ist als die Konservierung nationaler Eigentüm-

lichkeiten. Die Jugend verliert den alten Glauben, aber sie tauscht ihn nur zu gern ein gegen das Erlebnis, einmal im Monat ins Kino zu gehen – besonders wenn Charlie Chaplin in „City Lights“ zu bestaunen ist. Es wird auch nachts im Licht von Flutscheinwerfern gearbeitet, und doch ist abends die Straßenbahn voll von Studenten und Studentinnen der Arbeiterfakultät oder des Technikums, auf dem man etwas von Hegel hört und sein Ingenieursexamen macht. Es gibt wenige Zeitungen und keine außerhalb der Kontrolle der Partei, aber die Menschen, die Lesen und Schreiben gelernt haben, gehören von nun an zu denen, die mitreden können, auch wenn sie vorerst zum Schweigen verurteilt sind.

Karl Schlögel: Das sowjetische Jahrhundert. Archäologie einer untergegangenen Welt, C. H. Beck, München 2017, S. 126 f.

1 Magnitogorsk wurde nach Vorbildern amerikanischer Stahlzentren als Industriemetropole im ersten Fünfjahresplan 1929/30 durch den renommierten deutschen Stadtplaner Ernst May gebaut.

Q3

Sowjetisches Propagandaplakat

Plakat der Sowjetrepublik Aserbaidschan von W. Stenberg zur Annahme der stalinistischen Verfassung von 1938.

Q4

Ein neues propagiertes Frauen- und Familienideal?

Der Amerikaner John Scott (1912–1976) verließ 1932 die USA, um beim Aufbau des Kommunismus in der sowjetischen Industriestadt Magnitogorsk mitzuarbeiten. Er blieb dort bis 1941 und schrieb später über sein dortiges Familienleben:

Mascha und ich lebten ein arbeitsames, glückliches und einfaches Leben. Im Herbst 1935 trat jedoch ein Ereignis ein, das unser Dasein bedeutend komplizierter machte. Unsere erste Tochter wurde geboren. Keiner von uns wusste, wie man einen Säugling behandelt, und, was noch mehr ins Gewicht fiel, wir waren beide ungeheuer an unserer Arbeit und unseren Studien interessiert. Es dauerte mehrere Monate, bis wir einsahen, dass wir unsere Lebensweise zugunsten der nächsten Generation verändern mussten.

Es gelang uns, ein ideales Mädchen zu finden, das sich unseres etwas verwahrlosten Haushaltes annahm, sodass alles schließlich wie am Schnürchen ging. Wera war sechzehn Jahre alt, Tochter eines enteigneten Kulaken, […]. Sie war 1930 mit Mutter, Vater, einer Schwester sowie zwei Brüdern nach Magnitogorsk gekommen. Im ersten Winter wohnten sie nur in einem Zelt. Die Mutter, ein Bruder und eine Schwester starben, Wera aber überlebte dieses Jahr und besuchte zwei Jahre hindurch die Schule. Dann erlitt ihr Vater einen Unglücksfall und konnte nur noch als Wächter arbeiten. Die Familie hatte nicht genug zu essen, und auch Wera musste sich Arbeit suchen.

Sie war ein ausgezeichnetes Mädchen für uns. Sie besorgte alles, die Einkäufe, das Kochen und die Pflege unserer kleinen Elka, die sie bei ihren Einkäufen mitzunehmen pflegte. Das einzige, was sie forderte, war, dass sie jeden Abend die Schule besuchen konnte. Sie und Mascha ordneten die Dinge so, dass immer eine von beiden zu Hause war, und alles ging großartig. Wera war drei Jahre bei uns und fast wie ein Familienmitglied. Es war ein harter Schlag für uns, als die Polizei im Jahre 1938, als ich schon nach Moskau übergesiedelt war, Wera und eine Reihe anderer Jugendlicher, die aus den ihrer Privilegien beraubten Schichten stammten, nach Tscheljabinsk verschickte. Sie erfuhren das erst vierundzwanzig Stunden vor der Abreise. Dort wurde Arbeitskraft zum Aufbau einer neuen Waffenfabrik gebraucht. Theoretisch hatten die früheren Kulaken und ihre Familien 1938 die gleichen Rechte wie alle anderen, aber wenn Arbeiter für die Rüstungsindustrie gebraucht wurden, kümmerten sich die Behörden kaum um den Buchstaben des Gesetzes. Wera erhielt ihren Befehl schriftlich und wurde am nächsten Abend in einem Güterzug abtransportiert. Wir sahen sie nie wieder, aber ich erfuhr später, dass die Fabrik in Tscheljabinsk[1] planmäßig gebaut und dass die Produktion 1941 aufgenommen worden war.

Einige Monate nach Elkas Geburt legte Mascha das Abschlussexamen ab und erhielt einen Platz als Mathematiklehrerin. [...] Sie unterrichtete im Durchschnitt fünf Stunden am Tag und erhielt ein Monatsgehalt von 500 Rubel, ungefähr gerade so viel, wie ich verdiente. Sie fühlte sich sehr wohl in ihrer Arbeit und hatte gute Erfolge. [...] Die Söhne und Töchter der dortigen Schichten hatten sich schwer durcharbeiten müssen, es war eine harte, natürliche Auslese. Die Schwächsten und am wenigsten Begabten hatten nicht durchgehalten, und die anderen erstrebten selbst eine gründliche Bildung. Ihre Väter waren in der Regel die energischsten und tüchtigsten Leute in den Dörfern gewesen, aus denen sie kamen. Sie existierten nach der Kollektivierung nicht mehr als Klasse, aber ihre Kinder waren geeignet, Führer auf anderen Gebieten zu werden. [...]
Mascha war typisch für eine ganze Generation junger Sowjetfrauen, die die umfassenden Ausbildungsmöglichkeiten, die ihnen geboten wurden, ausnutzten und gebildete Berufsfrauen wurden, während ihre Eltern nur gerade lesen und schreiben konnten. Diese Gruppe [...] war unter dem Schlagwort „Gleiche Möglichkeiten für Männer und Frauen" geformt worden. Sie waren in den zwanziger Jahren mit Propaganda über die Beseitigung der bürgerlichen Familie als Institution überschüttet worden. Mit Kochen, Abwaschen und Nähen wollten sie sich so wenig wie möglich befassen. Solche Aufgaben waren für die Dienstboten da, die nicht genügend Intelligenz besaßen oder nicht genug Schulung hatten, um einen anderen Beruf auszuüben.

John Scott: Jenseits des Ural. Die Kraftquellen der Sowjetunion. Bernann-Fischer Verlag, Stockholm 1944, S. 154–158.

1 Tscheljabinsk ist eine Stadt im Ural-Gebirge, wo 1933 ein Traktorenwerk gegründet wurde, welches später Rüstungsgüter produzierte. In dieser Zeit vervielfachte die Stadt ihre Einwohnerzahl.

B Der Gulag – Vernichtung für Wirtschaft und Gesellschaft?

D2

Verfolgung, Lager, Tod

Der westdeutsche Historiker Stephan Merl (geb. 1947) über die „Liquidierung der Kulaken als Klasse" (1987):

Zunächst ist zu beachten, dass der Begriff „Kulak" keineswegs eindeutig definiert war. Die Bolschewiki verstanden darunter nicht Großbauern schlechthin, sondern nur denjenigen, der im Dorf als „Parasit" und „Ausbeuter" auftrat und nicht von eigener Hände Arbeit lebte. Das aber war ein Bauerntyp, den es im sowjetischen Dorf der 20er-Jahre praktisch nicht mehr gab. Selbst die größten Bauernwirtschaften arbeiteten fast ausschließlich mit familieneigenen Arbeitskräften; Lohnarbeit und Landpacht hatten nur geringe Bedeutung. [... Somit] bildeten die „Kulaken" überhaupt keine abgrenzbare Klasse, sondern stellten ein ideologisch abgeleitetes Feindbild dar. Gebraucht wurde dieses Feindbild jedoch keineswegs nur aus ideologischen Motiven, sondern zur Durchsetzung praktischer Ziele: Um die Bauern den staatlichen Forderungen zu unterwerfen, war es erforderlich, dass der „Kulak" ein vage bestimmter Begriff blieb, unter den jede auch nur etwas überdurchschnittlich versorgte Bauernwirtschaft fallen konnte. Man schlug auf den fiktiven Kulaken ein, um die Masse der Bauern einzuschüchtern und politisch willfährig zu machen. Der seit 1927 ausgeübte politische Druck auf die „Kulaken" und nachfolgend ihre „Liquidierung als Klasse" sollte helfen, die Zwangskollektivierung unter dem Deckmantel der „Freiwilligkeit" durchzusetzen. [...] So verliefen die beiden Wellen der „Liquidierung der Kulakenwirtschaften" parallel zu den Kollektivierungswellen. Die Angst vor einem ähnlichen Schicksal sollte die Bauern zum Beitritt in die Kolchosen bewegen. [...] Bauern, die in Versammlungen gegen staatliche Forderungen auftraten, mussten mit ihrer Verhaftung rechnen. [...] In einigen Orten verjagte man die enteigneten Familien trotz der Winterkälte unverzüglich aus ihren Häusern. Weder auf Kranke, Gebrechliche noch Mütter mit Kleinkindern wurde Rücksicht genommen. In ihrer Verzweiflung begingen einige „Kulaken" Selbstmord. Auch die Aufnahmeregionen der ersten Deportationstransporte im Februar und März 1930, vor allem der europäische Norden und der Ural, hatten keine hinreichende Vorbereitung treffen können. Bereits während des Bahntransports gab es Todesfälle. Mit dem Einsetzen des Tauwetters spitzte sich die Lage in den Aufnahmelagern zu. Seuchen breiteten sich aus, die besonders unter den Kindern große Opfer forderten. [...]
Die Gesamtzahl der von der „Liquidierung der Kulakenwirtschaften" betroffenen Familien wie auch die Zahl der Opfer lassen sich mithilfe der heute verfügbaren Daten zumindest annähernd bestimmen. [...] Insgesamt waren zwischen Ende 1929 und Mitte 1933 etwa 600 bis 800 000 bäuerliche Haushalte von der „Liquidierung der Kulaken als Klasse" betroffen. Bei einer durchschnittlichen Kopfzahl der betreffenden Familien von etwa sechs Personen sind das 3,5 bis 5 Millionen Menschen. Über die Hälfte dieser „Kulakenwirtschaften" verblieb in ihren Heimatbezirken. Diese Familien wurden mithin lokal umgesiedelt und mussten, häufig unter schwierigsten Bedingungen, einen neuen Anfang versuchen. [...]
Fast geschlossen umgekommen sind im Lauf der 30er-Jahre ca. 100 000 in das Gulag-System eingewiesene Verhaftete, vorwiegend Familienoberhäupter. Weitere 100 000 Men-

schen kamen vermutlich Anfang 1930 durch die Vertreibung aus ihren Häusern, die Deportation nach Norden und standrechtliche Erschießung ums Leben. Einschließlich der in den Deportationsgebieten bis Ende der 30er-Jahre Verstorbenen lässt sich die Gesamtzahl der Opfer auf ungefähr 300 000 Personen eingrenzen. Die hohe Zahl der Opfer war eine Begleiterscheinung der Aktion, sie wurde offensichtlich von der Parteiführung in Kauf genommen. Trotzdem ist aus den Umständen ersichtlich, dass in der Sowjetunion, anders als bei den deutschen Judenmorden, von einem vorgefassten, systematischen Vernichtungswillen der Staatsmacht gegenüber diesen Menschen nicht gesprochen werden kann.

Stephan Merl: „Ausrottung" der Bourgeoisie und der Kulaken in Sowjetrussland? Anmerkungen zu einem fragwürdigen Vergleich mit Hitlers Judenvernichtung. In: Geschichte und Gesellschaft 13 (1987), S. 368–381, hier: S. 372 –377.

Q5

Der Gulag – Langsames Zermürben der „Staatsfeinde"?

Dancik Baldajew, ein Gulag-Aufseher, hat mit seinen Zeichnungen den Schrecken der Straflager festgehalten. Zum Beispiel mussten Häftlinge Eiswasser aus einem Bach schöpfen und in ein 20 Meter entferntes Eisloch schütten – sinnlose Arbeit, die ausschließlich dazu diente, die Häftlinge psychisch zu zermürben.

C Die sowjetische Moderne – Aufbruch der Kunst?

D3

Vom künstlerischen Aufbruch zur totalen Kontrolle

Der Musik- und Kommunikationswissenschaftler Marco Frei (geb. 1972) beschäftigte sich mit der Situation des sowjetischen Komponisten Dmitri Schostakowitsch während des stalinistischen Terrors:

Drei Hauptkriterien charakterisieren […] Kunst und Kultur im Totalitarismus: die primäre Rolle der Ideologie, die zentrale Organisation des gesamten künstlerischen Lebens (etwa durch Verbände) und der Kampf gegen differierende Tendenzen […]. Wie die Medien wurden auch Kunst und Kultur als Erziehungsmittel der Massen im Sinne der geltenden Ideologie verstanden. Die Politologin Irma Hanke nennt grundsätzlich folgende Zielsetzungen sowjetischer Kulturpolitik, die durch zentrale Planung erreicht wurden: die Sicherung der Teilnahme der Bevölkerung am Kulturleben, die Ermöglichung, Kontrolle und Lenkung künstlerischer Produktion im Rahmen der geltenden Ideologie sowie die Pflege des künstlerischen Erbes (wenn es den offiziellen Vorstellungen entsprach). Kulturpolitik wurde in der Sowjetunion von Partei, Staat und künstlerischen Verbänden betrieben, wobei die Partei […] die führende Rolle einnahm und die ideologische Gesamtausrichtung der Kulturpolitik festlegte. Leitlinien wurden häufig in Form von Beschlüssen oder Resolutionen des ZK der KPdSU formuliert, die Gesetzeskraft hatten und in der Regel in der Prawda veröffentlicht wurden […].

In der nicht nur wirtschaftlich, sondern auch kulturell relativ freien NÖP[1]-Zeit der zwanziger Jahre […] gab es vornehmlich zwei sich rivalisierende Musikgruppierungen: die ASM (Assoziation zeitgenössischer Komponisten), […] sowie die APM (Assoziation proletarischer Musiker). […] Während die ASM Fenster zum Westen, eine wichtige Verbindung zu den Hauptströmungen der modernen, europäischen Musik und gegen die Ideologisierung der Musik war, ging es der APM um die Ausdehnung der Vorherrschaft des Proletariats. […] Zwischen den zeitgenössischen und proletarischen Musikern kam es in den zwanziger Jahren vermehrt zu heftigen Auseinandersetzungen, […]. […]

Ein weiterer Streitpunkt nicht nur in den zwanziger Jahren waren Jazz und Salontänze Auf das Jahr 1924 geht in diesem Zusammenhang ein geheimes Rundschreiben des Glawrepertkom (Hauptverwaltung zur Kontrolle des künstlerischen Repertoires) zurück, von dem Lobanowa berichtet und das gegen „Pornografie in der Musik" gerichtet gewesen sei. In dem Papier seien Tänze wie Foxtrott, Shimmys und Twostepps als „Produkte der westeuropäischen Unterhaltung" gebrandmarkt worden, die sich an die „niedrigs-

ten Instinkte" richteten und eine „Salonimitation des Geschlechtsverkehrs und allerlei physiologische Perversionen" darstellten. […]
Die Auseinandersetzungen schienen mit der Auflösung der ASM 1928/29 – bezeichnenderweise zeitgleich mit den ersten Maßnahmen gegen die linke trotzkistische Opposition – zunächst die proletarischen Künstlerverbände für sich entschieden zu haben, doch mit dem ZK-Beschluss vom 23. April 1932 wurden alle bestehenden Künstlerorganisationen aufgelöst und jeweils von zentralen Dachverbänden ersetzt: nach der Verstaatlichung aller Institutionen im Jahre 1918 eine weitere wesentliche kulturpolitische Maßnahme. Ohne Zweifel diente die Gründung des zentralen Dachverbandes 1932 der Zentralisierung, Kontrolle und Vereinheitlichung des Kulturlebens – Tendenzen, die in allen innenpolitischen Bereichen zu beobachten sind […]. […]
Der neu entstandene zentrale Komponistenverband erfasste Komponisten, Musikwissenschaftler und Musikkritiker, wichtigstes Organ war die 1933 gegründete Monatszeitschrift Sovetskaja muzyka (Sowjetische Musik). In ihrem ersten Artikel machte die Zeitschrift ihre Linie, die des Verbandes und die der Partei deutlich: Tendenzen der zeitgenössischen ASM wie auch der proletarisch ausgerichteten Künstlervereinigungen von einst sollten bekämpft werden […]. […] Die Verbandspräsidenten zählten zur politischen Elite des Landes. Zwar war die Verbandsmitgliedschaft freiwillig, doch blieben de facto dem Künstler ohne Mitgliedschaft Produktionsmittel, Betätigung und Anerkennung verwehrt, wie auch andererseits ein Zwangsausschluss materielle Not bedeutete.

Marco Frei: „Chaos statt Musik". Dmitri Schostakowitsch, die Prawda-Kampagne von 1936 bis 1938 und der Sozialistische Realismus. PFAU-Verlag, Saarbrücken 2006, S. 43–48.

1 „Neue ökonomische Politik", als kapitalistische Wirtschaftsmechanismen teilweise wieder eingeführt wurden

D4

Der sozialistische Realismus in der Malerei

Ähnlich wie auch in anderen Kunstrichtungen, gab es auch in der Malerei in den 1920er-Jahren heftige Kontroversen. Thomas Christ schilderte den Charakter des sozialistischen Realismus in der Malerei:

Das autoritäre Eingreifen Stalins in die offen ausgetragenen Konflikte der einzelnen Künstlergruppierungen führte in der Konsequenz zur Geburt der Epoche des Sozialistischen Realismus. Die Anforderungen an das künstlerische Schaffen wurden nun – soweit möglich – staatlich definiert. Die Partei löste hierzu im Jahre 1932 per Dekret alle Künstlervereine und -gruppierungen auf und ersetzte sie durch einen offiziellen, nach Kunstgattungen aufgegliederten Künstlerverband. Für die staatlich anerkannten Künstler wurde die Mitgliedschaft obligatorisch und durch einen Mitgliederausweis kontrollierbar. Solche berufsständische Gleichschaltungsgesetze kannte auch das faschistische Italien und Mussolini mit seiner „legge Rocco" aus dem Jahre 1926, und ab 1937 trieb die Kunstzensur im totalitären Deutschland ihr Unwesen.
Der Begriff des sozialistischen Realismus wurde anlässlich des ersten Schriftstellerkongresses im Jahre 1934 inhaltlich präzisiert. Andrei Schdanow[1], damals Stalins führender Kunstideologe, rief alle Schriftsteller auf, sich in ihren Werken an sozialistischen Inhalten zu orientieren, zum „Ingenieur der menschlichen Seele" zu werden […].
Es liegt auf der Hand, dass ein solcher Versuch, das Kunstschaffen staatlich zu monopolisieren, viele Künstler in eine innere Emigration drängte. Sie bildete den Nährboden für die Entstehung der inoffiziellen Kunstszene, die bis zu Stalins Tod allerdings noch ein weitgehend verstecktes Dasein fristete […]. […] Neben diesem Kunstdualismus führten die Ereignisse der dreißiger Jahre zu einer weiteren kunstgeschichtlich bedeutenden Veränderung. Die Avantgarde[2] verstand sich als eine internationale, grenzüberschreitende Bewegung und stand insbesondere mit Frankreich in einem intensiven Dialog. Demgegenüber förderte der sozialistische Realismus nationale, vaterländische Werte. Einerseits sollte die Verherrlichung der Heimat von den unsäglichen wirtschaftlichen Versorgungsproblemen ablenken, und andererseits förderten die Drohgebärden der aggressiven deutschen Ostpolitik einen propagandistisch untermauerten Nationalismus. Der deklarierte Hauptfeind des deutschen Reiches war zu dieser Zeit bekanntlich die Sowjetunion.
Die frühen dreißiger Jahre setzten auch der Experimentierfreudigkeit der künstlerischen Darstellung ein jähes Ende. Stilistisch und inhaltlich besinnt man sich wieder auf klassische, figürliche Themen. […] Eine weitere Umorientierung betrifft die Darstellung des Menschen selbst; er ist aus der Kunst der Avantgarde verschwunden und steht nun in der Ideologie des sozialistischen Realismus wieder im Zentrum. Die Kunst sollte aktiv mithelfen, ein neues Menschenbild zu propagieren – die Werke dieser Periode strahlen Optimismus und Fortschrittsglauben aus.

Thomas Christ: Der sozialistische Realismus. Wiese Verlag, Basel 1999, S. 23–26.

1 Andrei Schdanow (1896–1948), enger Mitarbeiter Stalins, Mitglied des ZK
2 Avantgarde = ursprünglich militärischer Ausdruck für Vorhut, in Kunst und Politik übernommen als Bezeichnung für Vorreiterrolle mit langfristiger Wirkung auf die gesellschaftliche Mehrheit

Arbeitsvorschläge

A Durchsetzung einer klassenlosen, antiindividuellen Gesellschaft

1. Setzen Sie sich mit dem Textauszug aus dem utopischen Roman „Wir" (Q 2) auseinander:
   a) Beschreiben Sie mit eigenen Worten das Menschenbild. [I]
   b) Erklären Sie den Begriff „Glück" aus der Perspektive des Romans. [II]
   c) Beurteilen Sie die Utopie vor dem Hintergrund des Entstehungszeitraums. [III]
   d) Bewerten Sie die Utopie mit Ihren heutigen Maßstäben. [III]

MK 2. Recherchieren Sie die Hintergründe des Modernisierungsprojektes Magnitogorsk und stellen Sie dieses unter der Frage „Magnitogorsk – ein Symbol des Stalinismus?" in einer Kurzpräsentation vor. [III]

3. Beschreiben Sie das Plakat Q 3. [I]
4. Begründen Sie auf Basis von D 1 und Q 4, warum die Idee des Homo Sovieticus letztlich sehr erfolgreich war. [II]
5. Arbeiten Sie aus dem Bericht von John Scott (Q 4) Merkmale des neuen stalinistischen Gesellschaftsbildes heraus. [II]

B Der Gulag – Vernichtung für Wirtschaft und Gesellschaft?

6. Charakterisieren Sie auf Basis von D 2 und Q 5 den Umgang mit „Kulaken" während des Stalinismus. [II] ●
7. Stellen Sie anhand der Haushaltshilfe Wera in dem Bericht von John Scott (Q 4) den Umgang mit Angehörigen von „Kulaken" dar. [II]
8. Beurteilen Sie die Entkulakisierungspolitik der stalinistischen Regierung aus dem historischen Kontext heraus. [III]

C Die sowjetische Moderne – Aufbruch der Kunst?

9. Nennen Sie in Stichworten die Kerninformation der Ausführungen von Marco Frei (D 3). [I]
10. Erläutern Sie die Situation des sowjetischen musikalischen Kunstbetriebes in den 1920er- und 1930er-Jahren. [II]
11. Dmitri Schostakowitsch zählte zu den bekanntesten sowjetischen Komponisten der stalinistischen Zeit. Informieren Sie sich über sein Leben und Wirken und beurteilen Sie, inwieweit er sowohl zum „Volksfeind" als auch zum „Volksheld" während der stalinistischen Zeit werden konnte. [III] ○
12. Charakterisieren Sie anhand der Darstellung von Thomas Christ den Kunstbetrieb der Malerei in den 1930er-Jahren. [II]
13. Erörtern Sie, was mit „Ingenieur der menschlichen Seele" gemeint sein könnte (D 4). [III]
14. Erörtern Sie die These, dass die Kunst der 1920er- und 1930er-Jahre in der Sowjetunion eine Zeit des künstlerischen Aufbruchs war. [III]

Online- und Differenzierungsmaterialien zu Kapitel 2.1
○ Arbeitshilfen zur Aufgabe 11
● Vertiefungsangbot zur Aufgabe 6

Online-Code: mc39ti

2.2 Antiliberal und doch modern – der italienische Faschismus als ein Vorbild in Europa?

1922 übernahm eine politische Kraft die Regierung in Italien, die sich in neuer Weise von der bestehenden politischen Landschaft abgrenzte und scheinbar einen neuen Zeitgeist verkörperte: der Faschismus.

Der Faschismus als Folge enttäuschter Erwartungen?

→ D1, S. 100

Die italienische Halbinsel bestand bis Mitte des 19. Jahrhunderts politisch aus äußerst verschiedenen Gebieten unter österreichischer Herrschaft sowie aus anderen Kleinstaaten. Zwischen 1859 und 1870 entstand ein vereinigter italienischer Staat, der aber von vornherein durch viele Schwächen gekennzeichnet war. Anfangs verbanden viele Menschen kaum zu erfüllende Erwartungen mit dem neuen Italien (politische Mitbestimmung, wirtschaftlicher Aufschwung, etc.). Es gelang jedoch keine Revolution von unten. Die Vereinigung wurde überwiegend militärisch unter Führung des norditalienischen Königreiches Piemont durchgesetzt. Dies führte dazu, dass der Großteil der Bevölkerung von vornherein aus der politischen Mitbestimmung ausgeschlossen blieb. Der Nationalstaat erhielt eine Monarchie mit begrenztem Einfluss, eine zentralisierte Staatsverwaltung und eine liberal-parlamentarische Verfassung, die lange Zeit nur knapp einer halben Million männlichen Italienern das Wahlrecht zubilligte. Die Gesamtbevölkerung lag 1871 bei etwa 27,3 Millionen. Vielerorts überdauerten alte Autoritätsmuster von altem Adel und Großgrundbesitzern gegenüber der Masse an armen Landarbeitern und Kleinbauern die Nationalstaatsgründung. Hinzu kam eine sozioökonomische Ungleichheit zwischen dem kargen, verarmten Süditalien mit hoher Analphabetenrate und dem fruchtbaren, sich industrialisierenden Norden, der seit Ende des 19. Jahrhunderts eine zunehmende Modernisierung erlebte. Staatliche sozialpolitische Maßnahmen gab es allenfalls punktuell. So blieben regionale und lokale Identitäten dominierend. Großen Einfluss besaß die katholische Kirche, die aber in einem starken Spannungsverhältnis zum liberalen Nationalstaat stand. Ein gemeinsames nationales Identitätsgefühl blieb gering und wurde am ehesten von städtisch-bürgerlichen Schichten getragen. Diese urbane Mittelschicht monopolisierte politische Ämter und Leitungspositionen in der Staatsverwaltung.

Entsprechend spannungsgeladen entwickelte sich die gesellschaftliche und politische Situation. Die raschen Veränderungen durch Modernisierung und Industrialisierung schürten zusätzlich – wie in vielen Ländern – die Verunsicherung. Die Bevölkerung nahm stark zu und verjüngte sich. Die langsam beginnende Frauenemanzipation stellte konservative Rollenbilder in Frage. Die Industrialisierung schuf die neue Schicht der Arbeiterschaft, die sich mehr und mehr politisierte. Unter der armen Landbevölkerung entstanden radikale, anarchistische Strömungen. Die Unzufriedenheit mit der liberalen Wirtschaftsordnung nahm zu, weil nur sehr wenige von ihnen profitierten. Wahlrechtsreformen erweiterten zwar allmählich die Zahl der Wahlberechtigten, was jedoch wenig an der Ausgrenzung der Mehrheit änderte. Gleichzeitig bildete sich eine radikale Nationalbewegung heraus, die ein „geeintes", „starkes" und expansives Italien forderte. Gemein hatten Sozialisten, Anarchisten und Nationalisten sowie neue, kleine Strömungen wie der Futurismus meist die Ablehnung des politischen und wirtschaftlichen liberalen Systems (**Antiliberalismus, Antiparlamentarismus**). Die einen sehnten sich nach einer „heilen" vormodernen Welt zurück, andere wollten sie radikal umgestalten. Diese vielfältigen gesellschaftlichen, sozialen und politischen Konflikte wurden schließlich durch den Ersten Weltkrieg drastisch verschärft und brachten u. a. die extremistische Protestbewegung des Faschismus hervor.

Antiliberalismus/ Antiparlamentarismus
Ablehnung der liberalen politischen und wirtschaftlichen Ordnung (parlamentarisch-repräsentative Verfassung, freier Kapitalismus als Wirtschaftsform)

→ Q1 - Q3, S. 101 f.

Antiindividualismus
Ablehnung individueller Lebensformen und Geisteshaltungen. Zugespitzt in der NS-Parole: „Du bist nichts – Dein Volk ist alles"

Radikalnationalismus
Vorstellung der kulturellen und/oder „rassischen" Überlegenheit der eigenen Nation gegenüber anderen und die Bereitschaft deren Interessen mit allen Mitteln durchzusetzen.

→ **Q4**, S. 102

Faschismus als Sammelbewegung einer orientierungslosen Generation?

Das Massensterben in den Schützengräben und in den „Materialschlachten" führte im Ersten Weltkrieg zu einer Verrohung und Brutalisierung einer ganzen Generation. Enttäuschte, durch nationalistische Kriegspropaganda geschürte Erwartungen auf große territoriale Expansion und mehr politische Mitbestimmung taten ein Übriges. Hinzu kamen internationale Einflüsse. Front- und Kriegsdenken wurde auf gesellschaftliche und politische Gegensätze zu Hause übertragen. Die bolschewistische Oktoberrevolution in Russland 1917 mit dem nachfolgenden, ganz Osteuropa betreffenden russischen Bürgerkrieg (1918–1920) bzw. linksgerichtete Revolutionsversuche und Unruhen (Deutschland, Ungarn, Spanien, etc.) schürten bei Sozialisten Hoffnungen und bei vielen Bürgerlichen immense Ängste.
Ähnlich wie auch in vielen anderen kriegsteilnehmenden Staaten war der alte Liberalismus der Vorkriegszeit von den Konflikten und Problemen der Nachkriegszeit (Wirtschaftskrise, hohe Arbeitslosigkeit, Integration Hunderttausender traumatisierter oder kriegsversehrter Veteranen) überfordert. Viele Menschen, nicht nur in Italien, kamen mit den neuen Extremen nicht zurecht und sehnten sich nach einem Sicherheits- und Geborgenheitsgefühl, in Abgrenzung zum Individualismus der Moderne. Auch die quasireligiöse Hoffnung auf einen Heilserlöser in Gestalt eines starken „Führers", der die Spaltungen und Gräben der Gesellschaft überwinden könne, nahm zu.
Ein Produkt dieser Situation war der Faschismus, der sowohl sozialistische, als auch **radikalnationalistische**, **antiindividualistische** und alte, konservative Elemente miteinander verband. Gründer war der ehemalige Sozialist Benito Mussolini, der aus paramilitärischen, den Freikorps in Deutschland ähnelnden, Kampfbünden die „Nationale Faschistische Partei" (Partito Nazionale Fascista, PNF) bildete. In Abgrenzung zu den klassischen parlamentarischen Parteien sprachen die Faschisten allerdings anstatt von Partei stets von einer „Bewegung", eine bis heute unter Rechtspopulisten und Rechtsradikalen beliebte Wortwahl.

Marsch auf Rom – Eine „Machtübernahme" Mussolinis?

Benito Mussolini (1883–1945)
Begründer und Führer („Duce") der faschistischen Bewegung 1919, italienischer Ministerpräsident 1922–1943 (ab 1925 Diktator), 1943–1945 „Führer" der Republik von Salò (Propagandafoto 1937)

Anfangs fanden die Faschisten wenig Aufmerksamkeit. Dies änderte sich mit zunehmenden Unruhen unter der sozialistisch ausgerichteten Industriearbeiterschaft und anarchistisch beeinflussten Landarbeitern. Die PNF organisierte bewaffnete Trupps, die gegen diese sozialrevolutionär orientierten Protestbewegungen gewaltsam vorgingen. Angesichts der Angst vieler Industrieller, Großgrundbesitzer und Offiziere vor dem „Linksextremismus" erfuhren die Faschisten bald größere finanzielle und logistische Unterstützung aus diesen Kreisen. Auch ihre Mitgliederzahl nahm bald stark zu.
Zum letztlich einschneidenden Ereignis wurde ein landesweiter Generalstreik sozialistischer Arbeiter im Herbst 1922. Da sich das regierende Kabinett aus liberalen Kräften von der Situation überfordert zeigte, organisierte die PNF unter Mussolini einen Marsch von etwa 26 000 „Schwarzhemden" der paramilitärischen Kampfgruppen auf Rom, die sich vor der Stadt postierten (Mussolini selbst fuhr mit einem bequemen Nachtzug). Regierung und König schreckten vor dem Einsatz von Militär gegen diese Machtdemonstration der Faschisten zurück. Stattdessen entließ der König das Kabinett und übertrug Mussolini die Bildung einer neuen Regierung. Dieser Triumph ließ Mussolini und die Faschisten zum Vorbild für viele ähnliche „Bewegungen" außerhalb Italiens werden. Wenig später erreichte Mussolini, dass seiner Regierung für zunächst zwei Jahre nahezu uneingeschränkte Vollmachten übertragen wurden. Die PNF nutzte diese, um nach und nach eine faschistische Diktatur zu errichten. Im Beamtenapparat wurden mehr und mehr „unzuverlässige" Beamte entlassen und durch Faschisten oder lenkbare Opportunisten besetzt. Wichtige oppositionelle Politiker wurden verhaftet oder in die Emigration gedrängt und die Pressefreiheit aufgehoben. Schließlich wurden politische Parteien gänzlich verboten. Spätestens Ende der 1920er-Jahre hatte sich die faschistische Diktatur – mit Rückendeckung des Königs – vollends durchgesetzt.

Benito Mussolini im Einsatz bei der Trockenlegung der Pontinischen Sümpfe
Ähnliche Bilder des „Duce" mit nacktem Oberkörper und Spaten wurden in vielfältiger Form verbreitet.
Die derartig inszenierte „männliche" Darstellung des „Machers" findet bis heute besonders unter autoritären Politikern Nachahmung.
Propagandafoto 1937

Fascis als Emblem der PNF
Rutenbündel, in dem ein Beil steckt. Amtssymbol der höchsten Führer der antiken Römischen Republik. Verwendet von Staaten, die sich auf die Tradition des alten Roms berufen (z. B. das faschistische Italien, aber auch die USA, das republikanische Frankreich, Kamerun oder Ecuador)
Fascis am Bahnhof von Mailand (gebaut 1925–1931), Foto 2019

Der Faschismus als Überwinder der italienischen Klassengegensätze?

Das ideologische Programm der PNF war zunächst lange Zeit noch sehr vage und durchaus anpassungsfähig. Abstraktes Kernziel war die Schaffung einer „geeinten", „starken" und „modernen" Nation. Besonders in den ersten Jahren, als der linksgerichtete Flügel der PNF noch großen Einfluss besaß, präsentierte sich der Faschismus als sogenannter dritter Weg. Damit grenzte er sich einerseits vom Liberalismus (freie Wirtschaft, Parlamentarismus) und andererseits vom Kommunismus (Planwirtschaft, Verstaatlichung) ab. Am greifbarsten drückte sich dies in der angestrebten Wirtschaftsordnung aus. Das freie Spiel der Kräfte sollte drastisch eingegrenzt, aber nicht verstaatlicht oder vergemeinschaftet (kollektiviert) werden. Stattdessen wurde die Form des autoritären Korporatismus und des Syndikalismus favorisiert.

Der autoritäre Korporatismus sah die zwangsweise Einbindung von wirtschaftlichen und gesellschaftlichen Akteuren in Entscheidungsverfahren vor. Dazu mussten die „Stände" der Unternehmer, Arbeiter und Bauern gezwungen werden, sich in eigenen Verbänden (Korporationen) zusammenzuschließen. Diese Ständevertreter sollten dann zugunsten des Gemeinwohls, quasi als Stimme der geeinten „Volksgemeinschaft" Entscheidungen fällen, anstatt sich als Konkurrenten zu bekämpfen. Nachahmer fand dieser Ansatz später auch ab 1933 im deutschen Nationalsozialismus, ab 1934 im österreichischen Austrofaschismus sowie in anderen faschistoiden, autoritären Regimen (Portugal, Brasilien, etc.). Letztendlich blieben die Korporationen jedoch Fassade, da sie, mit treuen Anhängern des Regimes besetzt, die Vorgaben der Regierung umsetzten.

Der Syndikalismus zielte auf eine dominante Stellung von Gewerkschaften als Stimme der Industrie- und Landarbeiter. Letztendlich wurde die Idee jedoch ausgehöhlt, da die Gewerkschaften unter faschistische Kontrolle gebracht und zur Kontrolle der Arbeiterschaft genutzt wurden.

Teil dieser staatlich zunehmend gelenkten Wirtschaftspolitik waren propagandistisch inszenierte Modernisierungs- und Arbeitsbeschaffungsmaßnahmen. Dazu zählte beispielsweise ab 1930 die Trockenlegung großer Sumpfgebiete in Mittelitalien (Pontinische Ebene) zur Bekämpfung von Krankheiten (Malaria), Schaffung neuer fruchtbarer, landwirtschaftlicher Flächen bzw. von Bauland für neue Bauernsiedlungen. Hinzu kamen umfangreiche Bauprogramme, die zugleich auch eine ideologische Komponente hatten. Moderne „faschistische" Architektur sollte den „neuen Geist" im Alltag visualisieren. Sie prägt bis heute viele Städte in Italien und den ehemaligen italienischen Kolonien. Derartige Maßnahmen wurden später von vielen anderen autoritären Regimen wie Deutschland oder Österreich nachgeahmt.

Der Faschismus als männlicher Überlebenskampf der Nation?

Immer wieder bezog sich der Faschismus auf sein Erbe aus dem großen und mächtigen antiken Römischen Reich. Zu diesen angeblich alten Traditionen des italienischen Volkes zählte nach Meinung der Faschisten auch das verklärte Bild des römischen Legionärs. Dessen idealisiertes Kämpfertum ging sowohl aus den Erfahrungen der Frontkämpfer des Ersten Weltkrieges, aber auch aus dem Gefühl des drohenden Zerfalls „alter Werte" hervor. Dazu gehörte nicht die allmählich beginnende Frauenemanzipation. Der Faschismus betonte dagegen einen männlichen Körperkult, der sich nicht zuletzt an jenen großen weiblichen Bevölkerungsanteil richtete, der traditionell-konservativ orientiert war. Letztlich spielte dahinein auch die gesellschaftlich sehr einflussreiche katholische Kirche. Auch die traditionsorientierten kirchlichen Welt- und Moralvorstellungen standen sehr oft im Gegensatz zu den vielfältigen Modernisierungserscheinungen in der Gesellschaft. Nachdem es dem PNF-Regime 1929 gelungen war, den alten Konflikt zwischen dem Vatikan und dem italienischen Staat zu überwinden, zählten auch die Gemeinsamkeiten von Faschismus und Kirche hinsichtlich Moralvorstellungen und konservativen Werten zu den Stabilisierungsfaktoren der PNF-Diktatur.

Führten Minderwertigkeitskomplexe zur faschistischen Expansionspolitik?

Bereits Ende des 19. Jahrhunderts forderten bürgerliche Eliten des jungen Nationalstaates, Italien müsse in die Reihe der Großmächte aufschließen. Dazu zählte die Forderung nach „Befreiung“ von Gebieten, die eine große italienischsprachige Bevölkerung besaßen, insbesondere Südtirol und Teile Dalmatiens. Darüber hinaus kam der Ruf nach dem Erwerb von Kolonien. Einen besonderen Stellenwert nahm dabei das Mittelmeer ein. Als propagandistisches Schlagwort verwendete später der Faschismus den antiken römischen Begriff „Mare Nostrum“ (Unser Meer). Verbunden damit war allerdings auch das Ziel, die seit Mitte des 19. Jahrhunderts steigende italienische Auswanderung zu stoppen bzw. diese in die Kolonien umleiten zu können. Ambitionen nach Kolonien in Ostafrika brachten nur bescheidene Ergebnisse in Eritrea und Somalia sowie eine demütigende Niederlage 1896 beim Versuch, das Kaiserreich Abessinien unter italienische Oberherrschaft zu zwingen. 1911/12 eroberte Italien Teile des Osmanischen Reiches: die Dodekanes-Inseln im Ägäischen Meer und Libyen. 1935/36 gelang schließlich doch noch die Eroberung Abessiniens, was zur Gründung der Kolonie Italienisch-Ostafrika führte. Spätestens jetzt sah die PNF-Regierung einen wichtigen Schritt zur Errichtung eines **Imperiums** mit der Vorherrschaft im Mare Nostrum. Geleitet wurde sie dabei von einem aggressiven Radikalnationalismus. Dieser basierte auf dem in Europa verbreiteten Überlegenheitsgefühl gegenüber afrikanischen Völkern. Unter dem Faschismus richtete sich dieser Radikalnationalismus auch gegen Slowenen und teilweise gegen Kroaten.

Imperium (Impero)
Propagandabegriff italienischer Ultranationalisten und Faschisten für ein italienisches Großreich als Nachfolger des antiken Römischen Reiches. Kernstück war die Vorherrschaft im Mittelmeer (Unser Meer = **Mare Nostrum**).

Hinwendung des PNF-Regimes zum Deutschen Reich – Der Anfang vom Ende?

Der Abessinienkrieg 1935/36 war begleitet von (geringen) Sanktionen seitens des Völkerbundes. Dies führte zu einer Entfremdung zu Frankreich und Großbritannien und einer Annäherung an das Deutsche Reich. Waren das PNF- und das NS-Regime bislang Konkurrenten um Einfluss im Donauraum gewesen (Österreich, Ungarn, etc.), so trat nun ihre ideologische Nähe in den Vordergrund. Dazu zählten das gemeinsame Feindbild UdSSR (Antibolschewismus), Antiliberalismus und das Ziel der Eroberung von „Lebensraum“. Eine Folge davon war, dass der italienische Faschismus nach deutschem Vorbild auch den Antisemitismus in seine ideologischen Vorstellungen integrierte. Außenpolitisch tolerierte Italien 1938 den „Anschluss“ Österreichs durch Deutschland und unterstützte es beim Münchner-Abkommen. Wenig später wagte das PNF-Regime selbst die gewaltsame Expansion in Europa und zwang Albanien im April 1939 zur Vereinigung mit Italien.

Als der deutsche Überfall auf Polen schließlich den Zweiten Weltkrieg auslöste, wartete die PNF-Regierung zunächst noch ab. Als sich abzeichnete, dass Deutschland Frankreich besiegen würde, setzte Mussolini gegen den Rat des Militärs den italienischen Kriegseintritt durch. Allerdings musste das PNF-Regime bald feststellen, dass Italien der deutlich schwächere Partner in diesem Bündnis war und zunehmend in Abhängigkeit vom Erfolg des Deutschen Reiches geriet. Eigenständige militärische Erfolge gelangen Italien nicht. Stattdessen wurde es mit in den deutschen Überfall auf die UdSSR hineingezogen. In Afrika eroberten britische Truppen nach und nach die dortigen Bestandteile des „Imperiums“. In Italien selbst entstanden verschiedene antifaschistische Partisanenbewegungen. Im Sommer 1943 landeten alliierte Truppen in Süditalien. Am 25. Juli 1943 setzte ein Bündnis aus König und pragmatischen Faschisten Mussolini ab. Es wurde eine Militärregierung eingesetzt, die einen Waffenstillstand mit den Alliierten schloss, was zum Einmarsch deutscher Truppen in Italien führte. Wenig später bildete sich im Schutz der deutschen Besatzung ein neuer faschistischer Staat (Republik von Salò) mit Mussolini als Regierungschef. Dieser blieb jedoch lediglich ein Marionettenstaat des Deutschen Reiches. Im April 1945 löste sich dieser Schattenstaat auf. Mussolini versuchte nach Deutschland zu fliehen, wurde jedoch von kommunistischen Partisanen gefangengenommen und hingerichtet. Im Nachkriegsitalien förderte u. a. die 1946 gegründete Partei Movimento Sociale Italiano (MSI) die Verklärung des Faschismus. Für sie kandidierte in den 1990er-Jahren u. a. Mussolinis Enkelin Alessandra Mussolini.

→ Erinnern Sie sich an das Kursthema
Die Expansion Italiens in Afrika als Verwirklichung eines faschistischen Imperiums?

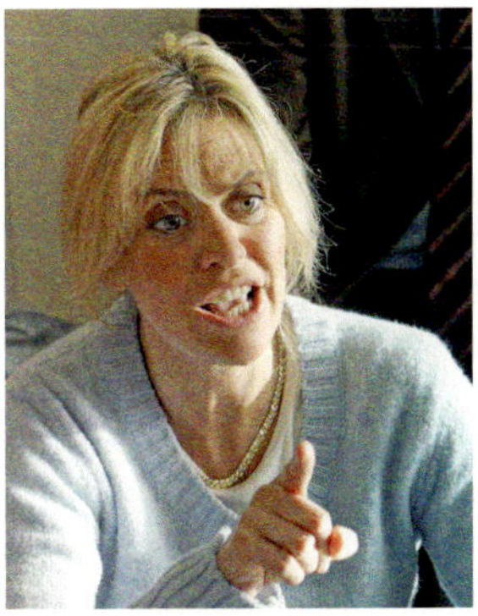

Alessandra Mussolini (geb. 1962)
Enkelin von Benito Mussolini
1992–2003 Politikerin der neofaschistischen Partei MSI
2003 Mitbegründerin der rechtsextremen Partei Azione Soziale
seit 2014 Mitglied des EU-Parlaments

A Der Faschismus – ein Zufluchtsort enttäuschter, gewaltbereiter junger Männer?

D1

Ursprünge des italienischen Faschismus

Der Historiker Martin Blinkhorn skizziert die Ursprünge der vom ehemaligen Sozialisten Benito Mussolini 1919 initiierten faschistischen Bewegung Fascio di Combattimento.

Die neue Bewegung stellte sich […] als linker Herausforderer zur Unterstützung der Arbeiterklasse für den Sozialismus dar. Ihr Programm war republikanisch, antiklerikal[1] und demokratisch, forderte Dezentralisierung, Frauenstimmrecht und proportionale Vertretung, die Konfiskation übermäßiger Kriegsgewinne, Teilnahme der Arbeiter am gesamten Industriemanagement und Arbeiterkontrolle der öffentlichen Dienste, die Nationalisierung der Rüstungsindustrie, einen Mindestlohn und einen Achtstundentag, und die Ablehnung des Imperialismus. Am bemerkenswertesten an diesem Programm war, dass es bedeutungslos blieb: In den Wahlen vom November 1919 erhielten die Faschisten in Mailand – ihrer einzigen größeren Basis – weniger als 5000 von 275 000 Stimmen. Im Dezember 1919 hatten viele Linke die Bewegung bereits verlassen […]; der Faschismus stand vor dem Zusammenbruch. […]

Das wichtigste Element für die Wiederbelebung des Faschismus war das Anwachsen des „agrarischen" Faschismus in großen Teilen Nord- und Mittelitaliens, am deutlichsten in der Po-Ebene und der Toskana, wo besonders seit 1918 sozialistische Gewerkschaften und katholische Bauernligen begonnen hatten, die Macht der *agrari*[2] und die Position und den Status solcher Zwischenschichten wie reichere Bauern, Gutsverwalter und die städtischen freien Berufe der Provinzen zu bedrohen. Faschistische Kerne in Provinzhauptstädten, z. B. Bologna, Ferrara und Florenz, leiteten eine Politik des squadrismo[3] ein, zu der Gewalttätigkeit faschistischer Trupps […] gegen die Organisation, Einrichtungen und Aktivisten des Sozialismus und der Gewerkschaftsbewegung gehörten. Anfangs in kleinerem Ausmaß, wurden diese Aktivitäten ausgedehnt, als die ersten Erfolge neue Mitglieder zu den *fasci* anzogen. In den folgenden zwei Jahren wurden faschistische Strafexpeditionen zur Alltäglichkeit. Die Büros der Linksparteien, sozialistischer Gewerkschaften und katholischer Bauernverbände, ebenso wie linke Zeitungsredaktionen und Druckereien wurden geplündert und oft niedergebrannt; physische Gewalt und Demütigung […] wurden gegen sozialistische und gewerkschaftliche Aktivisten eingesetzt. Der Squadrismo, der sich oft des Wohlwollens der Polizeibehörden […] erfreute, bewirkte Wunder. Zwischen Herbst 1920 und Sommer 1922 wurde die Organisationsstruktur der sozialistischen und katholisch ländlichen Gewerkschaftsbewegung über große Teile von Mittel- und Norditalien zerstört. Während Streiks und Mitgliedschaft in den Gewerkschaften dramatisch abnahmen, vermehrten sich die *fasci*, und ihre Mitgliedschaft nahm zu. 1922 gab es in den meisten Provinzen außer dem Süden eine ausgebreitete faschistische Organisation unter Führung eines ras (ein äthiopisches Wort für Anführer). Die ras, Männer verschiedener Herkunft, […] verfügten in ihren eigenen Bezirken über große Autorität und operierten fast unabhängig von Mussolini. Obwohl der Faschismus im Süden relativ schwach war, verfügte er Mitte 1922 in ganz Italien über mehr als 250 000 Mitglieder; zwei Jahre vorher war er auf weniger als 1000 Mitglieder geschrumpft.

Der Faschismus zeigte jetzt besonderen sozialen Charakter. Faschistische Führer und Aktivisten rekrutierten sich aus Kriegsveteranen, besonders früheren jüngeren Offizieren und Unteroffizieren, aus jungen Gebildeten des Mittelstands, freien Berufen und Angestellten in Klein- und Großstädten, und auf dem Lande aus der Ober- und Mittelschicht der Dorfgesellschaft – Landbesitzer, wohlhabende selbstwirtschaftende oder Pachtbauern, Gutsverwalter und, sehr wichtig, ihren Söhnen. […] Zunehmend kam moralische und finanzielle Unterstützung, wenn auch nicht immer direkte Mitgliedschaft, von reichen *agrari* und, in geringerem Ausmaß, von Industriellen […]. […]

Für einige, die im Krieg gekämpft hatten und andere, die dafür zu jung gewesen waren, bot der Faschismus Kameradschaft und Begeisterung in einer öden und undankbaren Nachkriegswelt. Für die politisch Bewussteren stellte er eine Fortsetzung des Krieges in Friedenszeiten dar, wo nun Sozialisten und liberale „Verräter" Italiens Feinde waren. Für viele andere versprach der Faschismus den revolutionären Sturz der ermüdeten herrschenden Kaste des liberalen Italiens durch eine neue Elite, meist aus dem Mittelstand, gestählt im Kampf gegen Italiens äußere und innere Feinde und dadurch zum Regieren befähigt.

Martin Blinkhorn: Mussolini und das faschistische Italien. Übersetzt v. Theodor Bergmann. Decaton Verlag, London 1994, S. 30–32.

1 Widerstand gegen den starken moralisch-gesellschaftlichen Einfluss der katholischen Kirche
2 Gemeint sind Großgrundbesitzer
3 Bezeichnet die Bildung von bewaffneten, paramilitärischen Kampftrupps (Squadre)

B Faschismus als Ausdruck der Modernisierung?

Q1

Der Futurismus als ein wichtiger Baustein der faschistischen Ideologie?

In einem 1934 erschienenen Sammelband mit Porträts „wichtiger Männer" der nationalsozialistischen bzw. faschistischen Bewegung:

a) Enthalten war auch ein Porträt des Schriftstellers, Begründers der Kunstrichtung Futurismus und faschistischen Politikers Filipp Tommaso Marinetti (1876–1944). In seinem bereits 1909 erschienen „Gründungsmanifest des Futurismus" schrieb er:

1. Wir wollen die Liebe zur Gefahr besingen, die Energie und Tollkühnheit.
2. Der Mut, die Kühnheit, die Auflehnung werden Hauptinhalt unserer Dichtung sein.

[...]

4. Wir behaupten, dass die Herrlichkeit der Welt um eine neue Schönheit reicher geworden ist: die Schönheit der Geschwindigkeit. Ein Rennautomobil, dessen Kühlerhaube mit dicken Röhren bewaffnet ist, die Schlangen mit explosivem Atem gleichen, [...] ist schöner als die Siegesgöttin von Samothrake[1].

[...]

7. Nur im Kampf ist Schönheit. Kein Meisterwerk ohne aggressives Moment. Die Dichtung muss ein heftiger Sturmangriff auf die unbekannten Kräfte sein, um sie zu zwingen, sich vor den Menschen zu beugen.
8. Wir stehen auf der äußersten Klippe der Jahrhunderte! Warum sollen wir zurückblicken, da wir im Begriff sind, die geheimnisvollen Pforten des Unmöglichen aufzubrechen? Zeit und Raum starben gestern. Wir leben schon im Absoluten, denn wir haben schon die ewige allgegenwärtige Geschwindigkeit geschaffen.
9. Wir wollen den Krieg verherrlichen – diese einzige Hygiene der Welt – den Militarismus, den Patriotismus, die zerstörerische Gebärde der Freiheitsdurstigen, die schönen Ideen, für die man stirbt, und die Verachtung des Weibes.
10. Wir wollen die Museen zerstören, die Bibliotheken, die Akademien aller Art und gegen den Moralismus kämpfen, gegen den Feminismus und alle opportunistischen und utilitaristischen Erbärmlichkeiten. [...]

Filippo Bohano, u. a. (Hrsg.): Wir haben's gewagt. Weg und Wollen der Führer in Deutschland und Italien. J. G. Cotta'sche Buchhandlung Nachfolger, Stuttgart 1934, S. 278 f.

1 Gemeint ist eine 1863 gefundene griechische Skulptur, die als Siegesgöttin Nike von Samothrake gedeutet wurde. Sie galt als Symbol für Sieg und Frieden. Die Skulptur beeinflusste stark die Architekturströmung des Historismus und wurde vielfach nachgebildet (z. B. als Siegessäule in Berlin).

b) Der Philosoph Benedetto Croce (1866–1952) stand politisch dem Liberalismus nahe und positionierte sich immer wieder gegen den Faschismus. Ende der 1920er-Jahre schrieb er:

Der geistige Ursprung des Faschismus findet sich im Futurismus; in jener Entschlossenheit, auf die Straße zu gehen, das eigene Empfinden aufzuzwingen, Andersdenkenden den Mund zu stopfen, nicht vor Tumult und Wirrwarr zurückzuschrecken, in jenem Durst nach Neuem, in jenem leidenschaftlichen Eifer, jegliche Tradition zu zertrümmern, in jener Verherrlichung der Jugend, die dem Futurismus eigen war und dann auch zu den Herzen der aus den Schützengräben Heimkehrenden sprach, die aufgebracht waren über das Gezänk der alten Parteien und den Mangel an Tatkraft, den diese den Gewalttätigkeiten und antinationalen und staatsfeindlichen Umtrieben gegenüber an den Tag gelegt hatten.

Filippo Bohano, u. a. (Hrsg.): Wir haben's gewagt. Weg und Wollen der Führer in Deutschland und Italien. J. G. Cotta'sche Buchhandlung Nachfolger, Stuttgart 1934, S. 281.

Q2

Benito Mussolini vor einer Ansicht von Rom

„Ritratto di Benito Mussolini con sfondo di Roma". Futuristisches Gemälde, 1930 von Alfredo Ambrosi (1901–1945)
Öl auf Leinwand, 124 × 124 cm

Q3

In der Harmonie der Kräfte der wirtschaftliche Sieg
Propagandaplakat 1926

C Faschismus – einen „Anti"-Bewegung?

Q4

Mussolini über die Ideologie des italienischen Faschismus Anfang der 1930er-Jahre

Zum 10. Jahrestag des „Marsches auf Rom" erschienen 1932 unter dem Stichwort „fascismo" in der Enciclopedia Treccani folgende Zeilen: Mit dieser repräsentativen Enzyklopädie wollte der italienische Faschismus den großen Lexikonprojekten seit der Aufklärung ein vergleichbar bedeutendes Projekt zur Seite stellen. Man gewann als Autoren die bedeutendsten italienischen Wissenschaftler der Zeit. Den Text „fascismo" schrieb der Philosoph und Unterrichtsminister Giovanni Gentile; im Lexikon wird allerdings Mussolini selbst als Autor aufgeführt:

Der Faschismus fordert den tätigen, mit allen Willenskräften sich einsetzenden Menschen, der bereit ist, allen Schwierigkeiten männlich entgegenzutreten und sich ihnen zu stellen. Ihm ist das Leben ein Kampf, da nach seiner Ansicht es dem Menschen aufgeben ist; jenes Leben zu erobern, das seiner wahrhaft würdig ist. [...] Als antiindividualistische Idee tritt der Faschismus für den Staat ein. Er ist auch für das Individuum, soweit dieses im Staate aufgeht, der das universale Bewusstsein und den Willen des Menschen in seiner geschichtlichen Existenz darstellt. Der Faschismus ist gegen den klassischen Liberalismus [...]. Der Liberalismus negiert den Staat im Interesse des einzelnen Individuums; der Faschismus bejaht den Staat als die einzig wahre Realität des Individuums [...]. [Der Faschismus] ist für die einzige Freiheit, die ernst genommen werden kann, nämlich für die Freiheit des Staates und des Individuums im Staate. Denn es liegt für den Faschismus alles im Staate beschlossen. Nichts Menschliches oder Geistiges besteht an sich, noch besitzt dieses irgendeinen Wert außerhalb des Staates. In diesem Sinne ist der Faschismus totalitär, und der faschistische Staat als Zusammenfassung und Vereinheitlichung aller Werte gibt dem Leben des ganzen Volkes seine Deutung, bringt es zur Entfaltung und kräftigt es. [...] Außerhalb des Staates darf es keine Individuen noch Gruppen (politische Parteien, Vereine, Gewerkschaften und Klassen) geben. [...] Vor allem betrachtet der Faschismus die Zukunft und die Entwicklung der Menschheit im Allgemeinen nur vom Standpunkt der politischen Realität aus und glaubt weder an die Möglichkeit noch an die Nützlichkeit des ewigen Friedens. Er lehnt daher den Pazifismus ab, der eine Feigheit gegenüber dem Opfer in sich birgt. [...] Der Faschismus behauptet die unabänderliche, fruchtbare und heilsame Ungleichheit der Menschen, die nicht auf dem mechanischen und äußerlichen Wege wie bei dem allgemeinen Stimmrecht auf das gleiche Niveau gebracht werden können. [...] Der Faschismus lehnt in der Demokratie die absurde konventionelle Lüge von der politischen Gleichheit und kollektiven Verantwortungslosigkeit und von dem Mythos des Glücks und des unbegrenzten Fortschritts ab. [...] Der faschistische Staat ist Wille zur Macht und Herrschaft. Für den Faschismus ist das Streben zum Imperium, das heißt zur Expansion der Nation, ein Ausdruck der Vitalität. Sein Gegensatz, das Zu-Hause-bleiben-Wollen, ist ein Zeichen des Verfalls. Völker, die steigen oder wieder aufsteigen, sind imperialistisch, nur niedergehende Völker können verzichten.

Horst Wagenführ (Hrsg.): Benito Mussolini: Der Geist des Faschismus. Ein Quellenwerk. 5. Auflage. C. H. Beck, München 1943, S. 2, 5, 12, 15, 17 und 24.

Arbeitsvorschläge

Arbeitsvorschläge zum darstellenden Teil

1. Arbeiten Sie auf Basis Ihres Vorwissens die wichtigsten gesellschaftlichen, wirtschaftlichen und politischen Entwicklungen des jungen italienischen Nationalstaates heraus, die zur Herausbildung des Faschismus führten. [I]
2. Nennen Sie die wichtigsten fünf Kernelemente der faschistischen Ideologie und erklären Sie diese. [I/II] ○
3. Visualisieren Sie die Entwicklung des italienischen Faschismus.
   a) Erstellen Sie einen Zeitstrahl mit den Wegmarken des italienischen Staates in der ersten Hälfte des 20. Jahrhunderts. [II]
   b) Ergänzen Sie diese mit relevanten internationalen Ereignissen und Entwicklungen, die Ihrer Meinung nach den Faschismus prägten oder von diesem geprägt wurden, und begründen Sie Ihre Auswahl. [II] ○

A Der Faschismus – ein Zufluchtsort enttäuschter, gewaltbereiter junger Männer?

4. Stellen Sie mittels D1 den Entstehungsprozess der PNF dar.
   a) Nennen Sie Ihnen unbekannte Begriffe in D1 und recherchieren Sie (ggf. arbeitsteilig) deren Bedeutung bzw. Hintergründe. [I]
   b) Analysieren Sie D1 hinsichtlich der zentralen Aussagen. [II]
   c) Beurteilen Sie abschließend, warum der Faschismus 1919–1922 einen derart rasanten Aufstieg erlebte. [III]

B Faschismus als Ausdruck der Modernisierung?

5. Charakterisieren Sie unter Rückgriff auf den Darstellungstext und bereits früher erarbeitetes Vorwissen den Begriff Modernisierung hinsichtlich gesellschaftlicher Veränderungen. [I]
6. Analysieren Sie arbeitsteilig die Kernziele des Futurismus (Q1a) und deren Auswirkungen auf den frühen Faschismus (Q1b). [II]
7. Setzen Sie sich arbeitsteilig mit dem Gemälde Q2 und dem Plakat Q3 auseinander.
   a) Beschreiben Sie die beiden Bildquellen. [I]
   b) Erörtern Sie deren Aussagen. [II]
   c) Beurteilen Sie das das Gemälde und das Plakat als Ausdruck des damaligen Zeitgeistes. [III]

C Faschismus – eine „Anti"-Bewegung?

8. Arbeiten Sie aus Q4 die – nach Ansicht des Autors – zentralen Charakteristika des Faschismus heraus. [I] ●
9. Beurteilen Sie den Text hinsichtlich dem damaligen Schlagwort „Kampf der Ideologien". [III]

Übergreifender Arbeitsvorschlag

10. Recherchieren Sie, inwiefern sich Italien mit seiner faschistischen Vergangenheit nach 1945 auseinandergesetzt hat und welche Rolle das Thema in der Gegenwart noch spielt. Formulieren Sie dazu drei Thesen und begründen Sie diese in wenigen kurzen Sätzen. [II] ○

Online- und Differenzierungsmaterialien zu Kapitel 2.2
○ Arbeitshilfen zu den Aufgaben 2, 3b und 10
● Vertiefungsangbot zur Aufgabe 8

Online-Code: kc8w7c

2.3 Durchbruch und Scheitern der liberalen parlamentarischen Demokratie – das Beispiel Weimarer Republik

Nach dem abrupten Ende des Kaiserreichs und der revolutionären Situation im Winter 1918/19 stand für Deutschland die Frage einer neuen Verfassung auf dem Programm. Wie viel Kontinuität, wie viel Neuanfang, wie viel revolutionärer Aufbruch sollte gewagt werden? Klar war, dass das Land einen versöhnenden Kompromiss benötigte, der für alle gesellschaftlichen und politischen Herausforderungen eine stabile Basis bilden konnte.

Die Entstehung der Weimarer Verfassung

Staatsrecht und Verfassungsgeschichte sind häufig nicht nur für den „Normalbürger" im Detail schwierig zu verstehen und werden eher als wenig spannende Lektüre angesehen. Das unterscheidet das Jahr 1919 wenig von heute. Trotzdem war es nach der Katastrophe des Ersten Weltkrieges und dem plötzlichen Abgang von Kaiser Wilhelm II. ins niederländische Exil nötig, eine neue Verfassung auf möglichst breiter Basis der politisch gespaltenen Bevölkerung zu schaffen. Am 19. Januar 1919 wurde eine Verfassunggebende Nationalversammlung gewählt. Wegen der revolutionären Unruhen trat diese im thüringischen Weimar zusammen. Der letztendliche Verfassungsentwurf wurde überwiegend von dem liberalen Staatsrechtler Hugo Preuß erarbeitet, der auch zum ersten Innenminister berufen wurde. Preuß, der 1916 den Begriff des „Obrigkeitsstaates" geprägt hatte, lehnte sich in seinem Entwurf stark an die Paulskirchenverfassung von 1849 an. Konservative Vertreter der Nationalversammlung betonten allerdings energisch das Vorbild der preußischen Verfassung von 1850. Maßgeblich beeinflusst wurde er vom relativ jungen Staatsrechtler Robert Redslob, der ein Anhänger einer parlamentarischen Monarchie mit einem Gleichgewicht zwischen Legislative und Exekutive war. Am 31. Juli 1919 beendete schließlich die Nationalversammlung ihre Arbeit und am 11. August wurde die neue Verfassung wurde durch Reichspräsident Ebert in Kraft gesetzt. Nachdem sich die meisten thüringischen Kleinstaaten zu einem Land Thüringen zusammengeschlossen hatten, waren es insgesamt 18 Länder, die im Reichsrat eine gemeinsame Vertretung erhielten. Dieser konnte zwar gegen ein neues Gesetz Einspruch erheben, doch der konnte vom Reichstag mittels einer Zweidrittelmehrheit abgewehrt werden.

Marie Juchacz (1879–1956)
deutsche Sozialdemokratin, Frauenrechtlerin und Mitbegründerin der Arbeiterwohlfahrt,
1919–1933 SPD-Reichstagsabgeordnete,
hielt als erste Frau eine Rede im deutschen Reichstag

Einige Fragen, wie die Entschädigung der abgesetzten Landesfürsten, blieben allerdings weiterhin offen. Auch das finanzielle Verhältnis zwischen Staat und Religionsgemeinschaften, das nicht zuletzt seit der Säkularisierung von 1803 unklar war, blieb vage. Mit § 137 wurde zwar die institutionelle Trennung von Staat und Kirche festgeschrieben und in § 138 festgelegt, dass das Reich eine abschließende Regelung zu den finanziellen Verpflichtungen („Staatsleistungen") den Kirchen gegenüber zu treffen habe. Diese Regelung wurde später auch ins Grundgesetz übernommen, jedoch nie abschließend erfüllt.

Im Prinzip hielten die Urheber der Verfassung an dem föderalistischen Prinzip fest. Allerdings wurde dieses im Vergleich zum Kaiserreich geschwächt. Stattdessen wurde das Wahlvolk zahlenmäßig ausgeweitet und in seinen Rechten gestärkt. Wie bereits in den Wahlen zur Nationalversammlung durften nun auch Frauen und Soldaten ihre Stimme abgeben. Auch Bürger, die von Armenunterstützung abhängig waren, wurden nun nicht mehr vom Wahlrecht ausgeschlossen. Gleichzeitig wurde das Wahlalter für den Reichstag von 25 auf 20 Jahre gesenkt. Fortan konnten Wähler durch **Volksbegehren** und **Volksentscheide** direkt auf die Gesetzgebung Einfluss nehmen. Darüber hinaus wurde das Staatsoberhaupt in Gestalt des Reichspräsidenten in direkter Wahl gewählt und war somit unmittelbar durch das Volk legitimiert.

Volksbegehren
Bürger bekunden durch eine Unterschriftensammlung ihren Willen, dass über einen bestimmten Gesetzentwurf per Volksentscheid abgestimmt werden soll

Volksentscheid
direkte Volksabstimmung über ein Gesetz

→ **D1**, **Q1**, S. 108 f.

Audio
Podcast
Weimarer Verfassung
vs38y4

Die Rollen von Reichspräsident und Reichstag

Nicht unähnlich der Stellung des Kaisers vor 1919 ernannte oder entließ auch der Reichspräsident der Republik den Reichskanzler und dessen Kabinettsmitglieder. Darüber hinaus berief er die Richter des nun ebenfalls neu geschaffenen Reichsgerichtshofes und er war Oberbefehlshaber der Streitkräfte. In Notsituationen verfügte der Reichspräsident über die Möglichkeit, den Reichstag aufzulösen und Neuwahlen zu veranlassen, Notverordnungen mit Gesetzeskraft zu erlassen, Freiheitsrechte der Bürger auszusetzen und militärische Mittel im Inneren einzusetzen, um die „öffentliche Ordnung" wieder herzustellen. Über Artikel 48 war es ihm möglich, zeitlich begrenzt Maßnahmen durchzuführen, die der Verfassung widersprachen. Der Reichstag konnte derartige „Notstandsgesetze" wieder aufheben. Somit wurde auch weiterhin der Reichskanzler nicht vom Reichstag bestimmt oder bestätigt. Er verfügte über die Gesetzesinitiative, verabschiedete Gesetzesvorlagen und besaß das Budgetrecht. Staatsverträge bedurften seiner Zustimmung. Allerdings wurden auch weiterhin die Parteien nur begrenzt in die politische Verantwortung genommen. Die Abgeordneten wurden nach Verhältniswahlrecht gewählt. Eine Sperrklausel gab es nicht, sodass auch viele Klein- und Kleinstparteien den Sprung ins Parlament schafften. So waren 1924 zwölf Parteien im Reichstag, wovon die stärkste Kraft über weniger als ein Viertel der Mandate verfügte. Auf diese Weise kamen oft nur sehr brüchige Koalitionen aus drei oder mehr Parteien zustande. Da die Kompromissbereitschaft in der ideologisch stark polarisierten Zeit eher Mangelware war, wurde dadurch das öffentliche Bild eines unproduktiven und zerstrittenen Parlaments befördert. Da in sehr großen Wahlkreisen nach Wahllisten gewählt wurde, entstand nur eine geringe Wähler-Abgeordneten-Beziehung und damit ein abgeschwächtes Verantwortungsgefühl „seinen Wählern gegenüber". Stattdessen entstand die Wahrnehmung von „denen in Berlin", weit weg vom kleinen Bürger.

Hans von Seeckt (1866–1936)
Chef der Reichswehr 1920–1926,
Reichstagsabgeordneter 1930–1932,
Militärberater in China 1933–1935

„Schmachfrieden", schwarze Reichswehr und Kapp-Putsch

Nachdem 1919 die Revolutionierungsversuche aus dem linken politischen Spektrum mithilfe der Reichswehr und Freikorps niedergeschlagen worden waren, verlagerte sich die Radikalopposition auf den rechten Rand. Die Unterzeichnung des Versailler Vertrags war ein Auslöser für diese offene Angriffe der konservativen und militärischen Kreise gegen die Republik. Der mediale und politische Diskurs hatte bis zum Bekanntwerden der Ergebnisse der Friedensverhandlungen in Aussicht gestellt, dass das „neue", revolutionäre Deutschland nicht die vollen Konsequenzen der Kriegspolitik des alten Regimes würde tragen müssen. Stattdessen hoffte man auf eine für Deutschland vorteilhafte Auslegung vom „Selbstbestimmungsrecht der Völker", die der amerikanische Präsident Woodrow Wilson in seinen 14 Punkten als Grundlagen eines Friedens festgehalten hatte. Deutschland und seine Verbündeten hatten jedoch Wilsons Vorschläge als Basis für Friedensverhandlungen ausgeschlagen. Als es dann im Herbst 1918 kapitulierte, die Novemberrevolution erlebte und seine Truppen zurückzog, hatte es keinerlei Machtposition mehr für eine reelle Verhandlungsbasis. Der Friedensvertrag erhielt auf diese Weise einen deutlich strafenden Charakter. Deutschland und seine ehemaligen Verbündeten mussten unterschreiben, für den Krieg allein verantwortlich zu sein. Weder die Militärführung noch die politischen Parteien, die die Politik der Reichsregierung vor 1919 unterstützt hatten, wollten dafür die Verantwortung übernehmen. Besonders die Politiker, die schließlich die umgängliche Unterzeichnung des angeblichen „Schmachfriedens" vornahmen, wurden bald von ihren politischen Gegnern als „Verräter" beschimpft.
Neben dem „Kriegsschuldparagraphen" war den extremen rechten Kräften besonders die im Friedensvertrag geforderte Reduktion der Reichswehr ein Dorn im Auge. Die Reichswehr begann insgeheim illegale paramilitärische Organisationen zu fördern, die gegen „innere Feinde", mittelfristig aber auch als Verstärkung gegen „äußere Feinde" eingesetzt werden sollten. Diese Schwarze Reichswehr war überwiegend republikfeindlich geprägt. Ihre Existenz flog 1923 bei Putschversuchen von Teilen der Schwarzen Reichswehr auf.

Einen Umsturzversuch starteten bereits rechtsgerichtete Militärs am 13. März 1920 in Berlin, wo diese das Regierungsviertel besetzten. Die Putschisten riefen den rechtskonservativen preußischen Spitzenbeamten Wolfgang Kapp (Kapp-Putsch) zum neuen Reichskanzler aus. Der Umsturzversuch endete jedoch bereits nach vier Tagen, weil die SPD-geführte Regierung zusammen mit den Gewerkschaften einen Generalstreik ausrief und die Ministerialbürokratie die Zusammenarbeit mit der Kapp-Regierung verweigerte. Selbst die Mehrheit der Reichswehr distanzierte sich. Allerdings verweigerte der Reichswehrchef General Hans von Seeckt den Einsatz regulärer Truppen mit dem Argument „Reichswehr schießt nicht auf Reichswehr". Damit war klar, dass die Regierung bei weiteren Putschversuchen von rechts kaum mehr als Neutralität erwarten konnte.

Das Krisenjahr 1923

Anders verhielt es sich bei linksmotivierten Aufständen. Im Zuge des Generalstreiks gegen den Kapp-Putsch versuchte die extreme Linke, im wirtschaftlich wichtigen Ruhrgebiet durch einen Aufstand doch noch ihre revolutionären Ziele durchsetzen zu können. Anfang April 1920 schlugen die Reichswehr und Freikorps den heterogenen Aufstand der **roten Ruhrarmee** nieder. Zu einem weiteren Aufstandsversuch kam es im März 1921 in den mitteldeutschen Industriegebieten mit Zentrum Halle-Merseburg-Bitterfeld. Der unter Federführung von einem Abgesandten der Kommunistischen Internationalen (**Komintern**) und der KPD durchgeführte Generalstreik mobilisierte rund 200 000 Streikende. Wieder schlugen Reichswehrtruppen den **mitteldeutschen Aufstand** schnell und energisch nieder.
1923 gestaltete sich die wirtschaftliche Lage immer katastrophaler, was in einer Hyperinflation und einer extremen innenpolitischen Polarisierung mündete. Eine wesentliche Ursache bildete der Streit um die Zahlung der Kriegsreparationen, der im Januar 1923 zur belgisch-französischen Ruhrbesetzung führte. Die Reichsregierung rief daraufhin zu einem „passiven Widerstand" gegen die Besatzer auf, woraufhin rund zwei Millionen Arbeiter in den Streik traten. Angesichts der dadurch zusätzlich angeheizten Inflation musste die Reichsregierung allerdings den Ruhrkampf abbrechen.
1923 wagte die KPD, gedrängt durch die Komintern, einen weiteren Versuch, durch bewaffnete Streikaktionen eine Revolution auszulösen. Als im Herbst 1923 die KPD sowohl in Thüringen als auch in Sachsen Koalitionspartner dortiger SPD-geführter Regierungen wurde, wurde ein erneuter Umsturzversuch vorbereitet. Anders als erhofft, erhielt die KPD allerdings nicht das jeweilige Innenministerium und damit die Gewalt über die Landespolizei zugebilligt. Die Reichsregierung verhängte wenig später die Reichsexekution gegen beide Länder und ließ Reichswehrtruppen einmarschieren, was zum Abtreten der dortigen Landesregierungen führte. Ein noch beginnender Generalstreikversuch in Hamburg scheiterte nach wenigen Tagen.

Rote Ruhrarmee
linksgerichtete Arbeitermiliz, die sich während des Kapp-Putsches gebildet hatte und versuchte, im Ruhrgebiet eine Räterepublik durchzusetzen

Komintern
Kommunistische Internationale, 1919 gegründeter internationaler Zusammenschluss kommunistischer Parteien, dominiert von der sowjetrussischen KPdSU

mitteldeutscher Aufstand
Revolte linksgerichteter Arbeiter in den mitteldeutschen Industrieregionen im März 1921

Politisch motivierte Verbrechen im völkisch-rechtsnationalen Dunstkreis

Neben einer revolutionären, militanten Szene am extremen linken Rand des politischen Spektrums, die teilweise mit der Komintern verbunden war, ging auch die Radikalisierung am rechten Rand weiter. Hintergrund war die Enttäuschung über die Kriegsniederlage, den angeblich „schmachvollen" Frieden von Versailles und eine gesellschaftliche Orientierungslosigkeit unter republikfeindlichen Kräften. Viele kämpften an der Seite der Reichswehr in den Freikorps oder schlossen sich der Schwarzen Reichswehr an. Ein Sammlungsort solcher Gruppierungen war München. Nach der blutigen Niederschlagung der **Münchner Räterepublik** 1919 durch die Reichswehr wurde in Bayern der rechtskonservative Politiker Gustav Ritter von Kahr Ministerpräsident. Bald entstanden in München viele rechtsgerichtete und völkische Gruppierungen. Eine davon war die kleine NSDAP, an deren Spitze 1921 der ehemalige Soldat und zeitweilige Propagandaredner der Reichswehr Adolf Hitler trat. In diesen Kreisen galt die parlamentarische Demokratie als eine dem „deutschen Geiste" fremde Idee der westlichen Siegermächte. Sozialrevolutionären Forderungen des linken Spektrums war

Münchner Räterepublik
Versuch sozialistischer Kräfte, im April 1919 eine Räterepublik zu etablieren

Matthias Erzberger (1875–1921)
Zentrumspolitiker, deutscher Finanzminister 1919–1921

man oft aufgeschlossen gegenüber, lehnte aber deren Gleichheitsgedanken und Internationalismus ab. Durch die Kriegserlebnisse maßgeblich geprägt wurde Gewalt als gerechtfertigte Methode im politischen Kampf angesehen.
Teil dieses Kampfes waren politische Attentate gegen angebliche Verräter am „deutschen Volk", insbesondere Unterzeichner des Friedensvertrages und sogenannte „Erfüllungspolitiker", die für die Einhaltung der Friedensbedingungen eintraten. Zu den prominenten Opfern zählte am 26. August 1921 der Zentrumpolitiker Matthias Erzberger. Ein Jahr später wurde der Reichsaußenminister Walther Rathenau ermordet. Außerdem ermordeten am 25. März 1920 14 Angehörige einer Marburger Studentenverbindung in der Nähe des thüringischen Mechterstädt 15 angeblich linksorientierte Arbeiter. Nach Schätzungen fielen rechtsradikalen Anschlägen allein 1920–1924 rund 400 Menschen zum Opfer. Gleichzeitig erwies sich die Justiz solchen Attentaten gegenüber auffällig milde. In seiner damals nicht unumstrittenen und von konservativer Seite infrage gestellten Veröffentlichung „Vier Jahre politischer Mord" stellte der Mathematiker Emil Julius Gumbel folgende Ergebnisse seiner Studie dar: 1919–1922 mussten sich 354 Gewalttäter aus dem rechten Spektrum vor Gericht verantworten. Bei Mord lag die durchschnittliche Haftzeit bei vier Monaten. Im gleichen Zeitraum standen 22 Gewalttäter der linksextremen Szene vor Gericht. Die durchschnittlich verhängte Haftzeit lag ihnen gegenüber bei 15 Jahren. Zehn Verurteilte wurden hingerichtet. Dies bestätigte die zeitgenössische Vermutung des SPD Organs „Vorwärts", die Weimarer Republik sei „auf dem rechten Auge blind und auf dem linken Auge scharfsichtig".

Ein letzter Putschversuch

In Reaktion auf die Morde an demokratischen Spitzenpolitikern verabschiedete der Reichstag das Republikschutzgesetz. Damit sollte eine rechtliche Grundlage geschaffen werden, um republikfeindliche Organisationen verbieten zu können. Die bayerische Regierung verweigerte die Umsetzung des Gesetzes, was zu einem Dauerstreit zwischen Reichs- und bayerischer Landesregierung führte. Bayerische Reichswehreinheiten verweigerten zeitweise Befehle aus Berlin. Reichspräsident Friedrich Ebert forderte daraufhin die Reichswehr auf, militärisch in Bayern einzuschreiten, was aber vom Reichswehrchef Seeckt verweigert wurde. Dies bildete das Klima, als am 9. November 1923 nationalistische Kräfte aus ehemaligen Militärs um General Erich von Ludendorff und der kleinen NSDAP unter Adolf Hitler in München putschten.

→ Kapitel 2.2, S. 96 f.

Nach Vorbild der italienischen Faschisten unter Benito Mussolini, unternahmen die Militärs um Ludendorff und die NSDAP einen schlecht vorbereiteten Putsch in München. Dieser wurde aber von der Münchner Polizei schnell beendet. Hitler nutzte den nachfolgenden Gerichtsprozess und seine kurze anschließende Haft als propagandistische Bühne. Gleichzeitig entwickelte die NSDAP-Führung die Strategie, die Macht auf „legalem Wege" zu erkämpfen.

Geschwächte Staaten – ein Phänomen nicht nur in Deutschland

Deutschland war infolge der Kriegsniederlage und der harten Friedensbedingungen besonders destabilisiert und politisch tief gespalten. Dies betraf auch die anderen Verliererstaaten Österreich, Ungarn, Bulgarien und das Osmanische Reich. Aber auch die neuen Staaten wie Polen, die Tschechoslowakei oder die baltischen Staaten mussten sich erst mühsam als Staatswesen festigen. Aber auch Siegermächte wie Großbritannien, Frankreich, Italien oder Belgien hatten mit großen Folgeproblemen des Ersten Weltkriegs und mit schweren innenpolitischen Spannungen zu kämpfen. Auch ihre Gesellschaften waren noch lange innerlich gespalten und krisenanfällig. Einige junge Staatsgründungen wie die Ukraine, Georgien, Armenien und Aserbaidschan überlebten die ersten Nachkriegsjahre nicht als unabhängige Staaten.

Material
Schema Weimarer Verfassung
vs38y4

Audio
Podcast Weimarer Verfassung
vs38y4

A Verfassung und Ermächtigungsgesetze

Q1

Auszüge aus der Weimarer Verfassung

Am 11. August 1919 wurde die Weimarer Verfassung erlassen.

Präambel

Das Deutsche Volk, einig in seinen Stämmen und von dem Willen beseelt, sein Reich in Freiheit und Gerechtigkeit zu erneuern und zu festigen, dem inneren und dem äußeren Frieden zu dienen und den gesellschaftlichen Fortschritt zu fördern, hat sich diese Verfassung gegeben. […]

Erster Abschnitt. Reich und Länder.

Artikel 1. Das Deutsche Reich ist eine Republik. Die Staatsgewalt geht vom Volke aus. […]

Zweiter Abschnitt. Der Reichstag.

Artikel 22. Die Abgeordneten werden in allgemeiner, gleicher, unmittelbarer und geheimer Wahl von den über zwanzig Jahre alten Männern und Frauen nach den Grundsätzen der Verhältniswahl gewählt. […]

Artikel 41. Der Reichspräsident wird vom ganzen deutschen Volke gewählt.

Wählbar ist jeder Deutsche, der das fünfunddreißigste Lebensjahr vollendet hat. Das Nähere bestimmt ein Reichsgesetz. […]

Dritter Abschnitt. Der Reichspräsident und die Reichsregierung.

Artikel 48. Wenn ein Land die ihm nach der Reichsverfassung oder den Reichsgesetzen obliegenden Pflichten nicht erfüllt, kann der Reichspräsident es dazu mit Hilfe der bewaffneten Macht anhalten.

Der Reichspräsident kann, wenn im Deutschen Reiche die öffentliche Sicherheit und Ordnung erheblich gestört oder gefährdet wird, die zur Wiederherstellung der öffentlichen Sicherheit und Ordnung nötigen Maßnahmen treffen, erforderlichenfalls mithilfe der bewaffneten Macht einschreiten. Zu diesem Zwecke darf er vorübergehend die […] Grundrechte ganz oder zum Teil außer Kraft setzen.

Von allen gemäß Abs. 1 oder Abs. dieses Artikels getroffenen Maßnahmen hat der Reichspräsident unverzüglich dem Reichstag Kenntnis zu geben. Die Maßnahmen sind auf Verlangen des Reichstags außer Kraft zu setzen. […]

Artikel 59. Der Reichstag ist berechtigt, den Reichspräsidenten, den Reichskanzler und die Reichsminister vor dem Staatsgerichtshof für das Deutsche Reich anzuklagen, dass sie schuldhafterweise die Reichsverfassung oder ein Reichsgesetz verletzt haben. Der Antrag auf Erhebung der Anklage muss von mindestens hundert Mitgliedern des Reichstags unterzeichnet sein und bedarf der Zustimmung der für Verfassungsänderungen vorgeschriebenen Mehrheit. […]

Zweiter Hauptteil Grundrechte und Grundpflichten der Deutschen.

Erster Abschnitt. Die Einzelperson.

Artikel 109. Alle Deutschen sind vor dem Gesetze gleich.

Männer und Frauen haben grundsätzlich dieselben staatsbürgerlichen Rechte und Pflichten.

Öffentlich-rechtliche Vorrechte oder Nachteile der Geburt oder des Standes sind aufzuheben. Adelsbezeichnungen gelten nur als Teil des Namens und dürfen nicht mehr verliehen werden.

Titel dürfen nur verliehen werden, wenn sie ein Amt oder einen Beruf bezeichnen; akademische Grade sind hierdurch nicht betroffen.

Orden und Ehrenzeichen dürfen vom Staat nicht verliehen werden.

Kein Deutscher darf von einer ausländischen Regierung Titel oder Orden annehmen. […]

Artikel 111. Alle Deutschen genießen Freizügigkeit im ganzen Reiche. Jeder hat das Recht, sich an beliebigem Orte des Reichs aufzuhalten und niederzulassen, Grundstücke zu erwerben und jeden Nahrungszweig zu betreiben. Einschränkungen bedürfen eines Reichsgesetzes. […]

Artikel 114. Die Freiheit der Person ist unverletzlich. Eine Beeinträchtigung oder Entziehung der persönlichen Freiheit durch die öffentliche Gewalt ist nur auf Grund von Gesetzen zulässig.

Personen, denen die Freiheit entzogen wird, sind spätestens am darauffolgenden Tage in Kenntnis zu setzen, von welcher Behörde und aus welchen Gründen die Entziehung der Freiheit angeordnet worden ist; unverzüglich soll ihnen Gelegenheit gegeben werden, Einwendungen gegen ihre Freiheitsentziehung vorzubringen.

Artikel 115. Die Wohnung jedes Deutschen ist für ihn eine Freistätte und unverletzlich. Ausnahmen sind nur auf Grund von Gesetzen zulässig.

Artikel 116. Eine Handlung kann nur dann mit einer Strafe belegt werden, wenn die Strafbarkeit gesetzlich bestimmt war, bevor die Handlung begangen wurde.

Artikel 117. Das Briefgeheimnis sowie das Post-, Telegrafen- und Fernsprechgeheimnis sind unverletzlich. Ausnahmen können nur durch Reichsgesetz zugelassen werden.

Artikel 118. Jeder Deutsche hat das Recht, innerhalb der Schranken der allgemeinen Gesetze seine Meinung durch Wort, Schrift, Druck, Bild oder in sonstiger Weise frei zu äußern. An diesem Rechte darf ihn kein Arbeits- oder An-

stellungsverhältnis hindern, und niemand darf ihn benachteiligen, wenn er von diesem Rechte Gebrauch macht.
Eine Zensur findet nicht statt, doch können für Lichtspiele durch Gesetz abweichende Bestimmungen getroffen werden. Auch sind zur Bekämpfung der Schund- und Schmutzliteratur sowie zum Schutze der Jugend bei öffentlichen Schaustellungen und Darbietungen gesetzliche Maßnahmen zulässig.

Zweiter Abschnitt. Das Gemeinschaftsleben.
Artikel 119. Die Ehe steht als Grundlage des Familienlebens und der Erhaltung und Vermehrung der Nation unter dem besonderen Schutz der Verfassung. Sie beruht auf der Gleichberechtigung der beiden Geschlechter.
Die Reinerhaltung, Gesundung und soziale Förderung der Familie ist Aufgabe des Staats und der Gemeinden. Kinderreiche Familien haben Anspruch auf ausreichende Fürsorge.
Die Mutterschaft hat Anspruch auf den Schutz und die Fürsorge des Staats. […]
Artikel 123. Alle Deutschen haben das Recht, sich ohne Anmeldung oder besondere Erlaubnis zu versammeln.
Versammlungen unter freiem Himmel können durch Reichsgesetz anmeldepflichtig gemacht und bei unmittelbarer Gefahr für die öffentliche Sicherheit verboten werden.

http://www.verfassungen.de/de/de19-33/verf19-i.htm (Stand: 22.11.2016).

Q2

Ermächtigungsgesetz 1923

Da die wirtschaftlichen Probleme im Krisenjahr 1923 den Staat zu durchgreifenden Sparmaßnahmen zwangen, ließ sich Reichskanzler Wilhelm Marx vom Reichstag am 10. Dezember 1923 per Ermächtigungsgesetz die Durchführung der erforderlichen Maßnahmen genehmigen. In den Anfangsjahren der Weimarer Republik gab es mehrere derartige Ermächtigungsgesetze.

§ 1 Die Reichsregierung wird ermächtigt, die Maßnahmen zu treffen, die sie im Hinblick auf die Not von Volk und Reich für erforderlich und dringend erachtet. Eine Abweichung von den Vorschriften der Reichsverfassung ist nicht zulässig. Vor Erlass der Verordnungen ist ein Ausschuss des Reichsrats und ein Ausschuss des Reichstags von 15 Mitgliedern in vertraulicher Beratung zu hören.
Die erlassenen Verordnungen sind dem Reichstag und dem Reichsrat unverzüglich zur Kenntnis zu bringen. Sie sind aufzuheben, wenn der Reichstag oder der Reichsrat dies verlangt. Im Reichstag sind für das Aufhebungsverlangen zwei Lesungen erforderlich, zwischen denen ein Zeitraum von mindestens drei Tagen liegen muss. Der im Abs. 1 genannte Ausschuss des Reichstags ist ebenso über Anträge zu Verordnungen auf Grund des Gesetzes vom 13. Oktober zu hören, soweit der Reichstag dies beschließt.
§ 2 Dieses Gesetz tritt mit dem Tage der Verkündung in Kraft. Es tritt am 15. Februar 1924 außer Kraft.

Reichsgesetzblatt 1923 I, S. 195.

Q3

Ermächtigungsgesetz 1933

Ermächtigungsgesetz vom 24. März 1933

Der Reichstag hat das folgende Gesetz beschlossen, das mit Zustimmung des Reichsrats hiermit verkündet wird, nachdem festgestellt ist, dass die Erfordernisse verfassungsändernder Gesetzgebung erfüllt sind:
Art. 1 [Gesetzgebungsrecht der Reichsregierung] Reichsgesetze können außer in dem in der Reichsverfassung vorgesehenen Verfahren auch durch die Reichsregierung beschlossen werden. Dies gilt auch für die in den Artikeln 85 Abs. 2 und 87 der Reichsverfassung bezeichneten Gesetze.
Art. 2 [Abweichung von der Verfassung] Die von der Reichsregierung beschlossenen Reichsgesetze können von der Reichsverfassung abweichen, soweit sie nicht die Einrichtung des Reichstages und des Reichsrats als solche zum Gegenstand haben. Die Rechte des Reichspräsidenten bleiben unberührt.
Art. 3 [Ausfertigung, Verkündung, Inkrafttreten] Die von der Reichsregierung beschlossenen Reichsgesetze werden vom Reichskanzler ausgefertigt und im Reichsgesetzblatt verkündet. Sie treten, soweit sie nichts anderes bestimmen, mit dem auf die Verkündung folgenden Tage in Kraft. Die Artikel 68 bis 77 der Reichsverfassung[1] finden auf die von der Reichsregierung beschlossenen Gesetze keine Anwendung.
Art. 4 [Staatsverträge] Verträge des Reichs mit fremden Staaten, die sich auf Gegenstände der Reichsgesetzgebung beziehen, bedürfen nicht der Zustimmung der an der Gesetzgebung beteiligten Körperschaften. Die Reichsregierung erlässt die zur Durchführung dieser Verträge erforderlichen Vorschriften.
Art. 5 [Inkrafttreten] Dieses Gesetz tritt mit dem Tage seiner Verkündung in Kraft. Es tritt mit dem 1. April 1937 außer Kraft, es tritt ferner außer Kraft, wenn die gegenwärtige Reichsregierung durch eine andere abgelöst wird.

Reichsgesetzblatt 1933, S. 141.

1 Regelungen der Weimarer Verfassung zur normalen Gesetzgebung

B Der sogenannte „Dolchstoß"

Q4

Propaganda
Eine nachgezeichnete antisemitische Propagandapostkarte der politischen Rechten aus dem Jahr 1923. Der SPD-Politiker Philipp Scheidemann (vgl. S. 115) führt im Jahr 1918 den Dolch, dahinter soll Matthias Erzberger (Zentrum) stehen.

Q5

Der Ursprung einer Legende

Erklärung des Generalfeldmarschalls von Hindenburg am 18. November 1919 vor dem Parlamentarischen Untersuchungsausschuss zur Frage der Schuld an der deutschen Niederlage. Die Äußerungen bildeten die Grundlage für die alsbald populäre Dolchstoßlegende:

[…] Wir wussten, was wir vom Heere, der oberen und niederen Führung, nicht zuletzt von dem Mann im feldgrauen Rock zu fordern hatten, und was sie alle geleistet haben. Aber trotz der ungeheuren Ansprüche an Truppen und Führung, trotz der zahlenmäßigen Überlegenheit des Feindes konnten wir den ungleichen Kampf zu einem günstigen Ende führen, wenn die geschlossene und einheitliche Zusammenwirkung von Heer und Heimat eingetreten wäre. Darin hatten wir das Mittel zum Siege der deutschen Sache gesehen, den zu erreichen wir den festen Willen hatten.
Doch was geschah nun? Während sich beim Feinde trotz seiner Überlegenheit an lebendem und totem Material alle Parteien, alle Schichten der Bevölkerung in dem Willen zum Siege immer fester zusammenschlossen, und zwar umso mehr, je schwieriger ihre Lage wurde, machten sich bei uns, wo dieser Zusammenschluss bei unserer Unterlegenheit viel notwendiger war, Parteiinteressen breit, und diese Umstände führten sehr bald zu einer Spaltung und Lockerung des Siegeswillens. Die Geschichte wird über das, was ich hier nicht weiter ausführen darf, das endgültige Urteil sprechen. Damals hofften wir noch, dass der Wille zum Siege alles andere beherrschen würde. […] In dieser Zeit setzte die heimliche planmäßige Zersetzung von Flotte und Heer als Fortsetzung ähnlicher Erscheinungen im Frieden ein. […] Die braven Truppen, die sich von der revolutionären Zermürbung freihielten, hatten unter dem pflichtwidrigen Verhalten der revolutionären Kameraden schwer zu leiden; sie mussten die Last des Kampfes tragen. Die Absichten der Führung konnten nicht mehr zur Ausführung gebracht werden. Unsere wiederholten Anträge auf strenge Zucht und strenge Gesetzgebung wurden nicht erfüllt. So mussten unsere Operationen misslingen, es musste der Zusammenbruch kommen; die Revolution bildete nur den Schlussstein. Ein englischer General sagte mit Recht: „Die deutsche Armee ist von hinten erdolcht worden." Den guten Kern des Heeres trifft keine Schuld. Seine Leistung ist ebenso bewunderungswürdig wie die des Offizierskorps. Wo die Schuld liegt, ist klar erwiesen. […]

Herbert Michaelis/Ernst Schraeper (Hrsg.): Ursachen und Folgen – Vom deutschen Zusammenbruch 1918 und 1945 bis zur staatlichen Neuordnung Deutschlands in der Gegenwart. Band 4. Dokumenten Verlag Wendler, Berlin 1960, S. 7f.

Arbeitsvorschläge

Arbeitsvorschläge zum darstellenden Teil

1. Bezeichnen Sie die zentralen Wegmarken der politischen und gesellschaftlichen Entwicklung der jungen Weimarer Republik 1919–1923. [I]
2. Erläutern Sie die wichtigsten Problemfelder der Weimarer Republik in ihren Anfangsjahren. [II]
3. Beurteilen Sie die Chancen der Weimarer Republik auf langfristige Stabilisierung. [III]

A Verfassung und Ermächtigungsgesetze

4. Fassen Sie aus den Auszügen der Weimarer Verfassung (Q 1) arbeitsteilig die Bestimmungen
   a) zum politischen System,
   b) bezüglich der Grundrechte der Staatsbürger
   zusammen. [I] ○
5. Vergleichen Sie die Weimarer Verfassung mit der Verfassung des Deutschen Kaiserreichs. [III] ○
6. Vergleichen Sie die Weimarer Verfassung mit dem heutigen Grundgesetz. [III]
7. Beurteilen Sie die Bedeutung der Weimarer Verfassung. [III]
8. Erarbeiten Sie aus Q 2 das formale Zustandekommen, den Zweck und die Sicherungen für die Ermächtigung. [II]
9. Vergleichen Sie Q 2 mit dem Ermächtigungsgesetz von 1933 (Q 3). [III] ○

B Der sogenannte „Dolchstoß"

10. Analysieren Sie die Postkarte Q 4. Erläutern Sie dabei auch den antisemitischen Charakter der Quelle. [II] ○
11. Analysieren Sie die Quellen zur Dolchstoßlegende (Q 4, Q 5) mit Blick auf die darin zum Ausdruck kommenden Absichten. [II] ○
12. Bewerten Sie Q 4 und Q 5 unter Berücksichtigung ihrer sachlichen Richtigkeit. [III]

Online- und Differenzierungsmaterialien zu Kapitel 2.3

○ Arbeitshilfen zu den Aufgaben 4b, 5, 9, 10 und 11
Podcast Weimarer Verfassung
Schema Weimarer Verfassung

Online-Code: vs38y4

2.4 Stabilisierung und die angeblich „Goldenen Zwanziger“ in Deutschland

In den ersten Jahren, nachdem der deutsche Kaiser abgedankt war, versuchten Zehntausende Anhänger wahlweise der radikalen Linken oder der nationalistisch-völkischen Rechten, die Etablierung der parlamentarischen Republik zu verhindern. Kriege, Hyperinflation und politische Umbrüche brachten und bringen immer Verlierer und Gewinner hervor. Wer aber gehörte nach 1919 wirklich zu den Trägern der jungen Republik von Weimar? War es wirklich eine „Republik ohne Republikaner“?

Erinnerungsmünze zum Krisenjahr 1923

Hugo Stinnes (1870–1924)
Deutscher Industrieller und DVP-Politiker, schuf 1923 eines der größten deutschen Unternehmensimperien („Inflationskönig“)

Gewinner und Verlierer des Krisenjahres 1923

Im Spätsommer 1923 stand die Weimarer Republik kurz vor einem Staatsbankrott. Bereits 1919 hatte die deutsche Staatsverschuldung infolge des Krieges bei 144 Milliarden Reichsmark gelegen. Zum Vergleich: 1913 hatte der gesamte deutsche Haushalt ein Volumen von nur fünf Milliarden Reichsmark umfasst. Im Streit um die Reparationen hatte die deutsche Regierung mittels des Ruhrkampfes auf Konfrontation gesetzt, was der deutschen Währung praktisch einen freien Fall bescherte, sodass schließlich von einer existierenden Währung am Ende kaum mehr gesprochen werden konnte. Hatte der Tauschwert der Mark zum US-Dollar 1914 noch bei 4,2 zu 1 und im Oktober 1922 immerhin noch 4430 zu 1 gelegen, stand der Wechselkurs im November 1923 bei 4200000000000 zu 1. Zwar wurde der deutsche Staat auf diese Weise seine Inlandsschulden zum Billigstpreis los, gleichzeitig konnte er schließlich nur noch ein Fünftel seiner Ausgaben mit Steuereinnahmen decken. Erst als am 16. August 1924 mit Frankreich und Belgien eine Reduzierung der Reparationsforderungen vereinbart werden konnte (Dawes-Plan), stabilisierte sich die Situation wieder. Der Weimarer Republik wurde der Weg geebnet, am internationalen Kapitalmarkt neue Anleihen aufzunehmen. Mit der Einführung der neuen Rentenmark, die bald darauf in Reichsmark umbenannt wurde, konnte finanzpolitisch wieder das Vertrauen im In- und Ausland hergestellt werden. Schuldner, seien es Kommunen oder Unternehmen, gehörten zu den Gewinnern, hatten diese oft praktisch zum Nulltarif ihre Schulden einlösen können. Darüber hinaus beförderte die Hyperinflation eine starke Konzentration bei Unternehmen, bei denen die „Großen“ viele „Kleine“ übernahmen.

Aber auch Sachwertbesitzer, wie beispielsweise Industrielle oder Landwirte, verdienten ebenfalls an der Krise. Die großen Verlierer hingegen waren die Lohnempfänger, seien es Arbeiter oder Staatsangestellte. Deren Ersparnisse wurden innerhalb kürzester Zeit faktisch wertlos. Dies betraf auch viele Bauern, die einerseits etwaige Schulden abtragen konnten, andererseits nach 1923 über kein Eigenkapital mehr für dringend benötigte Investitionen in moderne Landmaschinen besaßen. Ebenso verloren staatliche Rentenversicherungen und viele Geldinstitute durch die Hyperinflation einen beträchtlichen Teil ihres Eigenkapitals. Die Schrecken des Krieges und die krisengeschüttelten Nachkriegsjahre brannten sich tief ins Gedächtnis der Menschen ein und entfremdeten diese von der jungen Republik, die sie scheinbar im Stich gelassen hatte. In manchen Regionen, die traditionell Distanz zur bisherigen preußischen Dominanz in Deutschland gepflegt hatten, gewannen Anhänger eines rheinländischen oder pfälzischen Separatismus bis 1923 Zulauf. Solche Strömungen, mit denen auch Politiker wie der Kölner Oberbürgermeister und Politiker Konrad Adenauer oder Großunternehmer wie Hugo Stinnes sympathisierten, blieben jedoch in einer Minderheitsposition.

Träger und Gegner der Demokratie: Adel und Bildungsbürgertum

Wer aber gehörte überhaupt zu den Befürwortern und Unterstützern der Republik? Man darf nicht vergessen, dass es 1918/19 zu keiner wirklichen Entmachtung der alten Eliten

Audio
Podcast
„Goldene Zwanziger"
3x45fz

des Kaiserreichs kam. Zwar verlor die kleine Schicht des Adels durch den Gleichheitsgrundsatz der Verfassung ihre Privilegierung bei der Besetzung staatlicher Spitzenpositionen. Trotzdem blieben Adelige in der höheren Verwaltung, im Offiziers- und Diplomatenkorps weiterhin deutlich überproportional vertreten. Das Vermögen des Adels blieb unangetastet. Ebenso blieben die engen, persönlichen adeligen Netzwerke in Wirtschaft und Politik erhalten, wovon jenes im unmittelbaren Umfeld des späteren Reichspräsidenten Paul von Hindenburg (1925–1934) nur ein markantes Beispiel war.
Neben dem Adel zählte auch das akademische Bildungsbürgertum mehrheitlich zu den Gegnern der Republik. Ärzte, Rechtsanwälte, Lehrer und Professoren erlebten bereits während des Krieges einen Kaufkraftverlust von fast 80 Prozent. Die Nachkriegsinflation zehrte dann oft ihre letzten Ersparnisse auf. Neben dem finanziellen Abstieg ging aber auch ihre elitäre Position als Vertreter humanistischer Bildungsideale verloren. Zu deutlich veränderte die Technisierung viele Wirtschaftsbereiche und das tägliche Leben. Viele von ihnen sehnten sich zurück zur „guten alten Zeit" des Kaiserreichs und gaben der politischen Linken die Schuld an ihrem gesellschaftlichen Abstieg. Noch stärker als vor 1918 entwickelte sich unter ihnen aber auch ein zunehmend aggressiver Antisemitismus, da sie in erfolgreichen jungen jüdischen Unternehmern und Wissenschaftlern eine neue, unwillkommene Konkurrenz sahen.

Wirtschaftsbürgertum und agrarischer Mittelstand

Wesentlich heterogener verhielten sich Unternehmer, leitende Angestellte und andere Angehörige des sogenannten Wirtschaftsbürgertums. Während dieses in den Kreisen der Schwerindustrie traditionell eher der rechtskonservativen DNVP zuneigte, waren Vertreter der exportorientierten neuen chemischen oder elektrochemischen Wirtschaftsbranchen deutlich liberaler eingestellt. Allerdings sollten sich später auch in diesen Kreisen während der Weltwirtschaftskrise viele stärker politisch nach rechts orientieren.

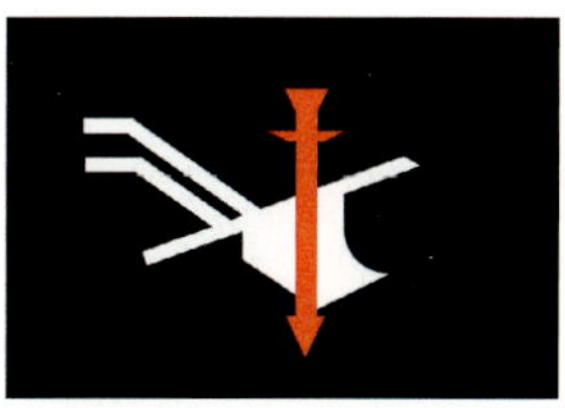

Fahne der schleswig-holsteinischen Landvolkbewegung (1929–1933)

Die Groß- und Mittelbauern in Preußen, Mecklenburg und Schleswig-Holstein machten zwar landesweit nur zwei Prozent der Bevölkerung aus, besaßen aber fast ein Viertel der landwirtschaftlichen Nutzfläche. Entsprechend übten sie auch in der Weimarer Republik großen politischen Einfluss aus und setzten beispielsweise 1925 Agrarschutzzölle durch. Viele von ihnen lehnten die Republik als „Instrument des städtischen Industrieproletariats" ab. In der Regel waren sie eher konservativ und antimodernistisch eingestellt. Entsprechend neigten sie der DNVP oder später der NSDAP zu. Dies traf in noch viel größerem Maße auf die größere Zahl kleinerer Bauern zu, die sich die zunehmende Technisierung der Landwirtschaft finanziell nicht leisten konnten, was für viele in die Überschuldung und Zwangsversteigerung führte. Als sich die Situation der Landwirtschaft Ende der 1920er-Jahre stetig verschlechterte, steigerte dies besonders unter Klein- und Mittelbauern die Radikalisierung, beispielsweise in Gestalt der schleswig-holsteinischen **Landvolkbewegung**. Ursprünglich konservativ ausgerichtet, öffneten sich schließlich viele den agrarpolitischen Forderungen der NSDAP zum Schutz des „deutschen Bauern".

Landvolkbewegung
heterogene soziale Protestbewegung in Holstein und Schleswig, die mit Demonstrationen, einem Steuerboykott und einigen Gewalttaten gegen die Not der Bauern aufbegehrte

Der „neue" Mittelstand

Mit den Veränderungen in der Arbeits- und Wirtschaftswelt im Zuge der Zweiten Industriellen Revolution entstand eine neue gesellschaftliche Schicht. Zu ihr gehörten mittelständische Unternehmer, Angestellte, Ingenieure und Techniker beziehungsweise sonstige spezialisierte Dienstleistungsberufe. Diese sehr heterogene Gruppe grenzte sich mental gegen den körperlich arbeitenden „Proletarier" ab. Unterstützte diese neue mittelständische Schicht zunächst überproportional die Parteien der politischen Mitte, so wurden deren Angehörige doch infolge der wirtschaftlichen Krisen 1919–1924 stark verunsichert. Viele entwickelten eine Furcht vor dem sozialen Abstieg, was sich unter dem Eindruck der Weltwirtschaftskrise schließlich in einer zunehmenden Radikalisierung ausdrückte.

Warenhäuser
neue Verkaufsform in Gestalt mehrstöckiger Einzelhandelsgeschäfte, die zunehmend kleine Läden verdrängten

Rentenmark
Übergangswährung 1923, bei der deren Wert durch Zwangshypotheken auf Immobilien u.a. der Industrie gedeckt wurde

I. G. Farben
Zusammenschluss der größten dt. Chemieunternehmen im Jahr 1925

Vereinigte Stahlwerke
1926 gebildetes Kartell der wichtigsten dt. Eisen-, Stahl- und Bergwerksunternehmen (zweitgrößtes Stahlunternehmen der Welt)

Der „alte" Mittelstand umfasste selbstständige Handwerker, Einzelhändler und kleine Kaufleute und war eher konservativ ausgerichtet (Zentrum, DVP, DNVP). Ähnlich wie andere Bevölkerungsgruppen auch, erlebten diese die 1920er-Jahre aber zunehmend als eine existenzbedrohende, unsichere Zeit. Neben den Folgen der anfänglichen Inflation kam in den Städten für viele die wachsende Konkurrenz durch große, moderne **Warenhäuser**, wie der aus Mecklenburg stammende Kaufhauskonzern der jüdischen Unternehmerfamilie Wertheim. Da neben den Wertheims auch andere jüdische Unternehmer in dieser modernen Branche sehr erfolgreich waren, nahmen unter den zunehmend existenzbedrohten Kleinhändlern antisemitische Tendenzen zu.

Das Industrie- und Landproletariat

Den größten Anteil der Erwerbstätigen stellte die Land- und Industriearbeiterschaft. Es war in erster Linie das urbane Industrieproletariat, welches die Revolution von 1918/19 getragen hatte. Die von den Radikaleren erhoffte vollständige Machtübernahme war zwar ausgeblieben, trotzdem erlebten sie deutliche Erfolge auf wirtschaftlich-sozialem Gebiet. Erstmals wurden nun die Gewerkschaften als gleichberechtigte Tarifpartner von den Arbeitgebern anerkannt. Der Achtstundentag wurde eingeführt und bestimmte Sozialleistungen wurden festgeschrieben. Auch wurde eine Arbeitermitbestimmung in vielen Betrieben durchgesetzt. Die Mehrheit unterstützte daher zunächst die SPD. Als jedoch der rechte Unternehmerflügel seit Mitte der 1920er-Jahre versuchte, die 1919 neuen sozialen Zugeständnisse nach und nach wieder rückgängig zu machen, wechselte eine wachsende Zahl von Arbeitern zur radikaleren KPD, zum Teil auch zur NSDAP. Katholische Arbeiter wählten häufiger das Zentrum, Landarbeiter in manchen Regionen auch öfter die konservative DNVP.

Die scheinbar „Goldenen Zwanziger" in der Wirtschaft

Die Währungsreform mit der Einführung der **Rentenmark** und neue, durch den Dawes-Plan ermöglichte Kredite leiteten einen spürbaren Wirtschaftsboom ein, der von Ende 1924 bis Ende 1929 anhielt. Die Reallöhne der Arbeiter stiegen wieder, die Exportindustrie erholte sich. Allerdings blieben staatliche oder kommunale Investitionen in den Ausbau der Infrastruktur oder wirtschaftliche Fördermaßnahmen eher gering. Stattdessen entstanden einige große repräsentative sowie eine Reihe von großen sozialpolitischen Bauprojekten. Gleichzeitig erlebte die deutsche Wirtschaft eine starke Modernisierungs- und Rationalisierungswelle, die zwar Industrie- und große Landwirtschaftsbetriebe wettbewerbsfähiger machte, aber auch Arbeitsplätze kostete. Nach den schweren Inflationsjahren nahm darüber hinaus die Konzentration in vielen Wirtschaftsbereichen stark zu. In der chemischen Industrie entstand mit **I. G. Farben** der weltweit größte Chemiekonzern. In der Schwerindustrie schlossen sich die Großen der Branche zu den **Vereinigten Stahlwerken** zusammen. Bereits in den Jahren zuvor war unter Führung des Industriellen und Politikers Alfred Hugenberg ein Medienimperium entstanden. Neben seinen großen Anteilen am Zeitungsmarkt kontrollierte dieser schließlich die wichtigsten Unternehmen der jungen Filmbranche.
Diese Rationalisierung und die wachsende Konzernbildung trugen mit dazu bei, dass der Anteil der beschäftigten Arbeiter im Laufe der 1920er-Jahre auf die Hälfte des Niveaus von 1913 sank. Die Kartellbildung durch die neuen Konzerne belastete erheblich kleinere Unternehmer. Auch sank die Arbeitslosenquote zu keinem Zeitpunkt unter 7 Prozent.

D1

Politische Ziele der politischen Parteien in den 1920er-Jahren gemäß der offiziellen Parteiprogramme

	Verfassung und Verwaltung	Sozial- und Wirtschaftspolitik	Außenpolitik
KPD 1919/ 1932	Entmachtung der Kapitalisten und Großgrundbesitzer, proletarische Diktatur, Bündnis mit den Proletariern anderer Länder, zentralistische Rätedemokratie	entschädigungslose Enteignung von Industriebetrieben, Dienstleistungs-, Verkehrswesen und Großgrundbesitz	Selbstbestimmungsrecht, Bündnis mit der UdSSR, aktionsfähige proletarische Internationale, Annullierung aller Reparationen und internationalen Schulden
SPD 1925	Einheitsrepublik, dezentralisierte Selbstverwaltung, Abschaffung der Klassenherrschaft, Umgestaltung der Reichswehr zu republiktreuer Armee, Abwehr monarchistischer und militärischer Bestrebungen, Demokratisierung der Verwaltung, gegen Klassen- und Parteijustiz	Gleichberechtigung aller Arbeitnehmer in Wirtschaft, Staat und Gesellschaft, Unterstützung der Gewerkschaften, Koalitions- und Streikrecht, Ausgestaltung des wirtschaftlichen Rätesystems, Verstaatlichung von Grund und Boden, staatliche Kontrolle der Kartelle	friedliche Lösung internationaler Konflikte, Selbstbestimmungsrecht, internationale Abrüstung, Schaffung der europäischen Wirtschaftseinheit, gegen Imperialismus
Zentrum 1922/ 1927	starke Exekutive, Geltung der Gesetze, gegen gewaltsamen Umsturz der verfassungsmäßigen Zustände, Berufsbeamtentum, gegen Klassen- und Parteiherrschaft, Grundrechte, Reichswehr als Bestandteil der Republik	Schutz von Ehe und Familie, konfessionelle Schulen, soziale Gerechtigkeit, Schutz von Privatunternehmen und Mittelstand, Förderung der Landwirtschaft, Aufsicht über Kartelle, Verstaatlichung nur gegen Entschädigung	den christlichen Grundsätzen entsprechendes Völkerrecht, wirtschaftliche Entwicklungsfreiheit und Gleichberechtigung aller Völker, Befreiung der besetzten Gebiete mit rechtmäßigen Mitteln, internationale Prüfung der Kriegsschuldfrage
DDP 1919	Schutz der Verfassung, Erziehung des Volkes zur staatsbürgerlichen Gesinnung, Volks- und Rechtsstaat, gleiches Recht für alle in Gesetzgebung und Verwaltung, Berufsbeamtentum	Staat des sozialen Rechts, keine Vergesellschaftung der Produktionsmittel, Schutz der Privatwirtschaft und des Handels, gegen Monopolbildung, Gleichstellung von Arbeitgebern und -nehmern, demokratische Arbeitsverfassung	Revision des Versailler Vertrages, Selbstbestimmungsrecht, Gleichberechtigung Deutschlands, gegen Absplitterung deutscher Volksteile
DVP 1919	starke Staatsgewalt durch aufzurichtendes Kaisertum nach Volksbeschluss, verantwortliche Mitarbeit der Volksvertretung an der Regierung, Gleichberechtigung der Staatsbürger, Selbstverwaltung, Berufsbeamtentum	Stärkung der Familie, Unterstützung der Frau als Mutter und Erzieherin, Recht auf Privateigentum, eingeschränkte Verstaatlichung gegen Entschädigung, Koalitionsfreiheit, Förderung von Landwirtschaft und Mittelstand	Freiheit der nationalen Entwicklung, Vereinigung aller Deutschen einschließlich Österreichs, gegen aufgezwungenen Gewaltfrieden
DNVP 1920	über den Parteien stehende Monarchie, starke Exekutive, planmäßiger Behördenaufbau, Berufsbeamtentum, Mitwirkung der Volksvertretung an den Gesetzen	Schutz des Privateigentums, Förderung der Landwirtschaft und des Mittelstands, gegen Kommunismus, wirtschaftliche Anerkennung der Arbeit als Hausfrau und Mutter	gegen fremde Zwangsherrschaft, Änderung des Versailler Vertrages, Selbstbestimmungsrecht, Volksgemeinschaft mit allen Deutschen im Ausland, starke Vertretung deutscher Interessen, allgemeine Wehrpflicht, Wiederherstellung der Flotte
NSDAP 1920	starke Zentralgewalt, unbedingte Autorität des politischen Zentralparlaments über das Reich und seine Organisationen, Staatsbürger können nur „Volksgenossen deutschen Blutes" sein	Verstaatlichung, Gewinnbeteiligung an Großbetrieben, Förderung des Mittelstands, Kommunalisierung der Großwarenhäuser, Bodenreform	Zusammenschluss aller Deutschen zu einem Groß-Deutschland, Gleichberechtigung des deutschen Volkes, Revision des Versailler Friedensvertrages

A Die wirtschaftliche und soziale Situation

Q1

Alltag einer Arbeiterin

Unter dem Motto „Mein Arbeitstag – Mein Wochenende" schrieb 1928 das Arbeiterinnensekretariat des Deutschen Textilarbeiterinnenverbandes einen Literaturwettbewerb aus, der sich an alle Verbandsmitglieder richtete. Authentisch und überzeugend sollten die Frauen ihren gewöhnlichen Tagesablauf schildern. Für die beste Arbeit standen 30 Mark als Preis bereit. Eine 48-jährige Arbeiterin schrieb:

Durch Arbeitslosigkeit meines Mannes bin ich zu der Erwerbstätigkeit gezwungen. Um nicht in allzu große Notlage zu geraten, muss ich zum Haushalt meiner Familie, welche aus meinem Mann, drei Kindern im Alter von 3 bis 13 Jahren und mir besteht, beitragen. Mein Wohnort liegt im Kreise Zeitz, die Arbeitsstelle ist eine Wollkämmerei, in welcher ich Putzerin bin. Da ich fast eine Stunde Bahnfahrt habe, stehe ich früh um 4.30 Uhr auf. Der Zug fährt um 5.10 Uhr ab, kommt 5.55 Uhr am Arbeitsort an. Da unsere Arbeitszeit um 6 Uhr beginnt, muss ich vom Bahnhof zur Fabrik einen Dauerlauf machen, um zur rechten Zeit zur Stelle zu sein. Dort putze ich bis 14.15 Uhr Krempelmaschinen. Der Zug, mit welchem ich fahren kann, fährt erst um 17.13 Uhr. Ich muss mich solange auf dem Bahnhof aufhalten und bin um 18 Uhr zu Hause. Nun gibt es noch daheim zu schaffen. Das Essen fertig kochen, für den nächsten Tag vorzubereiten, bei den Kindern die Sachen nachsehen, ob sie noch ganz und sauber sind. Wenn man den ganzen Tag nicht da ist, wird noch ein bisschen mehr gebraucht, weil die kleinen Schäden nicht so beachtet werden können. Am Abend ist man auch von der langen Zeit müde und abgespannt und die Sachen, Wäsche und Strümpfe, müssen sonntags ausgebessert werden. Manchmal muss ich noch meinen Schlaf opfern, da ich Partei- und Arbeiterwohlfahrtsversammlungen besuche und Letztere sogar als Vorsitzende leiten muss. Am Sonnabend bin ich um dieselbe Zeit zu Hause. Da gehe ich erst einmal in den Konsumverein einkaufen, um für die ganze Woche Lebensmittel zu haben. Alle vier Wochen habe ich große Wäsche für meine Familie allein zu waschen. Am Abend vorher mache ich dazu alles fertig, um Sonntagmorgen beizeiten anfangen zu können. Sonst beginnt der Sonntag um 7 Uhr. Da gibt es zu tun mit dem Reinemachen der Wohnung und dem Ausbessern der Kleidungsstücke. Dabei wird das Mittagessen bereitet. Um 14 Uhr beginnt dann für mich der Sonntag. Er wird mit dem Besuch einer Arbeiterveranstaltung oder mit einem Spaziergang beendet.

Kristine von Soden: Frauen und Frauenbewegung in der Weimarer Republik. In: Die wilden Zwanziger. Weimar und die Welt 1919–33. Westberlin 1986, S. 166 f.

D2

Arbeitslosigkeit in Deutschland

	Zahl der Arbeitslosen	Arbeitslosenquote
1921	0,354 Mio.	–
1922	0,213 Mio.	–
1923	0,751 Mio.	–
1924	0,978 Mio.	–
1925	0,636 Mio.	–
1926	2,000 Mio.	–
1927	1,300 Mio.	–
1928	1,353 Mio.	7,0 %
1929	1,892 Mio.	9,6 %
1930	3,076 Mio.	15,7 %
1931	4,520 Mio.	23,9 %
1932	5,575 Mio.	30,8 %

Anmerkung: Vor 1928 gab es keine amtliche Arbeitslosenstatistik.

Zahlen ab 1928 zit. nach: B. Gleitze (Hrsg.), Wirtschafts- und sozialstatistisches Handbuch (1960), S. 45.

Q2

Rationalisierung und Arbeitslosigkeit

Der Wirtschaftswissenschaftler Fritz Baade (SPD) auf dem Sozialdemokratischen Parteitag 1927 in Kiel:

Als Sozialisten stehen wir auf dem Standpunkt, dass es nötig ist, der Arbeit in der Industrie durch bessere technische Ausrüstung und Arbeitsorganisation einen immer höheren Nutzeffekt zu sichern. Wir müssen uns aber darüber klar sein, dass in den letzten Jahren, besonders in Deutschland, die Rationalisierung der Arbeiterschaft wenig Vorteil gebracht hat, dass sie sich in erster Linie nicht in eine Steigerung der Reallöhne, sondern in eine Erhöhung der Arbeitslosigkeit umgesetzt hat. Das ist ein Zusammenhang, der leicht begreiflich wird, wenn man sich klarmacht, dass die Rationalisierung zwei Möglichkeiten bietet: nämlich entweder dasselbe Produkt mit einer geringeren Zahl von Arbeitern oder aber mit der gleichen Zahl von Arbeitern ein größeres Produkt herzustellen. Das Zweite ist unsere Forderung: denn ein gößeres Produkt mit derselben Zahl von Arbeitern herzustellen, bedeutet letzten Endes die Möglichkeit der Steigerung des Reallohnes, eine Möglichkeit, die durch den gewerkschaftlichen und politischen Kampf selbstverständlich erst erzwungen werden muss […]

Sozialdemokratischer Parteitag 1927 in Kiel. Glashütten/Is. 1974, S. 122.

B Fortschritt auf Pump?

Q3

Zeitgewinn im Haushalt

Der neue Staubsauger von Siemens. Aus dem Katalog des KaDeWe (Kaufhaus des Westens), ca. 1925

Q4

Wirtschaftsaufschwung: Innere Gegensätze

Gustav Stresemann schrieb an den Oberbürgermeister von Duisburg (24. November 1927):

Dass der preußische Staat für den Umbau des Berliner Opernhauses 14 Millionen Mark gegeben hat und vielleicht über 20 Millionen geben wird, bringt die ganze Welt zu der Auffassung, dass wir offenbar im Goldüberfluss leben. Kein Siegerstaat hat sich etwas Derartiges geleistet. Dass Herr Adenauer ein wunderbares Messehaus baut und sich rühmt, die größte Orgel der Welt eingebaut zu haben, hat denselben Effekt. […] Die Presseausstellung in Köln wird als das Luxuriöseste bezeichnet, was bisher auf diesem Gebiet geleistet worden ist; Frankfurt a. M. hat ein Defizit von 2,5 Millionen Mark bei der Musikausstellung gehabt. […] Haben Sie bitte die Güte, mir zu sagen, was ich den Vertretern fremder Mächte antworten soll, wenn sie mir sagen, dass alle diese Dinge den Eindruck machen, als wenn Deutschland den Krieg nicht verloren, sondern den Krieg gewonnen hätte.

Gustav Stresemann: Vermächtnis. Band 3. Ullstein, Berlin 1933, S. 263.

Q5

Den Naturgewalten trotzen

Werbeplakat der 1926 gegründeten Luft Hansa Aktiengesellschaft, die ein Luftverkehrsnetz zwischen den wichtigsten europäischen Metropolen aufbaute und auch Linienflüge im Winter anbot

C Moderne Konsum- und Massenkultur

D3

Die Entstehung der modernen Massenkultur

Die Historikerin Ursula Becher schreibt:

Erst in der Weimarer Republik wurden mit der Arbeitszeitverkürzung und Urlaubsregelungen die Voraussetzungen für die moderne Freizeit geschaffen. Erst jetzt war es einer breiten Bevölkerung möglich, die nach ihrer Berufstätigkeit verbleibende Zeit nach eigenen Wünschen zu gestalten und an Vergnügungen teilzunehmen, die bisher vorwiegend dem Bürgertum vorbehalten waren. Außer den traditionellen und erweiterten Bildungsangeboten wie Theater, Bibliotheken, Museen, Konzerten, Veranstaltungen der Volkshochschulen wurden Massenspektakel populär: Boxkämpfe und Sechstagerennen zogen Zuschauermengen an. Die neuen Kinopaläste, Varietés, Tanzsäle, Sportarenen waren Hochburgen der neuen Freizeitwelt. […]

Massenkultur ist nicht zu denken ohne Massenkonsum. Die Versorgung der deutschen Bevölkerung mit neuen Produkten verbesserte sich stetig. Im Jahr 1932 kamen in Deutschland auf je 1000 Einwohner 66 Rundfunkgeräte, 52 Fernsprechanschlüsse und 8 Personenautos. Das entsprach dem europäischen Durchschnittswert. Dagegen waren die USA Europa weit überlegen. Dort kamen im Jahr 1932 auf je 1000 Einwohner 131 Rundfunkgeräte, 165 Fernsprechanschlüsse und 183 Personenautos. Das amerikanische Beispiel wirkte stimulierend. […] Amerika wurde zum Vorbild für den modernen Lebensstil, der sich jetzt auch in Deutschland durchsetzte.

Ursula Becher: Geschichte des modernen Lebensstils. Essen – Wohnen – Freizeit. C. H. Beck, München 1990, S. 175 f.

Q6

Filmplakate aus dem Jahr 1927

a) „It“ – Das gewisse Etwas. Verfilmung des Romans „It“ von Elinor Glyn 1927 (dt. Fassung „Das gewisse Etwas“)

b) „Das Fräulein von Kasse 12“ Film von Erich Schönfelder 1927

c) „Metropolis“ Film von Fritz Lang 1927

Arbeitsvorschläge

Arbeitsvorschlag zum darstellenden Teil

1. Anfang der 1920er-Jahre bildete sich die neue Parteienlandschaft in Deutschland heraus. Schauen Sie sich arbeitsteilig eine der in D1 aufgeführten Parteien an und erläutern Sie, inwiefern deren programmatischer Charakter Ausdruck der „Goldenen Zwanziger" war. [II]

A Die wirtschaftliche und soziale Situation

2. Beschreiben Sie die wirtschaftliche Situation und die Lage auf dem Arbeitsmarkt in Deutschland zwischen 1924 und 1929 (D 2). [I]
3. Versetzen Sie sich in die Lage der Arbeiterin aus Q1. Erläutern Sie, wie Sie einen solchen Alltag empfinden würden. [II]
4. Arbeiten Sie heraus, welche Einflussfaktoren den Alltag der Arbeiterin so „dicht" machen (Q1). [II]
5. Erläutern Sie den Begriff „Rationalisierung" in seinen Bedingungsfaktoren und Auswirkungen (Q 2). [II] ○

B Fortschritt auf Pump?

6. Erörtern Sie anhand des Briefes von Stresemann die möglichen negativen Konsequenzen des Wirtschaftsaufschwungs ab 1924 (Q 4). [III]
7. Erläutern Sie kritisch mithilfe von Q 3 und Q 5 die neuen Möglichkeiten für die deutsche Gesellschaft. [II]

C Moderne Konsum- und Massenkultur

8. Charakterisieren Sie die deutsche Gesellschaft der Zwanziger Jahre auf Basis der Darstellung von Ursula Becher (D 3). [II]
9. Vergleichen Sie die Filmplakate aus dem Jahr 1927 (Q 6). [II]
10. Erörtern Sie, in welcher Form sich Aussagen über die Inhalte und die Bedeutung des Films in den 1920er-Jahren treffen lassen. [II]

Übergreifende Arbeitsvorschläge

11. Setzen Sie sich mit der modernen Massen- und Konsumgesellschaft auseinander:
    a) Sammeln Sie Schlagwörter zur Massen- und Konsumgesellschaft, die Ihrer Ansicht nach die „Goldenen Zwanziger" charakterisieren, und begründen Sie Ihre Auswahl. Ziehen Sie dazu ggf. auch Ihr Vorwissen zu den USA in den 1920er-Jahren hinzu. [III] ○
    b) Erörtern Sie, inwiefern in den 1920er-Jahren Moderne und Tradition aufeinanderprallten. [III]
12. Möglichkeiten zur Gruppenarbeit:
    a) Untersuchen Sie die Bereiche Wirtschaft, Kultur, „neue Frau" und „neue Medien" in den angeblich „Goldenen Zwanziger" Jahren. [II] ○
    b) Setzen Sie sich mit der These auseinander, es habe sich bei den „Goldenen Zwanziger Jahren" nur um „schönen Schein" gehandelt. [III]
13. In Deutschland sprachen die Medien von den „Goldenen Zwanziger", in Nordamerika und vielen europäischen Ländern wie Italien oder den Niederlanden von den brüllenden Zwanziger (*Roaring Twenties, Anni ruggenti, de roerige jaren twintig*) und in Frankreich von den verrückten Jahren (années folles). Entwickeln Sie einen eigenen Begriff und begründen Sie Ihre Klassifizierung. [II]
14. MK Erarbeiten Sie eine 5-Minuten-Präsentation zu den für Sie wichtigsten Aspekten der „Goldenen Zwanziger", die diese Zeit schlaglichtartig beleuchten. [II]

Online- und Differenzierungsmaterialien zu Kapitel 2.4
○ Arbeitshilfen zu den Aufgaben 5, 11a und 12a
Podcast „Goldene Zwanziger"

Online-Code: 3x45fz

2.5 Frankreich im Spannungsfeld von Demokratie und Diktatur

Ancien Régime, Revolution, Napoleon, Republik, Bürgerkönig ... Die historische Entwicklung Frankreichs als Nationalstaat war geprägt von revolutionären Umbrüchen und restaurativen Kräften. Nach der Niederlage im Deutsch-Französischen Krieg wurde Frankreich zu einem Verfassungsstaat mit demokratischen Partizipationsmöglichkeiten. Wie konnte sich in Frankreich die republikanische Staatsform trotz des tiefverwurzelten Monarchismus durchsetzen? Wie hielt sie sich in einem Zeitalter von obrigkeitsstaatlichem Denken, übersteigertem Nationalismus und Faschismus?

Charles Louis Napoléon Bonaparte (1808–1873)
Neffe von Napoleon I. Französischer Staatspräsident 1848–1852, Kaiser der Franzosen 1852–1870

Die Geburt der Dritten Französischen Republik

Nach der Französischen Revolution und nach der Revolution 1848 scheiterten die beiden Versuche, in Frankreich eine Republik zu errichten. Als Dritte Französische Republik bezeichnet man den Staat in Frankreich in der Epoche von 1870 bis 1940. Der Deutsch-Französische Krieg läutete dabei diese Phase der politischen Modernisierung ein. Die Errichtung der Republik ging demnach nicht von Revolutionen durch das Volk aus – weder gegen das bestehende zweite Kaiserreich noch gegen die Deutschen. Stattdessen war es die unmittelbare Folge der Niederlage gegen Preußen und die deutschen Staaten. Die französische Armee unter dem Oberbefehl von Napoleon III. wurde in der Schlacht von Sedan vernichtend geschlagen und der Kaiser selbst anschließend gefangen genommen. Dies führte in Paris zur Ausrufung der Republik am 4. September 1870.

Die Schmach der Niederlage bei Sedan entzauberte den bis dahin bestehenden Nimbus vom unbesiegbaren Hause Bonapartes. Im liberal gesinnten Großbürgertum gab es schon seit längerer Zeit Unmut gegen die bestehende Wirtschafts- und Sozialpolitik und gegen den Zentralismus und die Pressezensur. Die republikanischen Kräfte innerhalb Frankreichs hatten zwar auch den Krieg verloren, aber gleichzeitig neue Chancen erhalten: Die Konstituierung einer Republik mit demokratischer Verfassung wurde auch vom preußischen Regierungschef Otto von Bismarck begünstigt, der für einen schnellen Frieden einen legitimierten Vertragspartner benötigte. Nach der Reichseinheit, die er durch Kriege geschaffen hatte, war er nun auf den Erhalt des Friedens in Europa zur Wahrung seines „von oben" gegründeten Nationalstaates aus. Während er auf deutscher Seite folglich für die Gründung des von den liberalen Bürgern lang ersehnten Verfassungsstaates sorgte, unterstützte Bismarck gleichzeitig die Wahlen zur französischen Nationalversammlung.

Triumph der Republik

Die gewählte Nationalversammlung arbeitete in den folgenden vier Jahren drei konstitutionelle Gesetze aus, die die Verfassung bildeten: Das Verfassungsgesetz über die Organisation der französischen Staatsgewalt, das Verfassungsgesetz über die Organisation des Senates und das Verfassungsgesetz über die Beziehungen der französischen Staatsgewalten untereinander. Ein Parlament aus zwei Kammern bildete die Legislative. Diese wählte einen Präsidenten, der sieben Jahre im Amt blieb. Er ernannte die Regierung und konnte die Abgeordnetenkammer auflösen.

Die Verfassungsgesetze von 1875 waren ursprünglich als Provisorium gedacht und sollten lediglich die Übergangszeit bis zur Wiedereinführung der Monarchie sichern. Doch etwaige Thronanwärter scheiterten bei der Bildung von Mehrheiten, indem sie beispielsweise am weißen **Lilienbanner der Bourbonen** als Symbol festhielten, was für viele Franzosen die Rückkehr zum Ancien Régime zu signalisieren schien. Dennoch blieben die Monarchisten eine starke Opposition. Trotz ihres Entstehungsprozesses war die Dritte Französische Republik die erste stabile Demokratie in Europa. Ihre Verfassungsgesetze hielten 65 Jahre lang.

Lilienbanner der Bourbonen
Symbol des Herrschergeschlechts der Bourbonen während des Ancien Régime

Alfred Dreyfus (1859–1935)
französischer Offizier

Panamaskandal
Ein Bestechungsskandal 1892 um den Bau des Panamakanals. Der Konkurs der Baufirma (und die damit einhergehenden Verluste für die Aktionäre) wurde von der franz. Regierung zunächst geheim gehalten.

Faschoda-Krise
Imperialistische Konflikt zwischen Frankreich und Großbritannien im Wettlauf um Afrika 1898

Säkularisierung
Verweltlichung; Lösung kirchlicher Bindungen von Einzelpersonen, Gruppen oder des Staates

Staatsräson
Grundsatz, dass ein Staat Anspruch darauf hat, seine Interessen mit beliebigen Mitteln durchzusetzen, wenn dies für das Wohl des gesamten Staates notwendig scheint

Die antiliberalen Kräfte im Militär

Zu Beginn der 1870er Jahre war die junge Dritte Republik allerdings alles andere als stabil. Die monarchistischen Kräfte, die schon nach der 1848er Revolution für die Rückkehr zum Kaiserreich gesorgt hatten, waren eine ernstzunehmende Opposition gegen die Republikaner. Denn die Gegner der Republik saßen an Schlüsselstellen wie im Generalstab, in der hohen Justiz oder auch im Bildungswesen. Während die Liberalen die bürgerliche Demokratie der neuen Republik wahren wollten, lag der kaiserlich geprägten Armeeführung an der Restauration der Monarchie. Die höchsten Kreise im Militär, ebenso wie antisemitische, klerikale und monarchistische Presseerzeugnisse und Politiker verbreiteten ein Klima der Angst. Sie bedrohten ihre Gegner oder sorgten sogar dafür, dass diese aus dem Militär entlassen wurden. Die Antiliberalen wollten nicht nur das alte Lilienbanner der Bourbonen gegen die revolutionäre Trikolore zurückgewinnen, sondern zielten auf die Vernichtung des Parlamentarismus ab. Sie forderten einen Rachekrieg gegen das Deutsche Reich und sprachen sich offen für die Rückgewinnung von Elsass-Lothringen aus.

Die Dreyfus-Affäre spaltet Frankreich

Symptomatisch für die gesellschaftliche Zerrissenheit der Dritten Französischen Republik waren die Konflikte, Krisen und Skandale, die auf der Tagesordnung standen. Einer dieser Skandale war die sogenannte „Dreyfus-Affäre". Dabei handelte es sich um einen Justizirrtum, der sich in Frankreich zu einem derartig gewaltigen Skandal ausweitete, dass dieser die Franzosen bis an den Rand eines Bürgerkriegs trieb. Während der verschiedenen Gerichtsverfahren gab es eine tiefe Spaltung selbst innerhalb französischer Familien. Alfred Dreyfus, ein aus dem Elsass stammender Jude, war Hauptmann in der französischen Armee gewesen. 1894 wurde er wegen angeblichen Landesverrats zugunsten des Deutschen Kaiserreichs verhaftet und von einem Kriegsgericht verurteilt. Seine Verurteilung beruhte jedoch auf rechtswidrigen und zweifelhaften Beweisen. Dies zog weitere Gerichtsverfahren nach sich. Schließlich wurde Dreyfus 1906 freigesprochen und vollständig rehabilitiert. Neben dem **Panamaskandal** und der **Faschoda-Krise** in den Kolonien war die Dreyfus-Affäre der größte innenpolitische Skandal. Intrigen, Fälschungen, Prozesse, Attentate, Putschversuche und Krawalle und ein aufflammender Antisemitismus bescherten dem Land nicht nur eine politische, sondern eine moralische Krise.

Laizismus als Staatsverständnis?

Zu den Feinden der Dritten Französischen Republik gehörten lange Zeit auch Teile der Katholischen Kirche, bis es 1905 zur endgültigen Trennung von Kirche und Staat kam. Initialisierend für diese Trennung war wiederum die Dreyfus-Affäre. Der Schriftsteller Émile Zola wandte sich in einem offenen Brief 1898 an die französische Tageszeitung L'Aurore und informierte in diesem schonungslos über die wahren Hintergründe der Dreyfus-Affäre und den damit einhergehenden Machtmissbrauch. Unmittelbarer Anstoß war der Freispruch des im Dreyfus-Falles eigentlich Schuldigen, dem Major Walsin-Esterházy, gewesen. Zola beschuldigte in seinem Brief nun ranghohe Militärs des Generalstabs und der Justiz sowie Teile der konservativen Presse des Antisemitismus, der Falschaussagen und der vorsätzlich falschen Anwendung geltenden Rechts.
Dieser Leserbrief hob den Dreyfus-Skandal auf eine höhere Ebene und trug zur Spaltung der französischen Gesellschaft entscheidend bei: Auf der einen Seite das antisemitisch eingestellte Militär und der nationalistisch-rechte Flügel des Klerus, auf der anderen Seite das liberale Bildungsbürgertum und die sozialistische Linke. Die Frage nach Schuld oder Unschuld von Alfred Dreyfus mündete in grundsätzlichen Fragen um die Ausgestaltung der Dritten Republik: **Säkularisierung**? Menschenrechte vor **Staatsräson**? Militär und Kirche als unverzichtbare Säulen des Staatswesens? Schlussendlich setzte sich die liberale Linke bei den Wahlen 1902 durch und mit dieser neuen Mehrheit wurde 1905 die strenge Trennung von Kirche und Staat gesetzlich verankert.

Kulturkampf
Streit in Deutschland um das Verhältnis zwischen Staat und katholischer Kirche, z. B. in Bezug auf das Eherecht und Religionsunterricht

Kanzelparagraph
Paragraph im dt. Strafgesetzbuch seit 1871, der Geistlichen aller Religionen in der Ausübung ihres religiösen Amtes jegliche politische Stellungnahme verbietet (in BRD bis 1953, in DDR bis 1968)

Sozialistengesetz
Verbot aller sozialistischen, sozialdemokratischen und kommunistischen Vereine, Versammlungen und Schriften 1878–1890

Merowinger
Ältestes Königsgeschlecht der Franken im 5.–7. Jahrhundert

Pauperismus
Verelendung großer Bevölkerungsanteile als Folge der beginnenden Industrialisierung in einer Zeit mit Missernten und Hungersnöten

Triple Entente
Informelles Bündnis zwischen Frankreich, Großbritannien und Russland seit 1907 ohne bindende Verpflichtungen

Zeitgleich kam es auch im Deutschen Kaiserreich im sog. **Kulturkampf** zur Auseinandersetzung zwischen Staat und Katholischer Kirche. Dabei ging es ebenso um die Trennung von Politik und Religion. Die Maßnahmen der Regierung Bismarck reichten dabei vom **Kanzelparagraph** über das Schulaufsichtsgesetz bis hin zur Einführung der Zivilehe. Papst Pius IX. in Rom drohte seinerseits mit dem Kirchenbann, falls Priester und Bischöfe diese Gesetze einhielten. Die Zentrumspartei, die von Katholiken aller Schichten gewählt wurde, erhielt dabei steten Zulauf. Der Katholizismus spaltete sich nicht. In den 1880er Jahren wurde der Kulturkampf unter dem Nachfolger von Pius IX, Papst Leo XIII., diplomatisch beendet. Bismarck gab sich damit zufrieden, seine Ziele teilweise erreicht zu haben. Nun brauchte er die starke Reichstagsfraktion um das Zentrum, um eine Mehrheit für das **Sozialistengesetz** zu sichern. Darin liegt auch begründet, dass die Trennung von Staat und Kirche in Deutschland weniger stark umgesetzt wird als in Frankreich.

Der Antimodernismus der Katholischen Kirche

Schon während der Französischen Revolution beschloss der Nationalkonvent 1794 die Trennung von Kirche und Staat. In einem Land, das seinen König seit der Zeit der **Merowinger** als *rex christianismus*, den allerchristlichsten König, bezeichnete, war dies ein Zeichen für die Radikalisierung der Revolution. Die jahrhundertelang katholisch geprägten Franzosen machten diesen Schritt bald wieder rückgängig und Napoleon regelte das Verhältnis von Kirche und Staat durch ein Konkordat mit dem Vatikan, das bis 1905 galt.
Innerhalb der Katholischen Kirche entwickelte sich während der ersten Hälfte des 19. Jahrhunderts eine Strömung des Antimodernismus. Im Zeitalter von politischen und gesellschaftlichen Reformen, von Umbrüchen, Rufen nach liberalen Freiheitsrechten und Nationalstaatsgründungen wandten sich die Anhänger des Antimodernismus ausgehend von den Dekreten, die Papst Pius IX. erließ, gegen demokratische Reformen. Man orientierte sich am Syllabus errorum, einer Aufzählung zu beanstandender Irrtümer bezüglich Sozialismus, Liberalismus und Rationalismus. Seit der Aufklärung galten Ideen wie Religionsfreiheit oder Menschenrechte den Anhängern des Antimodernismus als kurzlebige Modeerscheinung. Die Auswirkungen der Industrialisierung und der damit einhergehenden Sozialen Frage sowie die Problematik des **Pauperismus** führten unter Papst Leo XIII. zu einem vorübergehenden Kurswechsel. In seiner Enzyklika Rerum novarum begründet er die Katholische Soziallehre. Doch sein Nachfolger Papst Pius X. schloss sich den antimodernistischen Kräften wieder verstärkt an. Er setzte im Jahr 1910 einen Antimodernismuseid für alle Priester durch. Darin wurden die katholischen Geistlichen dazu verpflichtet, die im Syllabus errorum aufgelisteten Irrtümer abzulehnen. Erst das II. Vatikanische Konzil (1962–65) schaffte den Eid wieder ab. Schlussendlich brachten äußere Umstände den innerkirchlichen Streit zwischen Modernismus und Antimodernismus zum Erliegen: der Beginn des Ersten Weltkrieges.

Der Erste Weltkrieg

Das 1894 abgeschlossene Militärbündnis mit Russland, welches später mit Großbritannien zur **Triple Entente** erweitert wurde, führte 1914 dazu, dass Frankreich am Ersten Weltkrieg teilnahm. Diesen Krieg gegen Deutschland befürworteten nahezu alle französischen Parteien, um so Elsass-Lothringen zurückgewinnen zu können.
Nach der endgültigen Kapitulation des Deutschen Reiches setzte Frankreich bereits in den Pariser Vorverträgen harte Friedensbedingungen durch. Der französische Ministerpräsident Georges Clemenceau, der während der Dreyfus-Affäre Herausgeber der Zeitschrift L'Aurore und somit Unterstützer von Zola gewesen war, war nun einer der bedeutendsten Politiker Frankreichs. Gegen das besiegte Deutsche Kaiserreich konnte er bei den Waffenstillstandsverhandlungen im November 1918 Frankreichs Recht auf Reparationszahlungen durchsetzen. Er trat als entschiedener Gegner Deutschlands auf und forderte ganz im Sinne des populären französischen „Revanchismus" eine schwere „Abrechnung". Im Zuge des Versailler Vertrags gewann Frankreich die Hoheit über Elsass-Lothringen zurück. Ökonomisch blieb

Frankreich aber auf der Verliererseite, da es als unmittelbares Kriegsgebiet herbe Verwüstungen hinnehmen musste und der Staat hoch verschuldet blieb. Dies bedeutete für die nächste Dekade eine enorme wirtschaftliche Hypothek. Damit verbunden war auch ein großes Sicherheitsbedürfnis gegenüber dem besiegten Deutschland, was mittelfristig zur Festigung der Grenze und im Krisenjahr 1923 auch zur Besetzung des Rheinlandes führte.

Die krisenhaften Zwanziger Jahre

Während in Deutschland mit der Weimarer Republik der Staat politisch neu gegründet und neu strukturiert wurde, blieb das parlamentarische System der Dritten Französischen Republik intakt. Das Verhältnis zum Nachbarstaat beherrschte die 1920er Jahre. Trotz der kurzzeitigen Besetzung des Ruhrgebiets 1923 durch belgische und französische Truppen zur Durchsetzung der Reparationszahlungen gemäß dem Vertrag von Versailles gelang unter Federführung von Gustav Stresemann und Aristide Briand im Vertrag von Locarno eine historische Annäherung von Frankreich und Deutschland.

Obwohl der **Franc** lange Zeit wertkonstant erschien, traf die von den Vereinigten Staaten ausgehende Weltwirtschaftskrise die europäischen Staaten gleichermaßen. In Frankeich waren die Bauern, die etwa ein Drittel der arbeitenden Bevölkerung ausmachten, durch den Preisverfall von agrarischen Produkten am schlimmsten betroffen. Ebenso litten das Kleinbürgertum, Kleinhändler und Handwerker, und somit vor allem die sozialen Schichten, die die Grundlage der Republik bildeten. Deflationspolitik und instabile Regierungskoalitionen begünstigten die Unzufriedenheit mit dem Parlamentarismus, und ebenso wie auf deutscher Seite profitierten auch in Frankreich die extremen Parteien von dieser Entwicklung. Die Auswirkungen der Weltwirtschaftskrise waren in Frankreich zwar weniger stark ausgeprägt als in Deutschland, dauerten aber länger an.

Franc
damalige französische Währung

Umstrittene Volksfrontregierungen

Am 6. Februar 1934 kam es in Folge der **Stavisky-Affäre** zu einer regierungsfeindlichen Demonstration in Paris. Rechtsradikale und faschistische Gruppierungen stürmten beinahe die Abgeordnetenkammer, die im alten Bourbonenpalast tagte, woraufhin Ministerpräsident Édouard Daladier zurücktrat.

Stavisky-Affäre
Betrugsaffäre um den Bankbetrüger Alexandre Stavisky 1933/34. Seine Kontakte zur liberalen Parti radical nutzten rechtsextreme Parteien für Protestaktionen gegen das angeblich korrupte parlamentarische Regime, die in der Aktion des 6. Februar 1934 gipfelten.

Der Aufstieg des Faschismus, wie er sich in Deutschland, Italien und Spanien bereits ereignete, schien nun auch Frankreich zu erreichen. Die Unruhen vom 6. Februar wirkten allerdings schockierend auf die linken Parteien, die den Aufstieg der Nationalsozialisten in Deutschland auf die Uneinigkeit der republiktreuen Parteien zurückführten. So näherte sich die Kommunistische Partei PCF den bürgerlichen Parteien (SFIO und parti radical) an. Der sogenannte front populaire, ein Zusammenschluss aus kommunistischen und sozialistischen Parteien, errang bei den Wahlen 1936 eine Mehrheit. Léon Blum wurde der erste sozialistische Premierminister. Der befürchtete Umsturz hin zum Faschismus blieb in Frankreich folglich aus. Dennoch hielt sich eine tiefgehende Polarisierung in Politik und Gesellschaft.

Parallel zur Wahl der Volksfront waren 1936 Streikwellen und Fabrikbesetzungen an der Tagesordnung, die die französische Wirtschaft nahezu zum Erliegen brachten. Das schnell verabschiedete und umfassende Reformprogramm der Regierung Blum führte zu einer kurzfristigen Entspannung der innenpolitischen Lage. Doch die anhaltenden Auswirkungen der Weltwirtschaftskrise konnten nicht überwunden werden. Außenpolitische Fragen, wie die Positionierung Frankreichs im Spanischen Bürgerkrieg sowie eine notwendige Aufrüstung angesichts der Bedrohung durch das nationalsozialistische Deutschland, wurden zur Zerreißprobe. Am Ende scheiterten die Regierung Blum und die Volksfrontregierung, da der Senat Blum die völlige Handlungsfreiheit über die Finanzpolitik verweigerte.

Nach Beginn des Zweiten Weltkrieges wurde Frankreich infolge des deutschen Angriffs im Juni 1940 zur Kapitulation gezwungen. Dies ist als Ende der Dritten Französischen Republik zu betrachten.

André Léon Blum (1872–1950)
französischer Politiker
Premierminister von Frankreich 1936–1938, 1946–1947

A Parlamentarismus in der Dritten Republik

D1

Verfassung der Dritten Republik

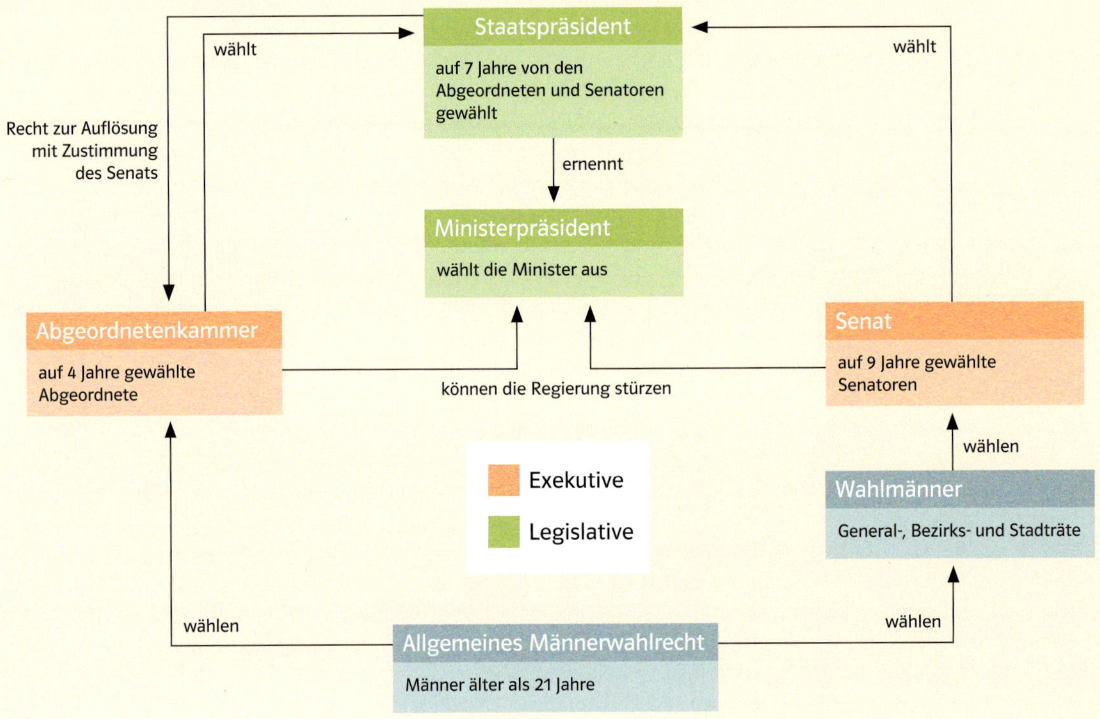

Q1

Woher ein solcher Starrsinn?

Der französische Innenminister Léon Gambetta in einer Rede in Grenoble am 26. September 1872 über die Bedeutung des neuen Mittelstandes für die Zukunft der Demokratie:

Was wollen Sie? In Frankreich kann man sich seit fünfundvierzig Jahren in manchen Klassen der Gesellschaft nicht daran gewöhnen, Partei zu ergreifen, nicht nur für die Französische Revolution, sondern auch für ihre Folgen, ihre Ergebnisse. Man will nicht zugeben, dass die Monarchie ihr Ende gefunden hat, dass alle politischen Systeme, die trotz einiger Unterschiede, monarchischen Charakter tragen, zum Scheitern verurteilt sind. […]

Man fragt sich in der Tat, woher ein solcher Starrsinn kommt. […]

Haben Sie denn nicht gesehen, dass nach dem Fall des Kaiserreichs eine neue Generation herangewachsen ist, die leidenschaftlich und zugleich beherrscht, intelligent und geschäftstüchtig ist, die die Gerechtigkeit liebt und die Grundrechte achtet? Haben Sie nicht gesehen, wie sie in die Stadträte gewählt wurde, wie sie Stufe um Stufe in die anderen gewählten Gremien des Landes aufstieg und in den Wahlkämpfen einen immer größeren Platz beanspruchte und erhielt? Hat man nicht im ganzen Land – und ich lege größten Wert darauf, diese neue demokratische Generation hervorzuheben – eine neue politische Führungsschicht auftauchen sehen, neues Personal dank dem allgemeinen Wahlrecht? Hat man nicht die Arbeiter in den Städten und auf dem Land, diese Welt der Arbeit, der die Zukunft gehört, in die Politik eintreten sehen? Ist dies nicht ein entscheidender Hinweis darauf, dass das Land – nachdem es viele Regierungsformen erprobt hat – sich endlich an eine andere soziale Schicht wendet, um die republikanische Staatsform zu erproben?

Joseph Reinach (Hrsg.): Discours et plaidoyers politiques de M. Gambetta. Charpentier, Paris, 1881, S. 100. Übersetzt v. Redaktion.

B Radikalisierung und Polarisierung

Q2

Erhängen der Republik

„Glauben Sie an einen Mann, der noch nie gelogen hat. Ich werde die Republik unterstützen ... bis dass der Tod uns scheidet".
Karikatur auf die Wahlen im Januar 1889.
Die abgebildete Person links ist der General und nationalistische Politiker Georges Boulanger (1837–1891).

Q3

Familienabendessen (Un Diner en Famille)

Karikatur von Caran d'Ache (Emmanuel Poiré 1858–1909), veröffentlicht in der Zeitung Le Figaro, 14. Februar 1898.
Unter dem oberen Bild steht: Vor allem! Lasst uns nicht über den Fall Dreyfus sprechen! Unter dem unteren Bild steht: Sie sprachen darüber.

Q4

„Ich beschuldige!"

Offener Brief von Émile Zola an den Präsidenten der Republik in der Tageszeitung L'Aurore am 13. Januar 1898:

Herr Präsident, in dankbarem Gedenken des wohlwollenden Empfangs, den Sie mir einmal gewährt haben, erlaube ich mir, in der Besorgnis um Ihren verdienten Ruhm, zu sagen, dass Ihr bisher so glücklicher Stern von dem schmählichsten, von dem unauslöschlichsten Schandfleck bedroht ist. [...]

Aber welch eine Befleckung Ihres Namens – ich hätte fast gesagt Ihrer Regierungszeit – ist die abscheuliche Affäre Dreyfus! Ein Kriegsgericht hat es gerade gewagt, auf Befehl einen Esterházy freizusprechen, und das ist die äußerste Schändung aller Wahrheit, aller Gerechtigkeit. Nun ist es geschehen, Frankreich hat auf seiner Wange diesen Schandfleck, die Geschichte wird schreiben, dass ein solches Verbrechen gegen die Gesellschaft unter Ihrer Präsidentschaft begangen werden konnte. [...]

Männer, die tief in Schuld und Verbrechen stecken, werden zu Unschuldigen proklamiert, und einen Mann fleckenlosen Lebens greift man in seiner Ehre an. Wenn eine Gesellschaft so tief sinkt, ist sie dem Verfall ausgeliefert.

Siegfried Thalheimer: Die Affäre Dreyfus. dtv Taschenbuch, München 1963, S. 185–190.

Q5

Laizismus in Frankreich

Aristide Briand im Parlament 1905. Vorstellung des Gesetzesentwurfs zur Trennung von Kirche und Staat:

Die neue Ordnung der Glaubensgemeinschaften, die Ihnen vorgeschlagen wird, berührt derart empfindliche und unterschiedliche Interessen, führt so große Veränderungen in jahrhundertealten Gewohnheiten herbei, dass es vernünftig ist, vor allem die erregte Empfindlichkeit der „Gläubigen" zu beruhigen, indem feierlich erklärt wird, dass die Republik nicht allein außerstande ist, das Gewissen zu unterdrücken oder den äußeren Ausdruck des religiösen Gefühls in einer seiner vielfältigen Formen zu stören, sondern auch dass sie die Gewissensfreiheit und die Religionsfreiheit durchzusetzen bestrebt ist. […]

Die Neutralität des Staates im konfessionellen Bereich ist das Ideal aller modernen Gesellschaften. […]

Indem Sie verabschieden, führen Sie den Staat zu einer richtigeren Einschätzung seiner Rolle und Funktion zurück, geben der Republik ihre echte revolutionäre Tradition wieder und gestehen der Kirche zu, was sie ausschließlich zu fordern berechtigt ist, nämlich die volle Freiheit, ihre Organisation zu gestalten, nach ihren Regeln und ihren eigenen Mitteln zu leben und sich zu entwickeln ohne andere Einschränkungen als die Achtung vor dem Gesetz und der öffentlichen Ordnung.

Jean-Louis Robert: Le XIXe siècle. Übersetzt v. Priscilla Hammann. Bréal, Paris 1995, S. 344.

C Der 6. Februar 1934 – Die Demokratie kippt?

Q6

Der 6. Februar 1934

a) linke Stimme

Die Republik macht die schlimmsten Stunden durch, die sie seit ihrer Gründung in Friedenszeiten erlebt hat. Die rechtmäßige Regierung wurde gestern durch einen Aufruhr gestürzt. Die Abgeordnetenkammer, die von einer enormen Masse aufgebrachter Demonstranten belagert wurde, drohte von der Erhebung gestürmt zu werden. Die Ordnungskräfte, die sich der blinden Gewalt einer entfesselten Meute entgegenstellen mussten, mussten sich verteidigen. Auf dem Pflaster von Paris floss Blut. Es gab Tote und unzählige Verletzte. Das Ministerium, das sich hätte verteidigen können, glaubt, durch einen Rückzug die Gemüter beruhigen zu können. Aber der Aufruhr tost immer noch um die Parlamente. […]

Die Anwesenheit einiger tausend Kommunisten unter den Demonstranten kann nicht über die wirklichen Hintermänner des Attentats hinwegtäuschen. Diese Operation wurde von den Feinden der Republik, vor allem den Royalisten, geleitet.

b) rechte Stimme

Am Abend des 6. Februar, als das furchtbarste Durcheinander im Palais Bourbon herrschte, entartete draußen die großartige Demonstration aufgebrachter Patrioten in einen Straßenkampf, wie Paris ihn seit Langem nicht mehr erlebt hat. Durch die brutalen Anweisungen des Ministerpräsidenten und des Innenministers wurden die Polizei, die mobile Garde, auf die Frontsoldaten, die ihre Fahnen und Abzeichen trugen, auf die Jeunesses patriotes[1], die von den Abgeordneten der Hauptstadt angeführt wurden, losgelassen. Tote, Hunderte von Verwundeten übersäten den Place de la Concorde und die angrenzenden Straßen. Von den Tuilerien sah man die rote Fahne und die finsteren Mienen ihrer Sektierer herankommen. Die Regierung Daladier, die Paris mit Blut besudelt hat, konnte Frankreich nicht regieren; es wird ihr nicht verzeihen, dass sie seine Armee verwendete, um die Feinde Staviskys zu retten. […]

Herr Daladier forderte in seiner Regierungserklärung dazu auf, ihn an seinen Taten zu messen. Seine ersten Taten waren verheerend: Er hatte keine andere Möglichkeit als abzutreten."

a) und b) René Pinon: Chronique de la quinzaine. In: Revue des Deux Mondes (15. Februar 1934). Übersetzt v. Priscilla Hammann, S. 954.

1 politische Jugendorganisation („Vaterländische Jugendliche")

Arbeitsvorschläge

Arbeitsvorschlag zum darstellenden Teil

1. Beschreiben Sie die Umstände, die zur Errichtung der Dritten Französischen Republik führten. [I]

A Parlamentarismus in der Dritten Republik

2. Vergleichen Sie die Gründung der Dritten Republik in Frankreich mit der Gründung des Deutschen Kaiserreiches 1871. [II]
3. Vergleichen Sie die Verfassung der Dritten Französischen Republik (D 1) mit der Verfassung des Deutschen Kaiserreiches (1871) bzw. mit der Verfassung der Weimarer Republik (1919). Das Verfassungsschema zum Deutschen Kaiserreich 1871 finden Sie im Onlinebereich des Kapitels. [II] ○
4. Analysieren Sie diejenigen Faktoren, die immer wieder stabilisierend für die Republik wirkten. [II]
5. Beurteilen Sie, ob sich das republikanische Frankreich als Gegenmodell zum Deutschen Kaiserreich charakterisieren lässt. [III]
6. Erklären Sie anhand von Q 1, welche Bedeutung Léon Gambetta dem neuen Mittelstand zuspricht, und beurteilen Sie, inwiefern in einer Demokratie von „staatstragenden" Schichten gesprochen werden kann. [II/III]

B Radikalisierung und Polarisierung

7. Interpretieren Sie die Karikatur Q 2. [III]
8. Interpretieren Sie die Karikatur Q 3. [III]
9. Erstellen Sie ein Podcast im Rahmen der Dreyfus-Affäre aus Sicht eines Soldaten/einer jüdischen Textilarbeiterin/eines Herausgebers einer deutschen Tageszeitung … [III]
10. Bewerten Sie die Rolle der Presse und der Pressefreiheit für die Demokratie. [III]
11. Vergleichen Sie die Trennung von Kirche und Staat in Frankreich und Deutschland. [II] ○
12. Stellen Sie die Stimmung auf rechter und linker Seite einander gegenüber. [II]

C Der 6. Februar 1934 – Die Demokratie kippt?

13. Diskutieren Sie Faktoren, weswegen der Faschismus in Frankreich im Gegensatz zu Deutschland, Spanien oder Italien nicht Fuß fassen konnte. [III] ○

Online- und Differenzierungsmaterialien zu Kapitel 2.5
○ Arbeitshilfen zu den Aufgaben 3, 11 und 13

Online-Code: 73kq4m

2.6 Die USA der 1920er- und 1930er-Jahre – resistent gegenüber antiliberalen Modernisierungskonzepten?

Europa in den Jahren zwischen den beiden Weltkriegen: Faschismus und Kommunismus erleben eine Blütezeit. Gerade in krisengeschüttelten Ländern, wie beispielsweise Deutschland oder Italien, finden totalitäre Weltanschauungen hohen Anklang und gewinnen an politischer Macht. Der Beginn einer Katastrophe. Gleiche Zeit, anderer Kontinent: In den aufstrebenden Vereinigten Staaten von Amerika hat sich die Demokratie bereits voll durchgesetzt. Selbst in größten Krisenzeiten scheint diese Nation immun gegenüber antiliberalen Konzepten zu sein. Ist das wirklich so, und wenn ja, woran lag und liegt das?

Die neue Weltmacht USA in Zeiten der Progressive Era

→ Kapitel 1.6, S. 60 f.

Ab der zweiten Hälfte des 19. Jahrhunderts stiegen die Vereinigten Staaten von Amerika rasant zu einer neuen Weltmacht auf. Deutliche Gebietszuwächse, wie durch den Kauf Alaskas 1867 und Eroberung neuer Kolonien, sowie die Vergrößerung der einheimischen Wirtschaftsleistung können als Ursachen und Folgen zugleich genannt werden. Damit verbunden wird auch die internationale Rolle der USA gewichtiger. Innenpolitisch drängen sich durch die fortschreitende Industrialisierung, Urbanisierung und Masseneinwanderung wichtige Fragen auf, die nach Lösungen verlangen.

Die Anhänger der neuen progressiven Reformbewegung scheinen darauf Antworten zu haben und gewinnen stark an politischem Einfluss. Im Kern ihrer Forderungen geht es den Progressives um die Verbesserung der sozialen Situation der Menschen in den wachsenden Großstädten. Obwohl sich kurzzeitig eine Progressive Party herausbildete, kann die progressive Bewegung nicht parteipolitisch definiert werden. Vielmehr gab es Anhänger dieser Strömung in allen politischen Parteien. Die Progressives wendeten sich gegen die bis dato vorherrschende Laissez-faire orientierte Wirtschaftspolitik, die besagt, dass der Staat nicht in das Wirtschaftsgeschehen eingreifen solle, um ökonomische Entwicklung und Wohlstand der Bevölkerung bestmöglich fördern zu können. Somit stellten die Progressives nicht den Kapitalismus in Frage, forderten jedoch eine aktivere Rolle des Staates hinsichtlich des Marktgeschehens sowie zur Behebung von sozialem Elend. Ihre Forderungen ähnelten in diesen Punkten denjenigen europäischer Sozialdemokraten. Ebenfalls sollten die Bürger mehr politische Mitspracherechte bekommen. So fällt in die Zeit der Progressive Era die Etablierung zahlreicher Einrichtungen und Neuerungen. Neben Suppenküchen für sozial Schwache wurde das Bildungs- und Kulturangebot in ärmeren Vierteln erweitert. Darüber hinaus kam es zur Einführung von Volksabstimmungen. Als großer Erfolg der Progressives ist auch das 1920 eingeführte Frauenwahlrecht zu nennen. Bereits davor setzten sich vorwiegend weiße Sozialreformer und schwarze Intellektuelle gegen die Diskriminierung der afroamerikanischen Bevölkerungsschichten ein, was zur Gründung der antirassistischen **National Association for the Advancement of Colored People (NAACP)** führte.

National Association for the Advancement of Colored People (NAACP)
1909 gegründete Organisation, die seitdem für Gleichberechtigung der afroamerikanischen Bevölkerung eintritt und heute ungefähr eine halbe Million Mitglieder umfasst

US-Präsident Theodore Roosevelt stand den Ideen der Progressives aufgeschlossen gegenüber. In seiner Amtszeit von 1901–1909 wurden unter anderem Gesetze zur Regulierung der Eisenbahnen sowie zum Schutz der Verbraucher und der Natur verabschiedet. Mit der Wahl Woodrow Wilsons im Jahr 1913 zog nach 16 Jahren erstmals wieder ein Demokrat ins Weiße Haus. Auch Wilson verstand sich als Anhänger des Progressivismus und stärkte demzufolge die Rechte der Farmer, Arbeiter und Verbraucher. Als der Erste Weltkrieg ausbrach, verlegte sich der Fokus zunehmend auf die Außenpolitik, sodass die Progressive Era spätestens ab 1920 als beendet betrachtet werden kann.

„Teaching old Dogs new tricks“
Titelblatt der „Life“ vom 18. Februar 1926

Flapper
engl. Ausdruck für „jemanden, der flattert“. In den 1920er-Jahren in den USA Bezeichnung für lebensfreudige Frauen, die sich modisch (kurze Röcke, kurzes Haar) und im Freizeitverhalten (Jazzmusik, sich schminken, Alkohol trinken, rauchen) gegen die vorherrschenden „Regeln guten Benehmens“ verstießen

Ku-Klux-Klan
1865–1875 und 1915–1944 einheitliche Geheimorganisation (seit 1955 als mehrere voneinander unabhängige Gruppen aktiv), die mit Gewalt und Terror rassistische und antisemitischen Ziele verfolgte/verfolgt

Prohibitionszeit
landesweites Verbot der Herstellung, des Transports und des Verkaufs von Alkohol in den USA in den Jahren 1920 bis 1933

Die „Goldenen Zwanziger“ der USA – mehr Schein als Sein?

Nach dem Ersten Weltkrieg erholte sich die US-Wirtschaft wesentlich schneller als die anderer Länder, die stärker unter den Kriegsfolgen litten, wie Deutschland oder Frankreich. Die USA profitierten hierbei stark von der zweiten industriellen Revolution und dem Ausbau des globalisierten Weltmarkts. Die Roaring Twenties (1922–1929) waren von einem starken Wirtschaftsaufschwung und Anstieg der Aktienkurse bei gleichzeitiger Vollbeschäftigung geprägt. In diese Phase fällt auch der Übergang in die US-amerikanische Konsumgesellschaft. Zwar gab es Massenprodukte bereits ab den 1880er-Jahren, nun waren diese aber breiten Bevölkerungsschichten zugänglich. Die US-Bürger deckten sich mit Autos, Staubsaugern oder Kühlschränken ein. Um die einheimische Wirtschaft zu schützen, wurden Importe durch Zölle künstlich verteuert. Die Verfechter des Fordismus, die sich auf die Theorien des industriellen Begründers der Massenproduktion, Henry Ford, beriefen, wähnten sich im Recht, schließlich hatte es den Anschein, dass höhere Löhne und eine dadurch gestiegene Nachfrage tatsächlich Wirtschaftskrisen vorbeugen könnten.

Auch das kulturelle Leben änderte sich im Laufe der 1920er-Jahre zusehends. Durch die Verbreitung von Radio, Film und Fernsehen konnten ganze Massen unterhalten werden, der Siegeszug der Populärkultur begann. Aber auch der Jazz blühte auf. Passend zu diesem neuen Lebensgefühl etablierte sich zudem ein neues Frauenbild. Die selbstbewussten jungen Frauen, die in der Öffentlichkeit rauchten und durch kurze Röcke auffielen und somit die konservativ eingestellten US-Bürger schockierten, wurden **Flappers** genannt. Diese Frauen verkörperten das „neue“ Amerika, wohingegen in ländlich-kleinstädtischen Gebieten der neue Lebensstil abgelehnt wurde und man sich stattdessen auf „alte“ Werte berief bzw. sich als Vertreter des „echten“ Amerikas sah. Die zumeist konservativen Kritiker konnten jedoch nicht verhindern, dass Frauen allmählich den Arbeitsmarkt eroberten, auch wenn die Männer im direkten Vergleich die Oberhand behalten sollten, schließlich erhielten Frauen deutlich geringere Löhne.

Es gab aber auch in dieser Blütezeit der US-Geschichte Verlierer, nämlich Menschen, die nicht am neuen Wohlstand teilnehmen durften. Gerade für die kleinen Farmer bedeutete der durch Überproduktion ausgelöste Preisverfall häufig das wirtschaftliche Ende. Zum allmählichen Niedergang der Landwirtschaft gesellte sich das Gesellschaftsproblem der wachsenden sozialen „Schere“. Dadurch, dass sich viele US-Amerikaner nach dem Ersten Weltkrieg nach „Normalität“ sehnten, verlagerte sich der Fokus auf innenpolitische Themen. Dieser Paradigmenwechsel hatte zur Folge, dass Einwanderer zunehmend als Bedrohung wahrgenommen wurden. Folglich erlebte auch der rassistische **Ku-Klux-Klan** einen rasanten Aufstieg, nahm politischen Einfluss und zählte in den Jahren der Roaring Twenties über 4 Mio. Mitglieder. Die 1920 in Kraft getretene **Prohibition** förderte zudem ungewollt das organisierte Verbrechen und kriminalisierte viele Bürger, da sie illegal Alkohol konsumierten. Alles in allem überwogen aber die positiven Seiten der Roaring Twenties in der amerikanischen Wahrnehmung. Der American Dream schien kein Wunschtraum (mehr) zu sein und die kapitalistische Demokratie galoppierte scheinbar unaufhaltsam von einem zum nächsten Wirtschaftsaufschwung. Das unerwartete Ende dieser Zeit traf daher viele Menschen umso härter und stellte die kapitalistische Demokratie auf eine harte Bewährungsprobe.

The Great Depression – eine Weltmacht versinkt in der Wirtschaftskrise

Der 24. Oktober 1929 ging als „Schwarzer Donnerstag“ in die Geschichtsbücher ein und offenbarte, wie fragil der konjunkturelle Aufschwung der 1920er-Jahre wirklich war. Als sich die Marktverhältnisse schließlich verschlechterten, platzte die angestaute Spekulationsblase und riss zunächst die Wirtschaft der USA, danach die Weltwirtschaft in einen ruinösen Abgrund. Die Aktienkurse stürzten durch Panikverkäufe ins Bodenlose und es begann eine lang anhaltende Wirtschaftskrise. Erst im Jahr 1954 konnte der Börsenstand vor der Krise wieder erreicht werden. In der Zwischenzeit gingen etliche Unternehmen pleite. Dadurch ausgelöst stieg die Arbeitslosigkeit dramatisch an, sodass 1932/33 jeder vierte US-Bürger

Q1

Nachtasyl für obdachlos gewordene Arbeitslose in New York 1931

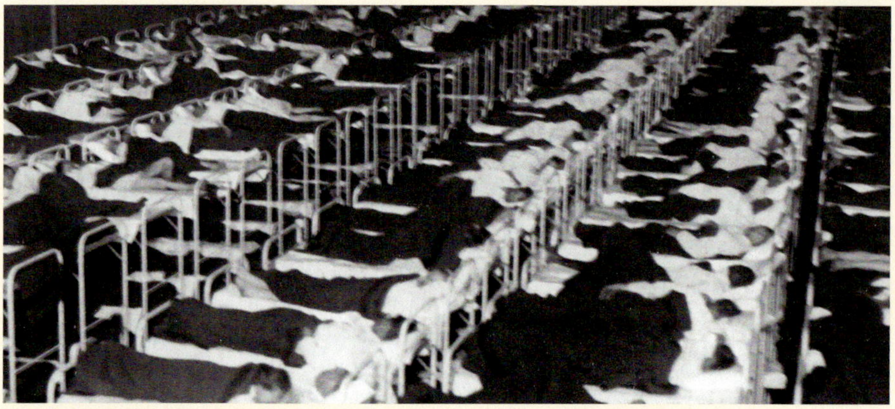

ohne Erwerbstätigkeit dastand. Das Bruttoinlandsprodukt nahm rapide ab, der Konsumrausch der „Goldenen Zwanziger" fand ein jähes Ende, ganze Massen getrieben ins soziale Abseits. Nachdem beträchtliche Bevölkerungsteile ihre Hypotheken auf Häuser oder auch ihre Mieten sowie Ratenzahlungen auf erworbene Konsumgüter nicht mehr hatten leisten können, wurden sie aus ihren Häusern vertrieben. Fortan lebten sie in Elendsvierteln am Rande der Stadt. Um dem Hungertod zu entgehen, speisten viele Amerikaner in öffentlichen Suppenküchen. Anders als in Deutschland, wo erste Strukturen eines staatlichen Sozialnetzes entstanden waren, existierten in den USA noch keine staatlichen Sozialversicherungen. In diesen schweren Zeiten verlangten die US-Bürger nach einer politischen Wende.

Roosevelts New Deal – die Lösung des Problems?

→ Q3, D1, S. 133

Als im Jahr 1933 Franklin D. Roosevelt zum 32. Präsidenten der Vereinigten Staaten gewählt wird, keimt neue Hoffnung auf. Roosevelt führte seinen Wahlkampf mit dem Versprechen eines „New Deal" und meinte die Einführung grundlegender sozialer und wirtschaftlicher Reformen, die zwischen den Jahren 1933–1938 auch umgesetzt werden sollten. Damit einher gingen stärkere Lenkungseingriffe seitens des Staates, um die Konjunktur zu beleben. Neben staatlichen Kontrollen wurden beispielsweise noch kreditfinanzierte Beschäftigungsprogramme ins Leben gerufen oder landwirtschaftliche Stützungskäufe vorgenommen. Unter dem Sammelbegriff Deficit-Spending verschuldete sich der US-Staat zugunsten solcher Wirtschaftshilfen. Das Haushaltsdefizit verdoppelte sich zwischen 1933 und 1940 auf 43. Mrd. US-Dollar. Auch wenn sich Roosevelt nie öffentlich zu den Theorien des britischen Ökonomen John Maynard Keynes bekannte, sehen viele Historiker in Roosevelts Politik die praktische Umsetzung des **Keynesianismus**.

In seiner 12-jährigen Amtszeit – Roosevelt verstarb 1945 im Amt – brachte er durchaus große Neuerungen auf den Weg. Sicherlich als eine der wichtigsten kann der 1935 verabschiedete Social Security Act angesehen werden, der die Einführung einer Renten-, Unfall- und Arbeitslosenversicherung zur Folge hatte und als Grundstein des modernen amerikanischen Welfare State („Wohlfahrtsstaat") gilt. 1938 folgte unter anderem der Fair Labor Standards Act, der Kinderarbeit endgültig verbot und Höchstarbeitszeiten sowie Mindestlöhne regelte.

Obgleich die oppositionellen Politiker die staatlichen Eingriffe massiv bemängelten und die individuelle Freiheit gefährdet sahen, stieß der New Deal innerhalb der Bevölkerung auf große Resonanz. So wichtig die Reformen aus heutiger Sicht auch scheinen mögen, erzielte der Hype um den New Deal aus damaliger Sicht eher eine psychologische Wirkung. Die Wirtschaftszahlen erholten sich erst ab 1939, da die US-Wirtschaft im Zweiten Weltkrieg durch Kreditvergaben und Produktlieferungen große Gewinne verzeichnen konnte.

Keynesianismus
Wirtschaftstheorie, die der staatlichen Stützung in Krisenzeiten eine zentrale Funktion zuweist (z. B. mittels staatlicher Beschäftigungsprogramme) und sich von der Annahme abgrenzt, dass die Wirtschaft auf sog. „Selbstheilungskräfte" vertrauen solle

Gründe für die Resistenz gegenüber antiliberalen Ideologien

Es darf nicht verschwiegen werden, dass es in den USA der Zwischenkriegszeit – ähnlich wie in europäischen Staaten – eine faschistische Bewegung gab, die durch die Weltwirtschaftskrise 1929 vorangetrieben wurde. Bereits 1915 kam es zur Neugründung des Ku-Klux-Klans. Die Nähe des rassistischen Klans zum Faschismus ergab sich vor allem aus der Unterscheidung zwischen einer weißen und einer schwarzen „Rasse", letztere wurde von den Klan-Mitgliedern als minderwertig angesehen. In der US-amerikanischen Gesellschaft war zu dieser Zeit aber auch das antisemitische Bild des verschwörerisch-kommunistischen Juden präsent, der die Weltmacht an sich reißen wolle. Besonders gefürchtet waren die rassistisch und politisch motivierten Morde der Black Legion, eine radikale Abspaltung des Ku-Klux-Klans. Hinsichtlich der Verbreitung faschistischen Gedankenguts nahmen zahlreiche italienisch- und deutschstämmige US-Bürger eine gewichtige Rolle ein. So gründete Fritz Julius Kuhn im Jahr 1936 den **German-American Bund** („Amerikadeutscher Bund") und hetzte offen gegen den damaligen Präsidenten Franklin D. Roosevelt und seine New-Deal-Politik. Zusammengefasst unter der **Fascist League of North America** traten Faschisten unterschiedlicher Herkunft auf und versuchten politisch Einfluss zu nehmen.

Zeitgleich kam es zu einer kommunistischen Bewegung, die ihren Höhepunkt Mitte/Ende der 1930er-Jahre hatte. Bereits 1919 gründete sich die **Kommunistische Partei der USA (CPUSA)** und konnte zu ihren Glanzzeiten ca. 100 000 Mitglieder vorweisen. Es gab zudem US-Amerikaner, die in die stalinistische UdSSR auswanderten, unter anderem, um an der sowjetischen Industrialisierung mitzuwirken. Als Beispiel kann John Scott aufgeführt werden, der am Aufbau der kriegswichtigen Industrie- und Arbeiterstadt Magnitogorsk beteiligt war.

Trotz faschistischer und kommunistischer Strömungen konnten antiliberale Ideologien in den USA nie wirklich Fuß fassen. Die Gründe hierfür sind vielfältig. Zum einen wiesen die Vereinigten Staaten keine feudale Tradition auf und etablierten bereits früh ein demokratisches System, innerhalb dessen ein allgemeines Wahlrecht eingeführt wurde, wenn auch nur zunächst für weiße Männer. Sehr schnell bildete sich dann das bekannte US-amerikanische **Zwei-Parteien-System** heraus, welches es bis heute fast unmöglich macht, dass ein Nicht-Demokrat oder Nicht-Republikaner ins Weiße Haus einzieht. Wiederum betonen Historiker häufig, die ethno-kulturellen und „rassischen" Spaltungen der amerikanischen Gesellschaft hätten den Aufstieg des Sozialismus verhindert, da kein gemeinsames „Klasseninteresse" der Arbeiterschaft bestanden hätte. Es darf an dieser Stelle auch nicht vergessen werden, dass es der Arbeiterbewegung sowie den Gewerkschaften der USA nicht gelang, an nennenswertem politischen Einfluss zu gewinnen.

Der Glaube an das eigene System war und ist aber der Hauptgrund dafür, dass andere politische Strömungen bisher im Keim erstickt wurden. Als die kapitalistische Demokratie der Vereinigten Staaten durch den Ausbruch der Great Depression zumindest innenpolitisch auf ihre vermutlich härteste Bewährungsprobe gestellt wurde, versperrte der Glaube an den New Deal anderen Strömungen den Sprung zur politischen Macht. Die US-Bürger stellten nicht den Kapitalismus in Frage, sie forderten stattdessen Reformen. Die Repressionen gegenüber politisch Linken, die in der **Red-Scare-Phase** („Rote Angst") der Jahre 1919/20 einen ersten Höhepunkt fanden, indem etliche, teils vermeintliche „Klassenfeinde" stigmatisiert und verfolgt wurden, stießen eher auf gesellschaftliche Zustimmung als auf Ablehnung.

Bis heute halten die US-Bürger an ihrer kapitalistischen Demokratie fest. Während der Einfluss sozialistischer Tendenzen auf die Gesellschaft als gering einzuschätzen ist, darf derjenige rechtskonservativer, teils rassistischer Kreise nicht unterschätzt werden. Obwohl die Zahlen massiv geschrumpft sind, hat der Ku-Klux-Klan als aktiver Geheimbund bis heute überlebt. Hinzugekommen sind neonazistische Vereinigungen, wie die **Aryan Brotherhood** („Arische Bruderschaft"), die des Öfteren für mediales Aufsehen sorgt. Die als überwunden geglaubten Spannungen zwischen verschiedenen ethnischen Bevölkerungsschichten, ausgelöst durch Sklaverei und „Rassentrennung", keimen immer wieder auf, wenn ein afroamerikanischer US-Bürger von einem Polizisten erschossen wird.

German-American Bund („Amerikadeutscher Bund")
1933 von Deutschamerikanern in den USA nach Vorbild der NSDAP gegründete Organisation mit zeitweise mehreren Zehntausend Anhängern

Fascist League of North America (FLNA)
1924 von Italo-Amerikanern nach Vorbild der ital. faschistischen Bewegung gegründete Organisation, die 1929 auf Betreiben Italiens wieder aufgelöst wurde

Kommunistische Partei der USA (CPUSA)
1919 gegründete Partei, die sich von der Sozialistischen Partei Amerikas (SPA) abspaltete

Zwei-Parteien-System
Ausdruck für die Dominanz der Demokratischen und Republikanischen Partei in der politischen Landschaft der USA seit Ende des 19. Jahrhunderts

Red-Scare-Phase
Phase antikommunistischer Hysterie in den USA gegenüber der politischen Linken mit Hochphasen in den Jahren 1917–1920 und 1947–1957

Aryan Brotherhood
1964 gegründete neonazistisch-rassistische Organisation, die geschätzt ca. 15 000–20 000 Mitglieder aufweist

A Die Roaring Twenties – mehr Schein als Sein?

Q2

Das neue weibliche Selbstbewusstsein der Flapper-Generation

„Mutter, fandest du es als Mädchen nicht langweilig, eine Jungfrau zu sein?"

US-Karikatur 1927

Q3

Die neue Moral

Der Journalist F. L. Allen, ein Chronist der Alltagskultur der 1920er-Jahre:

Eine entscheidende Revolution gegen die akzeptierte Ordnung in Amerika fand in den unmittelbaren Nachkriegsjahren statt. Die Rebellen waren […] die Söhne und Töchter wohl situierter amerikanischer Familien. […]

Der Moralkodex des Landes [war in Gefahr] […] Schon allein die Kleider der Mädchen [und Frauen] schienen alarmierend genug. Im Juli 1920 berichtete ein Modejournalist der New York Times, „die Rocklänge der amerikanischen Frau ist bis weit oberhalb jeglicher Grenzen des Anstands gestiegen". Mit anderen Worten: Der Saum befand sich nunmehr 22 Zentimeter über dem Boden […] und kletterte noch ein paar skandalöse Zentimeter weiter nach oben. Einige der ganz wilden jungen Dinger rollten ihre Strümpfe bis unterhalb der Knie hinunter und enthüllten dem schockierten Auge der Tugend einen flüchtigen Blick auf Schienbeine und Knie. […]

Die vorherrschende Tanzmode konsternierte noch mehr. Nicht die romantische Violine, sondern das barbarische Saxophon dominierte nun das Orchester – und zu seinem verführerischen Sound bewegten sich die Paare […] Sie tanzten, als ob sie aneinanderklebten, Körper an Körper, Wange an Wange. Angeblich anständige Mädchen rauchten Zigaretten, öffentlich und herausfordernd. […] Sie tranken, […] und es hieß, sie zögen sich bei Tanzveranstaltungen […] in dunkle Räume oder geparkte Autos zurück. […]

Es war unglaublich. Es war verabscheuungswürdig. Was bedeutete dies? Wurde nun jeder Anstand über Bord geworfen? [...]
Wie alle Revolutionen wurde diese durch ausländische Propaganda vorangetrieben. Sie kam jedoch nicht aus Moskau, sondern aus Wien. Sigmund Freud und Jung hatten bereits 1909 vor amerikanischen Psychologen über die Psychoanalyse Vorträge gehalten, aber erst nach dem Kriege fand die freudsche Lehre in der amerikanischen Öffentlichkeit Verbreitung. [...] Sex, so hatte es den Anschein, war die zentrale und alles beherrschende Kraft, die die Menschheit bewegte. [...] Die Grundlage geistiger Gesundheit war es, ein ungehemmtes Sexualleben zu führen. Wer glücklich und zufrieden sein wollte, musste seiner Libido gehorchen. So lautete die freudsche Lehre. [...]
Eine neue Qualität der Freiheit wurde durch die enorme Verbreitung des Autos ermöglicht. Es ermöglichte die vorübergehende Flucht vor der Überwachung durch die Eltern und vor der sozialen Kontrolle durch die Nachbarschaft. [...] Zitiert wurde ein Jugendrichter, der erklärte, dass das Auto „ein Bordell auf Rädern" geworden sei. [...]
Die neue Moral war geboren aus Desillusionierung – und unter all der Überschwänglichkeit ihrer Vertreter und neben der Diskussion über den Beginn eines neuen Zeitalters blieb da doch die Desillusionierung. Die Dekade war nicht nur unerzogen, sondern auch unglücklich.

Frederick Lewis Allen: Only Yesterday – An Informal History of the Nineteen-Twenties. Harper, New York 1931, S. 88–103. Übersetzt v. Redaktion.

B Der New Deal – eine „revolutionäre" Veränderung?

Q4

Ein Industriearbeiter äußerte sich in einem Interview zum New Deal 1935 zu seiner Situation:

Gestern war der überraschendste Tag: Dem Boss wurde befohlen, uns nach dem gesetzlichen Lohn zu bezahlen. Und mehr noch: Ihm wurde befohlen, uns nachzuzahlen, was er uns seit dem Beginn der gesetzlichen Festlegung schuldete, und wir kriegten das Geld richtig auf die Hand; Sie können sich vorstellen, dass mir das Geld gelegen kam [...] Aber da ist etwas, das ist mehr wert als Geld. Das ist das Bewusstsein, dass der Arbeiter den Bossen und ihren gerissenen Rechtsanwälten und allen ihren Tricks nicht allein gegenübersteht. Da ist jetzt eine Regierung, die dafür sorgt, dass die Dinge gerecht für uns laufen. Ich sage Ihnen: Das ist mehr als Geld. Es gibt Ihnen ein gutes Gefühl. [...]

Frank Burt Freidel (Hrsg.): The New Deal and the American People. Englewood Cliffs 1964, S. 41. Übersetzt v. Redaktion.

D1

New Deal – eine Bilanz

Der Historiker Manfred Berg (geb. 1959) bewertet rückblickend den New Deal:

Roosevelt hatte den Amerikanern einen „New Deal" versprochen und prägte damit einen Slogan, der zur Signatur[1] einer ganzen Ära wurde und den Begriff des Liberalismus in der amerikanischen politischen Sprache neu definierte. [...] Roosevelt besaß keinen schlüssigen Plan zur Überwindung der Krise, sondern initiierte in der ersten Phase des New Deal eine Vielzahl unterschiedlicher Maßnahmen zur Stabilisierung des Bank- und Kreditwesens sowie zur Arbeitsbeschaffung, darunter das populäre Civilian Conservation Corps, das junge Männer mit Arbeiten in den Nationalparks beschäftigte. [...] In der breiten Bevölkerung jedoch war der New Deal überaus populär. Ein entscheidender Grund war das Charisma des Präsidenten, der es mithilfe seiner volksnahen Gattin Eleanor, die als erste First Lady auch politisch in Erscheinung trat, meisterhaft verstand, seinen Landsleuten Zuversicht und den Eindruck rastloser Tatkraft zu vermitteln. [...]
Die große Depression überwand der New Deal allerdings nicht. Die Arbeitslosigkeit blieb hoch und stieg in der Rezession von 1938 erneut über 20 %. Erst die Rüstungskonjunktur ab 1939 und die Mobilisierung im Zweiten Weltkrieg führten die ökonomische Wende herbei. Gleichwohl bleiben die Leistungen der New-Deal-Ära beeindruckend. Millionen bedürftiger Amerikaner profitierten von Unterstützungszahlungen und Arbeitsbeschaffungsmaßnahmen. Mit dem Bau von Straßen, Schulen, Krankenhäusern und Kraftwerken wurde die Infrastruktur besonders der ländlichen Regionen modernisiert. Und schließlich dürfen auch die zahlreichen kulturellen Projekte nicht vergessen werden, etwa das Federal Writers Project[2], das u. a. eine wertvolle Sammlung von Interviews mit ehemaligen Sklaven produzierte.

Manfred Berg: Geschichte der USA. Oldenbourg Verlag, München 2013, S. 62–64.

1 Signatur bedeutet hier in etwa „bezeichnender Ausdruck" (für einen bestimmten Zeitraum).
2 Das Federal Writers Project lief von 1935 bis 1943 und galt als Arbeitsbeschaffungsmaßnahme der amerikanischen Regierung während der New-Deal-Phase. Ziel war es, arbeitslose Intellektuelle zum Wohle der Allgemeinheit zu unterstützen, indem Forschungsprojekte angeregt wurden, welche die Vielfalt der kulturellen Traditionen in den USA dokumentieren sollten. In diesem Zeitraum entstand eine beachtlich hohe Zahl an neuen Schriften.

D2

Arbeitslosenstatistik der USA 1919–1949 in Prozent

1919	1,1	**1935**	20,1
1920	5,2	**1936**	16,9
1921	11,7	**1937**	14,3
1922	6,7	**1938**	19,0
1923	2,4	**1939**	17,2
1924	5,0	**1940**	14,6
1925	3,2	**1941**	9,9
1926	1,8	**1942**	4,7
1927	3,3	**1943**	1,9
1928	4,2	**1944**	1,2
1929	3,2	**1945**	1,9
1930	8,7	**1946**	3,9
1931	15,9	**1947**	3,9
1932	23,6	**1948**	3,8
1933	24,9	**1949**	5,9
1934	21,7		

Willi Paul Adams (Hrsg.): Die Vereinigten Staaten von Amerika. Fischer, Frankfurt/M. 1977, S. 505.

Q5

Weltwirtschaftskrise – ein hartes Einzelschicksal

Die New York Times veröffentlicht 1932 die folgende Meldung:

Nachdem er vergeblich versucht hatte, einen Räumungsaufschub bis zum 15. Januar für seine Wohnung in der Hancock Street 46 in Brooklyn zu erreichen, starb der ehemalige Dachdecker Peter J. Cornell gestern, 28-jährig, arbeitslos und ohne einen Penny, in den Armen seiner Frau.

Ein Arzt erklärte Herzversagen als Todesursache, und die Polizei sagte, dieses sei zumindest teilweise durch die bittere Enttäuschung über einen tagelangen, erfolglosen Versuch verursacht worden, zu verhindern, dass er selbst und seine Familie auf der Straße landen. […]

Cornell schuldete $ 5 Miete im Hinterhaus und $ 39 für Januar, die sein Vermieter im Voraus verlangte. Sein Unvermögen zu bezahlen, bewirkte, dass der Familie gestern ein Räumungsbefehl zugestellt wurde, wirksam zum Ende der Woche.

Howard Zinn: Eine Geschichte des amerikanischen Volkes. Übersetzt v. Sonja Bonin. Schwarzerfreitag, Berlin 2007, S. 377.

Arbeitsvorschläge

A Die Roaring Twenties – mehr Schein als Sein?

1. Definieren Sie den Begriff „Roaring Twenties". Beschreiben Sie dabei auch Ursachen, die diese Ära begünstigten. [I]
2. Lesen Sie den Text Q 3 und betrachten Sie zusätzlich die Karikatur Q 2. [I]
   a) Beschreiben Sie mithilfe der Textquelle Q 3 die gesellschaftlichen Veränderungen der USA zu Zeiten der Roaring Twenties. [I]
   b) Erläutern Sie, warum der Autor Allen die 1920er-Jahre der USA als eine „unerzogene" und „unglückliche" Dekade bezeichnet. (Q 3) [II]
   c) Beschreiben und interpretieren Sie die Karikatur. (Q 2) [I/II/III]
   d) Unterscheiden Sie zwischen den unterschiedlichen Wertvorstellungen und Lebensstilen des „alten" und des „neuen" Amerikas. Fassen Sie Ihre Ergebnisse in einer gegenüberstellenden Tabelle zusammen. (Q 2–Q 3) [II]
3. Beschreiben Sie unter Zuhilfenahme des Internets, warum der rassistische Ku-Klux-Klan in den 1920er-Jahren einen rasanten Aufstieg in den Vereinigten Staaten von Amerika erlebte und welchen Einfluss er auf die heutige US-Gesellschaft ausübt. [I]
4. Erörtern Sie die folgende Frage: „Die Roaring Twenties – Mehr Schein als Sein?" Unterscheiden Sie dabei auch zwischen Gewinnern und Verlierern der aufstrebenden Wirtschaft. (Q 2–Q 3) [III] ○

B Der New Deal – eine „revolutionäre" Veränderung?

5. Erläutern Sie Ursachen und Folgen der großen Depression. [II]
6. Versetzen Sie sich in die folgende Situation: Sie sind eine US-Bürgerin/ein US-Bürger der 1930er-Jahre und erleben gerade die Auswirkungen der großen Depression. Zwar können Sie Ihr Haus noch halten, trotzdem haben sich in Ihnen Zukunftsängste aufgebaut. Nun lesen Sie die Zeitungsmeldung und entschließen sich, einen Protestmarsch zu organisieren. Entwerfen Sie ein Protestplakat, das den Staat zum Handeln auffordert und Mindestanforderungen enthält, die Sie in dieser schwierigen Zeit garantiert haben möchten. (Q 5)
7. Lesen Sie die beiden Texte Q 4 und D 1.
   a) Erläutern Sie den Begriff und die damit verbundenen Maßnahmen des New Deal. (D 1) [II]
   b) Vergleichen Sie den Historikertext mit der subjektiven Empfindung des Arbeiters aus dem Jahr 1935. Welche Gemeinsamkeiten und Unterschiede fallen Ihnen auf? Begründen Sie Ihre Annahmen. (D 1, Q 4) [II/III]
   c) Inwieweit unterstützt die Statistik zur Entwicklung der Arbeitslosenzahlen die Aussagen des Historikers? Erklären Sie. (Q 4, D 2) [II]
   d) Recherchieren Sie unter Zuhilfenahme des Internets nach Argumenten damaliger New-Deal-Gegner. [I] ○
   e) Diskutieren Sie abschließend, ob und inwieweit der New Deal als „revolutionäre" Veränderung der USA angesehen werden kann. Erörtern Sie dabei auch die Frage nach der tatsächlichen Einflussnahme der New-Deal-Maßnahmen hinsichtlich der Überwindung der damaligen US-amerikanischen Wirtschaftskrise. (D 1–D 2, Q 4) [III]

Übergreifender Arbeitsvorschlag

8. Warum kam es in den USA zu Zeiten der großen Depression zu keinen nennenswerten Radikalisierungen, welche das wirtschaftliche und politische System in Frage stellten oder gar umwälzten? Erörtern Sie die Fragestellung im Vergleich zu den Entwicklungen der Zwischenkriegszeit in Frankreich, Italien und Deutschland. [III]

Online- und Differenzierungsmaterialien zu Kapitel 2.6
○ Arbeitshilfen zu den Aufgaben 4 und 7d

Online-Code: t43fe8

2.7 Die Ideologie des Nationalsozialismus

„Sie [Die Masse] weiß mit [liberaler Freiheit] auch meist nur wenig anzufangen und fühlt sich sogar leicht verlassen. Die Unverschämtheit ihrer geistigen Terrorisierung kommt ihr ebenso wenig zum Bewusstsein wie die empörende Misshandlung ihrer menschlichen Freiheit, ahnt sie doch den inneren Irrsinn der ganzen Lehre in keiner Weise." So Hitler in „Mein Kampf" über die Psychologie der Masse. Wie konnte eine solche Programmatik, eine zutiefst menschenverachtende Ideologie wie der Nationalsozialismus, in Deutschland zur Macht gelangen?
In diesem Kapitel soll der Blick auf die ideologischen Voraussetzungen gelenkt werden. Die Auseinandersetzung mit der Ideologie des Nationalsozialismus, mit den zugrunde liegenden geistigen Haltungen und politischen Überzeugungen hilft, das Herkommen, die Dynamik, mithin den Erfolg dieser „Bewegung" zu erfassen.

Deutsche Propagandabriefmarke 1941

Die Entstehungsbedingungen der NS-Ideologie

Der Nationalsozialismus war keine geschlossene, wissenschaftlich erdachte Weltanschauung, sondern vor allem in seinen Anfängen eine Reaktion auf die verheerende Niederlage Deutschlands im Ersten Weltkrieg. Er präsentierte – vor allem für eine große Zahl enttäuschter junger Männer, die als Frontsoldaten in eine zerstörte bürgerliche Welt zurückkehrten – ein neuerliches nationalistisches Angebot zur „Verteidigung des Sinnes dieses Krieges" (E. Nolte). Er kombinierte dabei die in den Schützengräben des Großen Krieges entstandene und erlebte Idee von der Volksgemeinschaft mit Ängsten vor dem Bolschewismus und mit der Ablehnung einer als „undeutsch" empfundenen westlichen Demokratie. Dies alles unterlegte der Nationalsozialismus mit schon vorhandenen rassistischen und antisemitischen Vorstellungen und erhöhte so das Selbstwertgefühl seiner Anhänger durch die scheinbare Zugehörigkeit zu einer auserwählten „Rasse".

Konstitutive Elemente der NS-Ideologie: Nationalismus, Rassismus, Antisemitismus und Führerglaube

Der Erfolg der NSDAP in der Endphase der Weimarer Republik gründete sich auf die massive nationalistische Agitation gegen das „Diktat von Versailles", gegen die Reparationen und für eine unverhohlen gewaltsame Revision des Vertrages von 1919. Die Verführung breiter Schichten der Bevölkerung gelang durch das Versprechen nationaler Größe in einem „Dritten Reich" und die Wiederherstellung deutscher Macht in Europa und der Welt.
Das rassistische Element der Ideologie schien diesen Nationalismus neu zu untermauern. Die Deutschen als Teil der „arischen Rasse" wurden in einem Überlebenskampf gegen die Nichtarier gesehen. Der so völkisch-rassistisch akzentuierte Begriff von Nation war die Basis für die Forderungen nach einer Expansion, des „Lebensraums im Osten". Grundlage dieser Vorstellungen war der im 19. Jahrhundert populär gewordene Sozialdarwinismus. Dabei wurden die evolutionsbiologischen Erkenntnisse Charles Darwins unzulässig auf soziale und politische Konflikte übertragen und die Völker in einem „Kampf ums Dasein" gesehen.

→ Q1, S. 138

Eng mit den rassistischen Auffassungen verbunden war der Antisemitismus. Der religiös motivierte Antijudaismus, der im Mittelalter bereits zu Pogromen und zur zunehmenden Gettoisierung der Juden geführt hatte, wurde im 19. Jahrhundert durch pseudowissenschaftliche Methoden zu einer rassistischen Lehre des Antisemitismus entwickelt. Die Juden wurden nun als „Rasse", nicht mehr als Religionsgemeinschaft angesehen. Populär wurde ein solcher Antisemitismus bereits im Kaiserreich, als 1879 der konservative preußische Historiker Heinrich von Treitschke die „Judenfrage" öffentlich erörterte und nachdrücklich behauptete: „Die Juden sind unser Unglück." Die Juden wurden in der Folge als „Wucherer" und „Bankjuden" diffamiert, die als „innere Reichsfeinde" die germanisch-christliche Kultur des jungen Kaiserreiches unterwandern würden. Der Nationalsozialismus griff diese Vorurteile und Feindbilder auf und erweiterte sie mit antikommunistischen Haltungen, sodass „die Juden“ absurderweise sowohl hinter dem westlichen Kapitalismus stecken sollten als auch hinter einer „jüdisch-bolschewistischen Weltverschwörung“.

Das „Führerprinzip“ war ebenso Produkt des rassistischen Auslesegedankens, bei dem nur die „Besten“ in einem hierarchisch gestaffelten System bestimmen durften. Die herausgehobene Stellung des Führers im Nationalsozialismus war eine politische Absage an egalitäre Vorstellungen im Kommunismus oder Liberalismus. Sie war letztlich begründet im absoluten Machtstreben Hitlers. Der Erfolg dieses ideologischen Elements ergibt sich aus seiner Wirkung auf die Bevölkerung. Das Führerprinzip war vor allem Führerglaube und ein Kult, den Hitler bewusst inszenierte. Insbesondere in Zeiten der tiefen Krise und Verunsicherung gegen Ende der Weimarer Republik stellte der Glaube an einen „starken Mann“ und „Erlöser“ für viele Menschen eine verführerische Alternative dar.

Plakat „Ein Volk, Ein Reich, Ein Führer!“
Offizielles Hitlerplakat in öffentlichen Einrichtungen 1938/39

Antibolschewismus und Antiliberalismus

Der Kommunismus bzw. der russische Bolschewismus war der politische Hauptfeind der Nationalsozialisten. Dabei griffen diese schon bestehende Ängste vor der „roten Gefahr“ auf. Vor allem im Bürgertum verband man angesichts der Oktoberrevolution in Russland von 1917 mit dem Kommunismus den Verlust von Eigentumsrechten, Bürgerkrieg und den radikalen Umsturz des politischen Systems und althergebrachter gesellschaftlicher Wertevorstellungen.

So vehement der politische Kommunismus abgelehnt wurde, so sehr war die NSDAP am Anfang darauf bedacht, sich als „Arbeiterpartei“ den als berechtigt empfundenen sozialistischen Forderungen zu widmen. Die Umsetzung eines „nationalen Sozialismus“ wurde aber von Hitler letztlich nicht betrieben, weil er die Großindustrie für seine Kriegsplanungen brauchte und bürgerliche Wählerschichten nicht abschrecken wollte.

Die liberalen Wertevorstellungen der westlichen Demokratien wurden als „undeutsch“ abgelehnt. In der Propaganda der Nationalsozialisten standen insbesondere die Vereinigten Staaten für einen ausbeuterischen Kapitalismus, für eine zügellose Liberalität und den blanken Egoismus. Dem setzte man das Konzept der Volksgemeinschaft entgegen, in dem das Individuum – ganz entgegen den liberalen, aufklärerischen Ideen – sich eben nicht selbst zu verwirklichen habe, sondern seine Verwirklichung im Dienste für Volk und Führer erfahre.

Gemeinnutz vor Eigennutz
(Rückseite der 1-Mark-Münze 1933)

„Bewegung“, Gewalt und Propaganda

Es gehörte zum ideologischen Selbstverständnis und zum politischen Kalkül des Nationalsozialismus, dass er sich als „Bewegung“ verstand. Dadurch sollte eine bewusste Abgrenzung zum verhassten „Parteienstaat“ vollzogen werden und gleichsam suggerierte man so gerade für junge Wählerschichten Aufbruch, Willen und Tatkraft. Eine solche „braune Bewegung“ konnte darüber hinaus politisch relativ unbestimmt bleiben. Sie folgte dem Führer und was sich inhaltlich vorerst nicht bestimmen ließ, würde sich schon nach der Erlangung der Macht finden.

Die radikalen Reden Hitlers und das militaristische, gewalttätige Auftreten der Nationalsozialisten, etwa in den paramilitärischen Verbänden der SA und SS, schreckten viele Bürger zunächst ab. In Zeiten der Krise aber wurde solches Auftreten immer mehr als notwendige Entschlossenheit erlebt und in der so geschaffenen Atmosphäre der Angst wollte der Einzelne nicht abseits einer Massenbewegung stehen. Zur Umsetzung ihrer Ziele inszenierte sich die „Bewegung“ unter konsequenter Ausnutzung der damals modernen Massenmedien. Rundfunkreden, Aufmärsche, Fackelzüge, Lichtinszenierungen dienten einer noch nicht dagewesenen Propaganda, die zu einem weiteren Wesenszug des Nationalsozialismus wurde. Höhepunkt propagandistischer Inszenierungen waren die Reichsparteitage in Nürnberg.

Q1

Grundlagen

In einer programmatischen Rede vor Parteianhängern in München legte Hitler am 12. April 1922 wesentliche Elemente seiner Auffassungen dar:

[…] Entweder Sieg der arischen Seite oder ihre Vernichtung und Sieg des Juden. Aus dieser, ich möchte sagen blutig-ernsten Erkenntnis heraus ist die Gründung unserer Bewegung erfolgt. […] Die Erkenntnis zeigt uns aber zunächst eine Reihe der wichtigsten Grundlagen für diese junge Bewegung, der wir einst das Große zutrauen wollen. Erstens: „national" und „sozial" sind zwei identische Begriffe. Dem Juden erst ist es gelungen, durch die Umfälschung des sozialen Gedankens zum Marxismus diesen sozialen Gedanken nicht nur dem nationalen zu entfremden, sondern, was ja praktisch erreicht worden ist, sie als stärkste Gegensätze hinzustellen. Wir haben uns bei Gründung dieser Bewegung entschlossen, sie […] als „Nationalsozialistische" zu taufen. Wir sagten uns, dass „national" sein in allererster Linie heißt, in grenzenloser, alles umspannender Liebe zum Volke zu handeln und, wenn nötig, dafür auch zu sterben: Und also heißt „sozial" sein, den Staat und die Volksgemeinschaft so aufbauen, dass jeder Einzelne für die Volksgemeinschaft handelt und demgemäß auch überzeugt sein muss von der Güte und der ehrlichen Redlichkeit dieser Volksgemeinschaft, um dafür sterben zu können. Zweitens aber sagten wir uns: Es gibt und kann keine Klassen geben. Klasse heißt Kaste und Kaste heißt Rasse. Wenn es in Indien Kasten gibt – jawohl – dort ist das möglich, dort waren einst Arier und dunkle Ureinwohner. So war es auch in Ägypten und auch in Rom. Bei uns aber in Deutschland, wo jeder gleiches Blut trägt, der überhaupt Deutscher ist, und gleiche Augen hat und die gleiche Sprache spricht, da kann es keine Klasse geben, da gibt es nur ein Volk und weiter nichts. Gewiss, auch wir erkennen an, dass es „Stände" geben muss und geben wird, ja, den Stand meinetwegen der Uhrmacher und der Schwerstarbeiter, den der Maler oder den der Techniker, der Ingenieure, Beamten usw. Ja, Stände kann es geben. Aber was diese Stände auch untereinander um den Ausgleich ihrer Wirtschaftsbedingungen zu kämpfen haben, so groß darf der Kampf nie werden und die Kluft, dass darüber die Bande der Rasse zerreißen. Und wenn Sie nun sagen: Es muss aber doch einen Unterschied geben zwischen den redlich Schaffenden und den Nichtstuern – jawohl! Das ist der Unterschied, der in der Erfüllung der pflichtgemäßen Arbeit liegt. Arbeit soll das große Bindeglied und soll aber auch das große Trennende sein. Die Drohne ist unser aller Feind. Die Schaffenden aber, ganz gleich, ob Arbeiter des Kopfes oder der Faust, sind das Edelvolk unseres Staates, das ist das deutsche Volk!

Wir verstehen unter Arbeit ausschließlich jene Tätigkeit, die nicht nur dem Einzelnen nützt, sondern der Gemeinschaft auf keinen Fall schadet, ja, im Gegenteil mithilft, sie zu bilden. Und da waren wir uns drittens klar, dass diese Art der Auffassung der Arbeit in einem Triebe liegt, der unserer Rasse, unserem Blute entspringt. Wir sagten uns, dass Rasse verschieden ist von Rasse, und dass jede gemäß ihren Grunderfordernissen auch gewisse bestimmte Tendenzen nach außen zeigt. Diese Tendenzen aber zeigen sich vielleicht am klarsten in ihrer Einstellung zum Begriff der Arbeit.
Der Arier fasst Arbeit auf als Grundlage zur Erhaltung der Volksgemeinschaft unter sich, der Jude als Mittel zur Ausbeutung anderer Völker. Er arbeitet niemals als produktiv Schaffender, ohne die große Aussicht, Herrschender zu werden. Er arbeitet unproduktiv als Benützer und Genießer anderer Leute Arbeit. […] Er zerstört und er muss zerstören, weil ihm der Begriff der gemeinschaftsbildenden Art vollkommen fehlt. Es spielt dann keine Rolle, ob dieser Jude im Einzelnen „anständig" ist oder nicht. Er trägt seinen Charakterzug an sich, den ihm die Natur verliehen, und er kann sich niemals davon freimachen. Uns ist er schädlich. Ob er das bewusst oder unbewusst tut, ist nicht unsere Sache. Wir haben bewusst für das Wohl unseres eigenen Volkes zu sorgen.
Viertens waren wir uns weiter klar, dass wirtschaftliche Blüte unzertrennlich ist von politischer Freiheit und dass damit das Lügengebäude des „Internationalismus" sofort in sich zusammenbrechen muss. Wir erkannten, dass politische Freiheit ewig nur eine Folge der Macht sein kann und Macht nur ein Ausfluss des Willens. Der Wille hierzu muss demgemäß in einem Volke mit leidenschaftlichem Eifer in dieser Richtung gestärkt werden. Und so erkannten wir denn fünftens, dass wir als Nationalsozialisten und Angehörige der Deutschen Arbeiter – oder arbeitenden Partei grundsätzlich die fanatischsten Nationalisten sein müssen. Wir erkannten, dass der Staat nur dann für unser Volk ein Paradies bedeutet, wenn das Volk frei darin walten kann wie in einem Paradiese. Dass ein Sklavenstaat aber niemals ein Paradies sein wird, sondern immer und ewig nur Hölle und Kolonie. Dann aber begriffen wir sechstens, dass Macht letzten Endes nur möglich ist, wo Kraft ist und Kraft nicht in der toten Zahl liegt, sondern ausschließlich in der Energie. Selbst die kleinste Minderzahl kann Gewaltiges schaffen dann, wenn sie vom feurigsten, leidenschaftlichsten Willen zur Tat bewegt ist. […] Und zum Letzten: Ist endlich eine Wahrheit erkannt, ist sie doch so lange wertlos, solange nicht der unbändige Wille dazu kommt, diese Erkenntnis in die Tat umzusetzen! Das waren die Grundlagen der Erkenntnis und die der Notwendigkeit der Gründung unserer Bewegung."

Erhard Klöss (Hrsg.): Reden des Führers. Politik und Propaganda Adolf Hitlers 1922 – 1945. dtv, München 1967, S. 39–41.

D1

Die „konservative Revolution“

Der Historiker Fritz Stern über die sogenannte „konservative Revolution“ und ihre Verantwortung für den Nationalsozialismus:

Die deutschen Eliten huldigten einem Lebensgefühl, das sie auf besondere Weise anfällig machte für den Nationalsozialismus. [...] Ein wichtiges Element dieses Lebensgefühls war jene Haltung, die gelegentlich als „konservative Revolution“ bezeichnet worden ist und die tief in der europäischen Kultur wurzelte: eine Art Sehnsucht nach einem „gesunden“ Faschismus. [...] Lagarde, Langbehn und Moeller van den Bruck [waren] die Repräsentanten in Deutschland. Die Auflehnung des deutschen Geistes gegen den Westen, der Hass gegen die Moderne – in Wirtschaft, Politik, Kunst – und gegen alles, was schlechthin als liberal bezeichnet werden konnte: All das hat nicht nur die drei Propheten aus drei verschiedenen Generationen ergriffen, sondern viele Intellektuelle, besonders im Nachkriegsdeutschland, wo der Hass gegen den Westen durch den Versailler Frieden neuen Vorschub erhielt.

[...] Man wollte eine neue religiöse Bindung, eine neue nationale Ordnung, einen starken Menschen in einem geschlossenen Volk; die Deutschen der damaligen Zeit träumten bereits von einem neuen Cäsar, einem Führer. [...] 1927 beschrieb Hugo von Hofmannsthal den Sinn der konservativen Revolution: „Nicht Freiheit ist es, was sie zu suchen aus sind, sondern Bindung. [...] Nie war ein deutsches Ringen um Freiheit inbrünstiger und dabei zäher als dieses in tausend Seelen der Nation vor sich gehende Ringen um wahren Zwang und Sichversagen dem nicht genug zwingenden Zwang.“ Man darf nicht vergessen, wie stark, wie weit verbreitet diese Sehnsucht nach Bindung und Ordnung war. [...] Auch sie hat dazu beigetragen, dass der Faschismus, als er tatsächlich aufkam, einen großen Widerhall gerade auch unter Intellektuellen fand. [...]

Fritz Stern: Der Traum vom Frieden und die Versuchung der Macht – Deutsche Geschichte im 20. Jahrhundert. Siedler, München 2006, S. 182–186.

Arbeitsvorschläge

1. Erklären Sie anhand des Darstellungsteils auf S. 136 f. die Begriffe Antiparlamentarismus und Antiindividualismus. [II]
2. Erläutern Sie die Elemente nationalsozialistischer Ideologie. [I]
3. Analysieren Sie die Rede Hitlers (Q1) mit Blick auf die darin zum Ausdruck kommenden ideologischen Vorstellungen. Beziehen Sie in Ihre Untersuchung auch den Sprachstil ein. [I/II]
4. Fassen Sie den Text D1 über die „konservative Revolution“ zusammen. [I]
5. Stellen Sie dar, inwieweit und von wem auch heute noch von politischen Parteien Forderungen nach einer „konservativen Revolution“ erhoben werden. [II] ○
6. Erörtern Sie, ob Antiparlamentarismus heute im gesellschaftlich-politischen Diskurs eine Rolle spielt. [III]

Online- und Differenzierungsmaterialien zu Kapitel 2.7
○ Arbeitshilfen zur Aufgabe 5

Online-Code: zt39wc

2.8 Pfeiler der NS-Herrschaft

„Du bist nichts, das Volk ist alles" beschrieb sehr prägnant die Vorstellung der Nationalsozialisten vom Volk als lenkbarer, gesichtsloser Masse. Diese zu kontrollieren bedurfte es vieler Instrumente, darunter Organisationen, eine gelenkte Wirtschaft und ein kompakter, möglichst großer Lebensraum.

Sport als Mittel zur Massenmobilisierung
Neben den propagandistisch groß inszenierten Reichsparteitagen waren besonders eine Vielzahl von Sportwettbewerben beliebte NS-Massenveranstaltungen Erinnerungsplakette Sporttag des Bund deutscher Mädel 1937 des Reichsgaus Württemberg

Die Mobilisierung der Volksmassen

Zu den zahlreichen „Flüsterwitzen", die nach 1933 entstanden, gehörten Witze über das Bemühen der NS-Herrschaft, historisch gewachsene Identitäten, zum Beispiel in Form der alten Länder, denen 1933/34 praktisch jegliche eigenständigen Kompetenzen genommen wurden, zu zerstören. Im Volksmund kam daraufhin der Witz auf: „Nach der Gleichschaltung der Länder sind wir ein Volk; es gibt keine Preußen, keine Bayern, Thüringer und Sachsen mehr, es gibt nur noch Braun-Schweiger." Der Witz war umso mehrdeutiger, da es dem Land Braunschweig zu verdanken gewesen war, dass Hitler Reichskanzler werden konnte, da es ihm 1932 die dafür nötige deutsche Staatsbürgerschaft verlieh.

Aus der Perspektive der nationalistischen Ideologie schwächte individualistisches Denken und Handeln den „Volkskörper". Es kam auf das gemeinsame Handeln an, geleitet von einem ausgewählten Führer. Entsprechend bemühte sich das NS-Regime um eine möglichst häufige Mobilisierung der Bevölkerung und um beeindruckende Inszenierungen von Massenveranstaltungen. Mittels eines gemeinsamen Erlebens sollte das Gefühl des völkischen Kollektivs propagiert werden. Immer wieder wurden große Aufmärsche von Organisationen der NSDAP abgehalten. Die Partei entwickelte sich durch einen starken Mitgliederzuwachs ab 1933 selbst zu einer Massenorganisation. Besaß sie 1929 weniger als 180000 Mitglieder, stieg diese Zahl 1932 auf über eine Million und bis Ende 1933 auf fast vier Millionen Mitglieder.

Die Partei selbst besaß viele Unterorganisationen für jedes Alter, für beide Geschlechter und viele Berufsgruppen. Diese wiederum entwickelten regelmäßige Aktivitäten wie Ausflüge, Schulungen oder Sammelaktionen. In der Idealvorstellung wurde jeder „arische Volksgenosse" vom Kindes- bis zum Rentenalter parteilich eingebunden für den angeblichen „Überlebenskampf des deutschen Volkes". Der Druck auf immer mehr Menschen, entsprechenden Parteiorganisationen beizutreten, wuchs. Es gab zwar besonders unter Jugendlichen des linken Arbeiter- und des bündischen Pfadfindermilieus auch Widerstand, doch wurde dieser bald repressiv unterdrückt. Dazu zählten ab 1938 auch Schauprozesse gegen Leipziger Jugendgruppen, die sogenannten Leipziger Meuten.

Gemeinsame Kultur für die Masse des Volkes

Es lag aus der Perspektive des totalitären Herrschaftsanspruchs des Nationalsozialismus nahe, auch eine einheitliche Kultur des Volkes definieren zu wollen. Dazu gehörte aus NS-Perspektive auch die Beseitigung angeblicher „entarteter" Kultureinflüsse". Im Fokus standen dabei insbesondere radikalere Kunststile der Moderne und amerikanische Einflüsse in der Musik, dem Film oder anderen Kulturbereichen. Mittels der staatlichen Reichskulturkammer wurde versucht, alle Kulturschaffenden entweder den kulturellen Vorstellungen der NSDAP zu unterwerfen oder an ihrem unerwünschten kulturellen Schaffen zu hindern. Einher ging dabei die Gleichschaltung des Pressewesens und des noch jungen Rundfunks. Ab 1936 wurden unerwünschte Kulturveranstaltungen wie Ausstellungen moderner Kunst radikal verboten.

Zentrale Grundlage für den Erfolg – Bekämpfung der Arbeitslosigkeit

Von zentraler Bedeutung für die Etablierung und Akzeptanz der NS-Diktatur war die Bekämpfung der Massenarbeitslosigkeit und des sozialen Elends. Es galt Arbeitsplätze zu schaffen und die Versorgung der Bevölkerung mit bezahlbaren Konsumwaren und Wohnungen zu verbessern. Dabei ging es den Parteispitzen weniger um eine Gesundung der wirtschaftlichen Verhältnisse als vielmehr um die rasche Aufrüstung. Der eingeführte Reichsarbeitsdienst entzog dem Arbeitsmarkt Hunderttausende junge Menschen und beschäftigte sie mit mal mehr, mal weniger nachhaltigen Infrastrukturprojekten. Die Einführung der Wehrpflicht hatte einen ähnlichen Effekt. Parallel wurde in Zusammenarbeit mit großen Konzernen wie den Vereinigten Stahlwerken oder I. G. Farben überwiegend auf Kreditbasis eine ambitionierte Aufrüstung betrieben. Um das angestrebte Ziel zu erreichen, bis spätestens 1940 Deutschland kriegswirtschaftlich autark und die Streitkräfte kriegsbereit zu machen, wurde ein staatlicher Vierjahresplan entwickelt. Zur Umsetzung dieses Plans wurde Ende 1936 die sogenannte Vierjahresplanbehörde eingerichtet. Neben der Kooperation mit großen deutschen Konzernen gründete das NS-Regime auch eigene Unternehmen zum Erzabbau und zur Stahlerzeugung. Die „Reichswerke Hermann Göring" stiegen sogar innerhalb weniger Jahre zum drittgrößten Industriekonzern in Deutschland auf. Allerdings war der Preis für diese Entwicklung eine rasant wachsende Staatsverschuldung. Umso schneller drängte das NS-Regime darauf, eine baldige Kriegsbereitschaft zu erreichen, um einen Eroberungskrieg in Osteuropa führen zu können. Dadurch sollte fruchtbares Siedlungsland zur Versorgung der Bevölkerung und als Lebensraum für das dann – so die Vorstellung der völkisch-nationalsozialistischen Ideologen – gänzlich vereinte deutsche Volk gewonnen werden.

→ Q9, S. 146

Expansionspläne: Der Generalplan Ost

Die Nationalsozialisten, so wie bereits andere völkische Nationalisten vor ihnen, träumten von einem Großdeutschen Reich, in dem alle deutschsprachigen Menschen vereint sein sollten. Dazu zählten nicht nur die direkt angrenzenden Regionen mit deutscher Bevölkerung wie Österreich, das westliche Polen oder die Randregionen der Tschechoslowakei, sondern auch verstreut lebende Minderheiten. Dabei spielte es keine Rolle, dass viele deutsche Minderheiten teilweise vor vielen Jahrhunderten in das Baltikum oder nach Ungarn ausgewandert waren. Unter der propagandistischen Parole „Heim ins Reich" setzte die NS-Regierung bereits vor dem Krieg die Annexion Österreichs, der sogenannten Sudetengebiete und des Memellandes durch und bemühte sich um Einfluss auf deutschsprachige Minderheiten in Ost- und Südosteuropa. Nach Kriegsbeginn vereinbarte sie mit den dortigen Staaten Abkommen, die eine Umsiedlung dieser Bevölkerungsteile in deutsches Reichsgebiet ermöglichten. Dazu zählten die UdSSR, Rumänien, Bulgarien, Jugoslawien sowie Italien. Koordiniert von der extra dafür gegründeten Behörde der SS, Volksdeutsche Mittelstelle, wurden bis Ende 1940 ungefähr eine halbe Millionen Deutsche um- und überwiegend in Gebieten des eroberten Polen angesiedelt. Diese sogenannte „Umvolkung" geschah auf Kosten der polnischen und jüdischen Bevölkerung, die mit dem Ziel der „Germanisierung" der Region von den deutschen Besatzern vertrieben, deportiert und ermordet wurden.

Bei den Vorbereitungen und während des Vernichtungskrieges gegen die UdSSR wurde 1940–1942 auch der sogenannte **Generalplan Ost** entwickelt. Dieser sah vor, das deutsche Siedlungsgebiet auch auf für Deutschland wirtschaftlich attraktive Teile der Sowjetunion auszudehnen. Dabei waren die Zwangsumsiedlungen und Ermordung der dort lebenden Bevölkerung, deren Ausbeutung als Zwangsarbeiter und die Plünderung der vorhandenen Bodenschätze gezielt vorgesehen.

Generalplan Ost
Sammelbegriff für Pläne zur Umgestaltung des zu erobernden Osteuropas als Siedlungs- und Versorgungsraum des Großdeutschen Reiches

A Beständige Mobilisierung der Massen als Grundlage der Stabilität des Systems?

Q1

Hitler-Jugend Marsch durch Berlin 1937

Q2

Neonazi-Aufmarsch 2019
Demonstrationen rechtsgerichteter und neonazistischer Parteien orientieren sich bis heute ikonografisch an nationalsozialistischen Vorbildern. Demonstration am 1. Mai 2019 im sächsischen Plauen.

Q3

BDM-Marsch

Das freiwillige Landjahr, vielfach Voraussetzung für den späteren Berufseinstieg der Mädchen des BDM, wurde am 12. Januar 1939 durch das Pflichtjahr ersetzt und galt für alle Mädchen und Frauen unter 25 Jahren.

Q4

BDM – Zwang oder Begeisterung?

Aus dem Tagebuch einer aus der Stadt kommenden, vermutlich 17–18-jährigen Arbeitsmaid, die von April bis Dezember 1939 in Hessenaue eingesetzt war:

2. Mai

Ab heute bin ich im Außendienst bei Siedler Eisele. Ich musste gleich in den Kuhstall, bekam eine Mistgabel und stand da mit meinem Talent. Aber ich habe es geschafft und war mächtig stolz. Dann den übrigen Tag habe ich gewaschen und die Waschmaschine[1] gedreht. Abends war ich sehr müde.

3. Juni

Ich war wieder den ganzen Tag auf dem Rübenfeld, mein Sonnenbrand hat nun Blasen gegeben. In der Heilstube Lebertransalbenverband gemacht.

8. Juni

2 Stunden Sport gehabt. Dann wieder den ganzen Tag in der Hitze auf den Knien gerutscht und Rüben gezogen. Mir ist so entsetzlich schlecht, dass ich Übergabe leisten musste. Die Gruppensportführerin war noch da. Wir haben noch Sport. Die Schnaken sind furchtbar und wir alle schlagkaputt. Abends vor Schnakenschwärmen nicht schlafen können.

11. August

Statt Sport – gemäht und gerecht – dann Kartoffelkäfer gesucht, hinterm Damm. Nur 2 Äcker durchsucht, dann haben wir uns im Schatten hingelegt und gefaulenzt bis zum Mittag, dabei Äpfel gegessen. Dann wieder Hafer abgemacht und aufgestellt. Abends Schulung über die Programmpunkte, Vorträge über Ostmark und Sudetengau. Bei der Feldwache Bier getrunken.

29. August

Ich habe mich vom Frühsport gedrückt.

1. September

Vor der Fahne sagt man uns, dass Danzig deutsch ist. Wir sind begeistert und ziehen die große Fahne hoch. – Ich nähte für Anni ein Kleidchen rosa und schwarz. Im Außendienst freuen sie sich auch über den Erfolg mit Danzig. Herr Lukas sagte aber, dass der Führer gesprochen hätte, und dass seit heute Morgen 5.45 Uhr die deutschen Kanonen den polnischen antworten. Die Deutschen hätten schon Erfolge. Hier ist noch Ruhe. Nur die Siedler sind alle aufgeregt. Der Luftschutz ist aufgerufen. Ich habe schon Lampenschutz gemacht. Abends noch die Übertragung der Führerrede gehört. Im Bett haben wir alle geflennt. Unser Stab hat wieder Herrenbesuch.

2. September

Nicht mit zur Fahne gewesen, mit Brigitte auf dem Klo gesessen.

50 Jahre Hessenaue 1938–1988. Hg. vom Festkomitee „50 Jahre Hessenaue" in Zusammenarbeit mit der Gemeinde Trebur. Trebur-Hessenaue, 1988; S. 69–71.

1 Waschmaschinen funktionierten damals nicht elektrisch, sondern mechanisch per Handbetrieb.

Q5

Plakat der Nationalsozialistischen Volkswohlfahrt (NSV)

B Der Vierjahresplan als Ausweg aus der Wirtschaftskrise?

Q6

Zur volkswirtschaftlichen Lage 1937

„Grundsätzliche Ausführungen" des Reichwirtschaftsministers Hjalmar Schacht an den Beauftragten für den Vierjahresplan, Hermann Göring, vom 5. August 1937:

Ernährungslage: Eine Erschwerung der Währungs- und Rohstoffpolitik ist eingetreten vom landwirtschaftlichen Sektor her. Entgegen den immer wiederholten öffentlichen Behauptungen der zuständigen Regierungsstellen wird die Ernährungsversorgung des deutschen Volkes dauernd unbefriedigender. Die Ernte ist in den Jahren 1933–1936 ständig zurückgegangen. Kartoffeln auf Getreidewert umgerechnet, waren die Ernteerträge im Jahresdurchschnitt 1931/33 rund 34,7 Millionen to und im Durchschnitt der Jahre 1934/36 nur 32,8 Millionen to. Die dreijährigen Durchschnittsziffern lassen bereits erkennen, dass es sich hier nicht lediglich um ungünstige Witterungsverhältnisse handelt. Vielmehr hat die agrarische Markt- und Erzeugungspolitik versagt. Auch hat die landwirtschaftliche Nutzfläche infolge der mannigfachen anderweitigen Bodenverwendung für Wehrmacht, Fabrikanlagen, Sport, Straßenbau und dergleichen in dem Zeitraum 1933–1936 um 2,1 % abgenommen, die Anbaufläche für Getreide sogar um 4,1 %. Die Bemühungen des Reichsnährstandes um eine Verringerung der Auslandsabhängigkeit haben also keinen Erfolg gebracht; diese steigt vielmehr noch durch das Anwachsen der Bevölkerung und durch die Zunahme des Konsums. Die Ernteschätzung an Brot- und Futtergetreide für das laufende Jahr liegt wiederum rund 800 000 to niedriger gegenüber dem Vorjahr. Die Devisenansprüche für Ernährungszwecke sind deshalb trotz aller Erzeugungsschlachten nicht geringer geworden, sondern gestiegen. Besonders bedauerlich ist, dass der Ernährungssektor immer wieder Fehlschätzungen zum Opfer gefallen ist, die nicht nur die Devisendisposition schwer beeinträchtigt haben, sondern auch durch den plötzlichen Einfuhrbedarf an gewissen Lebensmitteln handelspolitische Verhandlungschancen zerstörten. […]

Exportsteigerung:

Ich habe indessen immer und immer wieder auf die Notwendigkeit eines gesteigerten Exportes hingewiesen und hingewirkt. Gerade die Notwendigkeit, unsere Rüstung möglichst schnell auf eine gewisse Höhe zu bringen, musste den Gedanken eines möglichst großen Devisenanfalls und damit einer möglichst großen Rohstoffsicherung durch Export in den Vordergrund rücken. Dagegen musste die übermäßige Inanspruchnahme unserer Industrie für inländische Aufträge naturgemäß der Exportwilligkeit Abbruch tun. Ich habe mich immer und immer wieder für die Exportsteigerung der Industrie und gegen die übertriebene Inanspruchnahme dieser Industrie seitens der staatlichen Auftraggeber eingesetzt, ohne bei Ihrem Stab immer die erforderliche Unterstützung gefunden zu haben, wenn ich auch gern anerkenne, dass Sie selbst wiederholt Gelegenheit genommen haben, meinen Standpunkt zu unterstützen. In welchem Umfange es dem Wirtschaftsministerium gelungen ist, den Export und damit die Rohstoffeinfuhr zu steigern, habe ich oben dargelegt. Die Aussichten für eine weitere Exportsteigerung sind nicht ungünstig. Die übermäßige Inanspruchnahme aber von Rohstoffen sowohl wie von Arbeitskräften für öffentliche Bauten, Aufrüstung und Vierjahresplan droht trotz der günstigen Chancen einen Rückgang in unserem Export herbeizuführen, der sich schon hier und da ankündigt. Ich möchte nun ganz klar herausstellen, dass, wenn die Devisen, die uns aus dem Export anfallen, geringer werden, dann selbstverständlich auch die Zufuhr der Rohstoffe nachlassen muss und weitere Lücken in der Versorgung nicht nur der Bautätigkeit und der Aufrüstung, sondern selbstverständlich auch des Vierjahresplanes eintreten müssen. […] Die Investierung von Rohmaterial und Arbeitskraft in neue Unternehmungen des von Ihnen geplanten Ausmaßes muss eine weitere Beschränkung der Rohstoffzuteilung an solche Betriebe herbeiführen, die für den Export und für den Konsum der Bevölkerung arbeiten. Die Knappheit einer ganzen Reihe von Konsumartikeln ist heute schon im täglichen Leben spürbar. Sie kann nicht dadurch beseitigt werden, dass die Geld- und Kreditmenge vergrößert wird. Wenn einer verringerten Konsumgüterproduktion eine größere Geld- und Kreditmenge gegenübertritt, so ist die Preiserhöhung der Konsumartikel und die Entwertung des Geldes die unausbleibliche Folge, die schließlich zur Inflation führen muss. […]

Der Prozess gegen die Hauptkriegsverbrecher vor dem Internationalen Militärgerichtshof, Nürnberg 14. Nov. 1945–1. Okt. 1946. Nürnberg 1949, Bd. 26, S. 567–578.

Q7

Die Lage auf dem Arbeitsmarkt

Aus den Sozialberichten der „Reichstreuhänder der Arbeit" (1938). Reichstreuhänder waren eine am 19. Mai 1933 per Reichsgesetz geschaffene Instanz, die bei innerbetrieblichen Konflikten zwischen Unternehmern und Arbeiterschaft vermitteln sollte:

Streng vertraulich […] Das Missverhältnis zwischen Arbeitskräften und Aufträgen hat ganz allgemein zu erheblichen Verlängerungen der Arbeitszeit geführt, die durch eine elastische Handhabung der Arbeitszeitordnung ermöglicht wurden. Wöchentliche Arbeitszeiten von 58–65 Stunden sind kaum noch Ausnahmeerscheinungen. Dabei wird von den Betrieben teils auch dann Mehrarbeit durchgehalten, wenn etwa saisonbedingt ein Rückgang der Aufträge festzustellen ist, da sie andernfalls eine Abwanderung von Arbeitskräften befürchten. […] Durch die gespannte Lage auf dem Gebiet des Arbeitseinsatzes und die damit verbundene Verlängerung der Arbeitszeit in fast allen Gewerbezweigen sind gewisse Reaktionen unvermeidbar gewesen. Die Krankheitsziffer ist erheblich gestiegen. […] In einer Verkaufsstelle in Münster i. W. haben z. B. an einem Sonnabend von etwa 60 weiblichen Gefolgschaftsmitgliedern 20 gefehlt, die sämtlich ein Attest über „nervöse Überreizung" beigebracht haben. Gelegentlich wird übrigens auch der Krankheitsfall als Mittel dazu benutzt, um abzuwandern. […] Eine weitere Reaktionserscheinung infolge dauernder Mehrarbeit ist auch die von mehreren Reichstreuhändern berichtete Neigung von Gefolgschaftsmitgliedern, nicht mehr als 48 Stunden in der Woche zu arbeiten. Kann man diesem Wunsch nicht nachkommen, so ist ein Leistungsrückgang die Folge. Hierher gehört auch das gelegentlich festzustellende willkürliche Fernbleiben vom Arbeitsplatz.

Timothy W. Mason: Arbeiterklasse und Volksgemeinschaft. Dokumente und Materialien zur deutschen Arbeiterpolitik 1936–1939. Westdeutscher Verlag, Opladen 1975, Dok. Nr. 147.

Q8

Aufruf zur Umsetzung des Vierjahresplans

Abbildung einer illustrierten Propagandaschrift für die Sammlung von Altstoffen zur Erfüllung des Vierjahresplanes 1938

C Umvolkung und großdeutscher Siedlungsraum im Osten

Q 9

„Heim ins Reich"

Propagandakarte zur Umsiedlung deutschsprachiger Bevölkerung in das Großdeutsche Reich 1939/40

Arbeitsvorschläge

Arbeitsvorschlag zum darstellenden Teil

1. Erörtern Sie die Bedeutung der Massenerlebnisse für das Regime wie das der Nationalsozialisten. [III]

A Beständige Mobilisierung der Massen als Grundlage der Stabilität des Systems?

2. Beschreiben Sie das Foto des Hitler-Jugend-Aufmarsches 1937 in Berlin (Q 1). [I]
3. Erörtern Sie die mögliche Wirkung solcher Massenveranstaltungen auf die Zuschauer. [III]
4. Vergleichen Sie die beiden Fotos Q 1 und Q 2. [II]
5. Beurteilen Sie die Wirkung eines solchen Aufmarsches bzw. derartiger Bilder auf heutige Zuschauer uns Betrachter. [III]
6. Beschreiben Sie das BDM-Foto Q 3. [I]
7. Geben Sie die Tagebuchaussagen von Q 4 mit eigenen Worten wieder und erläutern Sie deren Aussage. [II]
8. Setzen Sie sich mit dem Plakat Q 5 auseinander:
   a) Informieren Sie sich über die Nationalsozialistische Volkswohlfahrt. [I]
   b) Analysieren Sie das Thema, den Inhalt und die verwendeten Darstellungsmittel. [II]
   c) Erläutern Sie die Aussage des Plakats im historischen Kontext. [II]
   d) Bewerten Sie das Plakat aus der heutigen Sicht. [III]

B Der Vierjahresplan als Ausweg aus der Wirtschaftskrise?

9. Bezeichnen Sie die zentralen Aussagen des Schreibens von Hjalmar Schacht an Hermann Göring. [I]
10. Erklären Sie den Zustand der deutschen Wirtschaft im vierten Jahr der NSDAP-Regierung aus der Perspektive von Hjalmar Schacht. [II]
11. Charakterisieren Sie die Aussagen des geheimen Schreibens Q 7. [II]
12. Analysieren Sie die Bildquelle zum Vierjahresplan Q 8. [II]

C Umvolkung und großdeutscher Siedlungsraum im Osten

13. Beschreiben Sie die Karte Q 9. [I]
14. Beurteilen Sie die Intention der Karte. [III]
15. Informieren Sie sich
   a) über das Schicksal der Bevölkerung einer Region, in die „Volksdeutsche" umgesiedelt wurden und
   b) über das Schicksal der dorthin Zwangsumgesiedelten.

   Stellen Sie Ihre Rechercheergebnisse in einem Kurzvortrag vor. [III] ○

Online- und Differenzierungsmaterialien zu Kapitel 2.8
○ Arbeitshilfen zur Aufgabe 15

Online-Code: v7n63t

2.9 Der entgrenzte „Totale Krieg" am Beispiel des Asien-Pazifik-Krieges

Der Zweite Weltkrieg erfasste sämtliche Erdteile und veränderte nicht nur Europa, sondern auch Ostasien nachhaltig. Bis heute ist die Aufarbeitung des „totalen Krieges" aber vielerorts noch immer problematisch.

→ Kapitel 1.8, S. 78 f.

Kampf um Rohstoffe – Beginn der japanischen Expansionspolitik

Die mit einem „**totalen Krieg**" verbundene völlige Entgrenzung der Gewalt und des Terrors prägte auch die japanische Kriegsführung. Die Weltwirtschaftskrise traf aber seit 1929 auch die japanische Wirtschaft hart. Dies gab radikalen politischen Kräften in Politik und Militär Auftrieb. Japan versuchte seine Wirtschaft durch Expansion zu stabilisieren. Hauptziel war dabei das durch einen Bürgerkrieg geschwächte China. 1931 besetzte Japan die rohstoffreiche chinesische Provinz Mandschurei und errichtete dort den, von Japan abhängigen Marionettenstaat Mandschukuo. Dieser Erfolg stärkte die Macht des Militärs in Japan weiter. Es kam zu weiteren militärischen Zusammenstößen mit China. 1936 wurden weitere chinesische Gebiete besetzt. Im Juli 1937 begann schließlich der offene Krieg Japans gegen China. Bereits am 13. Dezember eroberten die japanischen Truppen die chinesische Hauptstadt Nanjing (Nanking), wo im Laufe der nachfolgenden drei Wochen japanische Truppen ein Massaker an mehreren Hunderttausend chinesischen Zivilisten und Soldaten anrichteten. Im Laufe des Jahres 1938/39 eroberte Japan weitere Gebiete in Nordostchina und an der Küste, konnte China aber nicht zur Kapitulation zwingen. Zeitweise drohte auch eine Konfrontation mit der UdSSR. Nach dem Abschluss des deutsch-sowjetischen Nichtangriffspakts am 24. August 1939 verständigte sich Japan mit der UdSSR im April 1941 auf einen Neutralitätspakt. Die japanische Führung entschied sich dann jedoch dafür, seine Expansion auf das rohstoffreiche Südostasien zu richten und dafür einen Krieg mit den USA in Kauf zu nehmen.

Totaler Krieg
totale Mobilisierung der Bevölkerung für die Front und die Rüstungswirtschaft (auch Frauen, Jugendliche, Zwangsarbeiter), totale Gleichschaltung des „Volkswillens" durch Propaganda, Missachtung internationaler Konventionen und die totale Unterwerfung (oder Vernichtung) der Gegner

Der „totale Krieg" – Ausdruck einer Entgrenzung der Gewalt?

Am 18. Februar 1943 rief der deutsche Propagandaminister Josef Goebbels in seiner „Sportpalastrede" den „Totalen Krieg" aus. Damit forderte er etwas, was letztlich schon längst im Gang war: einen Krieg ohne Rücksicht auf zivilisatorische und rechtliche Normen und die bedingungslose Unterwerfung jedes Menschen unter die Erfordernisse des Krieges.
In Japan war bereits im April 1938 das „Gesetz zur allgemeinen Mobilmachung des Volkes für den vaterländischen Arbeitsdienst" eingeführt worden. Dies richtete sich nicht nur an die japanische Bevölkerung, es legitimierte auch die zwangsweise Heranziehung u. a. von etwa 4,5 Millionen Koreaner zum Kriegsdienst, zur Arbeit in der Rüstungsindustrie und in Bergwerken. 1944/45 betraf dies auch Jugendliche ab 13 Jahren. Nach Schätzungen von NGOs wurden darüber hinaus bis Kriegsende etwa 200 000 Mädchen und Frauen aus Korea und den eroberten südostasiatischen Gebieten als „Trostfrauen" zur Prostitution für das Militär gezwungen. Die offizielle Begründung lautete, dass so Massenvergewaltigungen durch Soldaten und damit die Ansteckungsgefahr durch Geschlechtskrankheiten verhindert werden sollte. Japan verweigert dafür bis heute Entschädigungszahlungen.

Kyokujitsuki („Flagge der aufgehenden Sonne")
Japanische Militärflagge
1870–1945

Der Zweite Weltkrieg im Pazifik

Die USA hatten die Expansion Japans mit wachsender Besorgnis verfolgt. Ab Juni 1940 verhängte die US-Regierung schrittweise umfangreiche Handelsboykotte gegen Rohstoffe, auf die die japanische Kriegswirtschaft angewiesen war. Als im Sommer 1941 Japan Französisch-Indochina besetzte, wurden von der US-Regierung japanische Konten in den USA gesperrt. Dies führte dazu, dass im Oktober 1941 der Hardliner Tōjō Hideki an die Spitze der japanischen Regierung berufen wurde.

Tōjō Hideki (1884–1948)
Japanischer General und Politiker
1940–1944 Kriegsminister
1941–1944 Premierminister
1948 auf Tokioter Kriegsverbrecherprozessen zum Tode verurteilt und hingerichtet

Am 7. Dezember 1941 überfiel Japan den US-Flottenstützpunkt Pearl Harbor auf Hawaii, um die US-Hochseeflotte im Pazifik zu zerstören, was jedoch nur zum Teil gelang. Trotzdem startete danach Japan seine Eroberung Südostasiens unter dem Slogan „Asien den Asiaten". Die japanische Propaganda versprach die Befreiung von der „weißen Kolonialherrschaft" und den Aufbau einer „Großostasiatischen Wohlstandssphäre". Schon bald zeigte sich aber, dass es Japan nur um die größtmögliche wirtschaftliche Ausbeutung der eroberten Gebiete ging. Angesichts der wirtschaftlichen Ausbeutung, zahlreicher Kriegsverbrechen und der Diskriminierung der Bevölkerung in den eroberten Gebieten kam es zu zunehmendem Widerstand.
Auf Dauer konnte Japan aber den Krieg gegen China, Britisch-Indien und die USA nicht durchhalten. Auch waren japanische Industriestädte immer öfter Ziel von amerikanischen Bombenangriffen. Ab Sommer 1943 geriet es in die Defensive und verlor 1944/45 immer mehr seiner Eroberungen in Südostasien. Dabei verursachte der japanische Widerstand den Alliierten aber hohe Verluste. Allein die Schlacht um die Insel Okinawa dauerte im Frühjahr 1945 drei Monate und war äußerst verlustreich. Um daher eine Eroberung Japans zu vermeiden, entschied sich die US-Regierung schließlich zum Einsatz von Atombomben. Am 6. und 9. August 1945 wurden dadurch die beiden Städte Hiroshima und Nagasaki vollständig zerstört. Am 8. August erklärte die UdSSR Japan den Krieg und begann Mandschukuo und Korea anzugreifen. Nunmehr gab Japan den Krieg verloren und unterzeichnete am 2. September 1945 die bedingungslose Kapitulation.
Ost- und Südostasien waren in erheblichem Maße ausgeplündert. Viele Städte wie Manila, Nanjing oder Tokio waren durch Kämpfe und Bombenangriffe größtenteils zerstört. Allein Japan verlor ungefähr 3,8, China etwa 13,5 Millionen Menschen.
Die USA waren zum vorerst dominierenden politischen Faktor in der Region aufgestiegen, die europäischen Kolonialmächte hingegen stark geschwächt. Der Versuch einer Nachkriegsordnung brachte allerdings u.a. mit Korea einen neuen internationalen Brennpunkt hervor.

D1

Japans Expansion im Zweiten Weltkrieg

A Expansion im Zeichen der kolonialen Befreiung?

Q1

Großostasiatische Wohlstandssphäre

Propagandakarte, herausgegeben von der Großostasiatischen Konferenz in Tokio (5.–6. November 1943)
Beschriftet ist sie mit „Gucken Sie mal. Die USA, Großbritannien und Holland haben uns [Großostasien] mit militärischer Gewalt unterdrückt. Dabei haben sie solche schrecklichen Dinge getan."

Q2

Keine „weißen" Gefangenen

In einem Handbuch des japanischen Offiziers und späteren Politikers Masanobu Tsuji (1900–1961) für japanische Soldaten hieß es:

Sobald ihr in die Gebiete des Feindes kommt, wird euch bewusst werden, was die Unterdrückung durch den weißen Mann bedeutet. Imposante, prächtige Gebäude blicken von Bergeshöhen oder Hügeln auf die winzigen Hütten der Eingeborenen herab.

Finanziert wird der luxuriöse Lebensstil der Weißen mit dem Geld, das diese kleine Minderheit durch blutige Unterdrückung aus den Asiaten herauspresst. Infolge der Jahrhunderte langen Unterdrückung durch europäische Kolonialmächte sind die Eingeborenen unterwürfige Sklaven geworden. Unser Wunsch, aus ihnen baldmöglichst Männer zu machen, dürfte zunächst auf erhebliche Schwierigkeiten stoßen. […]

Wenn du nach erfolgter Landung auf den Feind triffst, so sieh in dir einen Rächer, dem es endlich gelungen ist, den Mörder seines Vaters zu stellen.

Hier stößt du auf den, dessen Tod dein Herz von dem in ihm brennenden Zorn zu entlasten vermag. Erst wenn du ihn völlig vernichtet hast, wirst du wieder zur Ruhe kommen.

Arthur Zich: Die aufgehende Sonne. Der Zweite Weltkrieg. Übersetzt v. Gerhard Raabe. Time-Life International (Nederland), Amsterdam 1980, S. 123.

Q3

Erst Bewunderung dann Abscheu

Die japanische Propaganda stellte die japanische Expansion als Kampf für die Befreiung der südasiatischen Völker von der europäischen Kolonialherrschaft dar. Pramoedya Ananta Toer (1925–2006), später ein bekannter Schriftsteller Indonesiens, arbeitete zunächst 1942 für eine japanische Nachrichtenagentur und schrieb später in seinen Memoiren:

Ich konnte mich nicht dagegen wehren, eine gewisse Bewunderung für die Japaner zu empfinden, die Südostasiens Jahrhunderte alte Fesseln an Frankreich, England und Holland durchtrennt hatten. Als sei es wirklich eine himmlische Macht [...] [als habe] das Große Japanische Kaiserreich mit einem einzigen Atemhauch die Vergangenheit weggeblasen. Mit eigenen Augen hatte ich gesehen, wie Würde, Autorität und Respekt, die westlichen Menschen in meinem Heimatland zugebilligt wurden, in nur einem Augenblick verschwanden. Wie viele meiner Mitbürger hatte ich anfangs große Hoffnung auf die Befreiung vom Joch des Kolonialismus gelegt, die unser „großer Bruder" uns verkündet. [...] Wie bei vielen anderen schlugen meine positiven Erwartungen bald in Abscheu um, als ich gewahrte, erfasste und begriff, dass Japan nichts anderes als eine neue Kolonialmacht war, die sich als noch habgieriger und unmenschlicher erwies als die früheren. [...] Die Japaner betrachteten die Indonesier nicht nur als minderwertige Rasse, sondern eher noch als eine Herde Vieh, mit der sie umspringen konnten, wie es ihnen beliebte.

Sie selbst fühlten sich als Herrenrasse. [...] Fette Überschriften verkündeten japanische Siege zu Lande und zu See. Über die Leinwand flimmerten Bilder japanischer Siege und Überlegenheit, von der Sportübertragung bis zum Lustspiel. Der Rundfunk strahlte unablässig japanische und indonesische Militärlieder aus. Doch auf Javas Feldern und Straßen häuften sich die Leichen von Menschen, die von Grippe und Ruhr dahingerafft worden waren. Japanische Disziplin und Ordnung bedeuteten für die Indonesier Hunger und trostlose Armut.

Pramoedya Ananta Toer: Stilles Lied eines Stummen. Aufzeichnungen aus Buru. Übersetzt v. Diethelm Hofstra. Horlemann Verlag, Bad Honnef 2000, S. 184 f. und 191.

B Negierung des Menschen- und Kriegsrechts

Q4

Menschenversuche im Dienst der Kriegsführung

Ebenso wie das Deutsche Reich führte auch Japan Menschenversuche durch (Kälte, Hitze, Luftdruck, Krankheitserreger), um seine Kriegsführung zu optimieren. Diese Menschenversuche wurden von der „Sondereinheit 731" durchgeführt.

a) Ein Soldat der Sondereinheit berichtete später über „Experimente mit dem Einfrieren menschlicher Körperteile":

Zwei nackte Männer wurden in einen Raum geführt, in dem es 40 bis 50 Grad unter null war, und es wurde gefilmt, wie sie starben. Sie litten solche Qualen, dass sie sich gegenseitig die Nägel ins Fleisch gruben.

b) Auf die Frage, warum er sich an diesen grausamen Versuchen beteiligt habe, antwortete der Soldat:

Es entspricht der japanischen Art, Vorgesetzten zu gehorchen. Die Versuchspersonen schrien zwar unaufhörlich, weil sie keine Betäubungsmittel bekommen hatten, aber wir betrachteten sie nicht als menschliche Wesen. Für uns waren sie nicht mehr als ein Klumpen Fleisch auf der Schlachtbank.

Peter Williams, David Wallace: Unit 731. The Japanese Army's Secret of Secrets. Hodder & Stoughton, London/Sydney 1989, S. 43 f. Zit. nach: Die Dritte Welt im Zweiten Weltkrieg. Unterrichtsmaterialien zu einem vergessenen Kapitel der Geschichte. Hrsg. Rheinisches JournalistInnenbüro. Recherche International e. V., Köln 2008, S. 116.

Q5

Kriegsverbrechen in Nanking
Aus dem Tagebuch von John Rabe

John Rabe (1882–1950) arbeitete seit 1911 in der Niederlassung der Firma Siemens in der chinesischen Hauptstadt Nanjing (Nanking) und war 1931 bis 1938 deren Geschäftsführer. Nach der japanischen Eroberung im Dezember 1937 gelang ihm mit anderen Europäern die Errichtung einer Schutzzone im Zentrum der Stadt, bei der zirka 200 000 Chinesen Schutz vor der japanischen Armee fanden.

24. Dezember 1937

Dr. Wilson zeigte mir bei der Gelegenheit einige seiner Patienten. Die Frau mit den vielen Bajonettwunden im Gesicht, die mit der Fehlgeburt eingeliefert wurde, ist verhältnismäßig wohlauf. Ein Sampanbesitzer mit einem Schuss in den Unterkiefer und den ganzen Körper verbrannt, weil man ihn mit Benzin begossen und in Brand gesteckt hatte, konnte noch ein paar Worte sprechen, aber er wird wohl im Laufe des Tages sterben müssen: Es sind fast zwei Drittel seiner Haut verbrannt. Auch in den Leichenkeller bin ich gestiegen und habe die Leichen auswickeln lassen, die in der letzten Nacht eingeliefert wurden. Darunter ein Zivilist mit ausgebrannten Augen und total verbranntem Kopf, den die japanischen Soldaten ebenfalls mit Benzin begossen hatten. Die Leiche eines kleinen Jungen von etwa sieben Jahren wies vier Bajonettwunden auf, davon eine in etwa Fingerlänge in der Magengegend. Er ist, ohne einen Laut des Schmerzes von sich zu geben, zwei Tage nach seiner Einlieferung im Hospital gestorben.

Ich habe in der letzten Woche so viele Leichen ansehen müssen, dass ich selbst beim Anblick dieser entsetzlichen Fälle noch meine Nerven im Schach halte. Nach „Weihnachten" kann einem dabei nicht zu Mute sein; aber ich will mich mit eigenen Augen von diesen Gräueltaten überzeugen, damit ich später als Augenzeuge davon reden kann. Derartige Grausamkeiten dürfen nicht verschwiegen werden!

Erwin Wickert (Hrsg.): John Rabe. Der gute Deutsche von Nanking. DVA, Stuttgart 1997, S. 138 f.

Q6

Totaler Krieg mittels neuer Waffen

Am 6. und 9. August 1945 setzten die USA Atombomben gegen die japanischen Städte Hiroshima und Nagasaki ein. Daraufhin kapitulierte die japanische Regierung bedingungslos.
Infolge der beiden Abwürfe starben geschätzt 100 000 Menschen sofort und bis Ende 1945 weitere 130 000, ganz überwiegend Zivilisten und von Japan verschleppte chinesische und koreanische Zwangsarbeiter.

Arbeitsvorschläge

Arbeitsvorschläge zum darstellenden Teil

1. Nennen Sie auf Basis Ihres Vorwissens aus Kapitel 1.8 die wichtigsten gesellschaftlichen und politischen Entwicklungslinien Japans in den Jahrzehnten vor Beginn des Asien-Pazifik-Krieges. [I]
2. Vergleichen Sie auf Basis Ihres Vorwissens und den Informationen aus dem darstellenden Teil S. 148 die japanische und deutsche Außenpolitik der 1930er-Jahre. [II]

A Expansion im Zeichen der kolonialen Befreiung?

3. Beschreiben Sie die Wirkung der Karte Q1 und analysieren Sie deren Botschaft aufgrund der ge-stalterischen Elemente. [I]
4. Charakterisieren Sie die Berichte Q2 und Q3 und stellen Sie sie dem propagandistischen Anspruch der Karte Q1 gegenüber. [II]
5. Kommentieren Sie die Aussage im letzten Abschnitt von Q3 im Vergleich zum (Kriegs-)Geschehen in Europa ab 1941. [II]

B Negierung des Menschen- und Kriegsrechts

6. Informieren Sie sich über die völkerrechtliche Stellung von Kriegsgefangenen und vergleichen Sie diese internationalen Rechtsnormen mit den beiden Berichten in Q4. Recherchieren Sie dazu die Haager Landkriegsordnung (1899/1907) und die Genfer Konventionen (1864, 1929). [II] ○
7. Menschenversuche an Kriegsgefangenen gab es sowohl in Deutschland als auch in Japan. Informieren Sie sich über die Hintergründe und Ziele dieser Versuche und erörtern Sie, ob auch dieser Aspekt als Teil der „Moderne" gewertet werden kann. [III] ○
8. Arbeiten Sie die Kernaussagen des Tagebuchauszuges von John Rabe heraus (Q5). [II]
9. Recherchieren Sie zur Kontroverse um das „Nanking-Massaker" und nehmen Sie Stellung dazu unter Einbeziehung der genannten Quellen sowie des darstellenden Textes. [III]
10. MK Recherchieren Sie zu den Beweggründen der USA für den Einsatz von Atombomben und dem damit verbundenen historischen Diskurs. Stellen Sie den Diskurs in einer Kurzpräsentation multiperspektivisch dar. [III]

Übergreifender Arbeitsvorschlag

11. Charakterisieren Sie mit Blick auf den Zweiten Weltkrieg in Europa, Asien und dem Pazifikraum den Begriff des „Totalen Krieges". [II]

Online- und Differenzierungsmaterialien zu Kapitel 2.9
○ Arbeitshilfen zu den Aufgaben 6 und 7

Online-Code: un2g88

3 Schlaglichter auf die Entwicklung Deutschlands, Europas und der Welt nach 1945

Die Welt nach 1945 wurde geprägt vom ideologischen Machtkampf zwischen „West" und „Ost". Auch nach 1991 blieben die Ikonen des Kalten Krieges populär.
Das Foto von 2008 zeigt ein Büro einer jungstalinistischen Bewegung Transnistriens mit dem Bildern (v. l. n. r.) des kubanischen Revolutionärs Che Guevara, dem russischen Regierungschef Vladimir Putin und dem russischen Staatspräsidenten Dimitrij Medwedew.

Dem verheerenden Zweiten Weltkrieg folgte ein „Kalter Krieg", der, unter Dominanz der beiden rivalisierenden Supermächte UdSSR und USA, die Welt prägte. Beide Blöcke formten maßgeblich die Gesellschaften der in ihnen bestehenden Länder. Es kam zu wirtschaftlichem Aufschwung, aber auch zu politischem Widerstand.

Im Schatten des Kalten Krieges lösten sich die alten imperialistischen Kolonialreiche auf. Die politische Ordnung wurde dadurch vielfältiger. Der Kalte Krieg, der vielfältige wirtschaftliche und politische Strukturwandel und die dekolonialen Veränderungen in Afrika und Asien prägen die Welt bis heute.

Vorwissen

Erinnern Sie sich an:
- die ideologischen Kämpfe zwischen Liberalismus, Faschismus und Kommunismus, zwischen Modernisierungs- und Antimodernisierungsbewegungen vor 1945

→

Schritte des Kompetenzaufbaus

- die Durchsetzung des liberaldemokratischen und des staatssozialistischen Modells in West- und Osteuropa beschreiben und auf ihre Legitimation überprüfen

→ Kapitel 3.1

→

- die wirtschaftliche Bedeutung der Begriffe nivellierte Mittelstandsgesellschaft, Arbeiter- und Bauernstaat, Keynesianismus und Fünf-Jahres-Plan analysieren

→ Kapitel 3.2

→

Im Sommer 1945 lagen große Teile Europas und Ostasiens in Trümmern.
Millionen von Menschen waren auf der Flucht oder suchten einen sicheren Ort für einen Neuanfang. Es brauchte viele Jahre, bis die zerstörten Städte und Industriezentren wiederaufgebaut waren. Im geteilten Deutschland wurden die sogenannten Trümmerfrauen zu einem festen Bestandteil der nationalen Erinnerungskultur. 1995 errichtetes Trümmerfrauen-Denkmal am Mannheimer Schillerplatz

Arbeitsvorschläge

1. Infomieren Sie sich über das Thema „Trümmerfrauen" und stellen Sie Thesen auf, warum diese ein bekannter Teil der deutschen Erinnerungskultur nach 1945 wurden.
2. Informieren Sie sich über Che Guevara und Vladimir Putin und erörtern Sie deren Beziehung zur UdSSR.

- Protestbewegungen während des Kalten Krieges am Beispiel des Ungarnaufstands 1956 bewerten und die Ursache der Kubakrise im Zusammenhang mit dem Kalten Krieg einordnen

→ Kapitel 3.3–3.4

→

- den Zusammenbruch des Ostblocks erklären

→ Kapitel 3.5

→

Erreichtes Ziel

Befähigung, die Chancen und Probleme der politischen und wirtschaftlichen Entwicklung im Zusammenhang mit dem Kalten Krieg analysieren zu können

3.1 Die Durchsetzung des liberaldemokratischen Modells im Westen und des Staatssozialismus im Osten Europas

Zwischen 1945 und 1990/91 war die Welt in zwei Lager gespalten. Gruppiert um die Supermächte USA und Sowjetunion standen sich zwei Blöcke gegenüber, die im Kalten Krieg eine Auseinandersetzung auf allen Ebenen führten. Die Entstehung dieser bipolaren Weltordnung nach dem Ende des Zweiten Weltkriegs war dadurch bedingt, dass die europäischen Staaten im Vorfeld und während des Zweiten Weltkriegs an wirtschaftlicher Stärke und politischem Einfluss verloren.

Zerfall der Kriegsallianz

→ Kapitel 2.9, S. 148 f.

Nach dem Sieg über Deutschland und Japan kam es zum Zerfall der Kriegsallianz zwischen den USA, Großbritannien und der Sowjetunion. Ursächlich hierfür waren auf einer grundlegenden Ebene die Systemunterschiede, mit denen stets verschiedene Interessen verbunden waren. Die USA und Großbritannien standen für das westliche Modell der parlamentarischen Demokratie, mit einer liberalkapitalistischen Wirtschaftsordnung und einer vom Grundsatz her offenen und pluralen Gesellschaft. Demgegenüber vertrat die Sowjetunion das Modell einer sozialistischen **„Volksdemokratie"** mit einer staatlich kontrollierten Planwirtschaft. Beide Seiten waren mit unterschiedlichen Voraussetzungen aus dem Zweiten Weltkrieg hervorgegangen. Während die USA als hoch industrialisierter und inzwischen auch hochgerüsteter Staat aus dem Krieg kamen, hatte die Sowjetunion die größten Verluste an Menschen zu verkraften, und die Wirtschaft und Infrastruktur waren durch den Krieg stark beeinträchtigt.

Volksdemokratie
Selbstbezeichnung vieler sozialistischer Systeme nach dem Zweiten Weltkrieg auf Basis eines rätedemokratischen Systems als Abgrenzung zu den „westlichen" liberalen Demokratien

Dass sich unmittelbar nach dem Zweiten Weltkrieg aus der Kooperation eine Konfrontation der Supermächte entwickelte, hing aber vor allem mit unterschiedlichen Vorstellungen hinsichtlich der europäischen Nachkriegsordnung zusammen. Zwar konnten sich Roosevelt (USA), Churchill (Großbritannien) und Stalin (UdSSR) auf der Konferenz von Jalta im Februar 1945 noch auf die Einteilung Deutschlands in vier Besatzungszonen, die Aufnahme Frankreichs in den Kreis der Siegermächte sowie auf die Gründung der UNO einigen. Allerdings lief das Vorgehen der Roten Armee in Osteuropa dem Prinzip des Selbstbestimmungsrechts der Völker, auf das sich Stalin verpflichtet hatte, radikal entgegen. Die von deutscher Besatzung befreiten Gebiete wurden zur Übernahme des kommunistischen Systems gezwungen und es wurden Volksdemokratien geschaffen. Stalin wollte damit einen Schutzgürtel durch Sattelitenstaaten schaffen, weil er einen Angriff einer westlichen Allianz für durchaus wahrscheinlich hielt. Die Festsetzung des sozialistischen Systems in Osteuropa lief dem amerikanischen und britischen Interesse entgegen und war umgekehrt ein Zeichen für die expansiven Absichten der Sowjetunion. Andererseits nahm das Misstrauen der UdSSR zu, als die USA nach dem Kriegsende in Europa ihre umfangreichen Hilfslieferungen an die Sowjetunion einstellten. Auch der Einsatz von Atombomben gegen die japanischen Städte Hiroshima und Nagasaki sowie die Weigerung der US-Regierung, die Atomwaffen unter internationale Kontrolle zu stellen, verstärkten das Bedrohungsgefühl in Moskau.

Ursachen des Kalten Krieges

Welche der beiden Supermächte letztlich die Hauptverantwortung für die Konfrontation trug, wurde in der Forschung seit Beginn kontrovers beurteilt. Die traditionalistische „westliche" Sichtweise sah in der marxistischen Ideologie der Weltrevolution die Triebfeder für die sowjetische Expansion in Osteuropa. Die USA seien gewissermaßen als Verteidiger der westlichen Werte und Interessen gezwungen gewesen, darauf zu reagieren. Die revisionistische Erklärung seit den 1960er-Jahren hingegen beschrieb die Sowjetunion als vom Zweiten Weltkrieg geschwächt und von einem Sicherheitsbedürfnis getrieben. Ursächlich für die Entstehung des Konflikts war dieser Forschungsrichtung zufolge das Streben der USA nach neuen Absatz- und Rohstoffmärkten in der Welt. Letztlich sei also der Wirtschaftsimperialismus der USA, gegen den sich die Sowjetunion schützen wollte, die eigentliche Ursache gewesen. Die jüngste Forschungsposition hingegen betont, dass nicht wirkliche Bedrohungen, sondern die Wahrnehmung des Gegenübers als Gefahr entscheidend gewesen seien.

Harry S. Truman (1884–1972)
33. US-Präsident 1945–1953

Containment und Kominform

Beide Seiten entwickelten seit 1945 ihre Strategien für den „Wettstreit der Systeme". Am 12. März 1947 verkündete der US-Präsident Harry S. Truman vor dem Kongress die sogenannte „Containment Strategie" (Eindämmungsstrategie). Sie besagte, dass angesichts der Bedrohung der eigenen Staatsform und der „freien Völker" ein Eingreifen der USA zur Eindämmung der kommunistischen Expansion notwendig sei. Noch im selben Jahr verkündete die Sowjetunion mit der „Zwei-Lager-Theorie" ihre Strategie. Darin wurde deutlich gemacht, dass die Welt nun endgültig in zwei Lager gespalten sei, und es sollte nun die Aufgabe aller Kommunisten sein, sich auf den Kampf mit dem Imperialismus vorzubereiten. In Anlehnung an die 1943 aufgelöste Komintern wurde das Kommunistische Informationsbüro (Kominform) gegründet, das weltweit kommunistische Bewegungen und ihren Widerstand gegen die kapitalistischen Systeme koordinieren sollte. Beide Seiten betrachteten die offiziellen Verlautbarungen der Strategien als unausgesprochene Kriegserklärung. Der Kalte Krieg hatte nun offiziell begonnen.

Rüstungswettlauf und militärische Strategien

Die Systemkonkurrenz zeigte sich insbesondere im Bereich des Militärs. Dort kam es seit Beginn des Kalten Krieges zu einem regelrechten Rüstungswettlauf. Am unmittelbarsten war dies im Bereich von Nuklearwaffen und deren Trägersystemen zu beobachten. Nach der Entwicklung der amerikanischen Atombombe zog die Sowjetunion 1949 mit einer eigenen Atombombe nach. Die Ressourcen, die auf beiden Seiten für die militärische Auseinandersetzung, nicht nur im Bereich der nuklearen Rüstung, aufgewendet wurden, waren erheblich.

Nikita S. Chruschtschow (1894–1971)
1953–1964 Parteichef der KPdSU
1958–1964 Regierungschef der UdSSR

Zeit der Angst vor Unterwanderung und Spionen

Das gegenseitige Misstrauen prägte in den späten 1940er-und frühen 1950er-Jahren beide Seiten. So fürchtete die sowjetische Führung, dass die USA doch noch einen offenen Konflikt mit der UdSSR provozieren würde, bevor sich die sowjetische Hegemonie in Ost- und Südosteuropa würde festigen können. Sehr wohl wurde wahrgenommen, dass antisowjetische Partisanen, wie die Waldbrüder im Baltikum, vom britischen, amerikanischen und schwedischen Geheimdienst unterstützt wurden. Auch der Versuch der UdSSR in den Jahren 1945 und 1946 Iran, Provinzen mit großer kurdischer und aserbaidschanischer Bevölkerung als prosowjetische autonome Republiken abzuspalten, wirkte nach. Die Angst vor Spionen und Faschisten im Untergrund war mehr als nur eine propagandistische Legitimation für eine brutale Durchsetzung der sozialistischen Ordnung.

Auf der anderen Seite verbreitete sich in vielen westlichen Ländern, ähnlich wie in den Jahren nach der Oktoberrevolution, die Angst vor kommunistischer Unterwanderung. Geschürt wurde diese Angst durch den Sieg der Kommunisten 1949 im langjährigen chinesischen Bürgerkrieg und die Etablierung der sozialistischen Volksrepubliken in Osteuropa. Die neue Phase der „Roten Angst" (Red Scare) in den USA oder der „Roten Säuberung" (Red Purge) prägte das gesellschaftliche und innenpolitische Klima im „Westen" bis in die späten 1950er-Jahre.

Teilung Deutschlands und Europas

Besonders deutlich zeigte sich die Blockbildung in Europa am Beispiel Deutschlands, das seit 1949 in zwei Staaten geteilt war. Mit dem Bau der Berliner Mauer und den Grenzbefestigungen entlang der deutsch-deutschen Grenze 1961 wurde dies zementiert und auch noch einmal symbolisch verstärkt. Die deutsche Teilung war ein Produkt der Spaltung Europas in zwei Blöcke, die sich seit dem Ende des Krieges schrittweise vollzog. Eine entscheidende Rolle spielte dabei die zunehmende Konfrontation zwischen „dem Westen" und der Sowjetunion.

Unmittelbar nach der Befreiung ging die sowjetische Stalin-Regierung daran, die befreiten Gebiete Osteuropas in ihren Einflussbereich dauerhaft zu integrieren. Das Selbstbestimmungsrecht wurde entgegen vorheriger Zusicherungen in diesen Gebieten nicht geachtet. Stattdessen kam es in den von der Roten Armee besetzten Gebieten zu politischen „Säuberungen", die Bevölkerung wurde eingeschüchtert, Wahlen wurden manipuliert. Nach und nach wurde die Wirtschaft dieser Staaten kollektiviert beziehungsweise nach dem Modell der Planwirtschaft organisiert. So etablierte die UdSSR in ganz Ost- und Südosteuropa sukzessive Volksdemokratien nach sowjetischem Muster (1946: Bulgarien; 1947: Rumänien, Polen; 1948: Tschechoslowakei; 1949: DDR, Ungarn). Diese Staaten sollten sich als Satellitenstaaten bedingungslos dem Willen Stalins unterordnen und einen Sicherheitsgürtel für die Sowjetunion schaffen. Ähnlich der deutsch-deutschen Grenze wurde schließlich auch die westliche Außengrenze von Bulgarien, Ungarn und der Tschechoslowakei mit befestigten Grenzanlagen versehen.

→ Q1, S. 160

Politische Spaltung Europas – Marshallplan und Berlinkrise

Der 1947 von den USA initiierte Marshallplan, der sich als Reaktion auf die Ausdehnung des sowjetischen Einflusses in Europa verstehen lässt, stand ganz im Zeichen der von US-Präsident Truman verkündeten Politik zur Eindämmung des Kommunismus. Es handelte sich dabei um eine Aufbauhilfe in Form von wirtschaftlichen Hilfsleistungen für Europa. Zwar richtete sich das Angebot auch an die Staaten Osteuropas, diese nahmen das Angebot infolge sowjetischen Drucks allerdings nicht an. Mit der wirtschaftlichen Hilfe für die Staaten Westeuropas und die westlichen Besatzungszonen waren auch politische Interessen verbunden. So sollten die Menschen für die Versuchung des Kommunismus durch die solidarische Hilfe möglichst unempfindlich gemacht werden. Dies schien nötig zu sein, gab es doch beispielsweise in Frankreich oder Italien starke linke Parteien. Tatsächlich forcierte der Marshallplan einen wirtschaftlichen Aufschwung in den unterstützten Staaten.

→ Q2 – Q4, S. 160 f.

Ein eindeutiges Symbol für die sich abzeichnende Teilung Europas war die Erste Berlinkrise 1948/49. Mit dem Ziel, stabile wirtschaftliche Verhältnisse zu schaffen, führten die drei westlichen Besatzungsmächte in Deutschland 1948 eine neue Währung ein. Die Sowjetunion reagierte darauf in ihrer Besatzungszone mit der Einführung einer eigenen Währung und blockierte den Zugang nach Westberlin. Es war eine Machtprobe, in der die Westmächte mit einer kostspieligen Luftbrücke zur Versorgung Westberlins reagierten. Berlin wurde so zum Symbol für die Behauptung des „Westens" gegenüber der UdSSR im beginnenden Kalten Krieg. Durch die doppelte deutsche Staatsgründung 1949 wurde die Spaltung Mitteleuropas zementiert. Ein entscheidender Schritt zur Festigung der Blockbildung war der Zusammenschluss der westlichen Staaten in dem militärischen Bündnis der NATO 1949 und der Staaten Osteuropas im Warschauer Pakt 1955. Beide Blöcke waren allerdings in sich weniger homogen, als es oberflächlich den Anschein erweckte.

Flagge des Rates für gegenseitige Wirtschaftshilfe

Organisation for European Economic Co-operation (OEEC)

am 16. April 1948 gegründete Organisation mit Sitz in Paris aus zunächst 18 europäischen Staaten sowie Kanada und USA mit dem Ziel, ein gemeinsames Konzept zum wirtschaftlichen Wiederaufbau und engeren Zusammenarbeit in Europa zu entwickeln,
1961 umbenannt in wurde Organisation für wirtschaftliche Zusammenarbeit und Entwicklung (OECD) umbenannt

Beginnender Wirtschaftskrieg und Teilung des Weltmarktes

Nach Beendigung der aus der Not heraus gebildeten Koalition gegen das NS-Regime traten nicht nur ideologisch-politische Gegensätze wieder hervor, sondern weiteten sich, anders als vor dem Zweiten Weltkrieg, auch auf die Weltwirtschaft aus. Im Bemühen, die jeweiligen Einflusssphären auch ökonomisch zu sichern, begann ein „kalter" Wirtschaftskrieg. Der erwähnte Marshallplan und die wenig später erfolgte Gründung der Organisation für wirtschaftliche Zusammenarbeit und Entwicklung (**OEEC**) basierten auf dem Grundverständnis der Stärkung der freien Marktwirtschaft und schlossen somit faktisch sozialistische Länder aus.
Die Sowjetunion reagierte auf dieses „Diktat des Marshallplans" am 25. Januar 1949 mit der Gründung des „Rates für gegenseitige Wirtschaftshilfe" (RGW/COMECON). Dieser sollte eine vertiefte wirtschaftliche Zusammenarbeit und arbeitsteilige Koordinierung zwischen den sozialistischen Volksdemokratien gewährleisten. Auf diese Weise sollten die sozialistischen Staaten ökonomisch möglichst unabhängig von dem kapitalistischen Ausland werden.
Am 22. November 1949 weitete sich diese entstandene Dynamik zu einem regelrechten Wirtschaftskrieg aus, als das „Coordinating Committee on Export Controls" (COCOM) gegründet wurde. Das COCOM zielte darauf, ein Wirtschaftsembargo im Bereich der Hochtechnologie und Rüstungsgüter gegen die sozialistische Welt zu koordinieren und in der Praxis durchzusetzen. Dies führte dazu, dass Anfang der 1950er-Jahre der Warenaustausch zwischen den beiden entstandenen Machtblöcken weitgehend zum Erliegen kam.
Als eine strategische Antwort auf die westliche Embargopolitik kann die sogenannte Stalin-Note vom März 1952 gedeutet werden. Darin formulierte die UdSSR „Wirtschaftliche Leitsätze" und regte an, dass ein potentiell wiedervereinigtes Deutschland „keinerlei Beschränkungen" in Bezug auf den Handel mit anderen Ländern und den Zutritt zu den Weltmärkten auferlegt werden sollte. Für die UdSSR wäre bei einer Vereinigung der beiden deutschen Staaten in diesem Falle eine Nahtstelle zwischen West und Ost entstanden, die letztlich einen freien Zugang zu westlicher Technologie und Produkten ermöglicht hätte.
Letztlich gelang den USA und ihren Verbündeten mit dem von ihnen forcierten Wirtschaftskrieg gegen den sozialistischen Block in den 1950er-Jahren ökonomisch nur ein sehr begrenzter Erfolg. Dieser führte aber zu einer deutlichen Spaltung des Weltmarktes. Letztlich zwang diese Politik die osteuropäischen Staaten, sich auch wirtschaftlich noch enger an die Sowjetunion zu binden.
Mit der Gründung der Montanunion 1951 und der Europäischen Wirtschaftsgemeinschaft (EWG) 1957 veränderten sich schließlich in Westeuropa die wirtschaftspolitischen Strukturen weiter, was die Kluft gegenüber den osteuropäischen Wirtschaftsstrukturen weiter vertiefte.

A Unvermeidliche wirtschaftliche Blockbildung?

Q1

Ziel des Marshallplans

Aus einer Rede des US-Außenministers George Marshall an der Harvard-Universität (5. Juni 1947):

Unsere Politik ist nicht gegen irgendein Land oder eine Doktrin, sondern gegen Hunger, Armut, Verzweiflung und Chaos gerichtet. Ihr Zweck soll es sein, die Weltwirtschaft wiederherzustellen, um das Entstehen politischer und sozialer Verhältnisse zu ermöglichen, unter welchen freie Institutionen existieren können. Jede Regierung, die willens ist, bei der Aufgabe des Wiederaufbaus mitzuwirken, wird, dessen bin ich sicher, seitens der Regierung der Vereinigten Staaten volle Unterstützung erfahren. Eine Regierung, welche den Wiederaufbau anderer Länder zu verhindern sucht, kann keine Hilfe von uns erwarten. Regierungen, politische Parteien oder Gruppen, welche bestrebt sind, das menschliche Elend zu verewigen, um daraus politisch oder in anderer Weise zu profitieren, werden auf den Widerstand der Vereinigten Staaten stoßen.

Wolfgang Lautemann, Manfred Schlenke (Hrsg.): Geschichte in Quellen. Band VII. Oldenbourg Schulbuchverlag, München 1984, S. 370 f.

Q2

Plakate in West und Ost zum Marshallplan

a) Darstellung in den alliierten Besatzungszonen in Westdeutschland (ca. 1948)

b) Plakat in der sowjetischen Besatzungszone (ca. 1948)

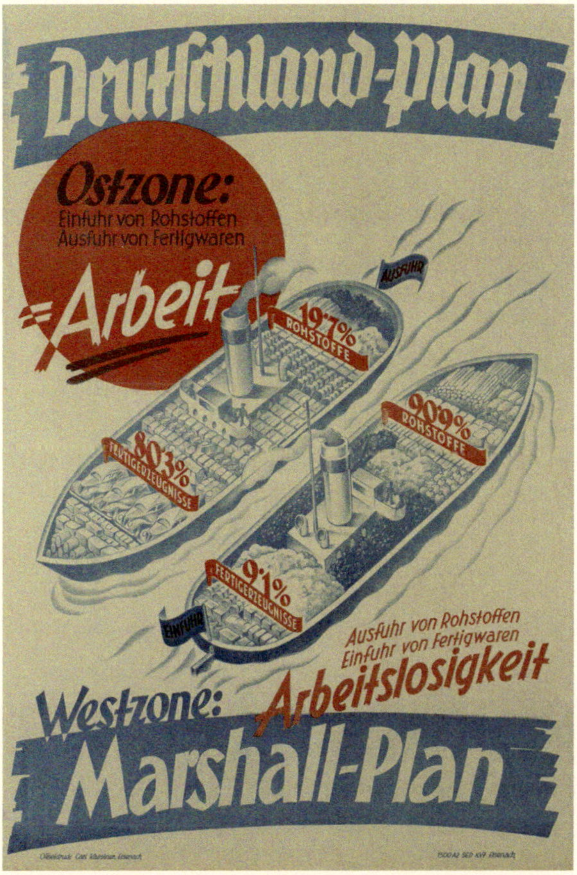

Q3

Rat für Gegenseitige Wirtschaftshilfe (RGW): Kommuniqué über die Errichtung eines osteuropäischen Wirtschaftsrates vom 25. Januar 1949

Im Januar dieses Jahres wurde in Moskau eine Wirtschaftskonferenz abgehalten, an der Vertreter Bulgariens, Ungarns, Polens, Rumäniens, der UdSSR und der Tschechoslowakei teilnahmen.

Die Konferenz stellte bemerkenswerte Erfolge in den zwischen den erwähnten Ländern herrschenden wirtschaftlichen Beziehungen fest, die besonders in einem vermehrten Warenaustausch zur Geltung gekommen sind. Dank der Schaffung solcher wirtschaftlicher Beziehungen und der Verwirklichung einer gemeinsamen Politik der wirtschaftlichen Zusammenarbeit haben die volksdemokratischen Länder und die UdSSR die Möglichkeit erhalten, den Wiederaufbau und die Entwicklung ihrer nationalen Wirtschaften zu beschleunigen.

Die Konferenz hat weiter festgestellt, daß die Regierungen der Vereinigten Staaten und Großbritanniens sowie die Regierungen verschiedener anderer westeuropäischer Staaten dem Sachverhalt nach einen wirtschaftlichen Boykott gegen die volksdemokratischen Länder und gegen die UdSSR verhängt haben, weil es diese Länder nicht für möglich erachten, sich dem Diktat des Marshallplans zu unterwerfen, da dieser Plan die Souveränitätsrechte der Länder sowie die Interessen ihrer nationalen Wirtschaft verletzt.

Unter Berücksichtigung dieser Sachlage hat die Konferenz über die Frage der möglichen Organisation einer weitergehenden wirtschaftlichen Zusammenarbeit zwischen den volksdemokratischen Ländern und der UdSSR beraten.

Zum Zwecke der Verwirklichung dieser weitergehenden wirtschaftlichen Zusammenarbeit zwischen den volksdemokratischen Ländern und der UdSSR hat die Konferenz die Errichtung eines Rates für gegenseitige Wirtschaftshilfe als notwendig erachtet. Dieser Rat wird sich aus gleichberechtigten Vertretern aller an der Konferenz beteiligten Länder zusammensetzen. Seine Aufgaben werden im Austausch von wirtschaftlichen Erfahrungen, Gewährung gegenseitiger technischer Hilfe und gegenseitigen Beistandes beim Austausch von Rohstoffen, Nahrungsmitteln, Maschinen und Ausrüstungsgegenständen bestehen.

Die Konferenz ist übereingekommen, den Rat für gegenseitige Wirtschaftshilfe für eine offene Organisation zu erklären, der auch andere europäische Staaten beitreten können, die sich mit den Prinzipien des Rates einverstanden erklären und an einer weitgehenden wirtschaftlichen Zusammenarbeit mit den obengenannten Ländern teilzunehmen wünschen. Der Rat für gegenseitige Wirtschaftshilfe wird nur beim vorhandenen Einverständnis der interessierten Länder Beschlüsse fassen.

Günter Schönbrunn (Hrsg.): Die Welt seit 1945. In: Geschichte in Quellen. Oldenbourg Schulbuchverlag, München 1980, S. 754.

B Marktwirtschaft oder Zentralplanwirtschaft?

D1

Marktwirtschaft versus zentrale Planwirtschaft

Zu den verschiedenen ideologischen Unterschieden der westlich-kapitalistischen und östlich-sozialistischen Welt gehörte das Verständnis von Wirtschaft. Betonte der „Westen" die Freiheit des unternehmerischen Handelns, betonte der „Osten" die Gleichheit durch eine gelenkte Wirtschaft im Sinne des Kollektivs.

	Marktwirtschaft	zentrale Planwirtschaft
Welche Erwartung wird an die Bürger gestellt?	Jeder Bürger handelt nach seinen eigenen Interessen.	Jeder Bürger handelt nur im Sinne des Allgemeinwohls.
Ist es möglich, die wirtschaftliche Entwicklung im Voraus zu planen?	Nur der einzelne Mensch kennt seine Bedürfnisse. Die zukünftige Wirtschaftsentwicklung kann nicht im Voraus festgelegt werden. Eine Planung bis ins Einzelne ist deshalb nicht möglich.	Die Bedürfnisse der Menschen sind bestimmbar, der Wirtschaftsablauf kann vorhergesehen werden. Produktions- und Verteilungsprozesse sind deshalb planbar.
Wo fallen die Entscheidungen?	Der Einzelne, sei es der Produzent, sei es der Konsument, entscheidet für sich selbst und bestimmt so über Angebot und Nachfrage.	Zentrale Stellen des Staates (Planungsbehörden und andere Gremien) entscheiden für die gesamte Volkswirtschaft. Betriebe, Arbeitnehmer, Konsumenten können gehört werden.
Wie fügen sich die wirtschaftlichen Einzelentscheidungen in der gesamten Volkswirtschaft zusammen?	Die Einzelnen entscheiden für sich nach ihren Interessen. Dabei orientieren sie sich an den Preisen, wie sie auf dem Markt nach Angebot und Nachfrage entstehen. Korrekte Marktpreise können auf dem Markt nur entstehen, wenn es einen freien Wettbewerb gibt. Der Markt regelt Angebot und Nachfrage ohne Vorgaben durch den Staat.	Wirtschaftspläne werden für ein Jahr oder mehrere Jahre aufgestellt. Sie gelten für die gesamte Wirtschaft, die einzelnen Sektoren der Wirtschaft und die einzelnen Unternehmen. Die Pläne müssen auf allen Ebenen der Volkswirtschaft eingehalten werden.
Welche politischen und rechtlichen Voraussetzungen sind wichtig?	Die Produktionsmittel einschließlich der großen Banken sind Privateigentum. Das private Eigentum steht unter dem Schutz des Staates. Über seine Verwendung entscheidet der Eigentümer im Rahmen der Gesetze. Die Rechtsordnung stellt sicher, dass Verträge zwischen den Marktteilnehmern eingehalten werden.	Die Produktionsmittel einschließlich der großen Banken sind Gemeineigentum bzw. Staatseigentum. Nur die Gemeinschaft – vertreten durch die staatlichen Stellen – darf über sie verfügen. Die Menschen haben evtl. die Möglichkeit, ihre Bedürfnisse in einer Einheitspartei oder Einheitsgewerkschaft zum Ausdruck zu bringen.

Zusammengestellt nach: Herbert Uhl (Hrsg.): Grundwissen Politik. Klett, Stuttgart/Leipzig 2007, S. 74 f.

Arbeitsvorschläge

Arbeitsvorschläge zum darstellenden Teil

1. Erklären Sie anhand des darstellenden Textes, inwiefern die Blockbildung in Europa und die Entstehung des Kalten Krieges miteinander zusammenhängen. [II]
2. Beschreiben Sie die Auswirkungen der politischen und wirtschaftlichen Entwicklungen auf die deutsch-deutsche Frage. [I]

A Unvermeidliche wirtschaftliche Blockbildung?

3. Analysieren Sie die Rede von George Marshall (Q 1) und arbeiten Sie heraus, wie er das European Recovery Program (ERP) begründet. [II]
4. Beschreiben und analysieren Sie die Plakate zum Marshallplan (Q 2a, Q 2b). Arbeiten Sie anschließend die jeweilige Intention heraus. [I/II]
5. Analysieren Sie das Gründungskommuniqué des RGW (Q 3) und arbeiten Sie die Motive zur Gründung und die Ziele der Organisation heraus. [II]

B Marktwirtschaft oder Zentralplanwirtschaft?

6. Fassen Sie die unterschiedlichen Ansätze von freier Markt- und zentraler Planwirtschaft mit eigenen Worten zusammen (D 1). [I]
7. Erläutern Sie, inwiefern die Verfechter der freien Marktwirtschaft die Idee der zentralen Planwirtschaft als Bedrohung ansahen. [II]
8. Erläutern Sie, warum die freie Marktwirtschaft in sozialistischen Staaten mit zentraler Planwirtschaft als Bedrohung angesehen wurde. [II]
9. Diskutieren Sie mit Blick auf die wirtschaftliche Situation Ende der 1940er-Jahre die Vor- und Nachteile der beiden Wirtschaftsmodelle. [III] ○

Übergreifender Arbeitsvorschlag

10. Beurteilen Sie, welche Rolle der Marshallplan für die Blockbildung in Europa spielte. [III]

Online- und Differenzierungsmaterialien zu Kapitel 3.1
○ Arbeitshilfen zur Aufgabe 9

Online-Code: 2vk7uh

3.2 Wirtschaftlicher Aufschwung in Ost- und Westeuropa am deutsch-deutschen Beispiel

Europa im Jahr 1945: Ein Kontinent leidet unter den desaströsen Folgen des Zweiten Weltkrieges, große Teile sind zerstört, die Nationen untereinander verfeindet. Die Versorgungslage war bereits gegen Ende des Krieges und dann in der unmittelbaren Nachkriegszeit katastrophal. Viele Menschen hungerten. Doch bereits wenige Jahre später blühte das mittlerweile geteilte Deutschland wieder auf. Wie kann so etwas möglich sein?

Deutschland zerbricht in zwei Staaten – die Welt in zwei Lager

Spätestens auf der **Londoner Außenministerkonferenz** (1947) kam es unter den alliierten Siegermächten zum Bruch zwischen den USA und der Sowjetunion hinsichtlich der Deutschland-Frage. Gab es zuvor noch Hoffnungen auf einen deutschen Gesamtstaat, konzentrierte man sich nun auf die Gründung zweier deutscher Staaten mit konkurrierenden politischen und wirtschaftlichen Systemen. Westdeutschland folgte dem westlichen Beispiel und transformierte sich in eine parlamentarische Demokratie. Dagegen glich sich die DDR dem sowjetischen Ideal des Kommunismus an, was letztlich in einer sozialistischen Diktatur endete. So unterschiedlich die beiden Regierungssysteme waren, so verschieden entwickelten sich auch die jeweiligen Wirtschaftsordnungen. Im Westen setzte man auf die Soziale Marktwirtschaft. Hierbei handelt es sich um eine Kreuzung aus einer rein liberalen Marktwirtschaft und staatlicher Wirtschaftslenkung. Einerseits gibt es bei dieser Ordnung private, also nichtstaatliche Unternehmen, die möglichst viel Gewinn einfahren möchten. Außerdem ist das Wirtschaftsprinzip vom Verhältnis zwischen Angebot und Nachfrage geprägt. Diese Elemente sind kennzeichnend für die liberale Marktwirtschaft. Andererseits wird die Marktform durch staatliche Eingriffe, wie beispielsweise die in der Bundesrepublik Deutschland gesetzlich verankerten Sozialversicherungen oder Sozialleistungen „sozial". Im Osten wurde dagegen die Zentralverwaltungsgesellschaft eingeführt, welche eine Verstaatlichung der Unternehmen vorsieht und dabei planwirtschaftlich vorgeht, also nach einem vorgegebenen Plan unter Ausblendung des Angebot-und-Nachfrage-Prinzips handelt. Bereits ein Jahr vor den Gründungen der BRD und der DDR kam es in beiden Zonen zu Währungsreformen, welche als erster wichtiger Grundschritt zu neuem Wohlstand gelten können. Die alte gesamtdeutsche Währung, die Reichsmark, verlor drastisch an Wert, da Deutschland zerstört war und nur über wenige Sachgüter verfügte, während gleichzeitig zu viel Geld in Umlauf war. Während Westdeutsche fortan die D-Mark als Zahlungsmittel verwendeten, kam auch in Ostdeutschland eine neue Währung zum Einsatz, die als **„Ostmark"** bezeichnet wurde.

Doch nicht „nur" Deutschland war nach dem Zweiten Weltkrieg gespalten, sondern große Teile der Welt. Der Kalte Krieg bestimmte das politische Handeln. Schon bald sprach man hauptsächlich im Westen von einer Ersten, Zweiten und Dritten Welt. Dies diente zur Unterscheidung zwischen westlichen Industriestaaten mit liberalen Demokratien („Erste Welt"), sozialistischen Ländern („Zweite Welt") und blockfreien Ländern, die keiner dieser beiden Gruppen zugeordnet werden konnten („Dritte Welt"). Nach dem Ende des Kalten Krieges wurden die Bezeichnungen geändert, sodass heute von Industrie-, Schwellen- und Entwicklungsländern gesprochen wird.

Londoner Außenministerkonferenz (1947)
Treffen der Außenminister der vier Hauptsiegermächte des Zweiten Weltkrieges vom 25.11.–15.12.1947 in London. Thema war die zukünftige Form eines deutschen Staates und der Einfluss der jeweiligen Siegermächte. Es kam aber zu keiner Einigung.

„Ostmark"
umgangssprachliche, meist von Westdeutschen verwendete Bezeichnung für die von der DDR als Währung eingeführte „Deutsche Mark" (ab 1968 „Mark")

Der Nachkriegsboom der BRD

Die Besatzungspolitik der Westalliierten änderte sich aufgrund der anwachsenden Spannungen zwischen den USA und der Sowjetunion rasch. Westdeutschland sollte nicht mehr als Feind und Kriegsverlierer demontiert, sondern als wichtiger Verbündeter neu aufgebaut werden. Besondere Berühmtheit erlangte der sogenannte „Marshallplan", benannt nach

→ Kapitel 3.1, S. 156
→ Q2, S. 168

George C. Marshall (1880–1959)
US-General
wichtiger Mitinitiator des European Recovery Program („Marshall-Plan")
1947–1949 US-Außenminister
1950–1951 US-Verteidigungsminister
(bundesdeutsche Briefmarke 1960)

dem damaligen US-Außenminister George C. Marshall. Es handelte sich dabei um ein groß angelegtes Konjunkturprogramm der Vereinigten Staaten von Amerika zur Unterstützung Westeuropas, das an den Folgen des Zweiten Weltkrieges litt. Zwischen 1948 und 1952 wurden Hilfen im Wert von 13,12 Milliarden Dollar geleistet. Neben der Bereitstellung von Krediten wurden auch Rohstoffe, Lebensmittel und Waren vergeben. Westdeutschland war ein großer Profiteur dieser Leistungen.
Die Einführung der D-Mark und der Sozialen Marktwirtschaft sowie die US-Wirtschaftshilfen führten zu einem schnellen Wirtschaftswachstum. Armut und Leid verschwanden allmählich aus dem deutschen Sprachgebrauch, stattdessen sprach man ab den 1950er-Jahren vom deutschen „Wirtschaftswunder". Die Abwanderung von Betrieben aus der Sowjetischen Besatzungszone (SBZ) bzw. der späteren DDR wirkte sich ebenfalls positiv auf die westdeutsche Wirtschaftsleistung aus. Im Laufe der 1950er- und 1960er-Jahre entwickelte sich Westdeutschland von einem zerstörten Land zu einer wohlhabenden Exportnation mit steigenden Löhnen und fallender Arbeitslosenquote. Bereits 1953 prägte der Soziologe Helmut Schelsky daher den Begriff der „nivellierten Mittelstandsgesellschaft". Nivellieren bedeutet demnach angleichen. Seiner These folgend wüchse in Westdeutschland die Mittelschicht stetig an, was zu einer vereinheitlichten Gesellschaft führen würde. Seine Annahmen begründete er mit den neuen Konsummöglichkeiten, die alle Gesellschaftsbereiche beträfen. Während immer mehr Menschen aus der Unterschicht in die Mittelschicht aufstiegen, wäre umgekehrt ein Abstieg von Menschen aus der Oberschicht in die Mittelschicht erkennbar. Letztlich prognostizierte er den allmählichen Übergang von einer Klassen- in eine Schichtgesellschaft, was ihm jedoch auch Kritik einbrachte, schließlich stiegen wenige Menschen aus der Oberschicht in die Mittelschicht ab. Umgekehrt war auch der Aufstieg von der Mittel- in die Oberschicht nur schwer möglich und fand daher eher selten statt.

Auch in der DDR setzt ein Umdenken ein

Im Gegensatz zum Westen wurde Ostdeutschland durch die sowjetische Besatzungsmacht stärker wirtschaftlich geschwächt, da die UdSSR viele Industrieanlagen für den eigenen Wiederaufbau demontierte. Ab 1952 wurde zudem der Aufbau des DDR-Sozialismus beschleunigt. Dies hatte im industriellen Sektor eine zunehmende Verstaatlichung von ehemals privaten Unternehmen zur Folge. Analog dazu kam es im Bereich der Landwirtschaft zur Kollektivierung, also zu einem staatlich gelenkten Zusammenschluss ehemals privater Landwirtschaftsbetriebe zu sogenannten „Landwirtschaftlichen Produktionsgenossenschaften", kurz LPG. Die Enteignung von Privatbesitz und die damit verbundene Vergesellschaftung des Besitzes wurden seitens der Führungsmächte als notwendiger Schritt zu einem angestrebten Arbeiter-und-Bauernstaat angesehen. Nach marxistisch-leninistischer Auffassung soll in einem solchen Staat die Arbeiter- und Bauernklasse über die zu enteignende Kapitalistenklasse herrschen. Damit dieses Prinzip aus ökonomischer Sicht umgesetzt werden kann, kommt dem Staat die Aufgabe zu, für die Bedarfsdeckung der Bevölkerung aufzukommen. Während in der Theorie liberaler Marktwirtschaften ausdrücklich das Individuum im Vordergrund steht und der Markt zwischen Anbieter und Nachfrager stattfindet, soll in einem Arbeiter- und Bauern-Staat der Besitz des Einzelnen dem Wohle der Gemeinschaft untergeordnet werden.
Nach dem Tod Stalins im Jahr 1953 sowie dem Aufstand vom 17. Juni des gleichen Jahres verordnete die UdSSR einen Kurswechsel. Es wurde schnell klar, dass man die DDR als Verbündeten brauchte und hierfür deren Rückhalt in der eigenen Bevölkerung von größter Bedeutung war. In der Folge verzichtete auch die Sowjetunion auf Reparationsleistungen. Im Gegensatz zur jungen Bundesrepublik bekam die DDR jedoch keine vergleichbaren Wirtschaftshilfen seitens der UdSSR. Erschwerend kam hinzu, dass der Osten über weniger Rohstoffvorkommen verfügte als der Westen. Nicht zuletzt deshalb verlief der Wiederaufbau nur schleppend.

John Maynard Keynes (1883–1946)
britischer Ökonom und Politiker

Keynesianismus versus Fünfjahresplan

Anders als viele westeuropäische Industriestaaten änderte die junge Bundesrepublik erst in den 1960er-Jahren ihre Wirtschaftspolitik hin zum Keynesianismus, benannt nach dem britischen Wirtschaftswissenschaftler John Maynard Keynes. Im Gegensatz zum Neoliberalismus, der die Zeit nach den beiden Ölkrisen der Jahre 1973 und 1979/80 dominieren sollte, greift der Staat nach dem keynesianischen Prinzip stärker in das Marktgeschehen ein. Immer dann, wenn die private Nachfrage nach Gütern und Dienstleistungen sinkt, erfolgen demnach staatliche Lenkungsversuche, um die Konjunktur wieder anzukurbeln. In Westdeutschland wurde der Keynesianismus im Jahr 1967 durch die Verabschiedung des „Gesetzes zur Förderung der Stabilität des Wachstums der Wirtschaft" (StabG) konkretisiert. Davor wurde die genannte Wirtschaftspolitik in anderen westlichen Ländern, wie Frankreich oder Italien, bereits praktiziert. Die im Volksmund als „Stabilitätsgesetz" bezeichnete Neuerung hatte ein gesamtwirtschaftliches Gleichgewicht zum Staatsziel erhoben und stellte daher einen erheblichen Eingriff des Staates in das Marktgeschehen dar. Vorausgegangen war eine erstmalige Stagnation des Bruttoinlandsproduktes (BIP) und ein damit einhergehender Anstieg der Arbeitslosenquote. Die neuen Maßnahmen griffen sofort, sodass sich die Wirtschaftszahlen bis zur ersten großen Rezession 1973 positiv gestalteten.

Um den Wirtschaftsprozess bzw. die Versorgung der Bevölkerung in einem sozialistischen Staat wie der ehemaligen DDR garantieren zu können, wurden die Produktion und der Konsum von Gütern von einer zentralen Instanz geplant. Für die ersten beiden Jahre nach der Gründung der DDR wurde ein Zweijahresplan erarbeitet, danach verwendete man Fünfjahrespläne. Ziel solcher Pläne war es, durch zentrale Mengenvorgaben – und nicht aufgrund der Nachfrage – eine allmähliche Steigerung der Produktion zu erreichen. Die Fünfjahrespläne der DDR folgten dem Muster der Sowjetunion und wurden von der Staatlichen Plankommission (SPK) erarbeitet und kontrolliert. Gänzlich neu war das Aufstellen von Jahresplänen nicht. Bereits im nationalsozialistischen Deutschland gab es ab 1936 einen Vierjahresplan, der aus heutiger Sicht gewisse Parallelen aufweist. Allerdings beschränkte er sich auf die Rüstungsindustrie, wohingegen die Fünfjahrespläne der sozialistischen Länder der komplexen Aufgabe gerecht werden mussten, ein Konzept für eine gesamte Volkswirtschaft zu entwickeln. Außerhalb des Ostblockes kamen nach 1945 auch in westlichen Industriestaaten, wie beispielsweise in Frankreich und Japan, Fünfjahrespläne zum Einsatz, wenngleich in der Regel mit begrenzter Dauer und in ausgewählten Wirtschaftsbereichen.

D1

Entwicklung des Bruttoinlandsprodukts (BIP) in der Bundesrepublik Deutschland und der DDR in den Jahren 1950 bis 1989 *(in Millionen Euro)*

Die Statistik bildet nicht das BIP pro Kopf ab, sodass die wirtschaftlichen Entwicklungen nicht im Verhältnis zur Bevölkerungszahl dargestellt sind.

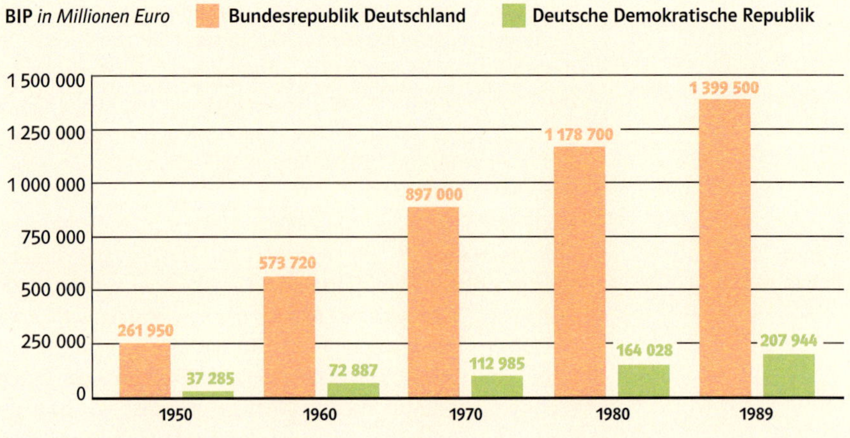

Q1

Wohnblock auf der Karl-Marx-Allee in Ost-Berlin (Friedrichshain) 1970
Die „Plattenbauten" stammen aus den 1960er-Jahren. Die Idee der Plattenhausbauweise aus Betonplatten stammte aus den 1920er-Jahren. Die Bauweise erlaubte eine kostengünstige, standardisierte Serienproduktion mit modernem Wohnkomfort (Zentralwärme, Toiletten in der Wohnung etc.) für breitere Bevölkerungskreise.

Zwischen den 1950er- und 1970er-Jahren erlebte auch die DDR einen nennenswerten Wirtschaftsaufschwung, der wiederum zu einem steigenden Lebensstandard der Bürger beitrug. Das Konzept der Planwirtschaft schien zunächst aufzugehen.

Das Ende der DDR

Trotz des neuen Wohlstands sowie der deutlich verbesserten Wohnsituation flohen bis zum Mauerbau im Jahr 1961 viele DDR-Bürger in den Westen. Im Laufe der Jahrzehnte traten die Nachteile der schwerfälligen Planwirtschaft immer mehr zutage. Gerade die zweite Ölkrise traf den realsozialistisch geführten Osten hart. Die UdSSR exportierte nun mehr Erdöl in die westliche Welt, um mehr Devisen erwirtschaften zu können. Diese wurden für den zunehmenden Rüstungswettlauf mit den USA benötigt. Dadurch war es der UdSSR immer weniger möglich, seine sozialistischen Verbündeten, wie die DDR, mit verbilligtem Erdöl und Erdgas zu beliefern. Dieser Umstand befeuerte die wachsende Überschuldung der DDR ebenso wie deren Umstellung auf Kohlekraftwerke und die damit verbundenen Umweltbelastungen. Solche Probleme ereilten auch andere Ostblockstaaten. Die UdSSR selbst geriet in gravierende Schwierigkeiten, als Mitte der 1980er-Jahre die Erdölpreise auf dem Weltmarkt wieder sanken.

→ **Q7**, S. 170

Die zunehmende Verschuldung, u. a. gewährte auch die Bundesrepublik Deutschland Kredite in größerem Maße, die immer schwierigere Versorgungslage mit Konsumgütern und die wachsenden Umweltprobleme trugen zu den gesellschaftlichen Protesten 1989 bei. Bereits ein Jahr später wurde die DDR aufgelöst und faktisch der Bundesrepublik Deutschland politisch und wirtschaftlich angegliedert. Der ökonomische Anschluss kann rückwirkend betrachtet als fehlerhaft bewertet werden, da manche ostdeutschen Regionen unter der raschen Privatisierung der Unternehmen litten und teils deindustrialisiert wurden.

A Deutscher Wiederaufbau mit unterschiedlichen Ansätzen

Q2

Die deutschen siamesischen Zwillinge
Karikatur von Ernst Maria Lang (1948)

B Soziale Marktwirtschaft – eine kritische Betrachtung

Q3

Schwacher Konsument
Karikatur von Hanns Erich Köhler (1977)
die Unterschrift lautet: „Will er nicht – oder, hm, kann er nicht mehr …“

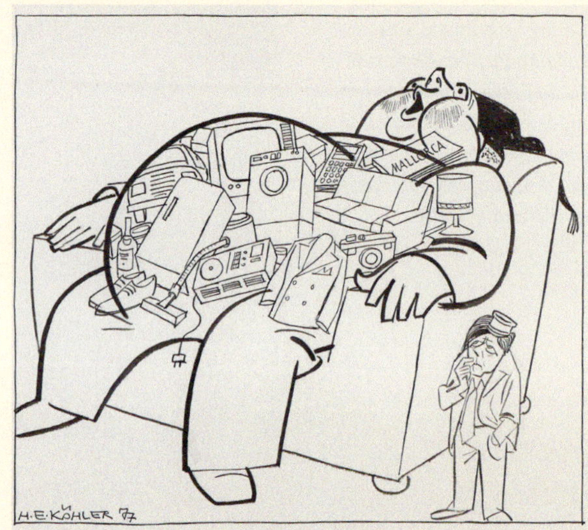

Q4

Lasten des Sozialstaates
Karikatur von Walter Hanel (1995)

Q 5

Das Wunderland

Der freie Publizist Ralf Hanselle schrieb 2009 für die politische Zeitung Das Parlament:

Jede große Geschichte beginnt mit einer großen Zeit. Für die einen ist sie das Paradies, für die anderen Arkadien[1]. Für die Deutschen ist es das Wirtschaftswunder. In ihm kristallisiert sich die Urgeschichte der Republik – die Zeit der großen ökonomischen Wachstumsraten; die Ära des Aufstiegs zur Wirtschaftsmacht. Bald schon, da sollte das junge Westdeutschland zu den größten Industriestaaten der Erde zählen. Kurz: In der Erzählung vom großen Wirtschaftswunder verbirgt sich der Mythos von einem Phönix aus der Asche[2]. Ein Land, das eben noch am Boden lag, sollte plötzlich wieder auferstehen. [...] Wenn es einen Denker gab, der das Eigentümliche jener Jahre in treffende Worte gefasst hat, dann war es der aus Chemnitz stammende Soziologe Helmut Schelsky. Sein Terminus von der „nivellierten Mittelstandsgesellschaft" wurde zum Longseller[3]. [...] Für die einen drückt sich in dem erstmals Mitte der 1950-er Jahre auftauchenden Begriffspaar das irdisch gewordene Kleinbürger-Paradies aus, während es für andere nur die Beschreibung einer unerträglichen Spießer-Hölle ist. [...]
Es war phänomenal: Eine erstaunliche Beschleunigung des Wirtschaftswachstums paarte sich seit Beginn der 1950-er Jahre mit einem nie da gewesenem gesellschaftlichen Reichtum. Während in den Jahren von 1913 bis 1950 das jährliche Wirtschaftswachstum in Deutschland nur durchschnittlich 0,4 Prozent pro Kopf betragen hatte, stieg es in den 1950-er Jahren plötzlich auf 6,5 Prozent an. [...] Allerorten wurde in Infrastruktur und Maschinen investiert. Und das Beste: Jeder schien an dem plötzlich ausbrechenden neuen Wohlstand partizipieren zu können. „Die Menschen, die weniger als zehn Jahre zuvor verunsichert aus den Trümmern gestolpert waren", schreibt Tony Judt in seiner Geschichte Europas von 1945 bis zur Gegenwart, „betraten nun, staunend und auch ein wenig verwirrt, das Zeitalter des Wohlstands". [...] „Wohlstand für alle", jenes große Versprechen Ludwig Erhards, schien in greifbare Nähe gerückt zu sein. [...]
Die „nivellierte Mittelstandsgesellschaft", sie war für den namhaften Soziologen die perfekte Antwort auf die angeblich „klassenlose Gesellschaft" der jungen DDR. [...] Eine der Neuerungen war für Schelsky die soziale Auf- und Abstiegsbewegung während der ersten Hälfte des 20. Jahrhunderts. In dieser seien Industriearbeiter und Verwaltungsangestellte sozial nach oben geklettert, während Besitz- und Bildungsbürger durch Vertreibung oder Enteignung die soziale Leiter nach unten gerutscht seien. [...] Jeder zählte sich fortan zur neuen Mitte. [...] Die Angleichung der wirtschaftlichen wie politischen Verhältnisse habe seiner Meinung nach die Milieus aber auch die Konsum- und Verhaltensformen angepasst. So begann der Siegeszug der „kleinbürgerlich-mittelständischen Verhältnisse". [...]
Hatte Schelsky also recht? War die bundesdeutsche Gesellschaft damals auf dem besten Weg, die alte und immer wieder bedrohlich erscheinende Klassenfrage mittels Nivellierung hinter sich zu lassen? So attraktiv dieser Gedanke auch gewesen sein mochte, spätestens als in den 1970-er Jahren die gigantischen Wachstumsraten einzubrechen begannen und Ölkrise und Rezession zu erster Massenarbeitslosigkeit führten, mussten die Anhänger der Theorie von der „nivellierten Mittelstandsgesellschaft" einräumen, dass diese eher Wunschtraum war. Dabei fanden sich erste Kritiker bereits sehr früh. Der Soziologe Ralf Dahrendorf etwa hielt Schelskys Vorstellung von einer Erosion[4] der Klassen bereits 1957 für kritikwürdig. [...] Eine Gesellschaft, in der zu jener Zeit allenfalls jedes zehnte Arbeiterkind eine Aufstiegschance hatte, konnte für Dahrendorf nicht als sozial durchlässig beschrieben werden. [...]

Quelle: Das Parlament, 14.09.2009.
Auf: https://www.das-parlament.de/2009/38/Themenausgabe/27026691-302626 (Zugriff: 07.01.2020)

1 Arkadien = Land der Glückseligkeit/idyllisches Landleben
2 Der Phönix ist ein mythischer Vogel, der symbolisch für die Wiedergeburt steht. Er verbrennt oder stirbt am Ende seines Lebenszyklus, um aus dem verwesenden Leib oder aus seiner Asche wieder neu zu entstehen. Man verwendet die Redensart „Phönix aus der Asche", um aufzuzeigen, dass etwas Zerstörtes oder verloren Geglaubtes in neuem Glanz wiedererscheint, hier bezogen auf Nachkriegsdeutschland.
3 Longseller = Kulturprodukte, häufig Schriften, die über längere Zeiträume gut verkauft bzw. beachtet werden
4 Erosion bedeutet hier Verschiebung, also dass die Schichtgesellschaft die Klassengesellschaft abgelöst und innerhalb der Schichtgesellschaft eine Angleichung zugunsten der Mittelschicht stattgefunden habe.

C Planwirtschaft – eine kritische Betrachtung

Q 6

Festigung der Arbeiter-und-Bauern-Macht

Im Gesetz über den zweiten Fünfjahrplan zur Entwicklung der Volkswirtschaft in der Deutschen Demokratischen Republik für die Jahre 1956–1960 (vom 9. Januar 1958) heißt es:

Die Festigung der Arbeiter-und-Bauern-Macht und der Aufbau des Sozialismus in der Deutschen Demokratischen Republik sind die Grundbedingungen für die friedliche Lösung der deutschen Frage und ein wesentlicher Beitrag für die Sicherung des Friedens in Europa. Diesem Ziel dient der 2. Fünfjahrplan [...]. Seine Durchführung wird dazu beitragen, die komplizierten Probleme der Übergangsperiode vom Kapitalismus zum Sozialismus zu lösen. Hierbei sind

die Werktätigen stärker als bisher in die Leitung von Staat und Wirtschaft einzubeziehen. Ihre Mitarbeit ist durch den sozialistischen Wettbewerb, durch Produktionsberatungen, ökonomische Konferenzen und Betriebsvergleiche zu gewährleisten. Den Gewerkschaften fällt hierbei eine wichtige Aufgabe zu. So nehmen auf vielfältigste Weise die Werktätigen an der Leitung des Staates und der Wirtschaft teil, wodurch die Überlegenheit der neuen sozialistischen Ordnung immer wirksamer zur Geltung kommt. […]
Der sozialistische Einzelhandel muss größere Anstrengungen zur allseitigen Verbesserung der Verkaufskultur unternehmen. Die Qualifizierung der Verkaufskräfte ist energisch zu verbessern. Fortschrittlichen Arbeits- und Verkaufsmethoden, wie z. B. der Eröffnung von Selbstbedienungsläden, der Förderung des Automatenverkaufs, der zweckmäßigen Verpackung der Waren sowie der Technisierung im Handel ist größere Beachtung zu schenken. […]

Gesetzblatt der DDR. Jahrgang 1958. Teil I. Nr. 5 vom 20. Januar 1958, S. 41–55.

Q7

Der Mangel an Ersatzteilen ist katastrophal

In der Eingabe einer Besitzerin eines Pkw „Trabant" an den Generalsekretär des ZK der SED Erich Honecker heißt es in den 1980er-Jahren:

Werter Genosse Honecker! Da ich mich seit einem halben Jahr in Karl-Marx-Stadt und Umgebung bisher vergeblich um 4 neue Trabantreifen bemüht habe, sehe ich mich gezwungen, mich mit der Bitte um Hilfe an Sie zu wenden. Ich besitze seit 1977 einen Pkw vom Typ „Trabant" und habe bisher ca. 30 000 km damit zurückgelegt. Die Reifen sind dringend erneuerungsbedürftig, da das Profil fast völlig abgefahren ist. […]
Der Zustand in den Geschäften für Pkw-Ersatzteile ist katastrophal und schockierend! Immer mehr Autobesitzer gehen auf Grund der unzumutbaren Ersatzteillage dazu über, sich Reifen, Außenspiegel usw. durch Diebstahl zu beschaffen. Dass man sich nicht gerade freut, wenn man früh feststellt, dass der Außenspiegel gestohlen wurde, dürfte doch klar sein. Nun befürchten wir jeden Tag, dass es uns mit den Reifen genauso gehen könnte, da wir „Laternenparker" sind! Ich glaube kaum, dass es im Sinne einer sozialistischen Moral und Lebensweise ist, durch fehlende Ersatzteile Rechtsbrecher am laufenden Band heranzuziehen! Beim Ingenieurstudium hören wir in den Konsultationen in fast jedem Fach, wie weit unser Lebensstandard fortgeschritten sein soll! Bis jetzt habe ich bei den Ersatzteilen jedoch noch nichts davon bemerken können. Oder soll sich die Erhöhung des materiellen Lebensniveaus neuerdings so bemerkbar machen, dass man sich ein nagelneues Auto kaufen muss, wenn man ein paar Reifen braucht? Ähnlich ist es bei Tonbandkassetten. Da getraut man sich schon gar nicht mehr danach zu fragen, weil einen die Verkäufer glatt auslachen! So etwas entbehrt in meinen Augen jeder Logik.
Mit sozialistischem Gruß […]

Eberhard Kuhr (Hrsg.): Am Ende des realen Sozialismus. Beiträge zu einer Bestandsaufnahme der DDR-Wirklichkeit in den 80er Jahren. Band 2: Die wirtschaftliche und ökologische Situation der DDR in den 80er Jahren. Leske und Budrich, Opladen 1996, S. 213 f.

Q8

Tod nach Plan

Die Stuttgarter Zeitung berichtete 1988:

Die Einwohner der fernöstlichen Stadt Komsomolsk am Amur sterben zu langsam. Dieser Ansicht sind jedenfalls die zuständigen Planbehörden und mit ihnen notgedrungen auch die östlichen Beerdigungsinstitute. Sie erfüllen ihre Pläne nicht mehr, ihre Mitarbeiter mussten schon das zweite Jahr auf Prämien verzichten und suchen anderweitig Beschäftigung.
Dieses besonders hervorstechende Beispiel für die blanke Ironie vieler sowjetischer Planbürokraten hat jetzt die „Prawda" beleuchtet. Die Planer planen gerne „vom Erreichten her": hat ein Unternehmen einen bestimmten Produktionsstand erreicht, werden ihm für das kommende Jahr schematisch einige Prozent mehr auferlegt. Für 1988 wurde den Bestattungsinstituten in Komsomolsk gleich ein Umsatzplus von 23 Prozent aufgebrummt, obwohl sie schon im Vorjahr erhebliche Mindereinnahmen verzeichneten.
Wie in der ganzen UdSSR ist auch am Amur die Sterblichkeitsrate in den letzten zwei Jahren zurückgegangen. Als Hauptursache gilt die drastische Drosselung des Alkoholkonsums. Und weil die störrischen Einwohner von Komsomolsk sich selbst dem Kompromiss abgeneigt zeigen, Grabsteine auf Vorrat zu kaufen, bleiben den Bestattungsunternehmen kaum mehr Möglichkeiten, das Plansoll zu erfüllen. Die „Prawda" stellte den Bestattungsfirmen ironisch anheim, nur noch Grabmale aus importiertem Cararra-Marmor anzubieten, um den Gewinnausfall zu kompensieren und so den Plan zu erfüllen.

Stuttgarter Zeitung vom 22.01.1988. © 2012 Stuttgarter Zeitung.

Arbeitsvorschläge

Arbeitsvorschläge zum darstellenden Teil

1. Unterscheiden Sie die westdeutsche Soziale Marktwirtschaft vom ostdeutschen Arbeiter- und Bauernstaat. Erläutern Sie dabei die Unterschiede auf der gesellschaftspolitischen sowie auf der ökonomischen Ebene. [II]
2. Vergleichen Sie unter Zuhilfenahme des Internets den westdeutschen Sozialstaat der 1960er-Jahre mit unserem heutigen. Lassen sich hierbei Verbesserungen und/oder Verschlechterungen feststellen? Erläutern Sie. [II]

A Deutscher Wiederaufbau mit unterschiedlichen Ansätzen

3. Beschreiben und interpretieren Sie die Karikatur Q 2. Gehen Sie dabei auch darauf ein, warum der eine abgebildete Herr einen Löffel und eine Schale in den Händen hält. [I/II]
4. Erläutern Sie mithilfe des Fotos von Osterberlin aus dem Jahr 1970, inwieweit sich die sozialistische Ideologie an der Architektur des Wiederaufbaus erkennen lässt. (Q 1) [II]
5. Recherchieren Sie im Internet nach typischen Baustilen Westdeutschlands der 1950er- bis 1970er-Jahre unter dem Aspekt des sozialen Wohnungsbaus und vergleichen Sie diese mit Q 1. Lassen sich auch hierbei Ansichten und Mentalitäten ablesen? Erläutern Sie Ihre Annahmen. [II]

B Soziale Marktwirtschaft – eine kritische Betrachtung

6. Erläutern Sie unter Zuhilfenahme der beiden Karikaturen Q 3 und Q 4 die Nachteile der Sozialen Marktwirtschaft. [II]
7. Lesen Sie Q 5 aufmerksam.
   a) Definieren Sie den Begriff „nivellierte Mittelstandsgesellschaft" und erläutern Sie, warum Schelsky diese These auf das damalige Westdeutschland anwandte. [II]
   b) Erläutern Sie, worin die kritische Haltung des Autors Hanselle bezüglich des Begriffes begründet liegt. [II]
8. Bewerten Sie die heute noch vorherrschende Soziale Marktwirtschaft, indem Sie eine kritische Stellungnahme verfassen. Greifen Sie dabei auch auf die Quellen Q 3–Q 5 zurück. Beziehen Sie bei Ihrer Stellungnahme auch den Umstand mit ein, dass in Deutschland die unteren und mittleren Einkommen sehr stark mit Steuern und Abgaben belastet sind. [III] ○

C Planwirtschaft – eine kritische Betrachtung

9. Definieren Sie die beiden Begriffe „Arbeiter- und Bauernstaat" sowie „Fünfjahresplan" am Beispiel der DDR (Q 6). [II]
10. Beschreiben Sie Gemeinsamkeiten und Unterschiede zwischen den planwirtschaftlichen Fünfjahresplänen und der Idee des Keynesianismus (Q 6). [I]
11. Erläutern Sie unter Bezugnahme auf die Quellen Q 7 und Q 8 Probleme der Planwirtschaft damaliger Ostblockstaaten. Hinterfragen Sie dabei den Zeitungsartikel (Q 8) quellenkritisch. Sie können zusätzlich auf das Internet zurückgreifen. [II]
12. Versetzen Sie sich in die Lage Erich Honeckers und verfassen Sie ein begründetes Antwortschreiben auf Grundlage der Quelle Q 7. [III] ○

Online- und Differenzierungsmaterialien zu Kapitel 3.2
○ Arbeitshilfen zu den Aufgaben 8 und 12

Online-Code: t5k59p

3.3 Der Umgang mit Protest in West- und Osteuropa – Das Beispiel Ungarnaufstand 1956

Die Zeit der politischen Neuordnung nach dem Zweiten Weltkrieg, verbunden mit der ideologischen Polarisierung, führte in vielen Staaten in Ost und West zu Protesten und Widerstand. Zu einem gewalttätigen Konflikt kam es dabei 1956 in Ungarn.

Mátyás Rákosi (1892–1971)
1919 Mitglied der ungarischen Räterepublik
ab 1940 führendes Komintern-Mitglied
1945–1948 Generalsekretär der Kommunistischen Partei
1948–1956 Generalsekretär der Partei der Ungarischen Werktätigen
1952–1953 ungarischer Ministerpräsident
1956 Flucht in die UdSSR

Durchsetzung der Volksrepublik Ungarn

Das autoritär regierte und mit den Achsenmächten verbündete Ungarn war gegen Ende des Zweiten Weltkrieges von sowjetischen Truppen erobert worden. Gemäß den alliierten Vereinbarungen auf der Konferenz von Jalta fiel Ungarn nach 1945 in die sowjetische Einflusszone. Auch nach dem Friedensvertrag mit Ungarn 1946 behielt die Sowjetunion seine militärische Präsenz bei. Gleichzeitig förderte sie die zunächst sehr kleine Kommunistische Ungarische Partei. In den noch halbwegs freien Wahlen am 4. November 1945 erlangten die Kommunisten allerdings nur 16,9 % der Stimmen. Selbst nach zunehmendem innenpolitischen Druck durch die Besatzungsmacht konnte sie in erneuten Parlamentswahlen am 31. August 1947 ihren Stimmenanteil auf nur 22,3 % steigern. Auf Druck der Sowjetunion hin kam es daraufhin 1948 ähnlich wie in Ostdeutschland zwei Jahre zuvor zu einer Zwangsvereinigung der Kommunisten mit den ungarischen Sozialdemokraten zur Partei der Ungarischen Werktätigen (MDP). Mittels einer Listenwahl wurde im Mai 1949 eine Zweidrittelmehrheit der MDP durchgesetzt. Im August desselben Jahres wurde auf Basis davon eine neue Verfassung nach sowjetischem Vorbild erlassen. Ungarn wurde eine sozialistische Volksrepublik. Starker Mann der Partei wurde Mátyás Rákosi, der als „Stalins bester ungarischer Schüler" Ungarn fortan diktatorisch regierte, wobei die politische Verfolgung jeglicher Opposition drastisch zunahm. Die politischen, gesellschaftlichen und wirtschaftlichen Institutionen der UdSSR wurden nun weitgehend für Ungarn kopiert. Dazu zählte auch die Konzentration auf den Aufbau von Schwerindustrie, was die Unterversorgung der Bevölkerung mit Lebensmitteln und anderen Konsumwaren zur Folge hatte. Ungarn galt durch seine gemeinsame Grenze mit Österreich und Jugoslawien in dieser Zeit aus sowjetischer Perspektive als Frontstaat für einen als sehr realistisch angesehenen Krieg mit der NATO.

Die „Tauwetter"-Periode nach Stalins Tod

Am 5. März 1953 starb der sowjetische Diktator Stalin. Als Nachfolger setzte sich Nikita Chruschtschow durch, der zaghafte Reformen begann (**Entstalinisierung**) und auch außenpolitisch für eine Entspannung eintrat. Dies wirkte sich auch auf die verbündeten sozialistischen Staaten aus. Viele Menschen hofften auf eine Liberalisierung in ihrem sozialistischen Staat, stalinistische Hardliner fürchteten, Reformen würden „außer Kontrolle" geraten. In Ungarn führte dies zur Absetzung von Rákosi als Ministerpräsident (nicht als Parteichef) durch den Reformkommunisten Imre Nagy. Nagy trat für einen „nationalen und menschlichen Sozialismus" ein. 1955 wurde Nagy jedoch durch die Hardliner der Partei gestürzt.
Tatsächlich kam es in der Georgischen Sozialistischen Sowjetrepublik am 9. März 1956 in der Hauptstadt Tiflis zu antisowjetischen Demonstrationen von Studierenden, in der DDR zu dem Aufstand des 17. Juni und in Polen im Juni 1956 zu Streiks in der Industrieregion Poznan (Posener Aufstand). Alle Protestbewegungen wurden mit Militär blutig niedergeschlagen. Nichtsdestotrotz führte dies in Polen im Oktober 1956 zu einem Wechsel an der Spitze der Kommunistischen Partei, zur Ankündigung von Reformen und einer Lockerung des repressiven Systems.

Entstalinisierung
Prozess politischer, wirtschaftlicher und gesellschaftlicher Reformen nach dem Tod Stalins, u.a. Beendigung des Personenkults um Stalin, zeitweise Gewährung größerer Freiräume in Kultur sowie Förderung der Konsumgüterindustrie. Schließung vieler Straflager.

Zur selben Zeit kam es in Budapest am 23. Oktober 1956 zu einer Großdemonstration von Studierenden. Diese erklärten sich solidarisch mit den polnischen Arbeitern in Poznan und forderten demokratische Veränderungen, darunter Presse- und Redefreiheit, freie Wahlen, Unabhängigkeit von der UdSSR sowie einen Wechsel an der Regierungsspitze zugunsten von Reformkommunisten. An dem Protest nahmen geschätzt etwa 200 000 Menschen teil.

Aufstand in Ungarn

Am gleichen Abend setzte die Parteiführung den populären Imre Nagy wieder als Ministerpräsidenten ein. Gleichzeitig begann jedoch ein militärisches Eingreifen ungarischer Sicherheitskräfte. Über ungarische Soldaten verschafften sich Protestierende Waffen, so dass es bereits in der Nacht vom 23. zum 24. Oktober zu bewaffneten Auseinandersetzungen in Budapest kam.

Am 24. Oktober weiteten sich die Proteste auch auf andere ungarische Städte aus. Drei Tage später verkündete Regierungschef Nagy eine Umbildung des Kabinetts und die Auflösung der verhassten Staatssicherheit **ÁVH**. Als weitere Forderungen traten die Beendigung der wirtschaftlichen Abhängigkeit von der UdSSR durch internationale Handelsverträge und die Wiedereinführung alter ungarischer Nationalfeiertage und Staatssymbole auf. Es wurde das Streikrecht, die Wiedereinführung von Meinungs-, Versammlungs- und Pressefreiheit gefordert. Manche nun gebildete Arbeiterräte forderten auch die Religionsfreiheit.

ÁVH
nach Vorbild des sowjetischen NKGB in Ungarn 1948 gebildeter Geheimdienst, der der Verfolgung von Regimegegnern diente. Bis 1953 legte dieser Akten von fast 1,3 Millionen Staatsbürgern an (bei ca. 9,6 Mio. Einwohnern)

Niederschlagung des Aufstandes

Am 30. Oktober gab Regierungschef Nagy das Ende der Einparteienregierung und die Bildung eines Mehrparteienkabinetts bekannt. Einer der prominentesten Kritiker der ungarischen Volksrepublik, Kardinal József Mindszenty, wurde aus der Haft entlassen. Auch die Sowjetunion schien – letztlich nur vordergründig – zu einem Rückzug ihrer Truppen aus Ungarn bereit zu sein.

Die Proteste ebbten jedoch nicht ab, stattdessen kam es zu Tötungen von besonders verhassten Parteifunktionären und ÁVH-Mitarbeitern. Als die neue Regierung am 1. November den Austritt Ungarns aus dem Warschauer Pakt ankündigte, griff dass sowjetische Militär ein. Sowjetische Truppen besetzten zentrale Orte in Budapest und das Kabinett Nagy wurde für abgesetzt erklärt. An seiner Stelle wurde außerhalb der Hauptstadt drei Tage später eine neue Regierung unter dem kommunistischen Politiker János Kádár eingesetzt.

Dies führte zur Eskalation im ganzen Land, wo sich vielerorts bewaffneter Widerstand bildete. Seitens der westlichen NATO-Staaten wurde militärische Hilfe versprochen, was den Widerstand zwar stärkte, jedoch nie seitens der NATO wirklich beabsichtigt war. Die überlegenen sowjetischen Truppen schlugen bis zum 15. November den bewaffneten Widerstand nieder. Die Schätzungen der Zahl der Getöteten schwanken zwischen offiziell rund 2500 Ungarn und über 700 Sowjetsoldaten bis zu über 20 000 Toten.

Imre Nagy (1896–1958)
sozialistischer Politiker
1919 Mitglied der ungarischen Räterepublik
1929 Emigration in die UdSSR
1944 Rückkehr nach Ungarn
1945 Landwirtschaftsminister
1945–1946 Innenminister
1953–1955 und 1956 Ministerpräsident
1958 hingerichtet

Die Folgen des Aufstandes

Die Niederschlagung des Aufstandes löste eine Massenflucht aus, bei der über 200 000 Menschen ins Ausland, meist nach Österreich, flohen. Die Mitglieder der abgesetzten Regierung Nagy wurden verhaftet und in geheimen Schauprozessen abgeurteilt. Viele von ihnen, darunter Nagy selbst, wurden im Juni 1958 hingerichtet, ebenso etwa 350 Aufständische. etwa 20 000 Menschen wurden zu Haftstrafen verurteilt. Der neue Ministerpräsident Kádár richtete Ungarn wieder auf einen streng sowjettreuen Kurs aus. Doch ähnlich wie die DDR oder Polen begann auch Ungarn unter ihm mit einigen Reformen zur Beruhigung der innenpolitischen Situation. Dazu zählte die Gewährung eines kleinen Maßes von Privatwirtschaft, z. B. für den Anbau und Verkauf selbst gezüchteten Gemüses oder die Erlaubnis für einen kleinen Dienstleistungssektor.

A Wenn Protest zum Aufstand wird

Q1

Aufstand in Budapest Anfang November 1956
Links: Aufständische mit der Flagge des vorsozialistischen Ungarns und einem erbeuteten Panzer
Rechts: Kopf der gestürzten und zerstörten Stalin-Statue

B Die Nachwirkungen des Ungarnaufstandes

D1

Folgen der Revolution

Der deutsche Publizist und Politikkorrespondent Reinhold Vetter (geb. 1946) schrieb 2012 über das ungarische Trauma des niedergeschlagenen Aufstandes von 1956:

Vergeblich hatten die Aufständischen auf Unterstützung aus dem Westen gehofft. Doch hinter dem Schleier heftiger verbaler Proteste in westlichen Hauptstädten gegen die sowjetische Militärintervention in Ungarn verbarg sich nichts anderes als die Respektierung der Hegemonie Moskaus in Ostmitteleuropa. Die Einsamkeit der ungarischen Aufständischen auf internationaler Bühne ist ein wichtiger Grund dafür, dass das Trauma der Niederlage von 1956 bis heute Folgen hat. Noch stärker als während des Sozialismus wurde die Sowjetunion nach der Niederschlagung des Aufstandes zum wichtigsten Feindbild. Das Gefühl vieler Ungarn, nicht wirklich zu Europa zu gehören, verstärkte sich.

Die Charakterisierung des Volksaufstandes von 1956 als „Konterrevolution“ war die entscheidende Lebenslüge des nachfolgenden Kádár-Systems. Als das Politbüromitglied Imre Pozsgay, einer der entscheidenden Reformer der späten achtziger Jahre, am 29. Januar 1989 ohne vorherige Absprache mit der Parteiführung öffentlich die Arbeitsergebnisse einer vom Zentralkomitee eingesetzten Historikerkommission bekannt gab, wonach das Geschehen im Herbst 1956 nicht als Konterrevolution, sondern als Volksaufstand zu bewerten sei, war die Legitimationsgrundlage des Kádár-Systems zusammengebrochen. Denn damit wurden die sowjetische Militärintervention von 1956 und die damit verbundene Bildung der Kádár-Regierung als unrechtmäßig verurteilt. Am 16. Juni 1989 wurden der im Juni 1958 hingerichtete Imre Nagy und vier seiner ebenfalls ermordeten damaligen Kampfgefährten unter großer Anteilnahme der Bevölkerung in Ehren neu bestattet. János Kádár starb just am 6. Juli 1989, als der Oberste Gerichtshof Ungarn den damaligen Prozess gegen Nagy und seine Mitkämpfer zum Justizmord erklärte.

Reinhold Vetter: Ungarn. Ein Länderporträt. Christoph Links Verlag, Berlin 2012, S. 67 f.

Q2

Politische Witze über den Aufstand in Ungarn 1956

a) Aufsatzthema in Budapest: „Warum haben unsere sowjetischen Freunde im Oktober 1956 in Ungarn interveniert?" Ein Schüler schreibt: „Weil die Ungarn versucht haben, sich in ihre eigenen Angelegenheiten einzumischen."

Eike Christian Hirsch: Der Witzableiter oder Schule des Lachens. C. H. Beck, München 2002², S. 39.

b) Frage an Radio Eriwan: „Ist es wahr, dass Ungarn das größte europäische Land ist?"
Antwort: „Im Prinzip ja. Die glorreiche Rote Armee hat nach der Niederschlagung des Ungarnaufstands 1956 damit begonnen, das Land zu verlassen, und hat die Grenzen bis heute nicht erreicht."

Boris Bazarow (Hrsg.): Im Prinzip ja. Flüsterwitze vom Sender Eriwan, Goldmann, München 1970, S. 68.

Arbeitsvorschläge

Arbeitsvorschläge zum darstellenden Teil

1. Nennen Sie Schlagworte, die Ihnen im Laufe Ihres Geschichtsunterrichts im Zusammenhang mit der Geschichte Ungarns schon einmal begegnet sind. Nutzen Sie diese, um zusammen mit den Informationen aus dem Darstellungstext auf S. 172 f. die politische Situation Ungarns vor 1956 zu beschreiben. [I]
2. Beschreiben Sie das internationale Umfeld der Ereignisse von 1956. [I]
3. Erstellen Sie eine Zeittafel zu den Ereignissen in Ungarn 1955–1958. [II] ●

A Wenn Protest zum Aufstand wird

4. Beschreiben Sie die beiden Fotos von Q1. [I]
5. Ordnen Sie die Bilder in ihren historischen Zusammenhang ein. [II]
6. Entwickeln Sie anhand der Fotos Fragen oder Thesen zum sogenannten Ungarnaufstand von 1956. [III]

B Die Nachwirkungen des Ungarnaufstandes

7. Erläutern Sie anhand der Darstellung des Publizisten Reinhard Vetter die Langzeitwirkung des Ungarnaufstandes von 1956 (D1). [II]
8. Arbeiten Sie arbeitsteilig die Aussagen der beiden politischen „Flüsterwitze" heraus. [II]
9. Erörtern Sie quellenkritisch die Aussagekraft solcher politischen Flüsterwitze. [III]

Übergreifender Arbeitsvorschlag

MK 10. Recherchieren Sie Filmdokumente oder Filmdokumentationen von bzw. über den Ungarnaufstand 1956. Wählen Sie begründet ein Beispiel aus und setzen Sie sich mit dessen Aussagenwert kritisch auseinander. [III] ○

Online- und Differenzierungsmaterialien zu Kapitel 3.3
○ Arbeitshilfen zur Aufgabe 10
● Vertiefungsangbot zur Aufgabe 3

Online-Code: q4j79m

3.4 Kuba – Revolution und Kalter Krieg

Che Guevara mit dem um ihn entstandenen Mythos zählt zu den großen Ikonen der linken Szene, sowie der Werbe- und Popbranche. Fidel Castro galt bis zu seinem Tod im November 2016 als der letzte große Revolutionär des 20. Jahrhunderts. Bis heute basiert die Republik Kuba auf einem autoritären Einparteiensystem unter Führung der Kubanischen Kommunistischen Partei. Warum wurde Kuba aber 1962 zum gefährlichsten Brennpunkt des Kalten Krieges?

Politische Entwicklung der Republik Kuba

Die kubanische Nation entstand erst im 19. Jahrhundert aus europäischen Einwanderern und nach Kuba verschleppten Sklaven aus Afrika. In mehreren vergeblichen gegen die Kolonialmacht Spanien gerichteten Aufständen hatte seine Bewohner ein Nationalbewusstsein entwickelt. Erst nach der Intervention der USA im dritten kubanischen Unabhängigkeitskrieg und Spaniens Kapitulation wurde Kuba 1898 unabhänigig. Erhalten blieben jedoch die gravierenden sozialen Unterschiede durch die dominante Bedeutung des Zuckerrohr- und Tabakanbaus unter Kontrolle weniger Großgrundbesitzer und US-Unternehmen.

Die Entwicklung des kubanischen Staates war somit stark von gesellschaftlichen Spannungen und der Einflussnahme von politischen und wirtschaftlichen Akteuren aus den USA geprägt. Entsprechend groß war die Bedeutung des Antiamerikanismus im kubanischen Nationalismus. Die Parteienlandschaft wurde dabei von bürgerlichen Politikern bzw. wenigen vermögenden Familien bestimmt. Immer wieder kam es zur Errichtung autoritärer Regierungen, z. B. unter dem 5. Präsidenten General Gerardo Machado (1925–1933).

Nicht zuletzt die Folgen der Weltwirtschaftskrise führten 1933 zu revolutionären Unruhen und dem Erstarken einer sozialistischen Bewegung in Kuba, die einen Schulterschluss mit fortschrittlich-nationalen Bürgerlichen suchte. Diese Entwicklung brachte die Machado-Diktatur 1933 zu Fall. Gleichzeitig begann jedoch der politische Aufstieg eines anderen Militärs: Fulgencio Batista, der 1940–1944 als gewählter Präsident die Republik regierte. Unter ihm erhielt Kuba 1940 eine der fortschrittlichsten Verfassungen Süd- und Mittelamerikas. Es war jedoch Batista, der sich nach einigen Jahren des politischen „Ruhestandes" 1952 an die Spitze eines Militärputsches stellte und eine erneute Diktatur errichtete.

Widerstand gegen diese Diktatur organisierte sich in erster Linie in Gestalt studentischer Organisationen sowie aus einer überschaubaren Zahl von Mitgliedern städtischer Mittelschichten. Letztere gründeten die nationalistische Gruppierung der „Ortodoxos", die sich nicht zuletzt auf die Ideen von José Martí beriefen. Mit ihnen sympathisierte auch ein junger, redegewandter Rechtsanwalt: Fidel Castro. Er sammelte einen konspirativen Kreis radikalisierter Ortodoxos-Sympathisanten um sich und versuchte schließlich durch eine revolutionäre Einzelaktion, die städtischen Mittelschichten aufzurütteln.

Fulgencio Batista y Zaldívar (1901–1973)
kubanischer Militär und Politiker
1940–1944 gewählter Staatspräsident
1952–1958 Diktator

Die Bewegung M-26-7

Zu diesem Zweck griffen 165 Revolutionäre unter seiner Führung am 26. Juli 1953 den wichtigsten Armeestützpunkt in der Hauptstadt, die Moncada-Kaserne, an. Die dilettantische Aktion scheiterte jedoch kläglich. Fidel Castro überlebte und wurde vor Gericht gestellt. Dort hielt er seine flammende Verteidigungsrede „Die Geschichte wird mich freisprechen". Infolge einer politischen Amnestie wurde Castro 1955 aus dem Gefängnis entlassen. Er emigrierte daraufhin nach Mexiko, wo er den jungen marxistischen Revolutionär Ernesto Guevara kennen lernte.

Im Dezember 1956 kehrte Castro zusammen mit Guevara und einigen Kämpfern nach Kuba zurück. Nach und nach organisierten sie von dem unwegsamen ostkubanischen Gebirge Sierra Maestra aus eine Guerillabewegung. Seine Bewegung benannte Castro nach dem

Tag des Angriffes auf die Moncada-Kaserne M-26-7. Nach und nach schlossen sich ihr Studenten und Mitglieder städtischer Mittelschichten sowie einige Bauern und Arbeiter an. Hauptforderungen der M-26-7 waren die Rückkehr zur Demokratie, die nationale Unabhängigkeit Kubas sowie modernisierende Wirtschafts- und Sozialreformen in der Landwirtschaft und im Sozialwesen. Letztlich wurde Batista nicht militärisch von der kleinen Guerillabewegung besiegt. Er verlor den Rückhalt seitens der Armee und den USA. Auch für die bürgerliche Bevölkerung verlor er den Ruf als Garant für Stabilität. Als die Guerilleros Ende 1958 eine größere Offensive starteten und die kleine Stadt Santa Clara einnahmen, setzte sich Batista ins Ausland ab.

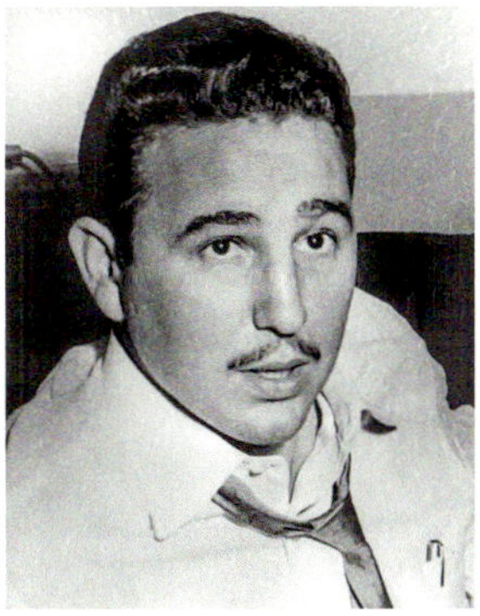

Fidel Alejandro Castro Ruz (1926–2016)
kubanischer Revolutionär und Staatsmann

Radikalisierung und Linksruck

Im Januar 1959 übernahm eine Koalitionsregierung aus Mitgliedern der M-26-7 und anderen oppositionellen bürgerlichen Parteien die Staatsgewalt. International wurde dies durchaus positiv wahrgenommen und selbst die USA standen der neuen Regierung zunächst wohlwollend gegenüber. Es sollte jedoch nur zwei Jahre dauern, bis sich die neue Führung in linksrevolutionärem Sinne radikalisierte und schließlich eine sozialistische Diktatur errichtete. Bis heute wird unter Historikern über die Gründe gestritten. Einige sehen in dem kompromisslosen Machtwillen von Fidel Castro und seinen engsten Weggefährten zentrale Gründe, andere betonen das ungeschickte Auftreten der USA, die in erster Linie ihre wirtschaftliche Dominanz auf Kuba verteidigten. Andererseits entwickelte sich auch ein großer Erwartungsdruck seitens der armen Landarbeiterschicht hinsichtlich weitreichender Wirtschafts- und Sozialreformen. Diese mussten zwangsläufig zulasten der bürgerlichen Oberschicht, Großgrundbesitzer und ausländischen Unternehmen gehen. Letztlich setzten sich die radikalen Vertreter der Revolutionsbewegung mit Ernesto „Che“ Guevara durch. Ab Mai 1959 begann die neue Revolutionsregierung mit zunächst gemäßigten, dann immer radikaleren Landreformen sowie Verstaatlichungen von Großgrundbesitzungen und Industrieunternehmen, was nicht zuletzt US-amerikanische Investoren traf. Bis Ende 1959 waren sämtliche bürgerlich-liberalen Politiker aus der Regierung verdrängt.

Ernesto Rafael Guevara de la Serna, genannt „Che“ (1928–1967)
südamerikanischer marxistischer Revolutionär und Guerillaführer

Kuba wird Brennpunkt des Kalten Krieges

Außenpolitisch kam es dadurch zu einer rapiden Abkühlung in den Beziehungen zu den USA. Diese eröffneten ein Wirtschaftsembargo gegen Kuba. Im April 1961 erfolgte eine von den USA organisierte Invasion bewaffneter Exilkubaner in der „Schweinebucht“, die jedoch scheiterte. Gleichzeitig suchte die Revolutionsregierung wirtschaftliche Hilfe und schließlich auch militärischen Schutz bei der UdSSR.
Spätestens jetzt wurde Kuba zum Schauplatz des Kalten Krieges. Nachdem die USA damit begonnen hatten, Atomraketen im NATO-Mitgliedsstaat Türkei zu stationieren, nutzte die UdSSR die Chance, ihrerseits die USA unmittelbar in die Reichweite eigener Mittelstreckenraketen zu bekommen. Im Rahmen einer beginnenden Kooperation mit Kuba wurden sowjetische Atomraketen auf der Karibikinsel insgeheim Abschussrampen für Raketen gebaut. Im September 1962 entdeckten US-Aufklärungsflugzeuge diese Anlagen. Für die Regierung des 1961 ins Amt gekommenen US-Präsidenten John F. Kennedy war dies nicht hinnehmbar. Die USA forderten von dem sowjetischen Regierungschef Nikita Chruschtschow den sofortigen Abbau der Anlagen und Rückzug der Raketen. Gleichzeitig wurde eine Seeblockade über Kuba begonnen. Die Sowjetregierung war ihrerseits nicht bereit, auf ihren neuen Verbündeten zu verzichten. Allerdings war allen bewusst, dass eine militärische Eskalation zu einem Dritten Weltkrieg unter Einsatz atomarer Waffen führen konnte. Erst in Geheimverhandlungen wurde dies im Oktober 1962 abgewendet. Die UdSSR verzichtete auf die Stationierung von Raketen auf Kuba. Im Gegenzug zogen die USA ihre Mittelstreckenraketen aus der Türkei ab und garantierten, keine Invasion auf Kuba durchzuführen. Kuba blieb allerdings weiterhin ein enger Partner des sogenannten Ostblocks. Sein sozialistisches System behielt es auch nach dem Zerfall der UdSSR 1991 und über den Tod von Fidel Castro 2016 hinaus bei.

A Kuba von der Unabhängigkeit zur Revolution

D1

Kuba während der Revolution

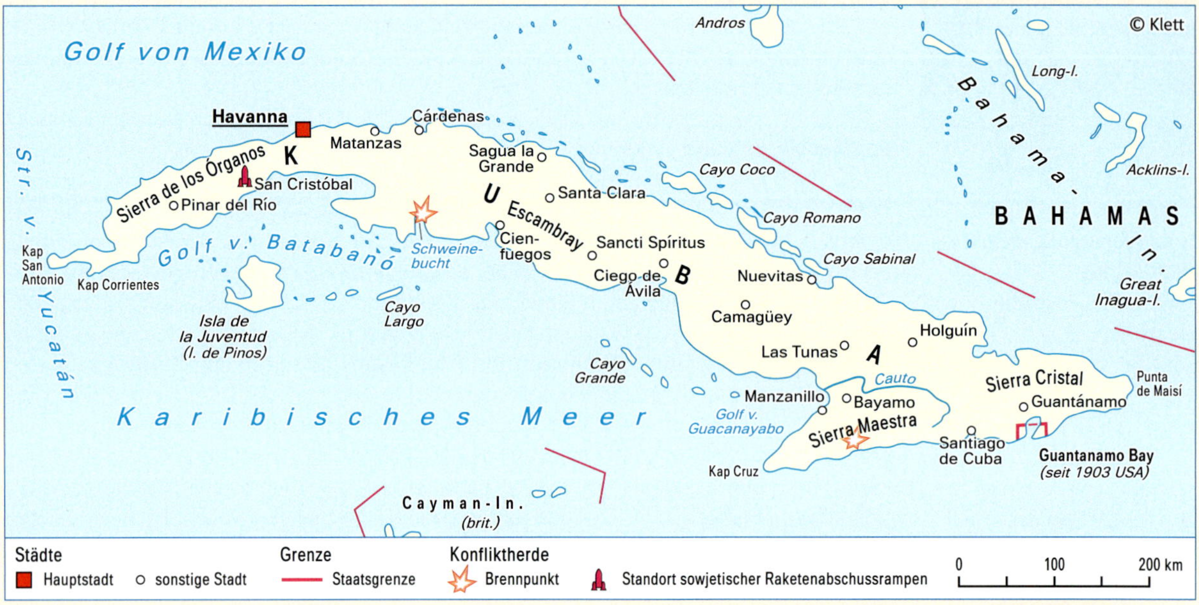

Q1

„Die Geschichte wird mich freisprechen!"

Am 16. Oktober 1953 hielt Fidel Castro in Santiago de Cuba vor Gericht eine Verteidigungsrede, die ihn berühmt werden ließ:

Ich erinnere daran, dass Ihre Prozessordnung vorschreibt, die Verhandlung habe „mündlich und öffentlich" zu sein; man hat dem Publikum jedoch den Zutritt zu dieser Sitzung verwehrt. Lediglich zwei Rechtsgelehrte und sechs Journalisten, denen die Zensur nicht ein Wort zur Veröffentlichung freigeben wird, wurden zugelassen. […]

Aber ich werde diese Knebelung auf keinen Fall akzeptieren, denn in diesem Prozess geht es um mehr als nur um die Freiheit eines Individuums: Es wird um fundamentale Fragen debattiert, es wird über das Recht des Menschen, frei zu sein, geurteilt, und es wird über die gemeinsamen Grundlagen unserer Existenz als freies und demokratisches Land verhandelt. […]

In was für einem Land lebt der Herr Staatsanwalt? Wer hat ihm gesagt, dass wir einen Aufstand gegen die verfassungsmäßigen Staatsgewalten geführt haben? Zwei Dinge springen ins Auge: Zunächst einmal stellt die Diktatur, die unsere Nation unterdrückt, keine verfassungsmäßige, sondern eine verfassungswidrige Macht dar. Sie wurde gegen die Verfassung und über die Verfassung hinweg eingeführt, sie ist eine Verletzung der rechtmäßigen Verfassung unserer Republik. Legitim ist eine Verfassung, wenn sie direkt aus dem Volk hervorgeht. Auf diesen Punkt werde ich später ausführlich eingehen, weil ich den Heucheleien, die die Feiglinge und Verräter angeführt haben, um etwas zu rechtfertigen, das nicht zu rechtfertigen ist, die Stirn bieten will. Zweitens spricht der Paragraph von Gewalten, also im Plural, und nicht vom Singular, denn er meint eine Republik, die in einem Gleichgewicht von Legislative, Exekutive und Judikative regiert wird. Wir haben aber zur Rebellion gegen eine einzige illegitime Macht aufgerufen, die die Legislative und Exekutive unseres Landes vereinnahmt und ebenjenes System zerstört hat, das der hier erörterte Paragraph schützen soll. […]

In der Zusammenfassung dieses Falles müssen die fünf Revolutionsgesetze erwähnt werden, die umgehend nach der Einnahme der Moncada-Kaserne verkündet und über das

Radio verbreitet werden sollten. Es ist möglich, dass Oberst Chaviano[1] diese Dokumente absichtlich vernichtet hat, doch ich bewahre sie in meinem Gedächtnis.
Das erste Revolutionsgesetz sollte dem Volk die Souveränität zurückgeben und die Verfassung von 1940 als das oberste Gesetz des Staates proklamieren, bis das Volk eine Änderung derselben beschließt. Ebenso sollte es ihre Implementierung, und die Bestrafung derjenigen fordern, die die Verfassung verraten haben. Da es keine gewählte Volksvertretung gab, sollte die revolutionäre Bewegung, als kurzzeitige Verkörperung dieser Souveränität, die damit verbundenen Verpflichtungen übernehmen, mit Ausnahme derjenigen zur Änderung der Verfassung selbst: Sie wäre befugt gewesen, Gesetze zu erlassen, zu urteilen und zu vollstrecken.
Diese Vorgehensweise hätte nicht sauberer und transparenter sein können, ohne jede Scharlatanerie: Eine Regierung, die von den Massen der Aufständischen bejubelt wird, hätte die nötigen Werkzeuge erhalten, um den Willen des Volkes und eine wahre Gerechtigkeit effektiv umzusetzen.
Im selben Augenblick hätten wir damit begonnen, die Gerichtsbarkeit, die sich am 10. März gegen die Verfassung und außerhalb der Verfassung positioniert hat, umgehend und vollständig zu erneuern, bevor sie ihre Aufgabe wieder wahrgenommen hätte, die ihr das oberste Gesetz des Staates zuweisen sollte. Wenn wir sie ohne diese Maßnahmen wieder in die Hände derer gelegt hätten, die sie auf schändliche Weise verraten haben, wäre eine Rückkehr zur Gesetzlichkeit einem Betrug, einer Täuschung und einem erneuten Verrat gleichgekommen.
Das zweite Revolutionsgesetz sollte den Bauern, Pflanzern, Pächtern, Bauern mit Teilpachtverträgen und Tagelöhnern, die bislang Parzellen von 65 Hektar oder weniger bewirtschaftet haben, unveräußerliche Eigentumsrechte für ihr Land bewilligen. Der Staat sollte die früheren Besitzer dafür entschädigen, und zwar unter Zugrundelegung des Betrags, den sie für die Verpachtung dieses Landes für zehn Jahre bekommen hätten. Das dritte Revolutionsgesetz sollte den Arbeitern und Angestellten einräumen, an den Gewinnen der großen Industrie-, Handels- und Bergbauunternehmen, einschließlich der großen Zuckerfabriken, mit bis zu dreißig Prozent beteiligt zu werden. [...]
Das vierte Revolutionsgesetz sollte allen Pächtern das Recht einräumen, zu 55 % am Ertrag aus der Zuckerproduktion beteiligt zu werden, sowie eine Quote von neuntausend Zentnern für alle Kleinbauern festlegen, die ihr Land mindestens in den letzten drei Jahren bewirtschaftet haben.
Das fünfte Revolutionsgesetz sollte die Konfiszierung all jener Vermögen anordnen, die von den Regierungen, ihren Rechtsnachfolgern und Erben veruntreut worden waren, sofern es sich um Vermögen handelte, die sie sich durch Erbschaften oder auch ohne Testamente und unberechtigterweise angeeignet haben. [...]
Verurteilt mich; das hat nichts zu bedeuten; die Geschichte wird mich freisprechen.

Fidel Castro: Die Geschichte wird mich freisprechen. Übersetzt v. Barbara Köhler. Rotbuch, Berlin 2009, S. 15, 17–19 und 39 f.

1 hoher Militär aus dem engeren Kreise des Diktators Batista

D2

Castro ein Republikaner?

Der Journalist und Lateinamerikawissenschaftler Hannes Bahrmann (geb. 1952) 2016 über die Anfänge des Revolutionärs Fidel Castro:

Bis dahin [*1958*] war das Programm des jungen kubanischen Anwalts relativ klar umrissen: Wiedereinsetzung der progressiven Verfassung von 1940, eine Neuverteilung des Bodens, die kleinen Bauern zugutekommen sollte, eine Reform der Zuckerwirtschaft, eine Bildungsreform, die Verstaatlichung öffentlicher Dienstleistungen und des Telefonnetzes sowie eine Mietreform. Das entsprach den kubanischen Gegebenheiten und hatte als „historische Mission" lediglich den Sturz des Diktators zur Voraussetzung. Besonders radikal war das nicht.
Es entsprach aber der kubanischen Wirklichkeit, die sich auch in einer Lageeinschätzung des CIA-Residenten in Havanna kurz vor dem Sieg der Rebellen widerspiegelte: „Es ist Castro nicht gelungen, die Mehrheit des kubanischen Volkes davon zu überzeugen, dass es sich lohnt, eher für ihn und sein Programm denn für Batista zu kämpfen. Kuba erfreut sich noch immer eines relativen ökonomischen Wohlstands, und ein Großteil der Bevölkerung scheint, wohl in der Sorge, die Revolution könne ihrem Wohlstand abträglich sein, auf einen friedlichen Übergang von einer autoritären zu einer verfassungsmäßigen Regierung zu hoffen." Kuba war trotz der sechsjährigen Diktatur von General Batista noch immer ein Land, dass sich deutlich von seinen lateinamerikanischen Nachbarn unterschied: Es war zu Wohlstand gekommen, hatte mit der Verfassung von 1940 ein tragfähiges Fundament für die Zukunft und verfügte noch immer über ein intaktes soziales Gerüst. Die Rechte der Arbeiter waren umfangreich: 8-Stunden-Tag, Mindestlohn, 44-Stunden-Woche, einen Monat bezahlter Urlaub, vier weitere bezahlte Krankentage an den gesetzlichen Feiertagen, neun bezahlte Krankentage, sechswöchiger Mutterschaftsurlaub, gesetzlicher Kündigungsschutz.

Hannes Bahrmann: Abschied vom Mythos. Sechs Jahrzehnte kubanische Revolution. Eine kritische Bilanz. Christoph Links Verlag, Berlin 2016, S. 39 f. und 43.

B Kubakrise – die Welt vor der atomaren Vernichtung?

D3

Reichweite von atomaren Mittelstreckenraketen 1962

Reichweite sowjetischer Raketen auf Kuba (rechts) und von US-Raketen in der Türkei (links)

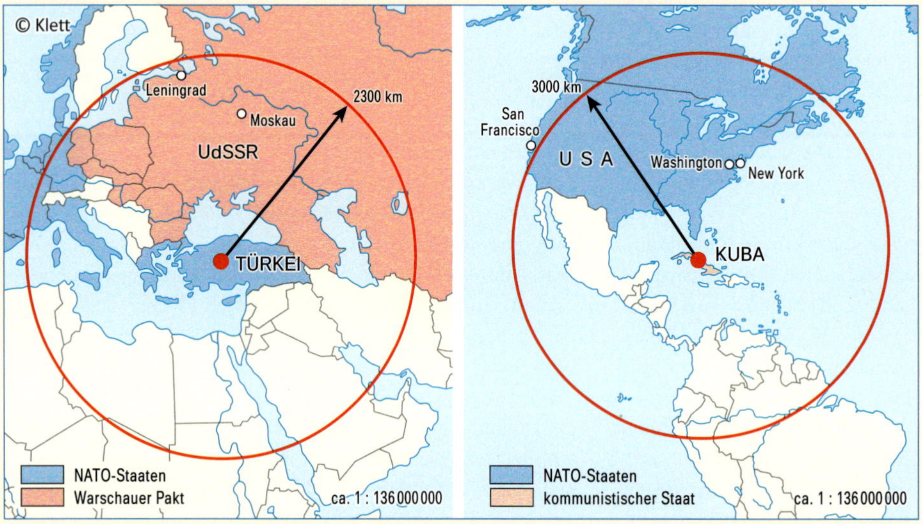

Q2

Die Welt vor der Vernichtung

Aus einer Fernsehansprache des US-Präsidenten John F. Kennedy (22. Oktober 1962):

Meine Regierung hat, wie angekündigt, den militärischen Aufbau der Sowjets auf der Insel Kuba auf das Genaueste beobachtet. In der vergangenen Woche haben eindeutige Beweise die Tatsache erhärtet, dass gegenwärtig eine Reihe offensiver Abschussrampen auf dieser in ein Gefängnis verwandelten Insel vorbereitet wird. Der Zweck dieser Basen kann nur sein, eine nukleare Angriffskapazität gegen die westliche Hemisphäre zu schaffen. […]
Die rasche Umwandlung Kubas in einen wichtigen strategischen Stützpunkt – durch das Vorhandensein dieser großen, weitreichenden und eindeutig offensiven Waffen der plötzlichen Massenvernichtung stellt eine ausdrückliche Bedrohung des Friedens und der Sicherheit aller amerikanischen Staaten, und zwar in flagranter und bewusster Missachtung des Rio-Paktes aus dem Jahre 1947 der Traditionen unserer Nation und unserer Hemisphäre […] sowie meiner eigenen öffentlichen Warnungen an die Sowjets vom 4. und 13. September 1962 dar. Diese Handlung widerspricht auch den wiederholten Zusicherungen sowjetischer Sprecher, die sowohl öffentlich als auch privat abgegeben wurden, dass der Rüstungsaufbau in Kuba seinen ursprünglich defensiven Charakter behalten würde und dass die Sowjetunion es weder nötig habe noch wünsche, strategische Raketen auf dem Territorium irgendeiner anderen Nation zu stationieren. […]
Ich appelliere an Ministerpräsident Chruschtschow, diese heimliche, unbesonnene und provokatorische Bedrohung des Weltfriedens und der stabilen Beziehungen zwischen unseren beiden Ländern zu beenden. Ich appelliere ferner an ihn, dieses Streben nach Weltherrschaft aufzugeben und sich an einem historischen Bemühen zu beteiligen, das gefährliche Wettrüsten zu beenden und die Geschichte der Menschheit zu wandeln. Er hat jetzt eine Gelegenheit, die Welt vor dem Abgrund der Vernichtung zu bewahren, indem er sich auf die Worte seiner eigenen Regierung besinnt, dass keine Notwendigkeit für die Stationierung von Raketen außerhalb des eigenen Territoriums besteht, und diese Waffen aus Kuba abzieht […].

Archiv der Gegenwart, Jg. 26/28.10.1962, S. 10193 f.

Q3

„OK, Mr. President, let's talk"
Die britische Karikatur der Zeitung „Daily Mail" vom 29. Oktober 1962 zeigte den sowjetischen Partei- und Regierungschef Nikita Chruschtschow (links) und US-Präsident John F. Kennedy (rechts).

Q4

Akt der Notwehr
Aus dem Brief des kubanischen Ministerpräsidenten Fidel Castro an Chruschtschow (26. Oktober 1962):

Wenn [...] die Imperialisten Kuba mit dem Ziel überfallen, es zu besetzen, ist die Gefahr einer derart aggressiven Politik für die Menschheit so groß, dass danach die Sowjetunion nie wieder eine Situation entstehen lassen dürfte, in welcher die Imperialisten gegen sie den ersten Schlag eines Atomkriegs durchführen könnten. Ich erkläre Ihnen dies, da ich glaube, dass die Aggressivität der Imperialisten extrem gefährlich wird und, wenn sie einen solch brutalen Akt wie die Invasion auf Kuba schließlich durchführten – wobei sie universelles Recht und Gesetz verletzen würden –, dann wäre dies der Zeitpunkt, um eine derartige Gefahr für immer zu eliminieren. Es würde sich um einen völlig gerechtfertigten Akt der Notwehr handeln, so hart und schrecklich die Lösung auch sein möge, denn es würde keine andere geben.

Vierteljahreshefte für Zeitgeschichte 41 (1993), S. 83. Übers. v. Silke Weimar-Ekdur.

Q5

Sowjetischer Kompromissvorschlag
Aus einer Botschaft von Chruschtschow an Kennedy (27. Oktober 1962):

Sie wollen die Sicherheit Ihres Landes gewährleisten und dies ist verständlich. Das will aber auch Kuba. Alle Länder wollen ihre Sicherheit gewährleisten. Wie aber sollen wir, die Sowjetunion, soll unsere Regierung Ihre Handlungen bewerten, die darin Ausdruck finden, dass Sie die Sowjetunion mit Militärstützpunkten eingekreist haben, buchstäblich rings um unser Land [...]?
Sie sind [...] wegen Kuba beunruhigt. Sie sagen, dass es Sie beunruhigt, weil es 90 Seemeilen von der Küste der USA entfernt liegt. Doch die Türkei liegt in unserer Nähe, unsere Wachtposten gehen auf und ab und blicken einander an. Sie halten sich also für berechtigt, für Ihr Land Sicherheit und die Entfernung jener Waffen zu fordern, die Sie als offensiv bezeichnen, erkennen aber uns dies Recht nicht zu. Sie haben doch zerstörende Raketenwaffen, die Sie offensiv nennen, in allernächster Nähe von uns, in der Türkei sta-

tioniert. Wie vereinbart sich denn aber die Anerkennung unserer in militärischer Beziehung gleichen Möglichkeiten mit solchen ungleichen Verhältnissen zwischen unseren großen Staaten? Dies ist keineswegs miteinander zu vereinbaren. [...] Deshalb mache ich den Vorschlag: Wir willigen ein, die Mittel aus Kuba zu entfernen, die Sie für offensive Mittel halten. Wir willigen ein, dies zu tun und in der UNO eine entsprechende Verpflichtung abzugeben. Ihre Vertreter geben eine Erklärung ab, dass die USA, der Beunruhigung und Besorgnis des Sowjetstaates Rechnung tragend, ihrerseits ihre entsprechenden Mittel aus der Türkei entfernen. [...]

Um den Völkern Kubas und der Türkei Genugtuung und Hoffnung zu geben und sie im Vertrauen auf ihre Sicherheit zu bestärken, werden wir nach Übernahme dieser Verpflichtung im Rahmen des Sicherheitsrats eine Erklärung abgeben, dass die Sowjetunion feierlich verspricht, die Unantastbarkeit der Grenzen und die Souveränität der Türkei zu respektieren [...]. Die gleiche Erklärung wird die amerikanische Regierung im Rahmen des Sicherheitsrats in Bezug auf Kuba abgeben.

Archiv der Gegenwart, Jg. 26/28.10.1962, S. 10201.

D4

Die Kuba-Krise 1961/1962

Der Historiker Bernd Stöver über die Kuba-Krise:

Die wohl dramatischste Zuspitzung des Kalten Krieges insgesamt fand 1962 auf Kuba statt. Der Konflikt mit Kuba entwickelte sich ab 1961 parallel mit der Verschärfung der Situation in Berlin und Vietnam. Auch für Kuba traf die Monroe-Doktrin in vollem Umfang zu. Es wurde als traditionelles Einflußgebiet betrachtet. [...] Kennedys anfängliche Sympathie für die Revolution auf Kuba wich bereits im Wahlkampf 1960 einer heftigen Anti-Castro-Rhetorik. In seiner Regierungserklärung am 30. Januar 1961 wies er darauf hin, daß der ursprünglich positive Freiheitskampf mittlerweile durch Kommunisten unterwandert sei. Ziel sei die Einrichtung eines Moskauer Stützpunkts vor der amerikanischen Küste. Dies werde niemals akzeptiert werden.

Allgemein waren die Sympathien der amerikanischen Politik spätestens in dem Moment vergeben, als Castro sich anschickte, Wirtschafts- und Bodenreformpläne nach sozialistischem Muster umzusetzen. Von diesen waren auch US-Firmen betroffen. Warum Castro sich den Sowjets annäherte, ist umstritten. Möglicherweise hat er das Zusammengehen mit den Kommunisten auf Kuba als die einzige Chance betrachtet, sich an der Macht zu halten. [...]

Seit Frühjahr 1962 spielte Chruschtschow mit dem Gedanken, Mittelstreckenraketen auf der Insel zu installieren. Sie erschienen ihm [...] als ideales Drohpotenzial in anderen politischen Fragen, etwa in Mitteleuropa. In den Gesprächen, die Anfang Juli 1962 mit dem Bruder Fidel Castros, Raul Castro, in Moskau stattfanden, offerierte Chruschtschow den überraschten Kubanern die Atomraketen. Unter dem Druck Moskaus und in der Vorstellung, nicht mehr viel Zeit zur Vorbereitung der eigenen Abwehr zu haben, akzeptierte Castro den Plan, in aller Stille Mittelstreckenraketen auf der Insel aufzubauen. Immerhin sprach dafür, daß die USA Raketen mit ähnlicher Reichweite in der Türkei stationiert hatten.

Die Raketen auf Kuba führten die Welt näher als alle anderen Krisen des Kalten Krieges an den Rand des Atomkriegs. Unter völliger Geheimhaltung [...] wurden die Vorbereitungen auf Kuba getroffen und die Raketen auf den Weg geschickt. Hier entdeckten amerikanische Aufklärungsflugzeuge im September 1962 die Abschußrampen. Am 22. Oktober forderte Kennedy Chruschtschow ultimativ auf, die Stellungen abzubauen und die Raketen in die UdSSR zurückzutranportieren. Zwei Tage später verhängten die USA eine Seeblockade gegen Kuba. Wie insbesondere die Tonbandmitschnitte der Krisensitzungen in Washington belegen, war Kennedy entschlossen, auch Atomwaffen einzusetzen. Am 27. und 28. Oktober erreichte die Krise ihren Höhepunkt. Nach einem geheimen Briefwechsel zwischen Chruschtschow und Kennedy wurde ein Handel geschlossen, bei dem beide Seiten das Gesicht wahren konnten: Die UdSSR sollte die Raketen von Kuba abziehen und die Rampen abbauen. Nach einigen Monaten würden die USA ihre Mittelstreckenraketen, die den europäischen Teil der Sowjetunion bedrohten, aus der Türkei zurückholen. Am Morgen des 28. Oktober wurde der Abzug der sowjetischen Raketen aus Kuba gemeldet.

Bernd Stöver: Der Kalte Krieg. C. H. Beck, München 2008, S. 77–79.

Arbeitsvorschläge

Arbeitsvorschläge zum darstellenden Teil

1. Nennen Sie die wichtigsten Schlagwörter, die Ihnen zur Geschichte Kubas schon einmal begegnet sind. [I]
2. Bezeichnen Sie mittels des Darstellungstextes die politische und gesellschaftliche Situation Kubas nach der Unabhängigkeit. [I]
3. MK Erstellen Sie ein Verlaufsdiagramm für die kubanische Geschichte von der Unabhängigkeit bis zum Beginn der Revolution. [I]

A Kuba von der Unabhängigkeit zur Revolution

4. Informieren Sie sich auf Basis eigener Recherchen über die politische Bedeutung von Fulgencio Batista und ordnen Sie ihn historisch in seine Zeit (1930er- bis Anfang 1950er-Jahre) ein. [II] ○
5. Arbeiten Sie die wichtigsten programmatischen Botschaften aus Castros Rede vom 16. Oktober 1953 heraus (Q 1). [II]
6. Beurteilen Sie anhand ihrer bisherigen Ergebnisse die Einordnung Castros in D 2. [II]
7. Erörtern Sie, warum die Rede von Fidel Castro auch über Kuba hinaus in Süd- und Mittelamerika bekannt wurde. [III]
8. Beurteilen Sie, ob die Rede einen revolutionären Charakter besaß. [III]

B Kubakrise – die Welt vor der atomaren Vernichtung?

9. Erklären Sie anhand der beiden Karten (D 3), warum für beide Supermächte die feindlichen Raketenstandorte nicht tragbar waren. [II]
10. Untersuchen Sie arbeitsteilig, wie die Interessen in Q 2–Q 4 jeweils begründet und dargelegt werden und beurteilen Sie dies. [II/III]
11. Benennen Sie die Schlüsselmomente der Kuba-Krise 1961/62 (D 4). [I]
12. Beurteilen Sie die Kuba-Krise unter der Frage, warum sie zu einem zentralen Wendepunkt im sogenannten Kalten Krieg wurde. [III]

Übergreifender Arbeitsvorschlag

13. Informieren Sie sich über die politische Person des Revolutionärs „Che" Guevara und erörtern Sie in einem Kurzreferat dessen Rolle in der Kubanischen Revolution. [III] ○

Online- und Differenzierungsmaterialien zu Kapitel 3.4
○ Arbeitshilfen zu den Aufgaben 4 und 13

Online-Code: 22pg56

3.5 „Samtene Revolutionen" 1989/90

Protest gegen Umweltverschmutzung, wirtschaftliche Krise und politische Diktatur führten Ende 1989 zum Ende der sozialistischen Regime in Ost- und Südosteuropa. Aber wie tief war der vollzogene Schnitt wirklich?

Erklärfilm
dt. Wiedervereinigung
3j3n3r

Umweltverschmutzung als Katalysator von Opposition

In den 1970er-Jahren war die Umweltschutzbewegung in vielen Staaten zu einer spürbaren Kraft geworden. Diese speiste sich aus dem Protest gegen die Atomkraft, die Luft- und Wasserverschmutzung und die Zerstörung von Lebensräumen der Tier- und Pflanzenwelt. 1979 fand die erste Weltklimakonferenz in Genf statt.

Die Ökologiebewegung begann spätestens in den 1980er-Jahren die Politik zu beeinflussen. Dies geschah in Westeuropa in Gestalt neuer Parteien wie der Ecology Party in Großbritannien oder den Grünen in der Bundesrepublik. In Osteuropa prägte die Umweltschutzthematik viele Bürgerrechtsbewegungen. Eine Rolle spielten dabei auch westliche Medien, da diese, im Gegensatz zu den Medien in den sozialistischen Staaten, die Nuklearkatastrophe von Tschernobyl 1986, breit diskutierten. Von den Katastrophen wie der zunehmenden Versandung des großen Aralsees oder den Folgen der Tests an A-, B- und C-Waffen in Zentralasien erfuhren auch innerhalb des Ostblocks nur wenige Menschen.

→ D2, S. 188

In den sozialistischen Staaten entwickelte sich die Frage des Umweltschutzes auch deswegen zu einer drängenden Frage, da es dort infolge der beiden Ölkrisen zu einer Veränderung der Energiepolitik gekommen war. Die Sowjetunion hatte lange Zeit ihre Verbündeten mit subventionierten Erdöl- und Erdgaslieferungen unterstützt. Als während der Ölkrisen die Weltmarktpreise in die Höhe schossen, verkaufte die UdSSR mehr Erdöl gegen Devisen auf dem Weltmarkt, u.a. um im teuren Wettrüsten mit den USA mithalten zu können. Darunter litt die subventionierte Versorgung ihrer Partnerländer. Staaten wie die DDR setzten daher verstärkt auf Energiekraftwerke, die mit heimischer Kohle befeuert werden konnten. Dies wirkte sich mit auf die Schadstoffbelastung aus. Die Folge war, dass sich kleine, aber spürbare ökologische Protestgruppen gründeten. Ähnliches geschah beispielsweise auch in Bulgarien, wo sich in der zweiten Hälfte der 1980er-Jahre Bürgerrechtsgruppen gegen die Luft- und Wasserverschmutzung durch die Chemieindustrie auf rumänischer Seite der Donau protestierten. Dort bildete sich das „Komitee für ökologischen Schutz der Stadt Russe", das sich im April 1989 zur landesweit aktiven Umweltschutzorganisation Ekoglasnost erweiterte. Eine ganz ähnliche Situation entwickelte sich in der Tschechoslowakei, wo ebenfalls die Luftverschmutzung durch die Braunkohleverwendung in veralteten Heizkraftwerken in den 1980er-Jahren gravierende Ausmaße angenommen hatte. In keinem der sozialistischen Länder entwickelten sich die Umweltschutzorganisationen zu einer größeren Bewegung, sie ermunterten aber andere, vom sozialistischen Staat enttäuschte Menschen, 1989 mutiger ihren Unmut zu zeigen.

Solidarność
Polnische Gewerkschaftsbewegung, die 1980 aus einer Streikbewegung polnischer Werftarbeiter in Danzig entstand. Sie war die erste parteiunabhängige Gewerkschaft der Volksrepublik Polen und trug 1989 maßgeblich zur politischen Wende des Landes bei.

Die Samtene Revolution in der Tschechoslowakei

Auch in der Tschechoslowakei hatte sich 1989 viel Protestpotential aufgestaut, das erheblich von den Entwicklungen andererorts mit beeinflusst wurde. Dazu zählte die Gewerkschaftsbewegung **Solidarność** im Nachbarland Polen ebenso, wie die Reformpolitik Gorbatschows. Seit 1988 hatte in Ungarn ein deutlicher Öffnungs- und Reformprozess begonnen und seit Anfang 1989 wurde die bundesdeutsche Botschaft in Prag Zufluchtsort von DDR-Flüchtlingen, deren Zahl im Spätsommer auf mehrere Tausend anstieg, bevor für sie eine Ausreisemöglichkeit nach Westdeutschland ausgehandelt wurde.

In der Tschechoslowakei war es lange verhältnismäßig ruhig geblieben. Das erste größere sichtbare Zeichen des Protestes setzten etwa 4000 Demonstranten bei einer Kundgebung in Prag am 21. August 1988, dem 20. Jahrestag des „Prager Frühlings". Diese wurde mit Poli-

D1

Revolutionen in Ostmittel- und Südosteuropa

DDR 	**ab Aug. 1989:** Massenflucht von DDR-Bürgern **Sept./Okt.:** Beginn Protest durch Großdemonstrationen, Sturz Erich Honeckers (18.10.) **9. Nov.:** Öffnung der innerdeutschen Grenze **17. Nov.:** Übergangsregierung Modrow **1. Dez.:** Führungsrolle der SED aus Verfassung entfernt **18. März 1990:** freie Parlamentswahl **12. Sept.:** Zwei-Plus-Vier-Vertrag **3. Okt.:** dt.-dt. Wiedervereinigung	**Rumänien** 	**16.–27. Dez. 1989:** Demonstrationen, Unruhen, bewaffnete Kämpfe **25. Dez.:** Tod Diktator-Ehepaars Ceauşceau **Frühjahr 1990:** Gründung neuer Parteien, weitere Unruhen **20. Mai:** freie Parlamentswahlen
Polen 	**6. Feb.–5. April 1989:** „Runder Tisch" Regierung–Opposition **4./18. Juni:** teilweise freie Parlamentswahlen **13. Sept.:** Regierung Mazowiecki **ab Okt. 1989:** Beginn langsamer Reformprozess	**Bulgarien** 	**Okt./Nov. 1989:** kleinere Proteste **10. Nov.:** Sturz Staatschef Todor Schiwkow, Beginn zaghafter Reformen **Juni 1990:** freie Wahlen, Sieg der Sozialisten **Juli 1991:** neue Verfassung
Tschechoslowakei 	**17. Nov. 1989:** Großdemonstrationen **24. Nov.:** Rücktritt Führung der KP **ab 1. Dez.:** Bildung unabhängiger Parteien **10. Dez.:** Übergangsregierung **29. Dez.:** Václav Havel Staatspräsident **29. März 1990:** Ende der Volksrepublik	**Jugoslawien** 	**1989:** zunehmende Krise der jugoslawischen Föderation, Beginn freier Wahlen in Teilrepubliken **1990:** Beginn (teilweise gewalttätiger) Auflösung Jugoslawiens
Ungarn 	**1988:** Beginn Reformprozess unter Reg. Németh **Mai 1989:** Öffnung Grenzen zu Österreich **März/April 1990:** freie Parlamentswahlen	**Albanien** 	**Herbst–Winter 1990/91:** Sturz der kommunistischen Regierung **Juni 1991:** Bildung Übergangsregierung

zeigewalt aufgelöst. Am 28. Oktober, dem 70. Jahrestag der Gründung der Tschechoslowakei, folgte jedoch eine weitere Demonstration. Besonders symbolträchtig war schließlich die Ankündigung von Oppositionellen, am 16. Januar 1989 auf dem Prager Wenzelsplatz eine Gedenkveranstaltung abzuhalten. Dort hatte sich zwanzig Jahre zuvor der Student Jan Palach aus Protest gegen den sowjetischen Einmarsch zur Niederschlagung des Prager Frühlings selbst verbrannt. Die Staatsbehörden untersagten die Veranstaltung und sperrten beunruhigt an diesem Tag die Prager Innenstadt ab.

Es versammelten sich trotzdem mehrere Hundert Menschen am Wenzelsplatz, legten Blumen zum Gedenken an Jan Palach nieder und sangen die Nationalhymne. Die Polizei reagierte mit dem Einsatz von Wasserwerfern und Tränengas. Wieder kam es zu Verhaftungen, darunter von einem der Mitinitiatoren der **Charta 77**, dem Bürgerrechter Václav Havel. Mittlerweile kam es jedoch auch in anderen Ortschaften des Landes zu kleineren Protestaktionen. Am 29. Juni 1989 wurde in einer Petition Freiheit, Demokratie und die Freilassung der politischen Häftlinge gefordert. Innerhalb eines Monats unterschrieben sie mehr als 12 000 Menschen. Am 21. August 1989, dem Jahrestag des Prager Frühlings, gingen erneut Tau-

Charta 77
Ein im Jahr 1977 von tschechoslowakischen Intellektuellen veröffentlichtes Memorandum, in dem Menschenrechtsverletzungen in der Tschechoslowakei angeprangert wurden.

Q1

Zusammenstöße zwischen Polizei und Demonstranten am Prager Wenzelsplatz am 17. November 1989

sende auf die Straße. Zu diesem Zeitpunkt hatte Polen bereits einen nichtkommunistischen Ministerpräsidenten gewählt und in Ungarn wurde über freie Wahlen beraten. Ebenso wie in der DDR wurden auch in der Tschechoslowakei Menschen von der Haltung des sowjetischen Regierungschefs Gorbatschow ermutigt. Dieser hatte anlässlich des 40. Jahrestages der DDR am 7. Oktober 1989 in seiner Festtagsrede angemahnt „Wer zu spät kommt, den bestraft das Leben." Damit drängte er die sozialistischen Verbündeten, sich an seiner begonnenen Reformpolitik zu orientieren. Eine militärische Intervention der UdSSR wie 1956 in Ungarn oder 1968 in der Tschechoslowakei war unter ihm nicht zu befürchten.

Zum entscheidenden Wendepunkt wurde in der Tschechoslowakei eine Demonstration am 17. November in Prag. Rund 15 000 Studenten kamen zusammen, um des Studenten Jan Opletal zu gedenken, der 1939 von den deutschen Besatzern erschossen worden war. Die Polizei löste auch diese Demonstration mit Gewalt auf. Die Bevölkerung war von der Brutalität schockiert, so dass sich die Proteste landesweit ausweiteten. Am 24. November 1989 trat schließlich Generalsekretär Miloš Jakeš mit dem ganzen **KSČ**-Vorstand zurück. Dazu trug auch Druck seitens der sowjetischen Regierung bei. Drei Tage später riefen Studenten und Bürgerrechtler zu einem zweistündigen Generalstreik auf, an dem sich ein Großteil der Beschäftigten im Land beteiligte.

KSČ
Kommunistische Partei der Tschechoslowakei (Komunistická strana Československa)

Am 28. November 1989 begannen daraufhin Gespräche zwischen der Regierung und der Opposition, darunter der Bürgerrechtler Václav Havel. Man einigte sich auf eine Verfassungsänderung, die u.a. zur Aufhebung der führenden Rolle der kommunistischen Partei führte. Am 10. Dezember 1989 wurde die sog. Regierung des nationalen Einverständnisses unter Führung des Reformkommunisten Marián Čalfa gebildet, am 29. Dezember wurde Václav Havel zum Staatspräsidenten gewählt. Bei den ersten freien Parlamentswahlen im Juni 1990 gingen die Bürgerrechtsparteien Bürgerforum mit Václav Havel und die slowakische „Öffentlichkeit gegen Gewalt" als Sieger hervor und bildeten die neue Regierung. Im Juli 1990 wurde Havel als Präsident wiedergewählt. Der 17. November wurde zum Nationalfeiertag erklärt und blieb es auch nach der staatlichen Trennung 1993 sowohl in Tschechien als auch in der Slowakei.

Bulgarien – Revolution oder Palastrevolte?

→ D3 , S. 188 f.

Auch wenn es noch kein Internet mit Sozialen Medien gab, verbreiteten sich sehr bald Nachrichten über die Ereignisse in Ungarn, in der DDR oder der Tschechoslowakei auch in Bulgarien. Dort dominierte seit 1954 der Generalsekretär der Todor Schiwkow die Politik des Landes. Auch Bulgarien litt seit den 1970er-Jahren unter großen wirtschaftlichen Problemen. Dies trug mit dazu bei, dass die Regierung einen repressiven nationalistischen Kurs begann, der sich gegen die große türkisch-muslimische Minderheit im Land richtete. Ab 1986 wurde diese gezwungen, ihre Nachnamen in slawische Namen zu ändern. Viele Muslime wurden verhaftet und in Arbeitslager geschickt. Geschätzt 380 000 Muslime wurden zur Auswanderung in die Türkei gezwungen. Bei diesen Vorgängen starben mindestens 400 Menschen, u. a. im Arbeits- und Umerziehungslager Belene. Gleichzeitig verschlechterte dieser Exodus auch die Versorgung der Bevölkerung mit Lebensmitteln, da nun viele Arbeitskräfte in der Landwirtschaft fehlten. Zu den Folgen dieser Politik gehörte jedoch die Herausbildung kleinerer Oppositionsgruppen. So gründeten am 16. Januar 1988 Dissidenten und ehemalige politische Gefangene die Unabhängige Gesellschaft zum Schutz der Menschenrechte, die den Schutz der muslimischen Minderheit forderte. Als Gründungstag wurde bewusst der Selbstverbrennungstag des tschechischen Dissidenten Jan Palach gewählt. Sie nahmen Kontakt zur Botschaft der USA auf und veröffentlichten über westliche Radiosender wie die Deutsche Welle oder Radio Free Europe/Radio Liberty kritische Beiträge zur bulgarischen Politik.
In mehreren Städten bildeten sich 1988/89 kleine Diskussionsforen und politische Vereinigungen. Im Februar 1989 gründete sich nach Vorbild der polnischen Solidarność die unabhängige Gewerkschaft Podkrepa, die bald mehrere tausend Mitglieder umfasste.

Scheinreformen und politischer Übergang 1989/90

Die bulgarische Regierung reagierte zu Anfang mit kleinen Reformen, indem sie beispielsweise die Gründung kleiner Privatunternehmen mit bis zu zehn Angestellten erlaubte. Parallel dazu kam es aber zu noch mehr Verhaftungen von Dissidenten und Gewerkschaftlern. Tatsächlich nahm der Protest unter der Bevölkerung nicht das Ausmaß an, wie in der DDR oder der Tschechoslowakei. Innerhalb der Kommunistischen Partei Bulgariens bildete sich jedoch eine Opposition, die einen Kurswechsel für unumgänglich hielt. Funktionäre um den Außenminister Petar Mladenow erzwangen, nachdem dieser sich der Unterstützung der sowjetischen Regierung versichert hatte, den Rücktritt von Todor Schiwkow. Mladenov übernahm am 10. November die Regierungsführung. Im Laufe der nächsten Wochen mussten viele ältere führende Parteifunktionäre zurücktreten. Die nun regierenden Reformkommunisten versuchten im Dezember 1989 durch Aufhebung vieler antimuslimischer Maßnahmen und kleiner Reformen die Situation zu stabilisieren. Dies misslang jedoch. Am 18. November kam es zu Massendemonstrationen in der Hauptstadt Sofia. Am 7. Dezember schlossen sich viele Dissidenten- und Studentenorganisationen zur Union der Demokratischen Kräfte zusammen. Zu ihr liefen nun auch viele Funktionäre der Kommunistischen Partei über.
Angesichts der Ereignisse in den anderen sozialistischen Staaten, insbesondere des Sturzes und der Ermordung des rumänischen Staatschefs Nicolae Ceaușescu am 25. Dezember, stimmte die bulgarische Regierung einem Runden Tisch mit Vertretern der Oppositionsgruppen zu. Dort wurde die Aufhebung des Einparteienstaates, die Ausarbeitung einer demokratischen Verfassung und die Einführung einer Marktwirtschaftlichen Ordnung vereinbart. Vorerst blieb jedoch eine Übergangsregierung aus Reformkommunisten im Amt. Am 3. April 1990 wurde ein neues Wahl- und Parteiengesetz verabschiedet. In den ersten freien Parlamentswahlen im Juni 1990 ging die ehemalige Kommunistische Partei, umbenannt in Bulgarische Sozialistische Partei, dank der zersplitterten Opposition und ihrer Kontrolle über Behörden und Staatsunternehmen deutlich als stärkste Kraft hervor. Die Folge war eine sehr instabile politische Lage, die bald zu Neuwahlen führte und tiefgreifende Reformen in Bulgarien verhinderte.

→ D4 , S. 189 f.

A Beschleunigte die Umweltzerstörung die Revolutionen 1989?

D2

Vom Umweltprotest zur Oppositionsgruppe

Der Historiker Jan Schönfelder fasste 2006 für die Thüringer Landeszentrale für politische Bildung seine Forschungsergebnisse zusammen:

Mitte der 1970er-Jahre beschloss die SED-Führung im ostthüringischen Schleizer Oberland eine der größten Schweinemastanlagen Mitteleuropas zu errichten. Mit ihr sollte durch eine industrialisierte Massentierproduktion Billigfleisch für den westdeutschen bzw. westeuropäischen Markt hergestellt werden, um dringend benötigte Devisen zu erwirtschaften. Am 1. Mai 1978 nahm die „Schweinezucht und -mastanlage Neustadt an der Orla" (SZM) ihren Betrieb auf. In 20 Mastställen wurden in engen doppelgeschossigen Käfigbatterien bis zu 185 000 Schweine gehalten. Seit 1982 erwirtschaftete die Anlage stetig steigende Gewinne. Neben zunehmenden gesundheitlichen Schäden unter den Arbeitern traten bald noch größere Probleme auf:

Doch schnell wurde deutlich, dass an entscheidenden Stellen zu wenig investiert worden war. Es gelang nicht, die riesigen Mengen an Gülle aufzubereiten. Die Kläranlage war restlos überfordert. Die aufbereiteten Abwässer wurden regelmäßig über Bäche in die Saale abgelassen. Immer wieder kam es zu Zwischenfällen und anschließendem Fischsterben. Gleichzeitig wurde selbst im Winter, wenn die Böden gefroren waren, die Gülle auf die Felder im Umkreis der Anlage ausgebracht. Die Böden übersäuerten hoffnungslos. Kühe, die Futter von den belasteten Feldern bekommen hatten, wiesen zu hohe Harnstoffmengen in der Milch auf. Oft konnte die Milch dann nicht weiterverarbeitet werden. Die Gülle bestand nicht nur aus biologischen Stoffen. Sie enthielt in großen Mengen auch Schwermetalle wie Kupfer, Cadmium und Zink. Und noch ein zweites Problem bekamen die Verantwortlichen nicht in den Griff: Da das Stalllüftungssystem über keine Abluftreinigung verfügte, entwichen täglich große Mengen an Ammoniak. Durch den Ausstoß wurden die umliegenden Wälder zerstört. Die Landschaft versteppte nach und nach. […] Das Landschaftsbild im Schleizer Oberland änderte sich vollständig. Doch die Ursache blieb offiziell geheim. Denn eines der bestgehütetsten Geheimnisse in der DDR waren die Daten und Fakten über Umweltschäden. […]

Nach und nach begannen die betroffenen Anwohner, nach Verbesserungen zu suchen. Doch eine Bürgerinitiative konnte in der DDR nicht einfach gegründet werden. Und eine Verwaltungsgerichtsbarkeit gab es nicht. Schutz fanden die Kritiker schließlich unter dem Dach der evangelischen Kirche. Mitte der 80er-Jahre entstanden in den Kirchgemeinden von Knau und Dittersdorf christliche Umweltkreise. […] Vorrangiges Ziel war es, ihre Kritik in die Öffentlichkeit zu tragen […]. Nach und nach berichteten verschiedene DDR-Untergrundzeitungen über die Umweltzerstörung. Auch einige Kirchenzeitungen nahmen sich des Themas an. […] In der DDR-Öffentlichkeit fanden die Umweltschützer aber kein Gehör. Ihr Engagement wurde nicht gefördert, sondern verschwiegen und bekämpft. Dabei arbeiteten SED, Staatssicherheit, Polizei und SZM-Verantwortliche Hand in Hand. Als die Gruppe an die Grenzen des DDR-Regimes stieß, wurde ihr klar, dass der ökologische Konflikt vor Ort und im Land systembedingt war. Nur durch grundlegende Veränderungen im politischen System konnte die Umweltzerstörung durch die Schweinemastanlage beendet werden. Diese Erkenntnis und die Erfahrungen mit den staatlichen Organen und Funktionären führten zu einer allmählichen Politisierung. Aus der Umweltgruppe wurde eine politische Oppositionsgruppe. Die DDR schuf sich so ihre eigenen Feinde.

Jan Schönfelder: Industrielle Tierproduktion bei Neustadt an der Orla (1978–1991). Hrsg. Landeszentrale für politische Bildung Thüringen. Erfurt 2006.

B 1989/90 – ein klarer Schnitt mit der Vergangenheit?

D3

Die Enttäuschung nach den Revolutionen

Der bulgarische Kulturwissenschaftler Ivaylo Ditchev (geb. 1955) analysiert dreißig Jahre nach Beginn der „samtenen Revolutionen" die Reaktionen der Menschen Osteuropas:

Nach 30 Jahren wirken viele Menschen eher enttäuscht über die sogenannten „samtenen Revolutionen" in Osteuropa. Zwar hat sich die Kaufkraft in den meisten dieser Länder nach einem anfänglichen Rückgang von rund 40 Prozent bis heute verdoppelt – in Polen sogar verdreifacht. Für politisch links orientierte Bürger ging der Transformationsprozess zu weit und zerstörte neben der Diktatur auch Gleichheit, Moral und den Staat selbst. Für jene rechts der Mitte war der Transformationsprozess nichts als eine Augenwischerei, durchgeführt von den ehemaligen Kommunisten, mit dem Ziel, politische Macht in Wirtschaftsgüter zu verwandeln. Die allgemeine Unzufriedenheit ermöglichte es neuen Populisten in vielen post-sozialistischen Gesellschaften, die Kontrolle zu übernehmen, indem sie europäische Werte ablehnen, die liberale Demokratie herausfordern, Mafia-ähnliche Praktiken fördern und mit dem religiösen Fundamentalismus[1] kokettieren. Das enttäuschte wiederum die

Westeuropäer: Viele von ihnen bereuen heute die einst glorreiche Ost-Erweiterung der EU.

Es gibt diverse Gründe für diese auf unlogische Weise negative Bewertung eines Prozesses, der ein historischer Erfolg war. Für einige war es die wachsende Ungleichheit, die das wirtschaftliche Wachstum meistens mit sich bringt – oder eher die neue Sichtbarkeit und Messbarkeit von Ungleichheiten, die früher an versteckten Privilegien und Status hingen. Andere begannen, sich unsicher zu fühlen nach der harten Öffnung ihrer Länder für den internationalen Wettbewerb. Oder sie sind frustriert, weil der Nebel der Globalisierung ihre strahlenden Nationalstaaten zu verwässern scheint. Mehrere Beobachter schrieben, dass hinter der Mobilisierung gegen die Immigration im Grunde genommen eine Angst vor der Emigration steckt. Nachdem der kommunistische Stacheldraht verschwunden war, verließ der aktivste Teil der Bevölkerung Osteuropas das Heimatland – bis zu 20 Prozent in Ländern wie Bulgarien und Lettland. [...]

Die allgemeine Enttäuschung könnte aber auch auf ein Missverständnis in Bezug auf die kommunistische Herrschaft zurückzuführen sein. Diese war als System der absoluten Kontrolle gedacht, [...]. Im Grunde genommen waren die diktatorischen Methoden auch eine Kompensation für das totale Chaos unter der ideologischen Oberfläche. Die politische Diktatur sollte die sozio-ökonomische Anarchie ausgleichen. Falls man vergessen hat, wie ineffizient dieses System war, sollte man sich die Serie des Senders HBO „Chernobyl"[2] anschauen: Dort ist zu sehen, wie mitten in der schrecklichsten Nuklear-Katastrophe der Geschichte keiner da ist, der die Verantwortung übernimmt und eingreift. Dies liegt nicht an den psychologischen Eigenarten konkreter Personen, sondern an einem strukturellen Fehler des Systems.

Nachdem das Privateigentum und die Wahl von Führungskräften nach legitimen Kriterien abgeschafft wurden, war die Gesellschaft de facto unregierbar. Stellen Sie sich das vor: Eine moderne Wirtschaft schickte sogenannte „Saboteure" ins Gefängnis, weil sie ihre Aufträge nicht erfüllt hatten, das System war bei der Ernte auf den kostenlosen Einsatz von Studenten angewiesen und musste in Friedenszeiten Menschenleben opfern, damit ein Kraftwerk repariert wird.

Es klingt paradox, aber in gewissen Hinsichten waren kommunistische Gesellschaften freier als die westlichen. Der Arbeiter war frei, etwas aus der Fabrik zu stehlen, der Chef war frei, seinen eigenen Neffen zu befördern. Die Mitarbeiter waren frei, sich an ihren Kollegen zu rächen, indem sie diese heimlich bei den Behörden verpfiffen. Wie konnte man in einem solchen System überleben? Man hat sich angepasst und dem großen Chaos das kleine persönliche Chaos entgegengestellt. Ein beliebter Spruch war: „Ich tue so, als würde ich arbeiten, er tut so, als würde er mich bezahlen." [...]

Betrachten wir die „samtenen Revolutionen" nun vor dem Hintergrund dieser Charakteristika des kommunistischen Systems: chaotisch, voluntaristisch, unregierbar. Sie waren von einer Leidenschaft für die Freiheit motiviert, erwiesen sich aber als Weg zu einer besseren Kontrolle über die betreffenden Gesellschaften. Ein Paradoxon [...]. Stellen Sie sich vor, man hätte den streikenden Arbeitern der Danziger Werft gesagt, dass ihre Fabrik nach dem Sieg über den Kommunismus privatisiert wird und 90 Prozent von ihnen den Arbeitsplatz verlieren. Letztendlich ist es sicherlich vorzuziehen, in einer geordneten Gesellschaft zu leben – und auch diese Arbeiter führen heute insgesamt ein besseres Leben als früher. Trotzdem wäre der revolutionäre Drang von Enttäuschung überschattet gewesen, wenn sie alle Folgen der Revolution gekannt hätten. [...]

Ivaylo Ditchev: Mein Europa: Die Enttäuschung nach den Revolutionen von 1989, Deutsche Welle 13.9.2019 https://www.dw.com/de/mein-europa-die-entt%C3%A4uschung-nach-den-revolutionen-von-1989/a-50413169 (Zugriff 03.04.2020)

1 Gemeint sind die radikalen Strömungen in den orthodoxen und der katholischen Kirche, z. B. in Polen, Bulgarien oder Georgien
2 US-amerikanisch-britische Kurzserie, die 2019 auf verschiedenen kommerziellen Sendern und Onlineplattformen ausgestrahlt wurde

D 4

Umgang mit der Geheimdienstvergangenheit

Der deutsche Historiker Björn Opfer-Klinger schrieb 2010 über den Umgang mit der bulgarischer Staatssicherheit (DS) nach 1990:

Anfang Januar [1990] wurde die verhasste und gefürchtete VI. Direktion der Staatssicherheit aufgelöst, allerdings ohne auch die Mitarbeiter zu entlassen, die zum großen Teil in andere Abteilungen übernommen wurden. Die anderen Behörden der Staatssicherheit wurden im Laufe der darauf folgenden Monaten umstrukturiert. [...] Keiner der neuen Geheimdienste wurde einer parlamentarischen Kontrolle unterworfen. Stattdessen wurden immer wieder angebliche Informationen aus den Dossiers für den innenpolitischen Machtkampf verwendet, die von einem übereifrigen Enthüllungsjournalismus ohne Prüfung aufgegriffen wurden. [...]

In Folge dieses Skandals beschloss die Volksversammlung am 20. Dezember 1990, eine parlamentarische Kommission einzusetzen, die Abgeordneten auf mögliche Geheimdienstvergangenheit überprüfen solle. Der siebenköpfige parlamentarische Geheimdienstausschuss [...] tagte bis 1995. Doch keine Partei zeigte großes Interesse daran, dass der Ausschuss zu einem baldigen Ergebnis komme. Stattdessen stellte sich heraus, dass „überraschend" viele Lücken in den Archivbeständen zu verzeichnen waren. [...] Das Parlament einigte sich schließlich darauf, die Geheimdienstarchive vorerst geschlossen zu halten. [...] Zu diesem Zeitpunkt [Mitte der 1990er-Jahre] waren die kurze Euphorie vieler Bulgaren und die Hoffnung auf eine Veränderung längst verflogen. Die Alltagssorgen in dem, Mitte der 1990er-Jahre immer mehr in eine schwere Wirtschaftskrise rutschende Land, und die wachsende Enttäuschung über die korrupte politische Elite befeuerte den Prozess der Verdrängung gegenüber der eigenen Vergangenheit. Immer wieder wurden tatsächliche oder vermeintliche Akten der Staatssicherheit von Politikern im Wahlkampf zur Diskreditierung politischer Gegner verwendet. Irgendwann wollte es niemand mehr hören. [...]

Bulgarien fehlte eine starke Schicht von Dissidenten oder unabhängige Institutionen ähnlich der christlichen Kirchen in der DDR und Polen, die aktiv für eine Auseinandersetzung mit der Vergangenheit hätten eintreten können. Die Zahl der Bürgerrechtler war klein und bald dominierten in den neu gegründeten Parteien und Organisationen ehemalige kommunistische Funktionäre unterer Ebenen und so mancher Geheimdienstmitarbeiter. Diese predigten den Blick nach vorn, in eine wirtschaftlich bessere Zukunft. Die Verbrechen der Staatssicherheit wurden bestenfalls auf die Rolle einzelner Geheimdienstoffiziere reduziert. Die DS als Institution wurde nicht hinterfragt. Eine Wiedergutmachung gegenüber den Opfern fand nicht statt. Eine Strafverfolgung von begangenen Verbrechen nicht angestrebt. Dies wurde zusätzlich dadurch gefördert, dass viele Geheimdienstmitarbeiter, mit überraschend großen Kapitalbeständen, in Wirtschaft, dem organisierten Verbrechen und Politik Karriere machten und bald großen Einfluss in den Medien ausübten. [...] Opfer fanden kaum Gehör. Ihre Berichte wurden immer weniger gesendet oder gedruckt. [...]

In der Schlussphase des EU-Beitrittsverfahrens schien noch einmal Wind in die Frage der Geheimdienstakten zu kommen. [...] Am 6. Dezember 2006 wurde, nach im dritten Anlauf, ein neues Gesetz über den Zugang und Offenlegung der DS-Akten und sowie zur Veröffentlichung der DS-Mitarbeiternamen vom Parlament verabschiedet. Dieses trat, pünktlich zum EU-Beitritt am 1. Januar 2007, in Kraft. Dieses Gesetz regelte die Akteneinsicht für Opfer, Wissenschaftler und Journalisten. Zur Überprüfung von Staatsdienern in Politik, Wissenschaft, Justiz, Medien und Kultur wurde ein neunköpfiges Gremium eingerichtet, deren Mitglieder aus Vorschlagslisten der sieben im Parlament vertretenden Fraktionen gewählt wurden. Ausgenommen von der Überprüfung wurden allerdings Personen, die seit 1991 eine leitende Position bei den Streitkräften oder einem der neuen Geheimdienste [...] eingenommen hatten. Dafür erhielt das Gremium jedoch nunmehr auch Einsicht in die Dossiers des Auslandsnachrichtendienstes. Allerdings beging gerade jenes Gremiumsmitglied, welches für die Sichtung dieser Akten zuständig war, [...], kurze Zeit nach Beginn der Gremiumsarbeit unter ungeklärten Gründen Selbstmord. Das Gremium erhielt zunächst von der Regierung keine eigenen Büroräume gestellt und bekam kein Geld für zusätzliche Angestellte genehmigt. Erschwert wurde die Arbeit zusätzlich dadurch, dass die Aktenbestände an neun verschiedenen Archivstandorten lagerten. [...] Trotzdem wurden bis Herbst 2007 zunächst die Namen von 139 Parlamentsabgeordneten entdeckt, die nachweislich für den kommunistischen Geheimdienst tätig gewesen waren. Hinzu kamen Namen von Kommunalpolitikern, Justizbeamten und höheren Geistlichen. [...] Auch die DS-Vergangenheit des amtierenden sozialistischen Ministerpräsident Sergej Stanišev wurde bereits 2007 bekannt. [...] Aus den Parteien [...] war wiederholt zu vernehmen, die Enttarnten hätten aus „patriotischer Pflicht" mit der Staatssicherheit zusammengearbeitet. Strafrechtliche Konsequenzen sah das Gesetz für die als DS-Mitarbeiter identifizierten ohnehin nicht vor. [...]

Auch zwei Jahrzehnte nach besteht weder seitens des bulgarischen Staates, noch in wissenschaftlichen Kreisen des Landes, ja nicht einmal seitens der EU spürbares Interesse, eine ehrliche und kritische Aufarbeitung der bulgarischen Staatssicherheit anzugehen. Auch die Bevölkerung, enttäuscht von der politischen Elite, steht in der Mehrzahl diesem Thema gleichgültig gegenüber. Viele neigen mittlerweile lieber einer nostalgischen, verklärten Sicht der kommunistischen Zeit, in der sich Bulgarien vom armen Agrar- zum Industriestaat mit einem funktionierenden Sozialsystem entwickelte zu. Die dunklen Seiten werden verdrängt, eine unbequeme Forschung über die Vergangenheit ist nicht gewollt.

Björn Opfer-Klinger: Die bulgarische Staatssicherheit vom Kalten Krieg bis zur gescheiterten Vergangenheitsbewältigung. In: Halbjahresschrift für südosteuropäische Geschichte, Literatur und Politik, 22. Jg., Herbst 2010, S. 90–110, hier S. 104–110.

Arbeitsvorschläge

Arbeitsvorschläge zum darstellenden Teil

1. Bezeichnen Sie die wesentlichen Rückwirkungen der Umweltprobleme auf die Stabilität der sozialistischen Regierungen der 1980er-Jahre. [I]
2. Benennen Sie die wesentlichen Etappen der politischen Wende in der Tschechoslowakei und in Bulgarien. [I]
3. Erstellen Sie einen doppelten Zeitstrahl, in dem Sie die Entwicklung in der Tschechoslowakei und Bulgarien darstellen. [I]

A Beschleunigte die Umweltzerstörung die Revolutionen 1989?

4. Arbeiten Sie die wichtigsten Aussagen des Textauszuges von Jan Schönfelder unter dem Aspekt Opposition und Protest in der DDR heraus (D 2). [II]
5. Erläutern Sie die Art und die Folgen des Umgangs der DDR-Regierung mit der Umweltproblematik (D 2). [II]
6. Vergleichen Sie anhand des Textes von Jan Schönfelder den Umgang der DDR-Regierung mit der Ökologiebewegung mittels Ihres Vorwissens mit der Bundesrepublik Deutschland in den 1970er-/1980er-Jahren (D 2). [II] ○

B 1989/90 – ein klarer Schnitt mit der Vergangenheit?

7. Analysieren Sie die Meinung des Kulturwissenschaftlers Ditchev über den Umgang mit der sozialistischen Vergangenheit in Ost- und Südosteuropa (D 3). [II]
8. Bewerten Sie das fiktive Beispiel Ditchevs, die Danziger Werftarbeiter hätten gewusst, dass nach Ende der Volksrepublik die Werft geschlossen werden würde. [III]
9. Analysieren Sie die Darstellung des bulgarischen Geheimdiensts:

a) Beschreiben Sie den Umgang mit der bulgarischen Staatssicherheit 1990. [I]

b) Beurteilen Sie die Bedeutung des Geheimdienstes für die politische und gesellschaftliche Entwicklung seit 1990. [III]

c) Erörtern Sie mögliche Gründe für das fehlende Interesse der bulgarischen Regierung, der öffentlichen Meinung und der EU an einer Aufarbeitung der Geheimdienstvergangenheit. [III] ●

Online- und Differenzierungsmaterialien zu Kapitel 3.5

○ Arbeitshilfen zur Aufgabe 6

● Vertiefungsangbot zur Aufgabe 9c

Erklärfilm dt. Wiedervereinigung

Online-Code: 3j3n3r

3.6 Die Transformation der ehemaligen Ostblockstaaten im Rahmen der Gemeinschaft unabhängiger Staaten

1990/91 löste sich innerhalb kürzester Zeit nicht nur das Bündnissystem des Warschauer Paktes und des Rates für gegenseitige Wirtschaftshilfe auf, sondern auch die UdSSR. Aus den zerfallenden Einzelstücken der Bündnisse entstanden neue, losere Zusammenschlüsse, die die internationale Politik weiterhin prägten.

Der Zerfallsprozess der frühen 1990er-Jahre

Die UdSSR war zur Zeit der „samtenen" oder auch gewalttätigen Revolutionen in verschiedenen sozialistischen Staaten des Warschauer Paktes längst in eine schwere wirtschaftliche, soziale und auch politische Krise geraten. So eskalierte bereits ab 1985 der seit Jahrzehnten schwelende Konflikt um die Region Bergkarabach zwischen den Sowjetrepubliken Armenien und Aserbaidschan, der 1992 in einen offenen Krieg mündete und als Krisenherd bis heute existiert. Aber auch in Russland machten sich eine Vielzahl alter ethnischer Konflikte offen bemerkbar, insbesondere im Kaukasus.

Mit der deutsch-deutschen Wiedervereinigung 1990 schied die DDR auch aus dem Rat für gegenseitige Wirtschaftshilfe aus, was dieses zentral gelenkte Wirtschaftssystem erheblich schwächte. Der Zerfallsprozess ging weiter mit den Unabhängigkeitserklärungen der drei baltischen Staaten Litauen, Lettland und Estland. Am 19. August 1991 versuchten in Moskau hohe Funktionäre einen Putsch gegen die sowjetische Regierung Gorbatschow. Dieser scheiterte zwar, stieß jedoch trotzdem die letzte Etappe zur Auflösung der UdSSR an. Da nicht zuletzt die Russische Föderation als Kern der Sowjetunion 1991 immer weniger Interesse an einem Fortbestehen der Union zeigte, beschlossen die verschiedenen Unionsrepubliken die Auflösung der Sowjetunion, die zum 31. Dezember 1991 erfolgte. Die Russische Föderation erklärte sich dabei ausdrücklich zum völkerrechtlichen Nachfolgestaat der UdSSR. Bereits am 8. Dezember 1991 hatten Russland, die Ukraine und Weißrussland die Gründung einer neuen Organisation, der Gemeinschaft unabhängiger Staaten (GUS), bekanntgegeben. Als Sitz der GUS wurde die weißrussische Hauptstadt Minsk festgelegt. Knapp zwei Wochen später traten dieser internationalen Organisation auch die nunmehr unabhängig gewordenen Staaten Armenien, Aserbaidschan, Kasachstan, Kirgistan, Moldau, Tadschikistan, Turkmenistan und Usbekistan bei. 1993 folgte auch Georgien. Anders als die beendete UdSSR entwickelte sich die GUS jedoch nie über einen losen Staatenverbund hinaus. Dieser gründete zwar eine große Anzahl gemeinsamer Gremien, doch blieb die gemeinschaftliche Integration in Gestalt enger wirtschaftlicher oder politischer Kooperation gering. Dies lag nicht zuletzt an den jeweiligen Krisen der neuen postsowjetischen Republiken in den 1990er-Jahren.

Emblem der Gemeinschaft unabhängiger Staaten (GUS)
Die Darstellung symbolisiert den Wunsch nach einer gleichberechtigten Partnerschaft sowie nach Einheit, Frieden und Stabilität.

Schwierige Transformation der ehemaligen Sowjetrepubliken innerhalb der GUS

Anders als beispielsweise Russland strebten 1991 nicht alle Sowjetrepubliken gezielt auf eine staatliche Unabhängigkeit. Besonders in den zentralasiatischen Republiken war die Bereitschaft groß, die UdSSR in verkleinerter Form fortzuführen.

Viele Sowjetrepubliken waren gewissermaßen Kunstprodukte gewesen. Ihre Grenzen waren oft von der sowjetischen Führung gezogen worden. Nicht selten war dabei bewusst dafür gesorgt worden, dass verschiedene größere Ethnien territorial auf verschiedene Republiken verteilt wurden. So lebten beispielsweise viele Usbeken auch in Tadschikistan oder Kirgistan und ebenso viele Tadschiken und Kirgisen in Usbekistan. Ähnlich künstlich waren die Grenzen Weißrusslands oder der Ukraine, die beide u.a. große russische Bevölkerungsgruppen umfassten. Der sowjetischen Regierung war es so immer möglich gewesen, bei ethnischen Interessenskonflikten als unentbehrlicher Schlichter aufzutreten. Diese Rolle entfiel mit der Auflösung der UdSSR.

Republiken wie Kasachstan, Turkmenistan oder Tadschikistan, aber auch Weißrussland konnten sich nur schwer auf eine „nationale" historische Vergangenheit berufen. Die Frage stellte sich daher nach Ende der Sowjetunion, inwieweit in den nun unabhängig gewordenen Republiken ein „nationales" Identitäts- und Zusammengehörigkeitsgefühl bestand oder sich herausbilden konnte. Viele Regionen oder Ethnien forderten in den unabhängig gewordenen Staaten einen autonomen Status. In Tadschikistan trug dies mit dazu bei, dass es im Land 1992 bis 1997 zu einem blutigen Bürgerkrieg kam. Zu ähnlichen, wenn auch kleineren bewaffneten Konflikten kam es in den Republiken Moldau (**Transnistrien**) und Georgien. In allen Fällen griffen russische Truppen mit ein.

Transnistrien
Gebiet, welches sich im Zerfallsprozess der UdSSR 1990 von der Republik Moldau abspaltete. Es wird völkerrechtlich nicht anerkannt und steht unter russischem Einfluss.

In allen neuentstandenen Republiken, die sich in der GUS zusammenschlossen kam es zu keinem Bruch mit der herrschenden Elite. In der Regel transformierte sich die kommunistische Partei zu einer umbenannten Staatspartei. Zwar wurden formell neue Parteien erlaubt, mittels unfreier Wahlen und repressivem Druck von einer politischen Mitbestimmung aber ferngehalten. Die früheren sowjetischen Behörden, nicht zuletzt Polizei und Geheimdienst, wurden unter neuem Namen übernommen. Ein einflussreicher ehemaliger kommunistischer Funktionär schwang sich zum jeweiligen Staatspräsidenten auf und verschaffte sich mittels entsprechender Vollmachten quasi diktatorische Machtbefugnisse. Viele von ihnen regierten Jahrzehnte, wie beispielsweise der weißrussische Präsident Aljaksander Lukaschenko oder der kasachische Präsident Nursultan Nasarbajew und schufen sich Wirtschaftsimperien, die sie über Mitglieder ihrer Familie kontrollierten.

Die wirtschaftlichen Strukturen am Ende der UdSSR waren ein weiterer Grund, warum 1991 die Bereitschaft groß war, sich im Rahmen der GUS weiterhin zusammenzuschließen. In der zentralistisch organisierten Sowjetökonomie war die Wirtschaft der jeweiligen Sowjetrepubliken stark auf wenige Wirtschaftssparten und meist auf die Bedürfnisse von Industriekomplexen in Russland ausgerichtet worden. Die meisten Republiken waren daher nach der Unabhängigkeit wirtschaftlich auf die Ausfuhr auf den russischen Markt angewiesen. Hinzu kam die Kontinuität der ehemaligen sowjetischen Wirtschaftsfunktionäre in der Wirtschaft. Ebenso wie auf politischer Ebene kannten sich die alten, nunmehr „neuen" Eliten meist persönlich aus ihrer gemeinsamen Sowjetzeit.

Flagge der Organisation des Vertrags über kollektive Sicherheit
Auf der Flagge zeigt einen Kranz von Lorbeerblättern auf der linken und Eichenblättern auf der rechten Seite (Ehre und Stärke).
Im Zentrum steht ein mittelalterlich-sternförmiges Schild (Symbol der Verteidigung).

Transformation zur Eurasischen Wirtschaftsunion

In der GUS blieb letztlich die wirtschaftliche Dominanz Russlands bestehen. Einige Mitglieder orientierten sich schließlich auf andere Partner wie die EU oder standen politisch in zunehmendem Konflikt mit Russland, da dieses die GUS-Mitglieder nicht als gleichberechtigte Partner, sondern als Teil der russischen Einflusszone begriff. Nach und nach traten Georgien, Turkmenistan und die Ukraine aus der GUS aus. Manche Staaten gingen engere partnerschaftliche Kooperationen mit der EU ein.

Als Gegenentwurf zur EU gründete Russland 2015 die Eurasische Wirtschaftsunion, die eine engere wirtschaftliche Kooperation in Gestalt eines gemeinsamen Binnenmarktes und einer Zollunion anstrebt, als dies in der GUS möglich war. Ihr traten aber neben Russland nur Weißrussland, Kasachstan, Armenien und Kirgistan als Mitglieder bei.

A Neue postsowjetische Bündnissysteme – Erwartungen und Realitäten

D1

Russische Bündnisse und ausgewählte Konfliktregionen im postsowjetischen Raum (Stand 2020)

D2

Vom Ende der UdSSR zu neuen Kooperationen?

Der deutsche Politikwissenschaftler Felix Riefer schrieb 2017:

International galt das Jahr 1989 schon bald als annus mirabilis, als Wunderjahr. Die Sowjetunion verabschiedete sich unter Gorbatschow von der Breschnew-Doktrin und entließ damit seine Satellitenstaaten in die Freiheit. Auch zwischen den Großmächten standen die Zeichen in dieser Zeit auf Entspannung und Annäherung. […] Doch für die Sowjetunion entwickelte sich diese Lage zu einer existenziellen Krise: So löste sich nicht nur das Band zwischen Moskau und seinen Satelliten, auch die eigenen Unionsgebiete ignorierten die Weisungen aus dem Kreml zunehmend.

Der drohende Staatskollaps wurde schließlich in geordnete Bahnen gelenkt. So trafen sich am 8. Dezember 1991 mit Boris Jelzin, Leonid Krawtschuk und Stanislau Schuschkewitsch die Staats- und Regierungschefs der drei slawischen Sowjetrepubliken Russland, Ukraine und Belarus im belarussischen Wiskuli. Gorbatschow als Präsident der Sowjetunion wurde nicht beteiligt. Auf einem Jagdschloss im Belowescha-Urwald im belarussisch-polnischen Grenzgebiet handelten sie einen Kompromiss aus. Mit dem so entstandenen Dokument, das als Belowescha-Abkommen in die Geschichtsbücher eingehen sollte, gründeten sie die Gemeinschaft Unabhängiger Staaten (GUS). In der Präambel hieß es: „Die UdSSR, als Subjekt des internationalen Rechts und als geopolitische Realität, hat aufgehört, zu existieren.“ Den Teilstaaten der Sowjetunion, aber auch anderen Staaten, die die Ziele und Prinzipien der Vereinbarung teilten, wurde freigestellt, der neuen Gemeinschaft beizutreten.

Nur wenige Tage später schlossen sich ihnen die anderen Sowjetrepubliken – mit Ausnahme Estlands, Lettlands, Litauens und Georgiens – beim Treffen ihrer Präsidenten in Kasachstan an. Georgien sollte wenige Jahre später beitreten, die drei baltischen Staaten aber, die bereits 1990 ihre Unabhängigkeit erklärt hatten, sahen und sehen sich nicht als Nachfolgestaaten der Sowjetunion. Sie betrachten ihre erzwungene Eingliederung in die Sowjetunion 1944 als illegal und völkerrechtlich unwirksam. Die Vertreter der anderen Republiken bestätigten das Ergebnis aus Wiskuli und unterzeichneten am 21. Dezember 1991 die sogenannte Alma-Ata-Erklärung, in der die Auflösung der Sowjetunion festgeschrieben wurde […].

In seiner am 25. Dezember 1991 im Fernsehen ausgestrahlten „Ansprache an die Sowjetbürger“, zugleich seine Rücktrittserklärung, resümierte Gorbatschow dem damaligen Zeitgeist entsprechend: „Wir öffneten uns der Welt und verzichteten auf die Einmischung in fremde Angelegenheiten sowie auf den Einsatz von Truppen außerhalb unseres Landes. Und man antwortete uns mit Vertrauen, Solidarität und Respekt […]. Wir wurden zu einer der wichtigsten Stützen bei der Umgestaltung der modernen Zivilisation auf friedlicher und demokratischer Basis. Die Völker und Nationen haben die reale Freiheit erhalten, den Weg ihrer Entwicklung selbst zu bestimmen […].“ […]

Mit der Sowjetunion endete die bisherige Zweiteilung der Welt, und der vielzitierte US-amerikanische Politikwissenschaftler Francis Fukuyama rief optimistisch das „Ende der Geschichte“ aus, weil sich die liberale Demokratie als einzige Regierungsform endgültig durchgesetzt habe.

Für die Menschen in Russland erfüllte sich der Wunsch nach liberaler Demokratie jedoch nicht. Stattdessen erlebten sie während der Präsidentschaft Jelzins (1991 bis 1999) die Realität einer Transformationsökonomie in einer „defekten Demokratie“, die zunehmend zum „kompetitiven Autoritarismus“ wurde. Zudem verschlechterte sich die wirtschaftliche Lage vieler Russinnen und Russen, was den Boden für Sowjetnostalgie und Nationalismus bereitete. Die Auflösung des Imperiums wurde von keiner politischen Kraft adäquat thematisiert. So verkam das Belowescha-Abkommen im postimperialen Trauma zum „Belowescha-Syndrom“. Als solches bezeichnet der russische Historiker Andrej Subow den vor allem in Russland kultivierten Mythos, wonach die Sowjetunion nicht durch eigene Unzulänglichkeiten, sondern durch einen vom Ausland gesteuerten Staatsstreich zerstört worden sei. Im Grunde handele es sich um „eine Art postsowjetische Dolchstoßlegende“. Auch Jegor Gajdar, einer der Autoren des Abkommens von Belowescha und späterer Wirtschaftsminister Russlands, warnte bereits 2006: „Die Wahrheit über den Zusammenbruch der Sowjetunion, seine Gründe und Mechanismen, ist meines Erachtens noch nicht in systematischer Form vorgetragen worden. […] Die Legende von dem blühenden, mächtigen Reich, das feindliche Ausländer vernichtet haben, ist ein Mythos, der die Zukunft des Landes gefährdet.“

Ausgehend von der Logik dieses Mythos artikulierte die russische Staatsführung seit dem Amtsantritt Putins als Präsident zum Jahreswechsel 1999/2000 zunehmend offensiv ihre Unzufriedenheit mit Russlands internationaler Rolle – die postbipolare, postsowjetische, postimperiale Stellung des Landes entsprach nicht den eigenen Vorstellungen und sollte nicht länger akzeptiert werden. So wurden die „Wunderjahre“ nach und nach zur „geopolitischen Katastrophe“ uminterpretiert. Spätestens der russisch-georgische Krieg im August 2008 zeigte deutlich, dass Russland die anderen Nachfolgestaaten der Sowjetunion nach wie vor als seine Vorhöfe betrachtet.

Felix Riefer: Die Erzählung vom Ende der Sowjetunion als außenpolitischer Referenzpunkt, in: Aus Politik und Zeitgeschichte 21–22/2017, S. 22–26, hier S. 23–25.

Arbeitsvorschläge

Arbeitsvorschlag zum darstellenden Teil

1. Benennen Sie Gründe für die Fortführung der engeren Kooperation zwischen vielen postsowjetischen Nachfolgestaaten nach 1991. [I]

A Neue postsowjetische Bündnissysteme – Erwartungen und Realitäten

2. Analysieren Sie die Aussagen von Felix Riefer (D 2):
   a) Arbeiten Sie die Hintergründe für die Gründung der GUS heraus.
   b) Beschreiben Sie die Erwartungen der Mitgliedsstaaten an die GUS in den frühen 1990er-Jahren.
   c) Erläutern Sie an die Entwicklung der GUS bis zur Jahrtausendwende. [II]

Übergreifende Arbeitsvorschläge

3. Informieren Sie sich ob es neben der wirtschaftlichen auch eine sicherheitspolitisch-militärische Kooperation der postsowjetischen Staaten gab und erläutern Sie diese. [II] ○

MK 4. Wählen Sie einen Mitgliedsstaat der GUS aus und stellen Sie auf Basis eigener Recherchen die wichtigsten Etappen dessen politischer und wirtschaftlicher Transformation in einer Kurzpräsentation vor. [III] ○

Online- und Differenzierungsmaterialien zu Kapitel 3.6
○ Arbeitshilfen zu den Aufgaben 3 und 4

Online-Code: 2b3un2

4 Aktuelle Probleme postkolonialer Räume in historischer Perspektive am Beispiel des Kongo

Mahnung an den Kolonialismus bis heute
Patrice Lumumba wurde erster Ministerpräsident des unabhängigen Staates Kongo und eine politische Symbolfigur des Antikolonialismus. Im politischen und gesellschaftlichen Klima des Kalten Krieges wurde er jedoch nach kurzer Zeit Opfer im Machtkampf der Großmächte sowie alter und neuer kolonialer Machteliten.
Straßenschild in Leipzig, Foto 2020

Die Ambitionen des belgischen Königs Leopold II. und der „Wettlauf" um Einflusszonen im afrikanischen Kontinent, führten 1884/85 zur Kongokonferenz. Dort zogen die europäischen Mächte nach ihren Interessen Grenzen, die oft bis heute Bestand haben. Ein Produkt wurde der Kongo-Freistaat, der zunächst Privatbesitz von Leopold II. wurde.

Die Kongoregion wurde zu einem tragischen Beispiel nicht nur der Folgen des europäischen Kolonialismus und der nachfolgenden Dekolonisierung, sondern auch heutiger Konfliktlagen.

Vorwissen

Erinnern Sie sich an:
- das Thema Imperialismus und Kolonialismus aus Ihrem ersten, erarbeiteten Fallbeispiel
- das Thema Afrika aus Geografie

→

Schritte des Kompetenzaufbaus

- die Entstehungsgeschichte des Kongostaates charakterisieren

→ Kapitel 4.1

→

- die Folgen der belgischen Kolonialpolitik im Kongo beschreiben und beurteilen

→ Kapitel 4.1

→

Rohstoffreichtum als Fluch?

Die Kongoregion war und ist geprägt von großem Rohstoffreichtum. Damit wurde sie in hohem Maße bedeutsam für die alten und gegenwärtigen Industriemächte, aber auch für die militärischen Machtblöcke des Kalten Krieges und für internationaler Konzerne.
(Tagebaumine für seltene Erden in der Katanga-Region Anfang des 21. Jahrhunderts)

Arbeitsvorschlag

1. Sammeln Sie gemeinsam eigene Impressionen zum Schlagwort Kongo und clustern diese nach den Kategorien Geografie, Geschichte, internationale Politik und Wirtschaft.

- den Dekolonisierungsprozess am Beispiel des Kongo analysieren und bewerten

→ Kapitel 4.1

→

- aktuelle Probleme des Kongo vor dem Hintergrund von Kolonialismus und Dekolonialismus erörtern

→ Kapitel 4.1

→

Erreichtes Ziel

Den Prozess der Dekolonialisierung am Beispiel der Demokratischen Republik Kongo beurteilen können.

4.1 Kongo – Folgen des Kolonialismus

Wie viele Kolonien entstand auch der „Kongo-Freistaat“ am Verhandlungstisch der europäischen Mächte als Kunstgebilde und wurde 1960 in die Unabhängigkeit entlassen. Heute zählt der große Flächenstaat zu den Krisenherden des beginnenden 21. Jahrhunderts. Ist der Kongo ein Musterbeispiel für die verheerenden Folgen des Kolonialismus?

Leopold II. (1835–1909)
König der Belgier 1865–1909
Eigentümer des Kongo-Freistaates, mit dessen Erlösen er Brüssel mit zahlreichen Prachtbauten ausbaute

Kautschuk
Gummiartiger flüssiger oder halbfester Stoff in verschiedenen Kautschukpflanzen, u. a. in Südamerika und Zentralafrika. Der „Kautschukboom“ von Mitte des 19. Jh. bis etwa 1910 führte zu brutaler Ausbeutung u. a. im Kongo und in der frz. Kolonie Gabun.

→ Q1, S. 198

Eine Kolonie für einen König

„Die Verträge“, so heißt es in einem Schreiben des belgischen Königs Leopold II. aus dem Jahre 1882 an einen Vertrauten, „müssen so kurz wie möglich sein und durch ein paar Artikel müssen wir unbeschränkte Verfügungsgewalt erlangen.“ Jahrelang hatte der belgische König nach einer Möglichkeit gesucht, selbst eine Kolonie in Afrika zu erwerben. Wie viele Europäer glaubte König Leopold II., die Bevölkerung Afrikas „zivilisieren“ zu müssen. Viele Reisende und Abenteurer betonten in Vorträgen und ihren publizierten Berichten die aus ihrer Sicht „unzivilisierten“ Zustände und heidnischen Kulte. Politiker verwiesen auf solche „Augenzeugen“, um eine Interventionen europäischer Mächte in Afrika oder Südostasien zu legitimieren. 1876 berief Leopold II. einen Kongress ein, um den Forderungen nach europäischer „Zivilisierung“ Afrikas Nachdruck zu verleihen. Dass zeitgenössische Reiseberichte auch große Reichtümer im Innern des Kontinents verhießen, befeuerte den Wunsch nach einer belgischen Kolonie jedoch vermutlich stärker als die angeblich zivilisatorische Mission. Anfang der 1880er-Jahre schien Leopold II. am Ziel zu sein. Ihm war es gelungen, einen der berühmtesten Afrikaforscher und Abenteurer, Henry Morton Stanley, für eine Expedition in den Kongo zu gewinnen. Mit Lügen, Betrug und Gewalt erfüllte dieser den Wunsch seines Auftraggebers und erzwang die Unterschrift von Verträgen, in denen der vom belgischen König gegründeten Handelsgesellschaft „aus freien Stücken, für sich und ihrer Erben und Nachkommen für alle Zeiten […] alle souveränen Herrscherrechte über ihre sämtlichen Gebiete“ überlassen wurden. Zugleich verpflicheteten sie die kongolesischen Herrscher darin, alle erforderlichen Arbeiten durch „Arbeitskräfte oder auf andere Weise“ zu unterstützen. 1885 erkannten alle europäischen Mächte die vom belgischen König erworbenen Gebiete als dessen persönliches Eigentum an.

Ausbeutung und Verbrechen im Namen des Königs

Leopold setzte über eine eingesetzte Regierung und seine Handelsgesellschaft seine Herrschaftsansprüche im „Kongo-Freistaat“ mit Hilfe angeworbener Söldner und erzwungenen Verträgen gegenüber lokalen Herrschern durch. Dies war der Beginn eines langen Leidenswegs für die einheimische Bevölkerung. Um den Kongo zu erschließen, verkaufte Leopold Nutzungsrechte an private Gesellschaften. Das für diese lukrativste Geschäft wurde dank des industriellen Fortschritts der Rohstoff **Kautschuk**, der für Fahrrad- und Autoreifen, Dichtungen und Ummantelungen von Elektrokabeln benötigt wurde. Die kongolesischen Zwangsarbeiter wurden mit Gewalt, Terror, Folter und drakonischen Strafen dazu gezwungen, immer größere Mengen des Rohstoffs zu liefern. Erst internationale Proteste trugen dazu bei, dass zumindest die schlimmsten Formen der Ausbeutung und Sklavenarbeit eingedämmt wurden und 1909 schließlich der belgische Staat die Kolonie übernahm. Zeitgenössischen Schätzungen zufolge starben 10 Millionen Kongolesen als Folge der belgischen Gewaltherrschaft im Kongo.

Neue Herren – doch die Ausbeutung bleibt

Mit dem Ende der Herrschaft Leopolds II. wurde die Zwangsarbeit offiziell abgeschafft. Auch in anderen Bereichen wurden Reformen eingeleitet, die das Los der Einheimischen verbessern sollten. In der Praxis änderte sich für diese jedoch nur wenig. Belgische Bergbauunternehmen entdeckten große Rohstoffvorkommen, darunter Kupfer, Blei, Zink, Diamanten und schließlich Uran. Um genug Arbeitskräfte zur Ausbeutung der Vorkommen mit größtmöglichem Gewinn zu haben, wurden weiterhin Zwangsarbeiter eingesetzt. Die belgischen Minengesellschaften profitierten dabei besonders von dem Rohstoffbedarf der Alliierten im Zweiten Weltkrieg. So lieferte der Kongo beispielsweise 1940 das Uran für die ersten Atombomben der USA. Die einheimische kongolesische Bevölkerung profitierte davon nur wenig. Die Kolonialherrschaft blieb autoritär. Investitionen in ein Bildungs- und Gesundheitswesen blieben auf einem geringen Niveau. Eingewanderte Europäer und indigene Kongolesen lebten streng voneinander getrennt.

Patrice Lumumba (1925–1961)
wichtiger Wortführer der 1958 gegründeten größten Protestbewegung in Belgisch-Kongo (Mouvement National Congolais)
Mai–Juni 1960 erster kongolesischer Ministerpräsident
1961 ermordet
(ägyptische Briefmarke 1962)

1960 – der Kongo wird unabhängig?

Das Streben nach Unabhängigkeit in vielen Kolonien Asiens und Afrikas erfasste Mitte der 1950er-Jahre auch den Kongo. Es entstanden mehrere Unabhängigkeitsbewegungen, deren gewaltsame Unterdrückung durch die Kolonialmacht zu blutigen Unruhen führte. Mithilfe internationalen Drucks auf Belgien erreichten die Aufständischen aber 1960 ihr Ziel: ihre Unabhängigkeit von der Kolonialmacht. Die nunmehr unabhängige Republik Kongo stand nun vor der Herausforderung, das Vakuum in Politik, Verwaltung und dem Gesundheitswesen auszufüllen, da entsprechende indigene Fachkräfte fehlten. Auch Sezessionsbestrebungen einzelner Territorien und die anhaltende internationale Einflussnahme erschwerte die Stabilisierung des Landes. Auch blieben die belgischen Minenunternehmen ein zentraler Machtfaktor. Darüber hinaus beobachteten die USA aufmerksam die Entwicklung im uranreichen Kongo. Dies beeinträchtigte von Anfang an den Handlungsspielraum des ersten Ministerpräsident Patrice Lumumba.

Innerhalb weniger Tage nach Gewährung der Unabhängigkeit brachen im Kongo Unruhen aus. Politiker miteinander verfeindeter Gruppierungen bekämpften sich gegenseitig. Die ehemalige Kolonialmacht Belgien und die USA unterstützten dabei die Abspaltung der besonders rohstoffreichen Provinz Katanga. Die UNO entsandte Blauhelmsoldaten, konnte aber wenig erreichen. Lumuba wurde nach wenigen Wochen gestürzt und inhaftiert. Im September 1960 putschte mit belgischer Rückendeckung der kongolesische Offizier Joseph Mobutu. Wenig später wurde der aus der Haft entkommene Lumumba entführt und mit Unterstützung des US-Geheimdienstes am 13. Januar 1961 ermordet.

Mobutu Sese Seko Kuku Ngbendu wa Zabanga (1930–1997)
kongolesischer Offizier
1960 Generalstabschef und zentrale Person beim Putsch gegen Patrice Lumumba
1965–1997 nach zweitem Putsch Staatschef des Kongo/Zaire

Die blutigen Machtkämpfe zogen sich noch bis 1965 hin. Letztlich setzte sich General Mobutu mit amerikanischer Unterstützung durch und ernannte sich selbst 1967 zum Präsidenten mit allen Vollmachten. Gestützt auf die Armee beendete er die gewalttätigen innenpolitischen Machtkämpfe. In den nachfolgenden Jahrzehnten versuchte er, eine von Oben oktroyierte nationale Identität durchzusetzen. So legte er seinen belgischen Taufnamen Joseph-Desiré ab und nahm den afrikanischen Namen Sese-Seko an; aus dem Staat Kongo wurde Zaire, und auch die belgischen Namen der großen Städte wurden afrikanisiert. Zugleich war er Chef der Einheitspartei MPR („Revolutionäre Volksbewegung"), in der alle Einwohner von Geburt an Pflichtmitglied waren. Immer wieder kam es aber zu Aufständen, Umsturzversuchen und Abspaltungen von Provinzen. Allein das internationale Interesse an den Bodenschätzen und seine antisozialistische Haltung im Kalten Krieg sicherte seine Macht. Um diese zu stützen, griffen auch belgische und französische Truppen mehrfach in die inneren Kämpfe ein. Mobutus Privatvermögen stieg im Laufe seiner durch Korruption geprägten Herrschaft auf mehrere Milliarden US-Dollar, während die soziale Lage im Kongo prekär blieb. Investitionen in Infrastruktur, Gesundheits- oder Bildungswesen blieben unbedeutend.

Erst nach Ende des Kalten Krieges und der damit verbundenen westlichen Unterstützung war das Mobutu-Regime zu Reformansätzen gezwungen. Ökonomische Probleme und Naturkatastrophen sowie die Auswirkungen von Bürgerkriegen in Nachbarstaaten wie Ruanda gab der Opposition immer größeren Rückenwind. Eine von den Vereinigten Staaten gestützte Rebellenbewegung zwang Mobutu daher 1997, ins Exil zu gehen. Aus Zaire wurde die Demokratische Republik Kongo, die jedoch auch danach keine wirkliche Stabilität erlangen konnte. Sie blieb ein Austragungsort gewalttätiger Machtkämpfe um Einfluss und die wirtschaftliche Ausbeutung der Bodenschätze durch Rebellengruppen, die oft in enger Verbindung zu anderen Staaten standen.

A Die belgische Herrschaft über den Kongo-Freistaat

Q1

„Kongogräuel"
Ein Vater starrt auf die kleine Hand und den Fuß seiner fünfjährigen Tochter, die von „Eintreibern" von Kautschuk getötet wurde. Das Bild erschien 1904 unter dem Titel Nsala of Wala in the Nsongo District (Abir Concession) im Buch King Leopold's Rule in Africa von Edmund Dene Morel.

B Ende der Kolonialherrschaft – wirkliche Unabhängigkeit?

Q2

Zwei Perspektiven auf die Unabhängigkeit
Der belgische König Baudouin und der zukünftige Ministerpräsident des Kongo, Patrice Lumumba, blicken in ihren Reden anlässlich der Unabhängigkeitsfeiern am 30. Juni 1960 auf die Kolonialzeit zurück.
a) Der belgische König Baudouin erklärte:
Die Unabhängigkeit des Kongo ist die Krönung des Werkes, das dank dem Genie des Königs Leopold II. mit Mut begonnen und mit Ausdauer von den Belgiern weitergeführt wurde. […] Als Leopold II. dieses Unternehmen, das heute beendet ist, begann, kam er nicht als Eroberer, sondern als Kulturträger. […] Von diesem Augenblick an sind Belgien und der Kongo zwei gleichberechtigte, souveräne Staaten. Sie sind jedoch freundschaftlich miteinander verbunden und entschlossen, sich gegenseitig zu helfen. […] Machen Sie keine voreiligen Reformen und ersetzen Sie die belgischen Institutionen nicht, solange Sie nicht sicher sind, es besser zu machen. Meine Herren, die ganze Welt schaut Ihnen zu. […] Es liegt jetzt an Ihnen, meine Herren, zu beweisen, dass wir Recht hatten, Ihnen unser Vertrauen zu schenken. […] Gott schütze den Kongo.

Aus: Historische Teksten. http://tlaxcala-int.org/article.asp?reference=542 (Zugriff 02.04.2020)

b) Patrice Lumumba antwortete darauf spontan:
Unsere Wunden sind noch zu frisch, als dass wir sie aus unserem Gedächtnis vertreiben könnten. Wir mussten bis zur Erschöpfung arbeiten, für einen Lohn, mit dem wir uns weder satt essen, noch uns anständig anziehen oder wohnen konnten, noch unsere Kinder so erziehen, wie es die Elternliebe geboten hätte. Man hat uns verspottet, beleidigt, geschlagen, morgens, mittags und abends, nur weil wir ‚Neger' waren. Wer könnte vergessen, dass man einen Schwarzen duzte, nicht weil man sein Freund war, sondern weil das respektvolle ‚Sie' den Weißen vorbehalten war.
Wir haben erlebt, dass unser Grundbesitz enteignet wurde, im Namen von Gesetzen, die unter dem Deckmantel der Legalität doch nur das Recht des Stärkeren anerkannten. Wir haben in den Städten die Prunkbauten der Weißen gesehen und die strohgedeckten Bruchbuden der Schwarzen. Den Schwarzen war der Zutritt verboten in Kinos, Restaurants und Geschäften; die Schwarzen reisten im untersten Rumpf der Frachtkähne, über ihnen die Weißen in ihren Luxuskabinen […].

Die Demokratische Republik Kongo seit 1960: Fluch des Reichtums, in: G/Geschichte 11 (2003), S. 7.

C Die Entwicklung von Zaire unter dem Mobutu-Regime

Q3

Gewissenlosigkeit und Korruption
Die katholischen Bischöfe in Zaire protestieren 1978 gegen die Zustände im Innern in einem offenen Brief:
Wir, die wir aktiv an den verschiedenen Bereichen des nationalen Lebens teilnehmen, erleben ohnmächtig die stetige Verschlechterung der Situation.

Unter anderem seien hervorgehoben: Verantwortungslosigkeit und Gewissenlosigkeit; Korruption, Ungerechtigkeit in allen ihren Erscheinungsformen, öffentliche Sittenlosigkeit, Mangel an Lebensmitteln und pharmazeutischen Produkten, Jugendkriminalität, Zunahme der Gewalttätigkeit. [...]
Die traurige Stimmung in unserem Volke, seine Ängste und seine Leiden, müssen in unseren Herzen als Seelsorger ein Echo finden.
Wir müssen weinen mit denen, die weinen, und klagen mit denen, die klagen. In den Augen der Welt und vor allem unseres Volkes würde uns Schweigen zum Komplizen des Verfalls und der Not machen, die manchen bereits geeignet erscheint, unser Land in die Apokalypse zu führen.
Die zairische Krankheit gibt es tatsächlich und heute mehr denn je, in unterschiedlichen Erscheinungsformen.
Die zairische Krankheit enthüllt eine tiefgreifende Krise: die Unwirksamkeit des Regierungs- und Führungssystems. Die Institutionen unseres Landes sind nicht mehr in der Lage, ihr erste Aufgabe wirksam zu erfüllen: die Rechte von Personen und an Gütern zu garantieren, die Ordnung in der Gesellschaft zu gewährleisten und das allgemeine Wohl zu sichern. Der Einzelne kann nur noch zur aktiven Korruption Zuflucht nehmen, um seine Rechte zu verteidigen.
Können wir denn wirklich im Allgemeinen sagen, dass die selbstkritischen Analysen, die die Verantwortlichen unseres Landes gemacht haben, und die fortgesetzten Reformmaßnahmen, die von ihnen angepriesen wurden, die Krankheit eingedämmt hätten?
Können wir denn im Einzelnen behaupten, dass die Armee und die Polizei wirklich ihre Aufgaben erfüllen?
Eine der Hauptursache für die Lähmung der nationalen Institutionen und Strukturen des Staates liegt in der schlechten Anwendung des Prinzips einer einheitlichen Führung. [...]
Unsere Gesellschaft hat den Sinn für die Menschen und das allgemeine Wohl verloren, den Sinn für Gerechtigkeit und ehrliche Arbeit, den Sinn für Freiheit und die Einhaltung des gegebenen Wortes.

DER SPIEGEL 40/1978, S. 206 f.

D1

Geprägt von der internationalen Großwetterlage

Die Haltung westlicher Großmächte gegenüber Zaire und dessen Präsident Mobutu beschrieb rückblickend 2000 die britische Afrika-Korrespondentin Michela Wrong (geb. 1961):

Für die Amerikaner verebbte der Afro-Optimismus der sechziger Jahre ziemlich rasch, und an seine Stelle trat die nüchterne Einschätzung, dass sie Zaire vor allem als Alliierten im Kampf gegen den expansiven Sowjetkommunismus benötigten. Noch bevor Mobutu Staatsoberhaupt wurde, hatte John F. Kennedy ihm durch eine Einladung ins Weiße Haus seine Wichtigkeit bestätigt. Und jeder amerikanische Präsident der siebziger und achtziger Jahre wiederholte diese Willkommensgeste. Die USA, die von Militärbasen in Zaire Angolas Rebellen[1] mit Waffen versorgten, hielten bis 1990 um jeden Preis an dem Musterverbündeten fest. Frankreich leiteten andere, aber nicht weniger zwingende Motive. Trotz seiner historischen Verbindungen zu Belgien war Zaire inzwischen ein wesentlicher Bestandteil dessen geworden, was in Paris der ‚chasse gardee' genannt wird – jenes ‚private Jagdgelände' von verbündeten afrikanischen Nationen, dessen Existenz dem zweitrangigen Frankreich immer noch eine Rolle als Großmacht zu spielen erlaubt. Zaire gehörte zu dem Bollwerk französisch sprechender Länder, das sich dem wachsenden anglophonen Einfluss entgegenstemmte. Französische Geschäftsleute waren sich sicher, besser als die plumpen Anglosachsen die afrikanische Psyche zu verstehen, und hofften auf gute Geschäfte in dem reichen Land. In den Schulen und Medien wurden die französische Sprache und Kultur propagiert. Als Gegenleistung versicherte Paris, so wie es das mit all seinen befreundeten Diktatoren in Afrika tat, Mobutu seines unablässigen Beistands. Belgien war vor allem an der Aufrechterhaltung eines Brückenkopfes interessiert, um nicht jeden Einfluss in Zentralafrika zu verlieren. Immerhin wohnten in der früheren Kolonie noch einige tausend Belgier. Deren Sicherheit war allerdings weniger wichtig als das nationale Prestige: trotz der Narben der Vergangenheit wollte diese kleine, nicht allzu beeindruckende europäische Nation die Erinnerung an größere Zeiten aufrechterhalten, um weiterhin als politische Größe anerkannt zu werden.
Allen drei Nationen ging es natürlich auch um den gesicherten Zugang zu Zaires Bodenschätzen. Besonders die USA brauchten das Kobalt für ihre Jagdbomber. Und alle drei rechneten damit, fette Verträge an Land zu ziehen, als Mobutu die Ära seiner gigantomanischen Projekte einläutete. Doch vorrangig war die geopolitische Strategie des Kalten Krieges. ‚Apres moi le deluge' (Nach mir die Sintflut), hatte Mobutu den Westen stets gewarnt, und die schrecklichen Erfahrungen der sechziger Jahre im Hinterkopf, glaubten alle ihm aufs Wort. ‚Die Furcht vor einer Zersplitterung des Landes ließ Mobutu als den einzigen Garanten der Stabilität erscheinen; jeder hielt ihn für einen unentbehrlichen Mann', bestätigte ein US-Beamter.

Michela Wrong: Auf den Spuren von Mr. Kurtz. Mobutus Aufstieg und Kongos Fall. Edition Tiamat, Berlin 2002, S. 201 f.

1 In Angola tobte seit 1974 ein Stellvertreterkrieg prowestlicher und prosozialistischer Fraktionen.

D2

Der umkämpfte Rohstoffreichtum des Kongos (2021)

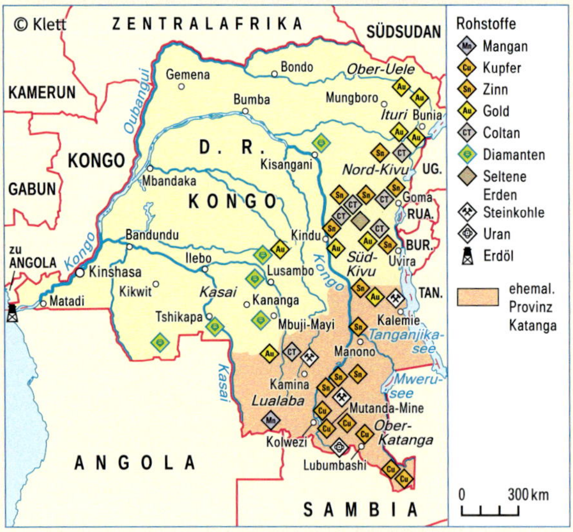

D3

„Reiches Land, armes Land"

Die Journalistin Ruth Weiss (geb. 1925) beschrieb 2002 die Situation in der Demokratischen Republik Kongo:

Nächstes Mal, wenn wir unser ach so praktisches Mobiltelefon benutzen, sollten wir uns daran erinnern, dass es an einem Krieg mitschuldig ist – am Krieg in der Demokratischen Republik Kongo (DRK), dem früheren Zaire. Vielerlei Rebellengruppen kämpfen seit den neunziger Jahren gegen das Regime in der Hauptstadt Kinshasa. Zweifellos wurde dieser Krieg dadurch verlängert, dass Kongo über Bodenschätze verfügt, zu denen auch Coltan (Columbo-Tantal) gehört – ein bis vor kurzem unverzichtbarer Bestandteil von Mobiltelefonen. Dieser Reichtum weckte die Profitgier von vielen, auch in den Nachbarländern. So kommt es, dass viele Staaten in der Region in den Konflikt verstrickt sind. […]
Coltan ist ein relativ seltenes Hartmetall, ein sehr gut leitendes Material, das in der Hightech- und der Raumfahrtindustrie sehr gefragt ist. Wie bei anderen Rohstoffen liegt ein großer Anteil davon im Boden der Demokratischen Republik Kongo – rund achtzig Prozent der bekannten weltweiten Reserven von 60000 Tonnen. Der größte Teil davon liegt im Osten, im Kivu-Distrikt, einer unbeständigen Region, um die seit je bewaffnete Rebellengruppen streiten. Die östlichen Grenzen zu Uganda, Burundi und Ruanda sind weder von der Regierung noch von internationalen UNO-Truppen zu kontrollieren. Die Schattenwirtschaft des Kongo beruht daher seit langem auf Schmuggel, Tausch und betrügerischem Handel. […] Die Coltan-AbnehmerInnen sitzen vor allem in den USA und in Westeuropa. Tantal-Kondensatoren sind ein wichtiger Bestandteil von Handys, und Coltanerz wird zu deren Herstellung verwendet. Der Abbau erfolgte früher durch Firmen, die sich jedoch im Laufe des Krieges zurückgezogen haben. Seither graben Bauern, die aus finanziellen Gründen zu Minenarbeitern wurden, unter Aufsicht von Warlords nach dem Erz. Auf die Umwelt nehmen sie dabei ebenso wenig Rücksicht wie auf die Sicherheit. […]
Das Metall wird an Sammelstellen gebracht, gewogen und von Mittelsmännern in Säcken über die Grenze nach Uganda oder Ruanda transportiert, von wo aus es seine AbnehmerInnen im Westen erreicht. Dort erzielt es Preise, die die Vorstellungskraft der kongolesischen Bauern bei weitem übersteigen. Sie haben auch keine Ahnung davon, warum das schwarze Zeug so begehrt ist und dass ihr Anteil an diesem Wohlstand nicht mehr als Brotsamen darstellt. Dies ist umso bedauerlicher, als der Ostkongo die vernachlässigste Region eines vernachlässigten Landes ist. Zweieinhalb Millionen Menschen sollen seit Ausbruch des Krieges in dieser Region gestorben sein. Die Gegend ist schwer zugänglich für internationale Hilfsorganisationen. Diese schätzten in einem Mitte letzten Jahres veröffentlichten Bericht, dass es etwa einem Drittel der Bevölkerung der DRK, sechzehn Millionen Menschen, in kritischem Maße an Nahrungsmitteln mangelt – die Hälfte davon lebt im Ostkongo. […]
Die Warlords und Mittelsmänner im Kongo wie in den Nachbarländern dagegen haben mit Coltan ihr Geschäft gemacht. Auch Simbabwe, das einige Coltan-Reserven hat und wo der Abbau in kleinem Rahmen blüht, verdiente gut; Namibia baut Coltan ebenfalls für den internationalen Markt ab. Nun jedoch scheint der Rausch vorbei – und damit rückt Friede vielleicht tatsächlich in Griffnähe. […]
[Es] wurde eine Alternative gefunden, die einfacher erhältlich und billiger scheint: Niobium tut den gleichen Dienst. Die Forschung läuft auf Hochtouren, noch in diesem Jahr könnten die neuen Kondensatoren auf den Markt kommen. Die bekannten Niobium-Reserven betragen weltweit rund 5,5 Millionen Tonnen. Diese Entwicklung hatte einen dramatischen Preiszerfall zur Folge – das Kilo Coltan kostet inzwischen kaum noch einen Zehntel der früheren Rekordpreise, […].
Das mag für einige keine gute Nachricht sein, doch langfristig wird sie die Arbeit der Friedensstifter erleichtern. Sobald sich das hitzige Coltan-Geschäft abkühlt, können die Kriegsparteien nachgiebiger werden, Allianzen eingehen oder sich gar zusammenschließen.

Ruth Weiss, „Reiches Land, armes Land", in: Schweizer Wochenzeitung (WoZ) vom 4.4.2002.

Arbeitsvorschläge

A Die belgische Herrschaft über den Kongo-Freistaat

1. Informieren Sie sich über die vorkoloniale Geschichte des Gebietes der heutigen Demokratischen Republik Kongo. Erstellen Sie eine Fließdiagramm, in dem Sie die für Sie wichtigsten Fakten darstellen. Orientieren Sie sich dabei an den Schlagworten Kongo, Luba, Lunda, Yeke, Msiris und Chokwe. [I] ○

MK 2. Informieren Sie sich über die Bildquelle Q 1 unter den Schlagworten „Kongogräuel", „Nsala of Wala in the Nsongo District (Abir Concession)", „King Leopold's Rule in Africa" und „Edmund Dene Morel". Stellen Sie anschließend den Hintergrund und die Bedeutung des Fotos in einer Präsentation vor und bewerten Sie es in seinem historischen Kontext. [III]

B Ende der Kolonialherrschaft – wirkliche Unabhängigkeit?

3. Vergleichen Sie die beiden Reden von König Baudouin und Patrice Lumumba (Q 2) hinsichtlich der Adressaten und der Intention beider Redner. [II]
4. Erläutern Sie deren Perspektiven auf die Situation des Kongos. [II] ●

C Die Entwicklung von Zaire unter dem Mobutu-Regime

5. Arbeiten Sie die Einschätzung der Situation von Zaire durch die katholischen Bischöfe auf Basis von Q 3 heraus. [II]
6. Erörtern Sie, was die katholischen Bischöfe mit der schlechten Anwendung des Prinzips einer einheitlichen Führung gemeint haben könnten (Q 3). [III]
7. Zeigen Sie auf Basis von D 1 die sich wandelnde Interessenslage der internationalen Mächte gegenüber Zaire auf. [II]
8. Erläutern Sie mittels der Karte D 2 und Ihres Vorwissens aus dem darstellenden Text die wirtschaftliche Bedeutung von Zaire bzw. des heutigen Kongos im 20. und beginnenden 21. Jahrhundert. [II]
9. Erörtern Sie, warum der Rohstoffreichtum im Kongo auch als Fluch für das Land bezeichnet wird. [III]
10. Überprüfen Sie Ihre Einschätzung aus Aufgabe 9 mittels der Aussagen von Ruth Weiss aus dem Jahr 2002 (D 3). [II]

Übergreifende Arbeitsvorschläge

11. Informieren Sie sich im Internet und anhand von Literatur aus Ihrer Schul- oder Stadtbibliothek über die wichtigsten Politiker in der Geschichte von Zaire/Kongo und stellen Sie eine dieser Personen in einer Kurzbiografie vor. Begründen Sie dabei Ihre Auswahl. [III]

MK 12. Informieren Sie sich über die gegenwärtige Lage der Demokratischen Republik Kongo. Beziehen Sie auch Ihr geografisch-politisches Wissen aus anderen Fächern mit ein. Entwickeln Sie daraus eigene Fragen und stellen Ihre Ergebnisse in einer Kurzpräsentation vor. [III] ○

Online- und Differenzierungsmaterialien zu Kapitel 4.1
○ Arbeitshilfen zu den Aufgaben 1 und 12
● Vertiefungsangbot zur Aufgabe 4

Online-Code: zs8t54

Personenregister

Quellennachweis

Cover Alamy stock photo (Valentin Wolf/ImageBroker), Abingdon; **6** Stadt Schleswig, Schleswig; **7** imago images (Steinach), Berlin; **9.Q2a** Picture-Alliance (Reuters/Larry Downing KL/GN), Frankfurt/M.; **9.Q2b** Picture-Alliance (REUTERS/Kevin Lamarque), Frankfurt/M.; **9.Q2c** F1online digitale Bildagentur (Tim Lynch/AGF), Frankfurt; **10.D4c** Lohß, Sandy, Chemnitz; **12** Interfoto (Atelier S), München; **13** gemeinfrei, public domain, domaine public; **15** stock.adobe.com (Georgios Kollidas), Dublin; **16.o.** Alamy stock photo (© Fine Art Images/Heritage Images), Abingdon; **16.u.** ullstein bild (adoc-photos/Photographe inconnu), Berlin; **19.Q3** akg-images (arkivi UG), Berlin; **20.Q4** akg-images (Andrea Jemolo), Berlin; **21.Q5** BPK (Sprengel Museum Hannover/Herling/Gwose/Werner), Berlin; **21.Q6** Plakat, Grafik: Grimmer, Dresden, um 1935; **24** akg-images, Berlin; **26** Thinkstock (GeorgiosArt), München; **27.Q1** BPK, Berlin; **28.D1** Oser, Liliane, Hamburg; **29** BPK (Hermann Günther), Berlin; **34.Q9a** Historisches Museum Frankfurt, Foto: Horst Ziegenfusz; **34.Q9b** Alamy stock photo/The Picture Art Collection [Henry Ritter (1816–1853), Deutschland im Jahr 1848, 1848/49]; **37** Alamy stock photo (The Picture Art Collection), Abingdon; **39.Q3** akg-images, Berlin; **40.Q6** BPK (Heinrich Lichte), Berlin; **43** akg-images, Berlin; **44** Alamy stock photo (The History Collection), Abingdon; **45** ullstein bild (Imagno), Berlin; **46.Q2** aus Adolf Bartels: Rasse. 16 Aufsätze zur nationalen Weltanschauung. Hanseatische Druck- und Verlagsanstalt, Hamburg 1909, o. S.; **47.Q3** Zeitschrift „Vegetarischer Vorwärts", Mai 1896, 3. Jg, Nr. 5; **48.Q5a** F1online digitale Bildagentur, Frankfurt/M.; **49.Q5b** akg-images, Berlin; **53** Alamy stock photo (Pictorial Press), Abingdon; **54.Q1** akg-images (historic-maps), Berlin; **55.Q2** akg-images, Berlin; **58.Q6** gemeinfrei; **60** akg-images (Science Source), Berlin; **61** Alamy stock photo (The Protected Art Archive), Abingdon; **63** Alamy stock photo (Granger Historical Picture Archive), Abingdon; **64.Q2** National Archives (165-WW-600A-5); **65.Q5** Dr. Beat Steffan, Nachlass Emil Pirchan, Sammlung Steffan/Pabst, Zürich; **68.Q8** Alamy stock photo/FLHC26 [The condition of laboring man at Pullman. The employee is being squeezed by Pullman between high rent and low wages, 07.07.1894]; **68.Q9** Alamy stock photo/Art Collection 3 [Joseph Keppler, The Bosses of the Senate, o. J.]; **72.Q2** akg-images, Berlin; **73.Q3** Alamy stock photo (Niday Picture Library), Abingdon; **74.Q5** aus: Kladderadatsch Nr. 30, 1919; **76.D2** Ernst Klett Verlag GmbH, Stuttgart; **78** Mauritius Images (Chronicle of World History/Alamy), Mittenwald; **79** akg-images (Pictures From History), Berlin; **82.D1** Oser, Liliane, Hamburg; **83.Q5** BPK (Kunstbibliothek, SMB/Dietmar Katz), Berlin; **84.D2** Ernst Klett Verlag GmbH, Stuttgart; **86** akg-images, Berlin; **87** Ernst Klett Verlag GmbH, Stuttgart; **89.Q1** akg-images (Heritage Images/Fine Art Images), Berlin; **91.Q3** Alamy stock photo (incamerastock/ICP), Abingdon; **93.Q5** Internationale Gesellschaft für Menschenrechte (IGFM); **97** akg-images, Berlin; **98.o.** ullstein bild, Berlin; **98.u.** Privatarchiv Opfer-Klinger, Leipzig; **99** Picture-Alliance (AP Photo/Sandro Pace), Frankfurt/M.; **101.Q2** akg-images, Berlin; **102.Q3** akg-images (WHA/World History Archive), Berlin; **104** akg-images (Imagno), Berlin; **105** ullstein bild (Imagno), Berlin; **107** Interfoto (Friedrich), München; **108.D1** Oser, Liliane, Hamburg; **110.Q4** Müller, Gottfried, München; **112.o.** Privatarchiv Opfer-Klinger, Leipzig; **112.u.** Getty Images (Hulton Archive), München; **113** gemeinfrei; **117.Q1** akg-images, Berlin; **117.Q3** Interfoto (Pulfer), München; **118.Q6a** akg-images (Glasshouse Images), Berlin; **118.Q6b** Alamy stock photo (The Protected Art Archive), Abingdon; **118.Q6c** Alamy stock photo (The Advertising Archives), Abingdon; **120** akg-images, Berlin; **121** akg-images (De Agostini Picture Lib./A. Dagli Orti), Berlin; **123** Bridgemanimages.com (Photo © Fred Stein), Berlin; **124.D1** Oser, Liliane, Hamburg; **125.Q2** akg-images, Berlin; **125.Q3** Bridgemanimages.com (© Archives Charmet), Berlin; **126.Q8** Bridgemanimages.com (© Archives Charmet), Berlin; **129** ullstein bild (Granger NYC), Berlin; **130.Q1** ullstein bild, Berlin; **132.Q2** ullstein bild (Art Young/Granger NYC), Berlin; **136** Privatarchiv Dr. Opfer-Klinger; **137.o.** BPK (Kunstbibliothek, SMB), Berlin; **137.u.** ullstein bild, Berlin; **140** Interfoto (HERMANN HISTORICA GmbH), München; **142.Q1** Süddeutsche Zeitung Photo (Scherl), München; **142.Q2** Picture-Alliance (Sebastian Willnow/dpa-Zentralbild/dpa), Frankfurt/M.; **143.Q3** ullstein bild, Berlin; **144.Q5** akg-images, Berlin; **145.Q8** BPK (DHM, Berlin Do2 63/492 Plakat/H. Kühn), Berlin; **146.Q9** aus: Landvolk im Werden. Material zum ländlichen Aufbau in den neuen Ostgebieten und zur Gestaltung des dörflichen Lebens, hrsg. v. Konrad Meyer. Deutsche Landbuchhandlung, Berlin 1942, Tafel II, S. 119; **148** ShutterStock.com RF (siiixth), New York; **149.D1** Ernst Klett Verlag GmbH, Stuttgart; **149.o.** Alamy stock photo (World History Archive), Abingdon; **150.Q1** Picture-Alliance (CPA Media), Frankfurt/M.; **152.Q6** Süddeutsche Zeitung Photo, München; **154, 155** Privatarchiv Opfer-Klinger, Leipzig; **157.o.** ullstein bild, Berlin; **157.u.** imago images (ITAR-TASS Moscow), Berlin; **159** Alamy stock photo (fabrizio annovi), Abingdon; **160.Q2a** ullstein bild (Heritage Images/Fine Art Images), Berlin; **161.Q2b** Bridgemanimages.com (Deutsches Historisches Museum), Berlin; **165** ShutterStock.com RF/Boris15, Entwurf: Hans Michel und Günther Kieser; **166.D1** Oser, Liliane, Hamburg, nach Statista 2020; **166.o.** akg-images (WHA World History Archive), Berlin; **167.Q1** akg-images (ddrbildarchiv.de/Lothar Willmann), Berlin; **168.Q2** SZ Photo/DIZ München GmbH, München; **168.Q3** © Wilhelm-Busch-Gesellschaft e. V., Hannover/Hanns Erich Köhler; **168.Q4** Walter Hanel (Künstler), Haus der Geschichte, Bonn; **172** akg-images, Berlin; **173** ullstein bild, Berlin; **174.Q1 li.** ullstein bild (AP), Berlin; **174.Q1 re.** Getty Images (Hulton Archive/Freier Fotograf), München; **176** Keystone, Hamburg; **177.o.** Picture-Alliance (CPA Media), Frankfurt/M.; **177.u.** BPK (Musée Nicéphore Niépce, Ville de Chalon-sur-Saône/adoc-photos), Berlin; **178.D1** Ernst Klett Verlag GmbH, Stuttgart; **180.D3** Ernst Klett Verlag GmbH, Stuttgart; **181.Q3** Picture-Alliance (© Leslie Illingworth/Daily Mail/SOLO Syndication), Frankfurt/M.; **185.D1** Thinkstock (Hemera), München; **185.D1** Thinkstock (Hemera), München; **185.D1** Geoatlas, Hendaye; **185.D1** Getty Images Plus (iStock/tkacchuk), München; **185.D1** ShutterStock.com RF (Vector Pluse), New York; **185.D1** gemeinfrei; **185.D1** Thinkstock (Patiwit), München; **185.D1** stock.adobe.com (Oliver Woelki), Dublin; **186.Q1** LUBOMIR KOTEK/AFP via Getty Images; **192** ShutterStock.com RF (Julinzy), New York; **193** ShutterStock.com RF (yui), New York; **194.D1** Ernst Klett Verlag GmbH, Stuttgart; **196** Privatarchiv Opfer-Klinger, Leipzig; **197** Getty Images (Bloomberg/Simon Dawson), München; **198** akg-images (Heritage Images/Historica Graphica Collection), Berlin; **199.o.** ShutterStock.com RF (rook76), New York; **199.u.** Getty Images (CILO/Gamma-Rapho), München; **200.Q1** Alamy stock photo (The History Collection), Abingdon; **202.D2** Ernst Klett Verlag GmbH, Stuttgart

Arbeitsschritte zur Interpretation von Karten

Analyse	**Erschließung des Themas sowie der formalen Aspekte** 1. Um welche **Kartenart** handelt es sich (historische Karte, Geschichtskarte, statisch, dynamisch, topografisch, thematisch, einfach, komplex)? 2. Wer ist der **Verfasser** der Karte und was ist über diesen bekannt? 3. Lassen sich technische Besonderheiten der Herstellung (Gravur, Lithografie, Kolorierung etc.) erkennen? 4. In welchem **Rahmen** ist die Karte veröffentlicht worden? In welchem **Umfeld** steht sie? 5. Was ist das **Thema** der Karte? Wie lautet der **Titel** bzw. **Untertitel**? 6. In welchen **historischen Kontext** (Epoche, Ereignis, Prozess, Konflikt) lässt sich die Karte einordnen? 7. Wer ist der **Adressat** bzw. sind die **Adressaten**? Wie bekamen oder bekommen sie Zugang zu der Karte? **Erschließung des Inhalts und der verwendeten Darstellungsmittel** 1. Welcher **geografische Raum** ist auf der Karte dargestellt? 2. Welchen **Zeitpunkt** bzw. welchen **Zeitraum** stellt die Karte dar? 3. Aus welchen **Kartenschichten** (topografische Basisdaten, Ländergrenzen, Städte; thematische Details: Rohstoffe, Schlachten, Entdeckungsfahrten usw.) besteht die Karte? 4. Was bedeuten die in der Legende angegebenen **Farben** und **Symbole**?
Erläuterung	**Deutung der Aussage im historischen Kontext** 1. Welche **Einzelinformationen** lassen sich der Karte entnehmen? 2. Welche **Beziehungen** bestehen zwischen diesen Einzelinformationen? 3. Welche **Ursachen**, **Entwicklungen** und **Folgen** lassen sich aus der Karte ablesen? 4. Was war bzw. ist die **Botschaft** des Verfassers? Welcher **Eindruck** sollte bzw. soll beim Betrachter erzielt werden? 5. Welche Rolle muss der **Entstehungszeit** der Karte zugemessen werden? 6. Welche **Funktion** hatte oder hat die Karte in ihrem historischen Kontext?
Beurteilung	**Abgabe eines begründeten Werturteils** 1. Welche **Schlüsse (Hypothesen)** lassen sich aus der Karte ziehen? 2. Wo liegen die **Grenzen der Aussagefähigkeit** der Karte? 3. Welche kartografischen Informationen fehlen? 4. Welche Aspekte (thematisch, quantitativ, chronologisch, räumlich) fehlen? 5. Wie könnte man die Aussagekraft der Karte verbessern?

Arbeitsschritte zur Interpretation von Bildquellen

Analyse	**Erschließung des Themas sowie der formalen Aspekte** 1. Um welche **Gattung** bzw. **Art** von Bild handelt es sich (Gemälde, Fotografie, Lithografie, Zeichnung, Holzschnitt usw.)? 2. Wer ist der **Urheber** bzw. der **Auftraggeber**? Was ist über diesen/diese bekannt? 3. Was ist das **Thema** des Bildes? Wie lautet der **Titel**? 4. In welchen **historischen Kontext** (Epoche, Ereignis, Prozess, Konflikt) lässt sich das Bild einordnen? 5. Wer ist der **Adressat** bzw. sind die **Adressaten** (Volk, Privatperson, Gruppe, Öffentlichkeit, Machthaber, Nachwelt, Institution)? 6. Handelt es sich um ein **Einzelbild** oder um den Bestandteil einer **Bildreihe**? **Erschließung der Inhalte und der verwendeten Darstellungsmittel** 1. Welche **Bildelemente** sind zu erkennen (Personen, Orte, Gegenstände, Landschaften, Symbole) und wie sind diese dargestellt (Mimik, Gestik, Kleidung)? 2. Für welche Elemente der **Bildgestaltung** (Bildkomposition, Proportionen, Perspektive, Beziehungen der Elemente untereinander, Farbgebung, Kontraste, Lichtführung, Linien, Raum, Einstellung, Ausschnitt, Schrift) hat sich der Urheber entschieden? 3. Gab es spätere **Veränderungen** oder **Manipulationen** (Retuschen, Verfälschungen, Beschnitt) und wenn ja, welche?
Erläuterung	**Deutung der Aussage im historischen Kontext** 1. Welche **Aussagen** transportieren die **Bild-** und die **Gestaltungselemente**? 2. Welche **Funktion** hatte das Bild (didaktisch, religiös, aufklärend, dokumentarisch, propagandistisch usw.)? 3. Was war die **Intention** des Urhebers? Welcher **Eindruck** sollte beim zeitgenössischen Betrachter erzielt werden? 4. Ist ein Vergleich mit anderen bildlichen und textlichen Quellen möglich und wenn ja, mit welchen? 5. Welche Rolle muss der **Entstehungszeit** des Bildes zugemessen werden?
Beurteilung	**Abgabe eines begründeten Werturteils** 1. Ist das Bild **repräsentativ** für seine Zeit und anhand welcher **Kriterien** lässt sich das beurteilen? 2. Ist die Wiedergabe des **historischen Sachverhalts** durch das Bild annähernd realistisch oder künstlerisch frei und anhand welcher Kriterien lässt sich das beurteilen? 3. Verfassen Sie aus heutiger Sicht ein begründetes Werturteil zur Darstellung des gezeigten historischen Sachverhalts.